曲径通幽

曲彦斌｜著

锦语世界的
智慧诡谲

九州出版社
JIUZHOUPRESS

图书在版编目（CIP）数据

曲径通幽：锦语世界的智慧诡谲 / 曲彦斌著. --
北京：九州出版社，2022.4
ISBN 978-7-5225-0871-9

Ⅰ. ①曲… Ⅱ. ①曲… Ⅲ. ①汉语－社会习惯语－研
究 Ⅳ. ①H136.4

中国版本图书馆CIP数据核字(2022)第053443号

曲径通幽：锦语世界的智慧诡谲

作　　者	曲彦斌　著	
责任编辑	肖润楷	
出版发行	九州出版社	
地　　址	北京市西城区阜外大街甲 35 号（100037）	
发行电话	(010)68992190/3/5/6	
网　　址	www.jiuzhoupress.com	
印　　刷	三河兴博印务有限公司	
开　　本	880 毫米 ×1230 毫米　32 开	
印　　张	15.25　彩插 12P	
字　　数	390 千字	
版　　次	2023 年 1 月第 1 版	
印　　次	2023 年 2 月第 1 次印刷	
书　　号	ISBN 978-7-5225-0871-9	
定　　价	88.00 元	

曲彦斌在金华永康锡雕馆听"非遗"代表性传承人锡雕艺人盛一原讲述迄今仍在采用的旧时锡雕行业的炼锡配方隐语

曲彦斌在梅州考察侨批博物馆采集侨批隐语

曲彦斌在沈阳接受央视纪录片《中国话》摄制组采访场景

央视《中国话》纪录片摄制组采访曲彦斌摄制现场情景

央视《中国话》纪录片摄制在曲彦斌书房采访和摄制为筹建隐语行话博物馆储备的展品实物现场

北宋·曾公亮、丁度《武经总要后集·卷四·隐语》（四库全书本）书影

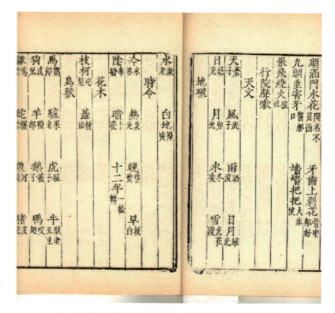

明·无名氏《墨娥小录》卷一四辑录有《行院声嗽》

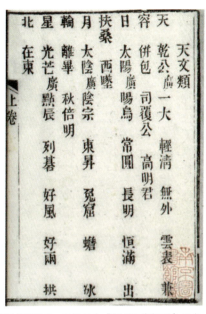

南京图书馆藏清·光绪刻本《新刻江湖切要》正文一页

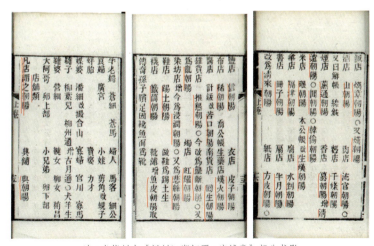

清·光绪刻本《新刻江湖切要·店铺类》部分书影

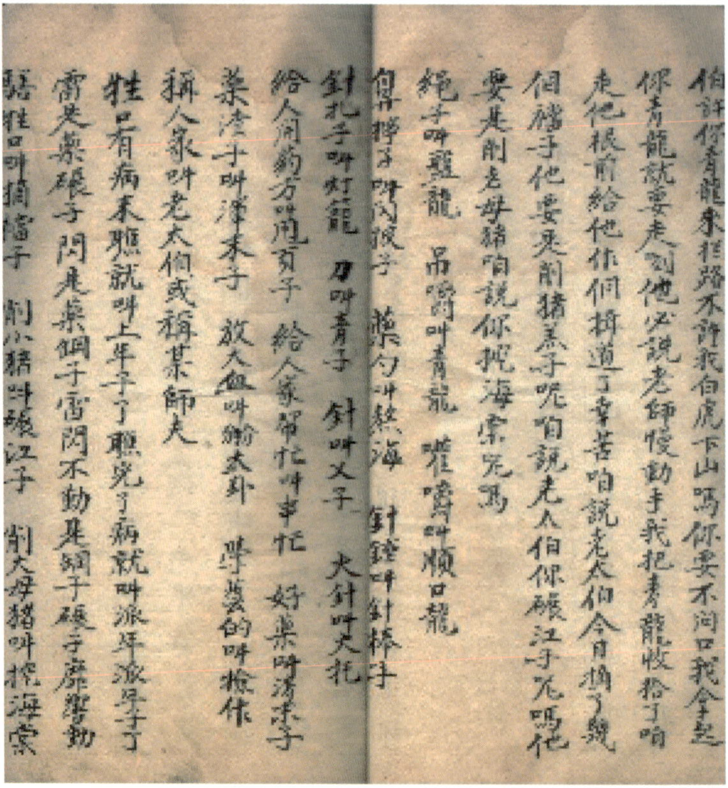

伯許你青龍來往路不許我白虎下山罵你要不問口我拿起
你青龍就要走到他必說老師慢動手我把青龍收拾了咱
走他根前給他作個揖道了辛苦咱說老太伯今日掏了幾
個豬子他要是劁豬秃子呢咱說老太伯你破江子兒嗎他
要是劁老母豬咱說你挖海棠兒罵
繩子叫盤龍　吊嘴叫青龍　攏嘴叫順口龍
鼻捍子叫閃披子　藥勺叫熱海　針鐙叫針棒子
針扎子叫燈籠　刀叫青子　針叫叉子　大針叫大扎
給人開藥方叫開剪子　給人家幫忙叫串忙　好藥叫清水子
藥渣子叫渾水子　放大血叫放太紅　學手藝的叫擱作
稱人家叫老太伯或稱某師夫
牲口有病來瞧就叫上年子了　瞧完了病就叫派年派兒了
需是藥碾子　問是藥銅子雷閃不動是銅子碾子磨響動
騸牲口叫搊擋子　劁小豬叫破江子　劁大母豬叫挖海棠

清·佚名《兽医串雅》正文书影

南朝梁·文学理学家刘勰《文心雕龙·谐隐》所说的
"遁辞隐意，谲譬指事"

《梨园话》初版正文页面—程砚秋题笺—齐如山题笺《皮黄班语》

署名"缶老人"时年八十一岁的沪上一代著名书画家吴昌硕作序的
《全国各界切口大词典》

上洋海左书局1913年出版的《音义注解商务普通白话尺牍》封面提示
附载有《江湖口诀》(书里名为《江湖切口要诀》)

所提藥囊曰無且囊云秦無且所用者鍼曰鈹鍼有
小袋曰羅星袋有小尺曰分眼尺有藥點之鏡曰
語難有馬口鐵小笥用以取才名曰折脆所作偽
藥皆曰何熏草藥曰夾艸持竿布賣膏藥曰賣軟
作道女僧服曰游方用鹹曰挑紅用刀曰放紅撬
疹曰標印艾火曰東離水調曰填冷與人治病曰
打椿兩人合治曰攏工共分删金曰破洞賺人財
帛曰撈爪脫險曰出洞如此之類不能悉載署舉
一二焉

走方有三字訣一曰賤藥物不取貴也二曰驗以下
咽即能去病也三曰便山林僻邑倉卒即有能守
三字之要便是能品
有四驗以堅信沇俗一取牙二點痣三去翳曰提疳
俱愚藥又手法有四驗用鹹要如補瀉推拿要識
盧寶橡拉在緩而不痛鈐取在速而不悮志欲傲
禮欲茶語欲大心欲小持此勿失即為老手
葉上行者皆曰頂下行者皆曰串故頂藥多吐串藥
多瀉頂串而外别曰截截絕也如絕害然按此即

清代名医赵学敏编著的《串雅》首度揭载的走方郎中经典隐语行话

洞玄靈寶度人經大梵隱語疏義

化之末本勝末也

第二解隱語

第二科隱語二字者大梵之音與地上不同
而有用與不用故隱顯之事生也隱者隱秘
不顯於外也此中亦有隱顯今但言隱語者
有二種事一者是梵書音是梵書音而隨地
上之用地上之音顯其外大梵之音隱其中
以此物覆梵音梵音蘊不用隱在於內故言
隱語以明應變之事也二者今以一字之中
含衆多事義若直就一字而求事義不可見

自非解訣其音不顯故言隱語以明玄奧之
理也隱語之中有四一者隱名二者隱諱三
者隱事四者隱義也不名謹事義而言隱
語者何也語者悟也其字音言以吾之言而
示語開悟人心故以語爲稱也

第三解无量音

第三无量音者有二義一者變通无量二
者教化无量也變通无量者內音中天真皇
人雖止解爲中國之正音然此音之用通无
量國土異方殊類皆得名物各得其解音通

《洞玄灵宝度人经大梵隐语疏义》认为道书隐语通过隐名、隐讳、隐事、隐义
"以明玄奥之理"。此为是书之《第二解隐语》书影

题 记

这是一部这几年即欲编辑而又水到渠成的文集。因为，这是我用力最勤的一个学术研究领域，敝帚自珍也。

这部文集题为《曲径通幽：锦语世界的智慧诡谲》，至少含有两层意思：一是开宗明义，笔者始终认为隐语行话是一种人类的言语智慧；再即世人对自己的言语智慧的认知，反而也走过或说还未走完科学认知的过程，堪谓"曲径通幽"。

二十世纪八十年代末，我在一篇题为《中国民间秘密语漫说》（《中国文化报》1987 年 12 月 23 日 4 版）短文的文末说到，"半世纪前容肇祖、赵元任等曾发表一些有关研究成果，而近半世纪却鲜见有人问津此道，中国民间秘密语研究成了科学园中一隅荒芜空白之所。愿与有志于此道的同行，共同拓垦这块荒置已久的科学园地"。那是我公开发表的首篇关于隐语行话的专题文章。白云苍狗，白驹过隙，从发表《中国民间秘密语漫说》到今天，转瞬三十余年过去。

或与《中国文化报》有缘。从二十世纪八十年代末在该报发表《中国民间秘密语漫说》，到 2013 年，在《中国文化报》的《非遗》专版再次发表了题为《隐语行话：别有洞天的民间秘密语》短文中，我再次提出，"多学科视点的研究，显示了学术界和社会有关方面对这一微观科学领域的关注与需要。发掘、记录、保存和保护民间隐语行话这种特殊的语言文化遗产，科学地普及相关知识同时引导正确认识和规范使用，也有利于维护祖国的语言文化的健康发展。貌似谜语一般的民间隐语行话，可谓语言的诡谲，亦是人们应对纷繁复杂的社会生活而形成的语言智慧。对民间隐语行话的保存与保护将开启世人了解千百年来中国古今诸行百业的民间文化的独特视野，打开一扇别有洞天、富有情趣的知识窗口"。相去二十多年，延伸到近年倡议以"锦语"作为隐语行话的雅称，再到开始倡导、策划并设计主题博物馆，说明本人在此领域的耕耘已经进入了新的阶段。

除了《中国民间秘密语》《中国民间隐语行话》《江湖隐语行话的神秘世界》三部专著，和《中国隐语行话大辞典》等三部辞书外，这些年我关于隐语行话这个专题的研究成果的其他大部分散在的文章，都编进了这部集子。

前面谈到的那篇对于本人可资纪念的《中国民间秘密语漫说》，已经化入了其他文章或专著，则未辑入本集。这部集子所辑文章，除本序外，都是先后发表过的文章，除做个别改正讹误者，皆依原样辑入，这就难免或有重复文字，则请读者见谅。

还未进入所谓"图文时代"的时候，我就非常喜欢阅读图文并茂的图书。尤其是近年来的博物馆设计实践，更期愿自己的著作能够因图文并茂而增添一点赏心悦目之趣。所以，近日修订再版旧著《中国镖行：中国传统保安行业史略》时，便比较系统地选辑了数十幅卷首图版和插图图片。编辑这部文集，囿于时间不足以支配，除所收文章原配图片外，只在卷首增添部分图片而已。

本书堪谓本人在这个学术领域耕耘的第四部专著，是更能展现本人关于"锦语"（隐语行话）的学术思想的集合性著作，诚挚期望获得读者、方家教正。

2021 年 6 月 18 日记于沈阳北郊邺雅堂

目 录

概说

论"锦语"文化

——汉语隐语行话称谓用语之正本清源与雅号

隐语行话是某些社会集团或群体出于维护内部利益、协调内部人际关系的需要，而创制、使用的一种用于内部言语或非言语交际的，以遁辞隐义或谲譬指事为特征的封闭性、半封闭性符号体系，是一种特定的民俗语言文化现象。或言之，隐语行话作为语言的社会变体，既可谓对语言的反动，更是适应丰富多彩而又复杂多变社会生活所滋生的语言智慧与诡谲，所造就一种言语艺术，是社会生活史的独特"语言文化化石"。

教育部、国家语委发布的《中国语言生活状况报告（2009）》第二部分"专题篇"的研究报告《社会生活中的民间隐语》[①]显示，在当代现实社会生活中，隐语行话在众多社会群体的语言生活中仍然十分活跃，而且是其生存或谋求生存所必需，是构成其日常生活的一种言语习俗。古往今来，许多传统民间艺术和技艺大都是口耳相传，诸般技艺关系着世代的生计利害，甚至立下了"传男不传女"的不成文规矩。其"口耳相传"，大都是用当行隐语行话进行传承

---

① 《中国语言生活状况报告（2009）》上编第 186 页，商务印书馆 2010 年出版。

的。有学者指出，对文学作品中运用隐语这一客观现象，历代均存在一些偏见。偏见的产生主要是由对汉语隐语缺乏科学认知，以及受代表正统意识的主流审美文化观影响使然。郝志伦指出，汉语隐语在文学创作中具有阐发主旨、突出主题，塑造人物、烘托环境，避免粗鄙、增强婉约以及反映现实、讽刺世情等审美文化功能。①显然，把隐语行话概然笼统泛称"黑话"，实在是一种有悖语言事实的偏见和误解。

要言之，为隐语行话正名，理据有三。一是各种称谓用语驳杂混乱；二是这些驳杂的称谓用语大都不能确切表达甚至歪曲污损其品性；三是因其不规范既有碍学术研究也不利于作为文化事象的精准传播与使用。由此，产生的一个相关联的理念，就是以祛污损正名来还原作为一种特定的民俗语言文化事象的本原。

一、隐语行话称谓用语再议之由

古往今来，汉语隐语行话的称谓用语多达数十种，堪称五花八门，十分芜杂。例如，黑话、黑语、匪语、切口、行话、暗语、术语、春点（唇点）、忖点、市语、锦语、方语、俏语、杂话、秘密语、查语、市门语、背语、哑谜、反语、江湖方语、声嗷（如行院声嗷、市语声嗷）、调侃儿、邵句（绍句）、袍哥话、谚语、言话、言子、延话、条子、梨园话（《梨园话》），甚至还有什么"黑国语"

---

① 郝志伦《汉语隐语在文学创作中的审美文化功能》，《当代文坛》2012 年第 6 期。

之类莫名其妙的用语①，等等。此外，还有"长安市人语各不同，有葫芦语、锁子语、纽语、练语、三摺语，通名市语"（秦京杂记）。芜杂，杂乱不一的称谓用语，不利于文化的精准传播，也不能确切表达其中蕴含的核心、本质的意味，学术研究有必要对此做出权威规范说明，以推动其祛除污损与正名，有利于增强所蕴含的文化底蕴、运用、传承及其作为特定的民俗语言文化的影响力。

正名者，根本在于名副其实，切合其品性。隐语行话是什么？在语言学家眼里，民间隐语行话是相对地域方言而言的又一语言的社会变体；在人类学家看来，是一种非主流文化现象，一种民间文化语码集合；对于社会学家来说，则是解析亚文化群体的特殊语言代码系统；从民俗语言学视点来考察，则是一种属于非主流语言文化的特定民俗语言现象，一个非常值得探讨而又十分有趣的重要分支领域；就非物质文化遗产保护而言，又是一种跨地域、跨艺术门类和技艺行当，并与之共存的"非遗"特别门类；对于社会生活史研究而言，更是像岩画、画像砖、风俗画似的社会记忆的"语言文化化石"。总括言之，从宋元以来的诸如《蹴鞠谱》《绮谈市语》《行院声嗽》《新刻江湖切要》，到民初的《全国各界切口大词典》②等数十种现存相关历史文献及学术研究显示，一部隐语行话总集的知识蕴涵，不啻一部特定的、别开生面的社会生活百科全书，蕴涵的甚至可谓一个民族或一个国家的又一综合性知识体系。如此这般一种百科知识性的知识体系的具体语料、事象，显然绝非前述诸如"黑话""春典""市语"等等杂滥称谓用语所能胜任的。

---

① 胡云晖《"黑国语"包头方言中的隐语行话》，《阴山学刊》2014 年第 27 卷第 3 期。

② 吴汉痴主编《全国各界切口大词典》，上海东陆图书公司 1924 年出版。

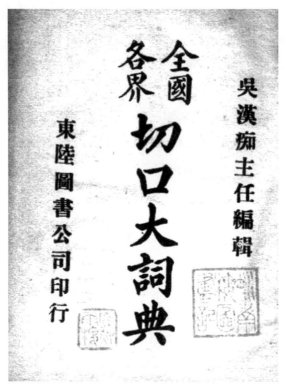

1924年上海东陆图书公司出版的汉语近代隐语行话重要典籍，吴汉痴主编的《全国各界切口大词典》内封书影

语言事实说明，隐语行话几乎渗透于社会生活的各个层面与角落。旧时，可以说，无论跑码头卖艺的戏曲曲艺杂技艺人，还是走乡串集行医卖药的江湖郎中，五行八作、百工技艺、行商坐贾、僧道武林、车船店脚牙、三教九流，无不有其各自的隐语行话，即或是宫廷艺人匠人，亦不例外。这些隐语行话是其各个群体成员传承技艺、内部交流、保守业内秘密，乃至用以相互身份识别应对外界侵扰伤害的自我保护工具。举凡关系各类人等生产与生活，生计与

生存，衣食住行，天文地理，消闲娱乐，乃至情感，甚至涉恶和涉嫌犯罪行事，当然也包括政治军事，尽可于隐语行话中觅得表达语码，可谓社会生活百科知识的另类语码系统。相对文字记载的主流历史，这个另类的以隐语行话为文本的社会生活百科知识语码系统，还是个未被完全破解和解析的庞杂的"社会文化史密码集合"。这个十分珍稀而又处于时刻在"香消玉殒"过程中的濒危资源，之所以尚未未被系统破解和解析，根本在于还处于被统统视为"黑话"的幼稚、扭曲认识阶段，远未正名"祛魅"，因而便难以登堂入室。

世俗间，古来既有为幼儿、少年取吉利名讨口彩、取贱名辟邪祛魅以求长寿之俗。周公名为"黑肩"，鲁成公名为"黑肱"，晋成公名为"黑臀"，皆然。不过，一旦其登基贵为国君时，即或是背地里也无人敢再言及，则成了国讳。曹孟德乳名"阿瞒"（裴松之注引《曹瞒传》记载曹操"小字阿瞒"），当其成就一位威震四方的政治家之际，《三国演义》第七二回题作"曹阿瞒兵退斜谷"，显然旨在"尊刘贬曹"。隐语行话一向之难以登堂入室，很重要一个障碍，便是"黑话"这个俗称。事实已经证明，"黑话"只应是极少部分涉恶和涉嫌犯罪隐语的称谓，远远不能涵盖和代表隐语行话的品性和全部，亟待令其"祛魅""脱贱"，改"贱名"为"雅号"，还其"社会文化史密码集合"的本来面貌。

之所以芜杂，主要是对此事象一向缺乏认真面对，将之纳入研究视阈进行比较系统的考察讨论。论其根本，则在于缺乏科学规范。如何科学规范？"名不正则言不顺"，则需要通过辨析，为之"正名"。

一般说，隐语造词体现了"语出有源""语出有因"的创造理念。汉语基本隐语主要有拟声、语音、文字、语义、截取、修辞、联想、文化等八种造词手段。运用八种造词手段，汉语基本隐语造词共有四法：声音造词法、文字造词法、截取造词法和意义造词法。[①] 无论如何，其旨趣均在于"隐训藏，是借另一事物来把本来可以说得明白的说得不明白点"。[②]

显然，隐语行话的"正名"，不仅仅是学术领域的学术用语的正名，还存在一个面向社会的更大范围的社会文化视野的"文化正名"。为此，采用符合其品性特征的渊源有自的别名雅号，可谓顺理成章。"二千年再来，雅号乃默契"（宋·褚伯秀《呈周清溪》诗句），"今而后，有芳名雅号"（元·刘敏中《沁园春》）。旨趣所在，通过以此为隐语行话进一步正名，进一步祛魅，还其文化品性本色，还其本来面貌。使之从被长期污名化的被沉沦隐匿历史文化深处，从歧视与嫌恶的困厄的阴影之中获得解脱与新生，公正客观、堂而皇之地回归社会文化史的舞台，为还原再现以往众多历史文化场景与原貌，提供独到的叙说、真切的社会记忆语码。

英国学者哈里森提出，"遗产不能仅仅理解为对存留至今的古物进行被动地保护，它还是一种将物、场所与实践主动聚集起来的过程，其中，我们的选择犹如一面镜子，映照着我们在当代所持并希冀能带进未来的某种价值体系"，因而"遗产最重要的不是关乎过去，而是我们与现在、未来的关系"[③]，为隐语行话正名祛魅的宗旨在于为还其本原品性扫清障碍，纠正被扭曲的"黑话"形象，进

[①] 邵燕梅《汉语基本隐语造词手段与造词法分析》，《文化学刊》2014年第2期。

[②] 《闻一多全集》第117页，生活·读书·新知三联书店1982年出版。

[③] 英国学者哈里森 Heritage: critical approaches 一书序言，转引自杭侃《活态传承需要普及和人才》，《光明日报》，2018年8月11日第5版。

而发掘、整理和剖析潜藏在社会深处隐语行话语码集合中的社会文化记忆，还世界一个客观、完善的社会文化史，助益增强文化自信。

"繁华能几时，千秋污名节"（明末清初·卢若腾《识务》诗句）。随着隐语行话直接应用功能的消退使用群体和层面的逐渐减少，其成为"语言文化化石"遗存的速度在逐渐提速，业已处于亟待抢救和保护的时代节点，更应使之"莫把污名玷此生"（宋·赵友直《释闷》），尽快祛魅，摆脱污名化的阴影。

否则，不仅有悖语言事实和历史本原，也是对除了少数涉嫌丑恶事象而外的占绝大多数的使用隐语行话的各类群体的严重不公与不尊，乃至一种侮辱。

二、关于隐语行话称谓用语辨析

为何需要"正名"？"名不正，则言不顺；言不顺，则事不成"。何以"不正"？且对纷杂不一的隐语行话称谓试做如下梳理辨析。

首先，不可以不雅的蔑称涵盖整体。如"黑话""黑语"等，皆属蔑称，需要祛污祛魅。

什么是"黑话"？且看《现代汉语词典》等三种比较权威的现代汉语辞书"黑话"条目的解释。《现代汉语词典》的解释是，"帮会、流民、盗匪等所使用的暗语"，或"指反动而隐晦的话"[1]。《汉语大词典》的解释有三个义项，一是"吓唬人的话"。并引书证《西游记》第八四回："八戒在旁卖嘴道：'妈妈儿莫说黑话。'"；其二

---

[1]《现代汉语词典》，商务印书馆 2016 年第 7 版。

是"旧社会的帮会、无业游民、盗匪等所使用的秘密语"；其三则是"反动而隐晦的话"①。再有《现代汉语规范词典》的解释是，"帮会、盗匪、流民团伙等所使用的只有同道人才能听懂的暗语"，或"比喻反动的言论"②。有的，甚至径以"匪语"名之。如《临江县志》卷七《方言》辑录的《匪语》③。

《临江县志·匪语》书影

  人们之所以称隐语为黑话，是出于对隐语及其使用者表示厌恶，也反映了人们对黑话使用者的恐惧、抵制心理。显然，与泛称"犯

---

① 《汉语大词典》第十二卷第 1335 页，汉语大词典出版社 1993 年 11 月出版。
② 《现代汉语规范词典》外语教学与研究出版社、语文出版社 2004 年第 1 版。
③ 《临江县志》八卷，罗宝书等编纂，临江艺文斋"伪满"1935 年出版。

罪隐语"一样，依此来概括、泛称或说总称隐语行话，不符合语言事实，乃至有污损、丑化之嫌。至于《汉语大词典》本条目这里何以将《西游记》这个用例的黑话解释为"吓唬人的话"，有待商榷。

民间传抄本《江湖走镖隐语行话谱》（原题《江湖黑话谱》）① 亦有"江湖黑语，师兄弟三人所传"之说。虽意犹"暗语"，但江湖黑道亚文化色彩浓厚，可用指特定群体的隐语行话，文学作品等仍可沿用，却不宜用为科学术语。笼统地把民间隐语行话泛称为"黑话"是一种可笑的偏见和误解。世俗俗谓隐语行话为黑话，非但出于从众，亦显示着对其使用者中的涉嫌黑恶势力群体的嫌恶或恐惧心态。

其次，一词两义，易生歧义。如"隐语"，汉籍文献一向多用指谜语。南朝梁·刘勰《文心雕龙·谐隐》所谓"遁辞隐意，谲譬指事"之语，虽切合后世所谓隐语行话的基本品性特点，但古代主要用指"昔楚庄、齐威性好隐语，至东方曼倩尤巧辞述"巧于辞述之谜语、藏词之类"隐语"。如《汉书·东方朔传》所记："（郭）舍人不服，因曰：'臣愿复问朔隐语，不知，亦当榜'。"再举个例子。元·白珽《湛渊静语》卷二载："鲍照尝有井谜曰：'一八五八飞泉仰流。一八，井字八角也。五八，折井字而四之，则为十者四，四十即五八也。飞泉仰流谓垂绠取水而上之也。'今杭之塘西大明寺前井，亦镌隐语于上云：'一人堂堂，两曜垂光。井深赤一，点去冰旁。二人同行，不欠一边。三梁四柱足火然，若有双钩两日全。乃大明寺水天下无比也。'"至清，何垠注释本《聊斋志异·凤阳士

---

① 《江湖走镖隐语行话谱》，原题《江湖黑话谱》，清·佚名氏撰写本，曲彦斌据《双梧书屋考藏珍本丛书》初集影印本校点，附载于《中国民间隐语行话》一书卷末。曲彦斌《中国民间隐语行话》，新华出版社1991年出版。

人》"丽人亦美目流情，妖言隐谜"，何垠注云："谜，隐语也。"再如清代竹枝词"灯虎斑斓五色辉，万言隐语总如饥。心兵好斗将军勇，十字街前打一围"（花杰《宝研斋诗钞》），等等，亦然。

再论"市语"，亦然。汉籍通常亦两指。一是指市井俗语，如周紫芝《竹坡诗话》卷三："东坡云：'街谈市语，皆可入诗，但要人镕化耳。'"明·袁宏道《解脱集·朱司理》："近日觉与市井屠沽，山鹿野獐，街谈市语，皆同得去，然尚不能合污，亦未免为病。"其次，是指市井隐语行话。宋·陶毅《清异录·百八丸》："和尚市语以念珠为百八丸。"（念珠通常为一百零八颗，故名）宋·曾慥《类说》卷四引唐·无名氏（一说元澄）著《秦京杂记》云："长安市人语各不同，有葫芦语、锁子语、纽语、练语、三摺语，通名市语。"明·田汝成《西湖游览志馀·委巷丛谈》："乃今三百六十行各有市语，不相通用，仓猝聆之，竟不知为何等语也。"《水浒传》第六一回："（燕青）说的诸路乡谈，省的诸行百艺的市语。"《西游记》第二回悟空道："师父，我是个老实人，不晓得打市语。"

第三，有些用语不能完全契合隐语行话这种语言事象的本体性质。例如"行话"。

《汉语大词典》的解释，是"指各行各业的专门用语"。如《儿女英雄传》第十七回："只听他说怎样的'安耐磨儿'、'打底盘儿'、'拴腰拦儿'、'撕象鼻子'、'坐卧牛子'，一口的抬杠行话。"[1]《辞海》的解释，行话是"各行业为适应自身需要而创造使用的词语"[2]。《现代汉语词典》的解释是，"某个行业的专门用语（一般人不大理

---

[1]《汉语大词典》第三卷第915页，1989年3月第1版。
[2]《辞海》第802页，1999年缩印本。

解的）"①。显然，如不与"隐语"组成"隐语行话"这样的合成术
语，便难以契合这种语言现象的本质与品性。即或"秘密语"，在
字面上的语义上，比较切合隐语行话的封闭式的回避人知的一面，
强调了内部性、保密性。但是，目前所知所见的隐语行话语料文
本事实，大部分属于半封闭式的状况。这也正是常常使用"隐语行
话"这个用语作为术语的缘故。宋·陶谷《清异录·惺惺二十一》：
"博徒隐语，以骰子为惺惺二十一。"清·采蘅子《虫鸣漫录》卷二：
"士令其将贼中隐语备述而笔记之。"清·黄钧宰《金壶浪墨·教匪
遗孽》："宿州张义法者，从永城魏中沇学弹花织布两歌，皆邪教中
之隐语。"清末民初北京有《江湖行话谱》印行，书分《行意行话》
《走江湖行话》凡九类。甚至，旧时养鹰驯鹰行业亦有自己的当行
隐语行话。清嘉庆年间，因涉福建李赓芸自缢案遣戍黑龙江卜魁的
流人朱履中在《龙江杂咏》中写道，"青雕入贡有笼鹰，选得秋黄
胜大鹏。双爪扣环系云了，碧霄万里任飞腾"。其诗后自注云，"鹰
之良者曰秋黄，若得雉兔而双爪紧抱者曰扣环，扬去曰云了，皆隐
语"。同治年间因教案被谪戍黑龙江的张翰泉在《龙江纪事百廿咏》
中写道，"草枯霜白正深秋，击兔苍鹰暂下韝。为念主人恩养久，
云霄扬去复回头"。其诗后亦有自注云，"鹰初生曰窝雏，长成曰秋
黄，逾岁曰笼鹰，故养鹰家书一笼、二笼、三笼，鹰过三笼则矣。
土人谓鹰扬去曰'云了'，盖隐语也"。所记，亦清季黑龙江地方饲
鹰行业的隐语行话。可见，诸行各道的"行话"，无不在于强调其
回避人知的封闭性、内部性、保密性。

又如"暗语"。《现代汉语词典》的解释是，"彼此约定的秘密

---

①《现代汉语词典》，商务印书馆 2016 年第 7 版。

语"①。《现代汉语规范词典》的解释是，"事先约定而外人不懂的有特殊意义的话"，或"有按时内容的话"②。或言之，通常所谓的"暗语"，其品性应当是交流双方出于某种需要回避他人听懂，临时或随机地先行约定的话，而非某一群体长时期约定俗成的封闭或半封闭的、特定的言语符号系统。

因此，"行话"和"暗语"均不能完全契合隐语行话这种语言事象的品性，故不可"互以为称"（《后汉书·延笃传》），不宜用为与"隐语行话"并行的同质性可以的称谓用语。

第四，有些用语所指语料文本业已湮佚于史，失去了具体文本的语料佐证支撑。如曾慥《类说》引唐·无名氏《秦京杂记》所云葫芦语、锁子语、纽语、练语、三摺语等。再如"查语"，亦然。唐·段成式《酉阳杂俎续集·贬误》载："予别著郑涉好为查语，每云：'天公映冢，染豆削棘，不若致余富贵。'至今以为奇语。"随后，宋·王谠《唐语林·补遗一》亦称："近代流俗，呼丈夫、妇人纵放不拘礼度者为查。又有百数十种语，自相通解，谓之查语，大抵多近猥僻。"钱南扬《汉上宧文存·市语汇钞》将"查语"列入"市语"之属，然无更多显证材料可验。

第五，有些用语仅仅沉淀于历史文献或古典戏曲话本小说之中，仅属于特定时期、特定文献使用，基本不曾流通，鲜见后世流通，除必要的引用而外或根本未再使用过。如，谚语、声嗽（如《行院声》《市语声嗽》）、方语、俏语、杂话、忖点等。明·祝允明《猥谈》尚云："本金、元阛阓谈吐，所谓鹘伶声嗽，今所谓市语也。"此前，宋·张仲文《白獭髓》又有"银匠谚语"，如"掀也""火里"

---

① 《现代汉语词典》，商务印书馆 2016 年第 7 版。
② 《现代汉语规范词典》外语教学与研究出版社、语文出版社 2004 年第 1 版。

之类。再前，再如所谓"杂话"，是太平天国所谓隐语行话用语。《王长次兄亲目亲耳共证福音书》："有时讲杂话，是上帝叫朕挢水，使世人同听而不闻也。"

"方语"，系由其原指方言俗语的本义转而用之，即如明代程万里辑录的《六院汇选江湖方语》中所云，"但凡在于方情"，是就隐语行话的地域差异（主要是口语言语交际中的方音）而言。又如"俏语"，系就隐语行话的外观直感的修辞效果而名之。《西湖游览志余》中说："又有讳本语而巧为俏语者，如诟人嘲我曰淄牙……则出自宋时梨园市语之遗，来之改也。"

第六，一些用语主要流行于地域方言区或特定的群体范围，流通范围涵盖偏狭。如四川、重庆的"调侃儿、袍哥话、言话、言子"，山西夏县东浒的"延话"等。广东肇庆端州黄岗采石制砚行业流行的隐语行话，名曰"背语"①。再如寿县正阳关所谓的"市门语"，甘肃永登薛家湾的"邵句"（绍句），方问溪辑录的"梨园话"等等。

第七，"博彩语"与"犯罪隐语"。"博彩语"，或谓"博彩隐语"。例如千门八将中的"上八将"：正、提、反、脱、风、火、除、谣，和"下八将"：撞、流、天、风、种、马、掩、昆，皆属赌场作弊隐语，亦即赌博黑话。

博彩是通过赌博获得彩头的活动。即或是"公益"名目下的社会福利彩票、体育彩票、地方发展彩票等经济活动的本质，包括诸如澳门博彩业的赌场赌博、赛马、赛狗、彩票和足球博彩之类，其品性在于一个"赌"字。

---

① 陈羽《端砚民俗考》第 101 页，文物出版社 2010 年出版。

　　赌场行事中，出自设赌局骗财的目的，为诱骗"老衬""大爷""羊牯"（被骗对象）上当入局，骗赌团伙的"来手""前手""贴手""后手"等分工合作，举凡"风将"（收集情报、观察动向）、"提将"（劝人入局）、"谣将"（以谣言诱人入局）、"反将"（激人入局）、"脱将"（骗局败露掩护同伙逃脱）、"火将"（打手）、"除将"（负责善后）等等，无不尽在其"博彩语"之中。如此直接涉嫌犯罪行为的"博彩语"的性质，实可谓之涉嫌"犯罪隐语"。

　　此外，再如所谓"犯罪隐语"。"犯罪隐语"之说，类如"犯罪语言"之说，适用于犯罪行为的隐语和语言。汉语史上，自成体系专门用于犯罪行为的隐语、语言，极其罕见。按照现行法律法规，即或是使用了这种隐语或语言犯罪作案，在尚未审判定性之先，只能说是涉嫌。即或是判定有罪之后，实施犯罪作案使用过的那些隐语、语言，亦不好就确定其为"犯罪隐语"或"犯罪语言"。何故？除去自成体系专门用于犯罪行为的隐语行话、语言，如《临江县志》辑录的"匪语"之类而外，更多的隐语行话均非涉嫌犯罪群体或犯罪行为、活动所专用，显然是对隐语行话的污损。

　　第八，有些用语主要流行于江湖社会诸行当，染有浓厚的亚文化色彩，不宜用作科学术语。如"春典"。"春典"又作"春点"，是江湖各行对隐语行话的称谓。《江湖通用切口摘要》小引释"切口"即"隐语"后，称其"名曰春典"。关于此说由来，迄今无确切明晰断论。

　　至于"忖点"，或言其为一种令人费揣度的隐语。如《珠丛》云，"忖，测度也"。但是如此表述的命名，迄今仅仅见之于《点石斋画报·忖点》图,《清稗类钞·方技类二·李半仙相喇嘛》^①,两者也只是重复载录而已。除此而外的场景,很难有谁知道何谓"忖点"。

《点石斋画报·忖点》图中,绘的是街巷中一个号称"赛半仙"的"张铁口命馆"铺面门前算命生意兴隆,命馆主人"张铁口"一眼识破前来看相的一位和尚,上前一把摘去他的帽子露出光头本相,引得围观者为之大笑。

其说明文字节略如下:

> 命相家游行各埠,其烛幽洞显。称为"赛半仙"者,大都暗中有人为之指点,其切口曰"忖点",盖忖度其人之大概而指点之也。然为之"忖点"者,率皆土著,故谈言无不中者。张铁口,嘉兴人,以相术鸣于时,披窍导窾,如犀照胆,以镜烛妖,无或遁者。一日至某处,神窨来一中年人,方面大耳、气象轩昂,请张为之谈相。张以此种相貌、堂皇冠冕,自是宦途中人,极口恭维,决之为监司大员。其人微笑不语。俄而"忖点"至,曰:"噫!殆矣!"以切口递消息于张。张知已铸成大错,索性分外揄扬曰:"以君相貌,某年当进位督抚,某年当入阁拜相。"既而猝以手摘其冠曰:"老师太你来骗骗我!故

---

① 且将《清稗类钞·方技类二·李半仙相喇嘛》迻录如此,以资参考——术士游行四方,其能烛幽洞显者,大抵暗中有人指点,其切口曰忖点,盖忖度其人之大概而指点之也。然为之忖点者,须为土著,始无不中。保定李半仙以相术鸣,宣统时,设砚于京师之东安市场。一日,来一中年人,气宇轩昂,请李谈相。李极意献谀,决之为部员,其人微笑不语。俄而忖点至,急以切口递消息与李,李不得已而更谀之曰:"以君相言,官品何仅至此,某年当进位督抚,某年当入阁拜相。"既而骤以手摘其冠曰:"大和尚,尔诳我,我亦诳尔,此所谓即以其人之道还治其人之身也。"言已,大噱,观者为之哗然。盖来相者,乃雍和宫之喇嘛也。而李半仙之名乃益著。

我亦骗骗你也。"言已大噱，观者为之灿然。盖倩张谈相者乃某寺僧也，而张铁口之名乃益著。

《点石斋画报·忖点》图

第九，有些用语仅仅是一种比喻性的模糊叫法，所指不贴切，不能广泛流通。如"术语""哑谜"等。哑谜——见于《说唐全传》第二十二回，所谓"这行中哑谜，兄弟不可不知"，如"剪拂"（强盗见礼）、"风紧"（杀之不过）、"付帐"（守山寨）之类。究其语源，取俗语"打哑谜"之义，则本于《文心雕龙·谐隐》有关谜解。

第十，有些用语因语音构造的反切秘密语而言，所指不能概括整体。如切口、反切语、切语、反语等。切口——又简称"切"，如明末清初有《江湖切要》（又名《江湖切》）一书流行，专释江湖隐语行话。清末，又有《江湖通用切口摘要》。原本专指以反切方式构造的秘密语，后则用来泛称所有秘密语，即如《江湖通用切口摘要》小引所说："切口，即隐语也。"赵元任撰《反切语八种》，仍专指以反切方式构造的秘密语。

三、用典："隐语行话"之"雅"与"俗"

隐语行话之"雅"与"俗"，是相对而言的不同层面和侧面。

规范其诸多类如"乳名""学名""俗称""雅号"，乃至于"绰号"等纷歧不一的杂滥称谓，同样是正视、抢救、收藏和保护这种特殊的语言文化遗产所必须，也是科学地普及相关知识的同时引导正确的认识与规范使用，维护祖国的语言文化健康发展的需要。

汉语隐语行话文化内涵丰富多彩，岂可因用语称谓的杂滥而失范甚至被污损。"锦语""俏语"之谓，则是一些群体对其雅致不俗、绚丽多彩方面的欣赏与赞誉。

隐语行话之"俗"，是其发生与传承扩布的社会群体层面乃至使用的场景范围所决定的，一种特别的民俗语言文化现象。其"俗"，主要在其民间性。毋庸讳言，上述诸如"春点、忖点、市语、锦语、方语、俏语、杂话、查语、市门语、哑谜、声嗽、调侃儿"等一些称谓用语的本身，就带有各种难以摒弃的"俗"的痕迹和世俗的民间性。民间性属性，意味着"不登大雅之堂"，通常不宜用于正式场合。在庄严的话语环境之下，满口隐语行话，显然颇不合宜。

古往今来，崇雅抑俗意识一直是一种居主导地位的价值取向。

就"美"与"陋"而言，无可非议。然而，世间的事物并非单凭一把尺子所能绝对定论的。因为，"雅"与"俗"的内涵非常丰富，界定的标准也多种多样。而且，往往是"俗"中含"雅"。汉·王充《论衡·自纪》："深覆典雅，指意难睹，唯赋颂耳！"以谓言辞、文章出之有典据，故而感到高雅而不浅俗。"有人笑我诗，我诗合典雅"（唐·寒山《诗三百三首》其三〇三），"文章典雅似班固，人物风流如谢安"（宋·张扩《次韵吕居仁主簿过韩存中侍郎所居》），"文章惟典雅"（明·徐溥《挽李翰林》），"文章惟典雅"（明·徐溥《挽李翰林》）。

隐语行话之"雅"，往往被世人忽略。披览历代有限的隐语行话专题文献，往往令人联想到鲁迅论《义山杂纂》时借南宋目录学家陈振孙《直斋书录解题》的话头所说，"书皆集俚俗常谈鄙事，以类相从，虽止于琐缀，而颇亦穿世务之幽隐"①。

用典的修辞意义在于使表达丰富而含蓄，是使之"典雅"。隐语行话的构成，不乏雅正的用典之例。隐语行话隐含的避俗趋雅，讳俗趋雅意识，凸出为构造语词的用典方面。"典谓《坟》《典》，雅谓《雅》《颂》。"（《文选·马融〈长笛赋〉》"融既博览典雅，精核数术"吕向注）隐语行话之用典，往往就习见事象用习见之典。例如，宋人所辑《绮谈市语·亲属门》以"渭阳"称舅，语本《诗·秦风·渭阳》："我送舅氏，曰至渭阳。"又如《后汉书·马援传》（附马防）："诏曰：'舅氏一门，俱就国封。……其令许侯思德田庐，有司勿复请，以慰朕渭阳之情。"唐·李商隐《义山杂纂·非礼》云："呼儿孙表德；母在呼舅作渭阳；……"是专指舅氏。是为

---

① 鲁迅《中国小说史略》第 76 页，人民文学出版社 1973 年出版。

市语照用古语耳。《绮谈市语·器用门》谓"扶老"指竹杖。晋·戴凯之《竹谱》:"竹之堪杖,莫尚于筇,磈砢不凡,状若人功。一曰扶老,岂必蜀壤,亦产余邦。名实县同。"又晋·陶渊明《归去来兮辞》:"策扶老以流憩,时矫首而遐观。"再如《行院声嗽·伎艺》:"讲史:臣宪"之"臣宪"。据宋·耐得翁《都城纪胜·瓦舍众伎》载:"讲史书,讲说代书史文传,兴废战争之事。"而"臣宪",亦即"宪臣"的同素倒序之用,本为御史的别称。《新唐书·元稹传》:"宰相以稹年少轻树威,央宪臣体,贬江陵士曹参军。"此则借其隐喻讲史艺术。

《绮谈市语·人物门》:"媒人,伐者;执柯。""伐者",即水伐柯人"也。典出《诗·豳风·伐柯》:"伐柯如何?匪斧不克。取妻如何?匪媒不得。"又《礼·中庸》:"执柯以伐柯。"因称媒人为伐柯人,作媒谓执柯。宋·吴自牧《梦粱录》卷二十,嫁娶:"其伐柯人两家通报,择日过帖。"明·史槃《鹣钗记》第三十一折:"懊恨杀韦公执柯,却将探花妻子被状元夺。"市语"伐者""执柯"同出是典。《江湖切要·星相类》:"九流三教,通称'江湖友'。初出江湖曰'卯喜';〔增〕'隆中'。应聘谓'才出茅庐'也。"其"出茅庐"则取刘备"三顾茅庐"聘请诸葛亮为军师典。

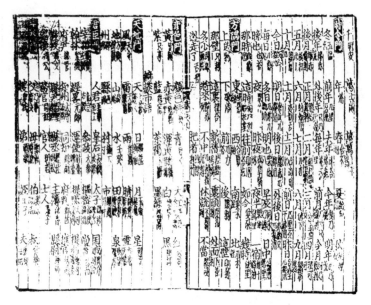

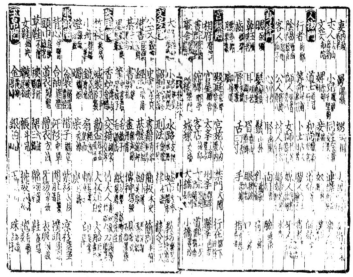

宋·陈元靓《事林广记续集》卷八宋代市语集《绮谈市语》全文书影之一

隐语行话用典的审美取向在于雅化。"雅化"者，"谓闲雅变化而能通俗也"（《史记·李斯列传》："随俗雅化"司马贞索隐）。"通俗"则适宜广泛流行，正所谓"话须通俗方传远，语必关风始动人"（《京本通俗小说·冯玉梅团圆》）。不失根本地随俗雅化，几乎是各地地名雅正的共同规律。一如老北京胡同地名的雅化，如"猪市口胡同"之于"珠市口胡同"，"棺材胡同"之于"光彩胡同"，"驴市胡同"之于"礼士胡同"，"苦水井胡同"之于"福绥境胡同"，"哑巴胡同"之于"雅宝胡同"，"豆腐巷"之于"多福巷"，"豹房胡同"之于"报房胡同"，"羊尾胡同"之于"扬威胡同"既各有其由"王寡妇斜街"之于"王广福斜街"等等，皆属通过对语言形式、含义和意境的雅化给予雅正。如此匡谬正俗，是世人审美意识需求下的社会规范。这里的"匡谬正俗"之"谬"，主要是指就地名中有悖公序良俗和时政的语词。

其效果，即如鲁迅评论所谓"炼话"时所说："方言土语里，很有些意味深长的话，我们那里叫'炼话'，用起来是很有意思的，恰如文言的用古典，听者也觉得趣味津津。各就各处的方言，将语法和词汇，更加提炼，使它们发达上去的，这于文学，是很有益处的，它可以做得比仅用泛泛的话头的文章更加有意思。但专化又有专化的危险。言语学我不知道，看生物，就是专化，往往要灭亡的。它可以做得比仅用泛泛的话头的文章更有意思。……年深月久之后，语文更加一致，和'炼话'一样好，比'古典'还要活的东西，也渐渐的形成，文学就更加精采了。"[1] 如此这般，让隐语行话这种堪谓"语言文化化石"的事象本身及其称谓用语，经历一番"炼话"

---

① 鲁迅《且介亭杂文·门外文谈》，见《且介亭杂文》第81—82页，人民文学出版社1973年出版。

似的功夫，一扫众多杂滥俗称取个意味深长、富于表现力的"雅号"，通过雅正和"雅号"优化称谓的质量乃至形象，增强审美情趣，升华个中精粹，以其匡谬正俗之效，使之更切合事物品性，势必将助益珍稀资源的研究和有效保护、传承和使用。

四、"鹅幻"与"串雅"：两个称谓之"雅正"故实

何谓"博彩"？亦即赌博。所谓"博彩语"，就是"赌博隐语"或言"赌博黑话"。人们讳言事关"赌博"之"赌博隐语行话"而谓之"博彩语"。

如果说，"赌博隐语""赌博黑话"曾是其本来称谓"本名"的话，"博彩""博彩语"则是其"别字"雅称。一如人之名与字，伍子胥（名员，字子胥），孟浩然（名浩，字浩然），刘伯温（名基，字伯温），唐伯虎（名寅，字伯虎），文征明（名壁、又名作璧，字征明），均属于"以字行"的名字称谓习俗。同理，如今赌业已约定俗成的通行称谓，则属于"以字行"之"雅化"了的雅称。

且看前贤关于杂技行业与草泽走方医的两例"雅正"其名——"鹅幻"的"串雅"。

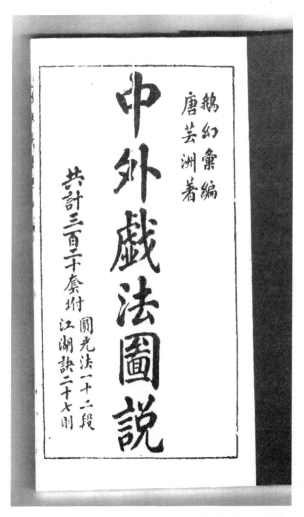

清·唐再丰《鹅幻汇编》内封提示附印有《江湖诀二十七则》

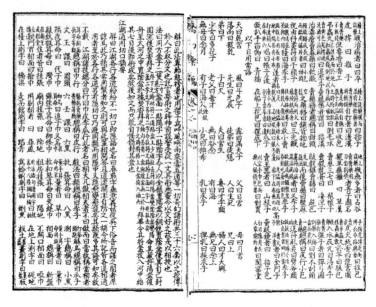

清·唐再丰《鹅幻汇编》卷一二所载《江湖通用切口摘要》正文书影

　　古称"神仙戏术"、俗谓"戏法""魔术""幻术"的中国传统杂技，业经国务院批准于 2011 年列入第三批国家级非物质文化遗产名录。至今仍是传统杂技行业基本知识读本的《鹅幻汇编》（一名《中外戏法图说》），系清代唐再丰历三十余年收集资料进行研读辨析编著的继明代的《神仙戏术》之后更趋完善的一部集大成式的杂技魔术经典著作。唐氏自序："戏法，小技也。然欲穷其奥妙，传其精微，若无师传授，徒费苦思耳。夫三教九流，皆有传本，独此一端，历来向无成书。即偶有附载数事，要皆舛错伪讹。……仆素好杂技，于戏法尤属倾心，即特色秘诀，遍叩名师。岁增月迈，迄今三十余年。细为揣摩，集成三百余套。极古今之善法，尽变化之奇思，分设一十二卷，标之曰《鹅幻汇编》。分门别类，诸法全备，图形细绘，详注分明。笔之所不能达者，绘图以形之。图所不能显者，添注以详之。务使学者一目了然，立能尽其底蕴，转胜于名师之口语乎道也是。"是书尽载各种传统杂技表演经典节目及其技艺，同时亦根据行业行事特点，例行附载有艺人们跑江湖卖艺所必备的《江湖通用切口摘要》《江湖诀二十七则》。据考察，吴桥杂技业内的隐语行话跟吴桥杂技艺术一样，很早就形成了一套完整、丰富的系统，并有很大一部分进入了当地百姓的日常语言生活。同时还随社会发展"与时俱进"而不断补充。[①]时下，吴桥博物馆"春典茶座"展厅以条幅形式满室展示的杂技行业隐语行话，大都在《鹅幻汇编》的《江湖通用切口摘要》记载之中。

唐氏将如此这般自信之作命名为《鹅幻汇编》，却未解释何谓"鹅幻"？何以用"鹅幻"取代古来约定俗成习用之"戏法""魔术"之类称谓用语呢？均未予以阐释。

考之"鹅幻"，出自汉语史上的著名典故"鹅笼书生"。《法苑珠林》辑录的晋人荀氏《灵鬼志》，三国时康僧会译的《旧杂譬喻经》，南朝梁·吴均《续齐谐记》，以及宋代类书《太平御览》、唐代段成式的笔记《酉阳杂俎》等汉籍文献多有述及。清·吴骞《〈扶风传信录〉序》亦载："昔东晋时阳羡许彦，遇鹅笼书生于绥安山下，离奇诡变，至今人称道之。"历代诗文每每用之，如"鹅笼善幻见人情"（清·朱琦《途次口占》），"幻中有幻出鹅笼"（清·丘逢甲《放生鹅歌》），"世态渔洋已道尽，人间何事不鹅笼"（清·蒲松龄《短禾行》），"阳羡鹅笼，幻中出幻，乃转辗相生，安知说此鬼者，不又即鬼耶"（清·纪昀《阅微草堂笔记·如是我闻一》）？等

---

① 曲彦斌《特殊的语言文化遗产——民间隐语行话》，《中国文化报》2013年03月29日《非遗》专版。

等。"鹅幻"乃由"幻中有幻出鹅笼"故事衍生而出。①

唐氏以"鹅幻"取代俗所谓之"戏法""魔术"而为"鹅幻"之术，显系"雅正"之举。

走村串乡游走江湖行医卖药的民间医生，俗谓草泽医、走方医或江湖郎中。又因江湖郎中走方时习以摇串铃作为招徕标识，所以又名"铃医"。在世俗印象的口碑中，江湖郎中一向声誉不佳，毁誉参半。何故？无非是少数江湖郎中见利忘义医德医风欠佳所致。诚若清·赵学敏《串雅》自序所言，"自草泽医始，世所谓走方是也。人每贱薄之，谓其游食江湖，货药吮舐，迹类丐；挟技劫病，贪利恣睢，心又类盗；剽窃医绪，倡为诡异；败草毒剂，悉曰仙遗；刬涤魇迷，诧为神授。轻浅之症，或可贪天；沉痼之疾，乌能起废？虽然，诚有是焉，亦不可概论也"。但是，同样也无可否认的一个事实是，在中国中医学史上，孙思邈、李时珍等许多卓有建树的著名医学家，大都出身于草泽医生，亦即所谓的江湖郎中。

---

① 另者，"鹅幻"音近"鹅鹳"。"鹅鹳"者，古谓军阵。《文选·张衡〈东京赋〉》："火列具举，武士星敷，鹅鹳鱼丽，箕张翼舒。"薛综注："鹅鹳鱼丽，并阵名也。谓武士发于此而列行，如箕之张，如翼之舒也。""云疑鹅鹳阵，风想虎狼都"（宋黄文雷《南丰道中》其五），"陈云压地势填空，鹅鹳飞驰欲得风"（元耶律铸《达兰河》）。以此审视揣测，或兼为借以讨口彩也。

序論

贾笈行醫周遊四方俗爲爲走方其術始于扁鵲華
陀继之故其所傳諸法亦與國醫異治外以鍼刺
蒸炙治内以頂串禁載取其速驗不計萬金也
手所持器以鐵爲之形如硬盂虚其中蔵置鐵丸同
轉搖之有聲名曰虎刺乃起于未李次口次口走
于虎口爲按其術後其術大行名聞江湖視其術
者率持此器即呼虎刺云作三十余異

所提藥囊曰無且囊云秦無且所用者鍼曰鈹鍼有
小袋曰羅星袋有小尺曰分脉尺有藥點之鏡曰
語魅有馬口鐵小筒用以取牙名曰折脆所作偽
藥皆曰何黄草藥曰夾砒持竿布賣貴藥曰皆軟
作道妝僧服曰游方藏曰挑紅用刀曰放紅振
鈴曰標印艾火曰東離水調曰填冷與人治病曰
打梅两人合治曰朧工共分酬金曰破洞賺人財
帛曰撈爪脱險曰出洞如此之類不能悉載器舉
一二焉

《串雅》内外两编书影

　　《串雅》内外两编，是清代著名医药学家赵学敏（1719—1805年）在自幼广览前贤医药典籍所录奇方基础上，参考著名走方医宗柏云手抄《市语宗派神用运技》并记录及其行医经验，辑录整理而成的中医史上第一部有关民间走方医的专著。是书不仅辑录了走方医常用的内治、外治、杂治亦及顶、串、等以简、便、廉、验为行医特点的治病手段和药物炮制方法，还揭示了业内作伪的内幕。同时，为便于读者读懂是书，也辑释有部分当行隐语行话。如赵氏据"丁氏八千卷楼所藏抄本补入"的《市语宗派神用运技》绪论部分所载，"手所持药囊曰无且囊，云秦无且所用者。针曰铍针。有小袋曰罗星袋。有小尺曰分脉尺。有药点之镜曰语魅。有马口铁小筒，用以取牙，曰折脆。所作伪药皆曰何兼。市草药曰夹草。持竿布，卖膏药，曰货软。作道妆僧服曰游方，用针曰挑红。用刀曰放红，撮痧曰标印，艾火曰秉离，水调曰填冷，与人治病曰打桩，两人合治曰拢工，共分酬金曰破洞，赚人财帛曰捞爪，脱险曰出洞。如此之类不能悉载，略举一、二焉"；"药上行者曰顶，下行者曰串，故顶药多吐，串药多泻。顶、串而外，则曰截。截，绝也，使其病截然而止。按此即古汗、吐、下三法也。然有顶中之串，串中之顶，妙用如神，则又不可以常格论也"。显然，《市语宗派神用运技》所辑录揭示的这些隐语行话，集中展现着当时江湖走方郎中赖以成为生计的独到技艺和经营的手段技巧。更多的同类著作的共同特点显示，作为如此一部业内传抄的、直接关系同业生计的当行"秘籍"，穿插使用当行隐语行话悉数必然，乃其本色。

赵氏整理后的本书之所以命以"串雅"之名，据《串雅内编小引》所云，则意在使之"归之雅正"。后来的事实证明，《串雅》一书纂辑成功并流行的本身及其书名用意，显然使一向为世人所轻贱的草泽走方医及其医技脱俗就雅登堂入室迄今仍属中医学经典，赢得了声誉。"俗"者，非但不规范，亦显轻贱低微，不"雅正"。从辑录草泽医生行医经验的业内传抄本《市语宗派神用运技》到医药学家整理而成的中医学典籍《串雅》内外编，不仅仅是该书质的转换，也是从"俗"到"雅"的一次"正名"；既规范了书的内容使之成为典籍，同时也"雅正"了书名，堪谓之"名正言顺"，是为一个"雅正"的过程。"唱医"，亦即走方郎中、游医。明清时的走方郎中行医的韵语秘本《唱医雅言》，性质与《串雅》相同。署名"乐山子"的《唱医释疑破惑十二首》有道，"此书名雅言，脉诀汤头症相连，剪荆棘，除枝繁，学人容易找根源"；"此书无杜撰，海

上奇方选应验，脉症方，编成串，读者顺口最好念"。①是书书名以
"雅言"冠之，非但含有通语的意思，与《串雅》之"雅"用意相
同，同样在于使之"归之雅正"。

可以说，历史上"鹅幻"的"串雅"两个称谓之"雅正"均属
以文化为手段"俗题雅做"，雅正两个向为世俗所轻贱的行业及其
俗称成功"雅正"的范例。其经验，则为隐语行话俗称的雅正提供
了有益的借鉴与参考。

五、"锦语"考：且以"锦语"雅称"隐语行话"

"名不正则言不顺"，语出《论语·子路》："名不正，则言不顺；
言不顺，则事不成。"此为古今共识。《荀子·正名》："名无固宜，
约之以命，约定俗成谓之宜，异于约则谓之不宜。名无固实，约之
以命实，约定俗成，谓之实名。名有固善，径易而不拂，谓之善
名。"亦为官古今共识。

上述隐语行话各种称谓的立足点，均在于这是一种特别的"话
语"工具，是一种特定言语习俗的形态。个中，多谓之为"语"或
"话"，尤以谓"语"为众。"锦语"之"语"乃占大多数。

---

① 陈治生注释，陈少秋整理《唱医雅言阐释》第1—2页，学苑出版社出版2018
年出版。

圆社锦语

狐一　對二　春三　宣四　馬五
蓝六　星七　卦八　逐九　叔十

解数一
天出尖六
诺花流水七
斗底八
勘赚二
转花枝三
火下四
花心八
小出尖五
全场十

明·汪云程《蹴鞠图谱》辑录的蹴鞠行隐语行话集《圆社锦语》

　　源出自宋代蹴鞠行隐语行话集《圆社锦语》一卷，初见载于明·汪云程撰《蹴鞠图谱》。《蹴鞠图谱》，有《玄览堂丛书》影印

本，系迄今所见最早的一种专行隐语行话专集。是卷辑录当行隐语
行话凡 130 余事，皆以通语为注释之。如："听拐：耳。夹脬：有钱。
拐搭：靴鞋。葱管：阳物。"稍后，明·陶宗仪《说郛》有节录本题
为《蹴鞠图谱》。《说郛》节录本《蹴鞠图谱》中的"锦语"仅录 45
事，虽然很少，却有四事为《玄览堂丛书》影印本《蹴鞠图谱》中
的"圆社锦语"所无，即："健色：气球。足目：饱。下网：里衣。
下马：舆。"可以补其阙。清·翟灏《通俗编·识余》云："明汪云程
《蹴鞠谱》有所谓锦语者，亦与市语不殊，盖此风之兴已久。"今人
钱南扬《汉上宧文存·市语汇抄》说："是将全书考察一下，未收之
市语尚不少。如：开膁、圆会、哨水、齐云、野圆、出汗、不出汗、
部署、校尉、茶头等。可见本篇并不完备。"然已弥足珍贵。

《圆社锦语》辑录了许多专业技术性很强的当行隐语行话，如
下诸例：

　　解数：一。勘赚：二。转花枝：三。火下：四。小出尖：
五。大出尖：六。落花流水：七。斗底：八。花心：九。全场：
十。打楦：添物。拐搭：靴鞋。补踢：干事。顺行：退随。逆
了：颠倒。穿场：失礼。入步：来。膁辞（辞）：去。不正：
歪。上网：上盖。盘子：场儿。白打：远去。稍拐：后。歪：
不好。搭：上前。左拐：左边。右拐：右边。打唤：请人。冲
撞：骂人。蹴鞠梢：晚。云散：无人。拨云见日：明人。乌龙
摆尾：了毕。

　　至当代，明代以来的这些蹴鞠隐语虽然已不在足球运动员和球
迷中继续流行使用，但除诸多考古遗迹和古代遗物作为佐证而外，
以《圆社锦语》为典型的历史文献，业已成为佐证中国是世界上足

球运动发源地的一项重要"语言化石"。而且，更是源远流长的世界足球运动史上的一种十分珍稀难得的足球运动专业技术性语料实证。

此外，《圆社锦语》同时也辑录了大量非专业性但与球员日常生活乃至蹴鞠当行事物相关联的隐语行话，如下例：

> 添气：吃食。宿气：中酒。夹气：相争。单脬：无钱。听拐：耳。夹脬：有钱。葱管：阳物。字口：阴物。入气：吃饭。脬声：言语。达气：声气。膜串：不中。朝天：巾帽。侵云：长高。表：妇人。用脬：如使。喷嚏：下雨。喝啰：叫唤。□（原文不可考）刚：大名。无下刚：嫠。绵脚：牙齿。水：表。入网：无房。上手：得。下手：不得。大泰：毒行。折皮：行动。细褪：饥了。足脉：醉了。五角：村。水脉：酒。脉透：醉。受论：肯。糟表：无用。光表：和尚。老表：道士。调脬：尿。网儿：衣。涨水：杂。嵌角：瞎。遭数：或。撞烟：黑。粉皮：白。侵粗：床。膆表：耐。踢脱：死。虎掌：手。旋道：眼。朦戏：看。掣脬：坐。脬儿：女。插脚：坐入。刀马：脚。折皮：动行。滚：浴。圆：好。出恶：性起。用表：使女。攒老：军人。苍老：老妇。锁腰：丝环。打寞：吃茶。水表：娼妓。孤老：老官人。贡八：使人。敦杀：坐地。者粗：猪肉。嗟表：少女。五角表：村妇人。云厚：多人。球粗：羊肉。斗粗：牛肉。浮粗：鹅鸭。江戏：鱼。线粗：鸡。仙桥：鼻。粉合儿：口。玉栏干：手。数珠：肚。胞头：卯。糧头：米。聚网：伞。鸾字：书信。花市：早。夹胞：有钱。寞闲：茶钱。花阴：午。

凡此说明，清人翟灏的论断，"所谓锦语者，亦与市语不殊，盖此风之兴已久",甚是恰切,圆社锦语同属市井流行的隐语行话品性,亦即"与市语不殊"。

值得关注的是,有的"锦语",自明以降,流行沿用到清末民初,非但用字,连基本语义都保持着。例如:

> [入步]《蹴鞠谱·锦语》:"来:入步。"《蹴鞠图谱·圆社锦语》:"入步:来。"《新刻江湖切要·人事类》:"来了曰入步。"清傅崇矩《成都通览·成都之江湖言词·人事类》:"来了:入步。"《全国各界切口大词典·星相类·隔夜算命之切口》:"入步:来了也。譬如狗子入步,即主客来了也。"

还有一些"锦语"的构词语素一直沿用至现代。例如,《圆社锦语》中的"粗"这个语素,多与"肉"或"牛肉"相关联,如"者粗:猪肉。球粗:羊肉。斗粗:牛肉。浮粗:鹅鸭。江戏:鱼(肉)。线粗:鸡(肉)。"在近现代江湖隐语行话中,仍可发现这种情形的遗存。例如:

> [粗]吴汉痴《全国各界切口大词典·盗贼类·短截贼之切口》:"粗:牛也。"
>
> [粗瓜]李子峰《海底·各地通行隐语》:"牛肉:粗瓜;大菜。"
>
> [老粗]李子峰《海底·各地通行隐语》:"牛:老粗。"
>
> [粗瓜]《四川袍哥隐语行话》:"粗瓜:牛肉。"
>
> [老粗]《四川袍哥隐语行话》:"老粗:牛。"
>
> [粗瓜]《长春文史资料·东北土匪隐语》:"粗瓜,大菜:牛肉。"

　　这个构词语素遗存现象，尽管并非广泛排查的结果，也从一个很细微的层面折射出了"锦语"对后世隐语行话构词影响之一斑。

　　作为适应丰富多彩而又复杂多变社会生活所滋生的语言智慧与诡谲，所造就一种言语艺术，一种源远流长的语俗，社会生活史的独特"语言文化化石"的隐语行话。"春秋战国见发端，雅俗并用唐宋元，空前发达明清季，一脉传承到今天。""不同时代、不同群体的民间秘密语，不免印有时代与群体的文化痕迹，乃至政治、经济的烙印。人们一向对隐语行话有所误读与偏见，但事实上，流行使用隐语行话的群体，大多不属于涉嫌犯罪的群体，作为一种语言文化现象的隐语行话，其使用与传承是现实社会语言生活的需要。"①在中国文化史长河中，汉语隐语行话是重要的语言文化事象遗存，是揭示、透析社会文化的一个绕不过的而且是别有洞天的窗口。然而，关于这一重要语言文化事象的称谓用语一直处于芜杂失范状态。这种状态，一直困扰着相关的学术研究与规范，业已直接地影响着这一语言文化资源发掘、保护、传承和利用。

　　二十多年来，"隐语行话"这个用语业已成为事涉这类语言事象、语类的通用称谓，几成共识。"穷品性之纤微，极遭遇之变化。"（王国维《曲录序》）那么，我们也有理由预期和相信，隐语行话源远流长的另个称谓"锦语"，亦必将约定俗成为其富有特定历史文化内涵的别称，一个颇富品位与情趣的的称谓。归根结底，在于更切合其语言事实与品性。

　　著名修辞学家陈望道先生在《修辞学发凡》这部现代修辞学经

_____

① 艾珺《别有洞天独具意义的中国隐语行话博物馆》，《文化学刊》2017 年第 5 期。

典著作中，把修辞现象划分为两大分野，即"积极修辞"和与之相对应的"消极修辞"。"积极修辞"，是指根据表情达意的需要，积极运用各种语文材料，极力使语言准确、鲜明、生动、富有感人力量的修辞方法，随情应景地运用各种表现手法，极尽语言文字的一切可能性，使所说所写呈现出形象性、具体性和体验性。为此，详述有譬喻、借代、映衬、引用、仿拟等 40 余种积极修辞辞格。[①] 基于"鹅幻"与"串雅"两个以"俗题雅做"的为文化手段雅正世俗轻贱行业及其俗称的范例和经验，以"锦语"作为"隐语行话"的别名雅号，亦不失为一种近乎"借代"式的"积极修辞"。

若论"锦语"之于"隐语行话"两个用语之间的关系的话，则可以说，作为学术术语的"隐语行话"属于"学名"，那么，"锦语"则属于与"别字"雅称矣。参照"以字行"习俗或先例，在一些话语环境下使用"锦语"同质（同一品性）的替代"隐语行话"，或与之并行，当属可行之举。此举，无论对于发掘、保护、传承隐语行话这种独特的珍稀语言文化遗产，还是科学开发利用其历史文化资源，均具有积极作用。

简言之，隐语行话的称谓，之所以五花八门，之所以从黑话、切口、行话、暗语、春典、市语到"锦语"不断变化，之所以众说纷纭甚至是莫衷一是，之所以出现多种多样的解读，之所以越来越备受关注，归根结底，便在于它的品性是一种始终与社会生活紧密相关联的、蕴含深厚的文化事象，在于它不仅仅是铭刻着多层面历史文化记忆的非常珍稀的"语言化石"，更在于它仍将通过流变伴随人们未来岁月的生活。

---

① 详见陈望道《修辞学发凡》有关章节，复旦大学出版社 2014 年出版。

　　隐语行话以别称之"雅化"为"锦语"，是从"黑话"祛污的再次将其"颠倒黑白"拨乱反正，把被颠倒的"黑白"再"颠倒"过来，用文化的视野进行称谓用语的洗礼，亦可谓一种"雅正"。

应予关注的"另类濒危语言"

——民间隐语行话现实社会生活视野下的隐语行话

一、处于濒危态势的隐语行话

民间隐语行话，亦称"民间秘密语"，几乎是各种语言大都存在的一种民俗语言文化现象。一种语言文化系统内部的民俗语言的濒危，也包括其语言社会变体的民间隐语行话的濒危。

近年来，"濒危语言"现象越来越受到人类学家、语言学家的普遍关注。据报道，全世界大约6800种语言中，有近一半的语言使用者人数低于2500人，而且其使用的人数还在不断地减少着。几乎是平均每两个星期，就要有一种语言因不再有使用那种语言的人而消亡。依此速度，到21世纪末，全世界就将有至少半数的语言不复存在。语言不仅仅是传输信息的重要工具，而且更是负载社会历史文化信息的重要载体，积淀着历来人们认识、解释、理解世界的方式与所创造的知识。姑且不论这些语言消失的种种原因与后果，但就其所载负的丰富的、独特的社会文化信息来说，转瞬间就成了难以复制的东西，就成了需要重新发掘的、令人瞩目的"历史文物"。语言学家黄长著先生在一个国际学术会议的发言中疾声呼吁，语言与文化多样性的消失对文化生态环境的破坏，与生物多样性的消失对生态环境的破坏一样可怕，应该像保护秃鹫、大熊猫和白鳍豚等珍稀生物物种那样保护那些濒危语言。其道理，正是如此。21 世纪前半个世纪"柳田国男时代"的日本民俗学界，在柳田倡导下通过深入的田野调查和细致的文献梳理，"以民俗语言为索引，整理民俗事实，加以分类解说"，出版的多卷本的《综合日本民俗语汇》，可谓当时日本民间文化遗产抢救、发掘的丰碑式的主要成果。

民俗语言是民间文化最重要的信息载体和传播工具。各地方言和普通话中的民俗语汇，是各类民俗等民间文化事象的最主要、最活跃也是最为典型的信息载体和传播工具，是考察、研究传统文化不可多得的、处于历史文化深层结构的语料实证。有许多民俗语汇随着那种方言土语或那种民俗事象的消亡而成了语言与民俗的"语言化石"，或者正在消亡处于"濒危"状态之中。尤其是那些一向被误解为"黑话"的明清以来各行各业隐语行话之类民俗语汇，更因其"低贱"、流行使用的群体比较狭窄和传人的过世而消亡的速度尤快。而这些蕴含着深层民间文化事象的"语言化石"的消失，将会给社会历史留下众多的难解之谜。

不久前，我在为郝志伦先生的新著《汉语隐语论纲》[①] 所作序言中，特别谈到了许嘉璐教授在分析语言与文化关系时的见解，语言是一种特殊的文化现象，是文化的最重要载体，对文化有着巨大的

---

① 四川省教委 1999 年度人文、社会科学研究项目，郝志伦《汉语隐语论纲》，巴蜀书社 2001 出版。

反作用力。因而,"语言理解包含着文化理解,同时语言理解需要文化理解;语言理解的层次越高,文化理解也就越高,需要的文化理解也越高"。① 同时也借此重复强调了一个观点,这就是,隐语行话属于社会文化深层结构之中的一种更为特别的民俗语言文化现象,是考察研究中国社会文化、语言文化别具一格的独特视角。随着这些"濒危语言"的消亡,依附于这些"濒危语言"的民间隐语行话等民俗语言文化信息,亦必将随其"母体"的消亡而相应地消亡。皮之不存,毛将焉附!

二、对隐语行话的种种误解是其濒危的首要因素

上海东陆图书公司 1924 年出版了一部吴汉痴主编的《全国各界切口大词典》,辑释诸行语词形态民间秘密语 18 大类 376 子类,凡 10 余万言。是书卷首署名"癸亥初冬缶老人"所撰的序言谈到,"近顷坊间之出版物夥矣,同独未及于切口,何也? 岂以事属渺小为无足道耶! 果如是,则谬矣。……我知坊间之所以乏此著作者,实以社会之大,事业之夥,切口秘奥,无以侦得之耳"。甚至,半个多世纪之后,当全国大规模编辑出版各级地方志时,由于是"官修"的志书,隐语行话当然地属于被忽略的内容或是禁区,仅有极少部分的县、镇志书在"方言"部分述及当地历史上曾经流行过的隐语行话。行业、专业志书中,个别的志书选录了一点儿,如有的商业志、戏曲志等。至于"三套集成",似乎本应关注到这种民俗语言现象和品类,结果尤其令人感到遗憾。显然,隐语行话这种民

---

① 《语言与文化》,《中国教育报》2000 年 10 月 17 日。

俗语言文化现象，成了备受冷遇的"弃儿"。这种曾经连帝王、雅士都很青睐"受过宠幸"的事物之所以"落难"至此地步，何故？不仅仅在于它属于那种细微枝节性的东西，主要还是人们不正视它"是个东西"，而认为它"不是东西"。"文革"期间，有些人遭难的一个缘由，是会说会用这种"黑话"。理由很简单，"好人谁说黑话"呢？依此荒谬逻辑推演开来，如此危险而又不登大雅之堂的东西若纳入研究领域，岂不是自找麻烦，没事找事吗！

20 世纪 60 年代，著名语言学家高名凯先生在《语言论》这部著名的语言学专著中就曾批驳过认为社会主义国家不可能存在隐语这种被视为"偷儿的语言"的事物的荒谬论调。他认为，隐语之是否存在，要看"秘密行事"是否必要，不是看有没有偷儿存在。这种社团方言是因需要而存在的。事实上，社会主义国家未必就没有偷儿、黑社会组织群体存在。更重要的是，并非只有"坏人"在使用这种"黑话"，事实是使用"黑话"的绝大部分人却是实实在在的"大好人"。[1] 这一情况，不仅是历史的本来面目，同样是当今现实生活中不容误解、歪曲的现实。否则，难听点儿比喻，则属"盲人摸象"所讽喻的道理。

且不言唐代宫中伶人隐语称天子为"崖公"，称欢喜为"蚬斗"，民间还相传宋徽宗会说什么"徽宗语"，即或是现今也有相当比例的人群仍然在使用着隐语行话。例如，宋代蹴鞠兴盛，至今留有一部源出自宋代辑录了 130 多条当时蹴鞠行当的隐语行话的《蹴鞠谱·圆社锦语》。至当代，宋代的这些蹴鞠隐语虽然已不在足球运动员和球迷中继续流行使用，但却生成了别一套隐语行话。当年宋

---

[1] 高名凯《语言论》第 410 页，科学出版社 1963 年出版。

代蹴鞠隐语有"圆"（好）、"盘子"（场地）、"白打"（远去）、"云厚"（人多）、"搭"（上前）、"稍拐"（往后）、"左拐"（左边）、"右拐"（右边）之类的诸说法；当今足球业（早已经是一种行业啦）也形成有众多行话，例如"大"（进攻面宽，可辅以长传）、"紧"（因心理紧张而不能正常发挥球技）、"收"（防守，后退）、"顶"（把进攻的位置往前移）、"靠"（以逼近方式近身防守）、"废"（通过恶意伤人来破坏对方的战斗力）、"兜"（长距离大力度地传球或射门）、"夹"（以二对一）、"背后"（后卫线与守门员之间的空档），等等，大都与球技和战术相关。

至于有些实实在在属于"黑话"的语汇，也切实已经被现代汉语"光荣吸纳"了。难道能说，"全民都在说贼话、黑话"吗！不信？试问"踩点儿""挂彩""挂花""反水""绑票""出血""撕票""上手""顶风上""跳槽""眼线儿""扯淡""失风""避风头"，都是"什么出身"？源自何方？且以"反水"为例。在《现代汉语词典》里，其释文写道："（1）叛变。（2）反悔；变卦。"《现代汉语词典》特别用了个"〈方〉"符号，注明它是方言。[①] 其实不然。再看《汉语大词典》的释文[②]：

（1）叛变。茅盾《动摇》十："县长受有密令，要解散党部，工会和农会；已经派警备队下乡捉农民协会执行委员。又要反水了，正月来的账，要打总的算一算呢！"李六如《六十年的变迁》第二卷第十三章："他们的前任将吸毒军，反水过来当了军长的方本仁，在一起挤过浮桥时，一家伙跌下了水。"

---

① 商务印书馆 1997 年新 1 版，第 349 页右。
② 汉语大词典出版社 1988 年 3 月出版，第二卷第 856 页右中。

（2）反攻倒算。魏巍《东方》第一部第六章："对，我们绝不能让他们反水。"

毛泽东著作中也有一个"反水"的用例，即《井冈山的斗争·第二次国内革命战争时期》："七月赣敌进攻，八月湘赣两敌会攻井冈山，边界各县的县城及平原地区尽为敌据。为虎作伥的保安队、挨户团横行无忌，白色恐怖布满城乡。党的组织和政府的组织大部塌台。富农和党内的投机分子纷纷反水。"对此，《毛泽东选集》（一卷本）的注释为："'反水'意为叛变。"（人民出版社 1964 年第 1 版，第 81 页"注 4"）其实，"反水"本是土匪的"黑话"用语，指叛变。曹保明所著的《土匪》（春风文艺出版社 1988 年 8 月版，第 122 页）和《东北土匪考察手记·土匪语言的趣味性》（时代文艺出版社 1999 年 1 月，第 355 页）辑录的土匪的"黑话"用语中均注明："反水了——叛变了。"又如 [美] 贝思飞（Phil Billingsley）《民国时期的土匪》（徐有威等译，上海人民出版社 1992 年 11 月版）附录《土匪的黑话》："反水，（当兵的）重又参加土匪活动。"（第 368 页）至于"漏水"，则是"泄露机密"了。（第 371 页）红军时期吸纳的一些旧时江湖行话，还有"挂花""挂彩"（受伤）等，也从一个特定的方面反映了当年加入革命队伍的人员成分状况。也就是说，其中也包括一小部分"反水了"的"土匪"等"江湖中人"。

近年来，更有"大腕（蔓）儿""走穴（踅）""托儿""腥"之类风行各地几乎成了"雅言"似的。仅《北京现代流行语》（北京燕山出版社 1992）、《上海话流行语辞典》（汉语大词典出版社 1997）两部篇幅并不大的当代流行语专书中，以及著名语言学家徐世荣先生编写的《北京土语词典》（北京出版社 1990），就各自选录了至少数十条如此"涉黑"语汇。这些著作为何收录"黑话"呢?《上海话流行语辞典》的前言说,"80 年代,流行语出现很多,原先的隐语、俚语,在各个社会阶层都使用得很普遍",如旧时的乞丐切口"孵豆芽"(取暖)等。《北京现代流行语》前言指出,"黑话、行话"之类,"局外人不懂,乍一听到会有陌生感、新鲜感,求知欲促使人们去究其所以然,所以,黑话和行话使用一段时间后会逐渐为外部了解,进而流行开来,成为流行语"。例如,把人民币单位称作"分""张儿""棵""吨""方"等。徐世荣也谈到,《北京土语词典》之所以收录"黑话",是因为社会土语"主要为行业语,其次是'黑话'——江湖隐秘语",所以"编入少量,聊备一格"。凡此,可谓"黑话"未必就"黑","黑话"未必就是"坏人的语言"的一种事实佐证。有些,即或曾经是"黑话"用语,被"通语"吸收之后,也就自然"变白了"。

三、隐语行话是一种特殊的民俗语言文化现象

几年前,我在《中国民间秘密语(隐语行话)研究概说》里分析、讨论"秘密语研究的近期特点与趋向"时谈到,多学科视点的导入和研究领域的开拓,尤其有助于中国民间秘密语研究的深化和发展。这是现阶段这一领域的一个突出特点。不过,语言学视点的研究,始终是最基本也是最重要的研究视点。为什么?原因就在于,"民间秘密语是一种特殊的语言文化现象,这一根本属性决定了无论从语言学还是从文化学视点的研究,都是首要的、基础的本体性研究。它是语言的一种社会变体,因而语言学家首先将其纳入科学

视野，是极其自然而又似乎是'责无旁贷'的，以往几乎是语言学单一视点'一家言'的局面，是不足为怪的。这一阶段民间秘密语的语言学研究，从过去偏重于语音学的研究，如大量的反切形态秘密语研究，已逐渐转为较全面的关注，如词型构造、语义转换、词源、辞书编纂、正字正音及社会文化背景等。尤其是根据其地域性特点运用方言学的方法所进行的调查和分析描写，使民间秘密语语料的采集整理更趋系统、准确而具有科学性"。①

　　无论是伦理道德标准所界定的"好人"或"坏人"，还是政治制度所认定的"敌、我、友"，或出自功利性的需要，或民俗使然（亦当属功利性的需要），几乎皆无例外地存在使用民间秘密语的历史或现实。不同时代、不同群体的民间秘密语，不免印有时代与群体的文化痕迹乃至政治、经济的烙印。然而，却是世界上几乎各种语言、各种社会文化所共有的一种非主流的语言文化现象。各种历史文献证明，中国汉语的民间秘密语滥觞于先秦，发达于唐宋，盛兴于明清，传承流变至今，存在一个源远流长的历史和传承流变的轨迹。唐代，则是其趋于成熟的时代。汉语是世界上使用人口最多的一种语言，因而汉语民间秘密语非但历史悠久，也是世界上诸同类语言现象中最大的一系。然而，尽管时下仍在"生生不息"，却也时时在"消亡着"。不是么，今可见到的唐宋以来的隐语行话语料文本实在有限。如果没有《圆社锦语》《绮谈市语》《行院声嗽》《金陵六院市语》《新刻江湖切要》等文献流传下来，汉语隐语行话的历史就不能显现出像现在这样的清晰轨迹。尤其是唐代隐语行话的语料，真可谓"凤毛麟角"。众多信息的迹象表明，汉语史上的

---

　　①《社会科学辑刊》1997 年第 1 期。

隐语行话语料十分丰富,远非这一点点。那么,其他那些都哪里去了?消亡了。我通过十数年研究的见解之一是,现代汉语所存在的隐语行话,也就是现今人在一些社会群体言语交际中生存着的汉语隐语行话,绝大部分的基本语汇,仍然沿用着已经传承了上千年的语汇体系,甚至,有许多语汇无论在形式或语音方面,同数百年前并无多大实质性变化,甚至完全沿用着未改。这一点,也正从另一视点佐证着汉语史上的隐语行话曾经十分丰富。

在语言学家眼里,民间秘密语是相对地域方言而言的又一语言社会变体。在人类学家、社会学家看来,它是一种亚文化群体的语言代码,一种非主流文化现象。从民俗语言学视点来考察,民间秘密语则是一种属于非主流语言文化的特定民俗语言现象,一个非常值得探讨而又十分有趣的重要分支领域。多学科视点的研究,显示了学术界和社会有关方面对这一微观科学领域的关注与需要。即如佐夫在评论《中国民间秘密语》[①]一书时所言:"'隐语行话学'既很有专门性,又颇有外部联系的广泛性,是历史学、语言学、社会学、文学、民间文艺学、民俗学、考据学、文化学,以及公安司法的预审学、语言识别、言语鉴定科学及至自然科学等多种学科科研教学和实际应用部门所共同关注的领域,并且也是海外中国学(汉学)研究关注而不易解决的课题。本书运用民俗语言学的科学方法,将民间秘密语置于民族文化这个基本大背景中加以梳理、探讨,对民间秘密语的性质、源流、类型、构造方式、社会功能与民族文化的关系及其传承、扩布的基本规律诸方面,以历史、语言、民间文化、社会心理等多维视野,进行'立体式'综合研究、透析,运用符号

---

① 曲彦斌《中国民间秘密语》,上海三联书店 1990 年 8 月出版。

学等现代科学方法进行阐述……使之集中而系统化，从而展示了中国民间秘密语的全景。"① 多学科视点的导入和研究领域的开拓，成为时下这一领域学术研究的一个突出特点。之所以要关注隐语行话，是因为隐语行话兼有交际工具和文化载体的双重特质。作为特定的社团文化和母语文化的特殊载体，作为一种特殊的民俗语言文化现象，汉语隐语行话所运载和含蕴的文化内容便要复杂丰富得多。可以说，无论在其生成运用时，还是在其发展演变中，汉语隐语行话都在不断吸纳、传承着其所属群体和所属民族的诸如思维观念、价值取向、信仰习俗、生产生活方式以及心理行为模式等文化因素；无论在其表层结构，还是在其深层结构，汉语隐语行话都或多或少地，或隐或显地透析着其所属的特定社团文化和母语文化特征。

四、亟待关注"弱势语言"隐语行话的抢救

诚如郝志伦教授在《汉语隐语论纲》的导论中谈到的："根据现有资料记载，人类语言中的主要大语种，都明显地存在着他们自己的隐语。如果从人类社会实际的言语交际着眼，可以这样说，任何民族语言中都或多或少地存在具有本民族历史文化特色的隐语，任何社会、任何时代都或多或少地存在着传承、创造、使用隐语的文化现象。"② 在考察隐语的语言形式的"结构论"中，他也清醒地注意到"作为民族共同语的社会变体，作为秘密社群及诸行百业的一种特殊交际工具，从语言与文化的宏观角度鸟瞰，汉语隐语与民族

---

① 《浙江学刊》1991 年第 1 期。
② 巴蜀书社 2001 出版，第 2 页。

共同语和民族文化有着千丝万缕的血肉联系"。那么，作为关注隐语行话这种特别的语言文化现象的学者们来说，自然是格外增加了一层惋惜和事业的紧迫感。2001 年秋，当我赴淮河流域的几个商业古镇进行各行隐语行话实地"采风"的田野作业时，一位渔民老兄不无遗憾地告诉我，本镇有位最擅各行行话的老人，只可惜在我到达的十多天前刚刚去世，实在令人扼腕叹息。事实上，每天每时都有众多的这类"语言化石"随着深谙其事者的过世而消失，成为永远的遗憾。

还应特别提出当是，古今中外使用隐语行话的社会群体，主要是生存条件比较恶劣或说很困难的群体，是社会的非主流群体、"弱势群体"和所谓的"边缘群体"。正因如此，这种语言现象也是一种"弱势语言现象"。弱势群体的弱势语言，一旦处于濒危的临界点，也就非常容易消亡。

看来，作为已经陷于"濒危"境地的另一种民间文化遗产，这"另类濒危语言"——民间隐语行话，亦亟应引起社会特别是学术界的关注。因而，在呼吁全社会注意保护、抢救濒危语言的同时，亦当不要忽略关注另一种十分细微的、一向为世人所误解难以正视的"濒危语言"品类——民间隐语行话！

一种语言的消失，意味着一种文化的消失。少数民族濒危语言的抢救，同样存在对其隐语行话的抢救问题。

中国民族语言学会副会长戴庆厦教授在接受媒体采访时指出，在目前我国使用的总共 80 多种语言中，大约有 10 多种语言面临语言功能衰退的"濒危状态"，急需采取保护和抢救措施。他说，"现在，整个土家族只有 3% 至 5% 的人会说土家语，畲语更少，畲族会说自己本民族语言的只有 1% 至 2%，总人数不过一两千人。在大多数土家族的家庭里，年轻人一般说汉语，有时，说汉语的孩子们甚至听不懂自己爷爷的话"；"此外，在我国南方，包括仡佬语、毛南语在内的一些语种都存在不同程度的语言功能下降"。[①] 黑龙江大学满语研究中心主任赵阿平教授每天都在为满语的将来担心。据赵教授介绍，20 年前，满语还是三家子满族村村民语言交流的主要工具，而现在只有 70 岁以上的人能够熟练地用满语交流，30 岁以下的人则完全听不懂。关于满语文化在这里中断传承的解释是，10 年前村里的满语教师调到县里去了，以后村里再没有配备师资，更没有必要的研究经费。[②] 在 2002 年 7 月举行的中国民族语言学会第八届研讨会上，保护少数民族的濒危语言抢救文明遗产这个话题，作为与会学者共同关注的热点，曾两次引起热烈讨论。

在此，尤其应当特别论及的是，尽管本文主要以汉语民间隐语行话作为讨论"另类濒危语言"隐语行话的文本，而少数民族语言的隐语行话，由于其"母语"本身就往往是使用人口比较少的"弱势语言"，一向更少受到关注，因而，更是其中的"重中之重"，处于"高濒危"的状态。就目前所了解到的有关信息可见，在过去的近一个世纪的中国隐语行话研究史上，仅有与汉语隐语行话研究成果远远不成比例的文献。其中如，《布依语的反语》（曹广衢，《中国语文》1956 年 3 月号）、《燕子口苗语的反切语》（王春德，《民族语文》1979 年第 2 期）、《僜人使用的隐语》（孙宏开，《语言美》1982 年第 7 期）、《佤语的反语》（王敬骝，《民族调查研究》1983 年第 1 期）、《湘西苗族隐语的使用情况及其功能》（赵丽明，《语

---

①《北京青年报》2001 年 10 月 27 日。

② 周欣宇《谁能拯救满语——满语消亡，清史研究将面临永久性断流》，《中国青年报》2002 年 5 月 30 日。

言·社会·文化》语文出版社 1991 年出版）等，不过寥寥数篇。即或是广义地把有关"江永女书"的研究也包括在内，为数也是很有限的。少数民族语言，由于其使用人口相对较少，有的已经处于濒危态势，更何况其中的一向不为人所注重的隐语行话呢！所以，我呼吁关注、抢救作为"另类濒危语言"隐语行话，尤其不要忽略了各民族语言中的这类特别濒危语言现象。至于个中的道理，已经见于上述，不另赘言之。

现实社会生活视野下的隐语行话

隐语行话，又称"秘密语""隐语""行话""市语""切口""春点""锦语""市语""杂话"或"黑话"等等，是某些社会集团或群体出于维护内部利益、协调内部人际关系的需要，而创制、使用的一种用于内部言语或非言语交际的，以遁辞隐义或谲譬指事为特征的封闭性、半封闭性符号体系，是一种特定的民俗语言现象。世界上各种语言几乎都无例外地存在使用民间秘密语的历史或现实。不同时代、不同群体的民间秘密语，不免印有时代和群体的文化痕迹乃至政治、经济的烙印。

针对一向对隐语行话的误读与偏见，本文主要探讨作为一种语言文化现象的隐语行话，使用隐语行话是现实社会语言生活的需要，以及关于隐语行话的语言问题。

一、作为一种语言文化现象的隐语行话

汉语隐语行话的源流，主要为三个方面，即由禁忌、避讳而形

成的市井隐语，由回避认知而形成的秘密性隐语和语言游戏类隐语。依形态可分为五种类型，即：语词形态、话语形态、谣诀形态、副语言习俗形态和以反切语为主体的利用语音变化创制的隐语行话。隐语行话不是独立的语言，而是语言的一种社会变体，几乎是世界上各种语言大都存在的一种特殊的民俗语言文化现象和言语习俗。

　　每当涉及隐语行话时，人们往往首先把它同匪盗、娼、赌、贩毒、走私等反社会的犯罪活动联系起来，未免失之武断，以偏概全。事实上，除了黑社会群体外，许多社会群体都存在使用隐语行话的习俗惯制。由于宗教、禁忌乃至游艺的需要而使用隐语行话，自古就是许多民族所共有的民俗，只不过其语言及表现的形式各有不同罢了。单纯从语言学和犯罪学的观点来认识民间隐语行话现象，未免过于狭隘，难以全面而准确地把握其本质以及生成、流变机制，尤其是忽略了这种语言现象与社会生活的关系。同时，把这种民俗语言现象通称为"黑话"，既不科学也不符合语言事实。① 就此，也有学者指出："根据现有资料记载，人类语言中的主要大语种，都明显地存在着他们自己的隐语。如果从人类社会实际的言语交际着

---

　　① 在《中国语文》关于"社会方言"的讨论 50 年之后，《文化学刊》2007 年第 1 期的"文化视点"栏目，以"多元文化视野中的隐语行话——接续半个世纪前的一场学术论争"为题，集中刊发了一组《应予关注的"另类濒危语言"：民间隐语行话》《杂技行话与吴桥社会生活》和《论犯罪隐语常识在警务工作中的特殊作用》三篇专题论文。同时，作为背景资料，还同编发了 1957 年《中国语文》关于"社会方言"的讨论的有关论点、高名凯《语言论》关于"社会方言"的性质、种类及前途的论述和曲彦斌《中国民间隐语行话》关于隐语行话的"性质与正名"的论述，三篇参考文献。本人曾在多篇文章中有所论述，如在《应予关注的"另类濒危语言"：民间隐语行话》（《文化学刊》2007 年第 1 期）中谈到，民间隐语行话几乎是各种语言大都存在的一种特殊的民俗语言文化现象。对隐语行话的种种误解，是其濒危的首要因素。隐语行话属于社会文化深层结构之中的一种更为特别的民俗语言文化现象，是考察研究中国社会文化、语言文化别具一格的独特视角。

眼，可以这样说，任何民族语言中都或多或少地存在具有本民族历史文化特色的隐语，任何社会、任何时代都或多或少地存在着传承、创造、使用隐语的文化现象。"①

　　古往今来，许多传统行业的技艺大都是口耳相传。由于这些技艺关系着世代的生计利害，甚至立下了"传男不传女"的不成文规矩。并且其"口耳相传"，大都是用当行隐语行话进行传承的。如粤剧行业、昆曲行业和相声等众多的传统戏曲、曲艺艺术群体的隐语行话，以及吉林的采参业的隐语行话，湖北木瓦工的隐语行话，浙江龙泉、庆元等地的"菇民"中流行的"菇山话"，福建永安豆腐行业的隐语行话，山西理发行业的隐语行话，河北乐亭皮影艺人的隐语行话，澳门博彩业的隐语行话，乃至当今各地古董古玩业的隐语行话，可谓各有各的当行隐语行话，而又各自具有不同行业的特点。隐语行话是这些行业技艺乃至绝技传承的最重要的工具、最基本的信息载体。再如，宋代蹴鞠兴盛，至今留有一部辑录了130多条源自当时蹴鞠行当隐语行话的《蹴鞠谱·圆社锦语》。至当代，宋代的这些蹴鞠隐语虽然已不在足球运动员和球迷中继续流行使用，但它业已成为中国是世界上足球运动发源地的一项重要"语言化石"佐证。

　　各种地域性的隐语行话更具乡土文化特征，载负着丰富的乡土文化内涵。例如，山西夏县东浒的"延话"（隐语行话），潮汕的反切语，东莞的"三字顶"，福建建瓯的"鸟语"，福州的"切脚语"，广西灌阳的"二字语"，藤县的三种倒语，广东揭西棉湖的三种秘密语，广宁的山语与"黑话"，贵州榕江的反语，陕西西安的反语，

_____
① 郝志伦《汉语隐语论纲》第2页，巴蜀书社2001年出版。

湖北襄樊的襄阳的捻语，以及安徽淮河流域的民间反切语等等，无不载负着丰富的乡土文化内涵和许多历史文献所忽略了的重要的、其他载体也难以载负的文化信息。

以"行话、黑话、隐语、秘密语"为关键词，通过对"中国知网"的中国期刊全文数据库、中国博士学位论文全文数据库、中国优秀硕士学位论文全文数据库、中国重要报纸全文数据库和中国重要会议论文全文数据库2007至2008两年文献标题的检索得见，总计有符合本篇视点范围的专题研究文章33篇。这个数字，比1987年至1992年6月间发表的同类专题论文20余篇[①]多出10余篇。这些专题研究，既反映了隐语行话在现实社会生活中的持续作用，也展现着学界对这种语言现象的关注。

二、使用隐语行话是现实社会语言生活的需要

隐语行话在现实众多社会群体的语言生活中仍然十分活跃，而且是其生存或谋求生存所必须，是构成其日常生活的一种言语习俗。

（一）一些隐语行话进入了社会流行语

近年来，"大腕（蔓）儿""走穴（趆）""托儿""腥"之类旧时的隐语行话陆续进入社会流行语。《北京现代流行语》[②]、《上海话流行语辞典》[③]两部篇幅并不大的当代流行语专书和《北京土语词

[①] 曲彦斌《中国民间秘密语（隐语行话）研究概说》，《社会科学辑刊》，1997年第1期。

[②] 周一民《北京现代流行语》，燕山出版社1992出版。

[③] 阮恒辉，吴继平《上海话流行语辞典》，汉语大词典出版社1997出版。

典》①，分别都选录几十条这类语汇。《上海话流行语辞典》的前言指出，"80年代，流行语出现很多，原先的隐语、俚语，在各个社会阶层都使用得很普遍"，如旧时的乞丐切口"孵豆芽"（取暖）等。《北京现代流行语》前言指出，"黑话、行话"之类，"局外人不懂，乍一听到会有陌生感、新鲜感，求知欲促使人们去究其所以然，因此，黑话和行话使用一段时间后会逐渐为外部了解，进而流行开来，成为流行语"。例如，把人民币单位称作"分""张儿""棵""吨""方"等。徐世荣也谈到，《北京土语词典》之所以收录"黑话"，是因为社会土语"主要为行业语，其次是'黑话'——江湖隐秘语"，所以"编入少量，聊备一格"。事实上，现代汉语中的"踩点儿""挂彩""挂花""反水""绑票""出血""撕票""上手""顶风上""跳槽""眼线儿""扯淡""失风""避风头"，等等，无不出自隐语行话。

有研究谈到，黑社会的成员之间说话常用黑话，开始是保密的，后来流传到社会上，成为风行一时的新鲜语汇，后来大多沉淀为一般的俗语。当这些暗语泄露到圈子以外，因有其神秘感而为好奇、喜欢刺激的人们所乐用，就成为流行语。20世纪80年代，北京青少年使用的一些流里流气的词语，如"放血""废了""做了""灭了"等，最初就出自黑社会里的流氓团伙。②可以说，这种现象至今依然存在，而且还将继续下去。

（二）新闻媒体对隐语行话现象的关注

就一般意义而言，媒体的关注，反映着社会的关注。时下，社

---

① 徐世荣《北京土语词典》，北京出版社1990出版。
② 黄涛《流行语与社会时尚文化》，上海辞书出版社2004年出版。

会生活中的隐语行话现象，也进入了新闻媒体关注的视野。有些隐语行话业已"堂而皇之"地进入了主流媒体，甚至出现于主流媒体的一级标题之中。

2007 年以来，一些地方媒体都相继发表或转载了有关发现民间存在"切口"（徽宗语）类型的隐语行话的社会新闻，甚至进行一系列的跟踪报道，对这种隐语行话现象给予了特别的关注。如林州新闻网 2007 年 3 月 6 日转载了县报登载的《马军池流传神秘语言》，《大河报》2007 年 4 月 10 日发表的《林州紧急抢救神秘"襟语"》，《青岛晚报》2007 年 9 月 1 日的《老翁会说怪语言，70 年无人能懂》以及随后再次发表的《八旬老翁会讲"怪语"专家称是稀有保护语言》，《北京晨报》2008 年 5 月 21 日报道说密云古北口镇流传着一种古老的语言形式——露八分，有十几位老人还在使用，《北京晚报》2008 年 05 月 26 日刊载的《北京密云古镇发现独特语言露八分》说是堪与女书相媲美、全国独一无二。《北京晨报》2008 年 8 月 21 日报道说，8 月 20 日该报刊登《老汉说"天语"70 年没人懂》后，引起了热烈反响。有 40 多位全国各地的读者致电或致信，甚至有读者打来越洋电话，为"天语"的来源做出种种解释。

（三）活跃于民间多种群体的隐语行话

在古代，不仅战争中使用隐语行话，就连唐代皇帝身边的优伶、宋代颇盛的蹴鞠（踢球）行当的艺人，亦大量使用这种秘密语性质的"语言"。至今，在中国的许多地区、许多职业群体，仍然流行着使用隐语行话的言语习俗。浙江龙泉、庆元等地的"菇民"中流行使用着特有的"菇山话"，其目的一方面是为了保守谋生技艺秘密，同时也在于山魈迷信中的言语禁忌。至于各地山民、渔民因行业信仰、行业禁忌所产生的一系列隐语行话，仍在世代传承着，尤其是一些关系着世代的生计利害的传统行业的技艺，大都是用当行隐语行话通过"口耳相传"的方式传承的。再如，粤剧行业、昆曲行业和相声等众多的传统戏曲、曲艺艺术群体的隐语行话，以及吉林的采参业的隐语行话，湖北木瓦工的隐语行话，福建永安豆腐行业的隐语行话，山西理发行业的隐语行话，河北乐亭皮影艺人的隐语行话，澳门博彩业的隐语行话，乃至当今各地古董古玩业的隐语行话，各有各的当行隐语行话，各具不同行业的特点。隐语行话是这些行业技艺乃至绝技传承的最重要的工具、最基本的信息载体。

已经有大约 300 年历史的东北二人转，至今仍有数百个当行隐语行话语汇，活跃在这个艺人群体之中，是其相互交流、传授技艺的习用言语形式和行业言语习俗。① 同行谓之"老合"，艺人相互间的尊称为"相府"，到各地演出谓之"走穴"，挣钱多的地方谓之"火穴"，挣钱少的地方谓之"水穴"，观众多收入高的场子谓之"地皮暄"、反之则谓"地皮硬"，曲目统称为"条"，节目叫"活儿"，一个节目叫"一块戏"，除正词之外，后加的大量唱词谓之"海篇"，二人转一问一答的唱词谓之"对篇"，异地艺人碰到一起，不用对词就能上台合演谓之"归道"等等。

吴桥杂技业内的隐语行话跟吴桥杂技艺术一样，很早就形成了一套完整、丰富的系统，并有很大一部分进入了当地百姓的日常语言生活。同时还随社会的发展"与时俱进"而不断补充。比如"转

---

① 戏曲曲艺专家耿瑛撰写的《正说东北二人转》，辑录了 300 多个历年流行于东北二人转艺人群体的隐语行话语汇，春风文艺出版社 2008 年 9 月出版，见是书第155—170 页。亦参可见孙红侠《剧种变迁中的二人转研究》附录二《二人转行话汇编》第 453—472 页，河南人民出版社 2009 年 6 月出版。

心子"（手表）、"夯子"（公章）、"叶子"（证明信）、"土冷子"（民兵）、"把杂"（开证明信外出演出）、"圈上把杂"（县里开证明信）、"掰铃子"（打电话）、"驾灵子"（开车）等等 [①]。

（四）网络语言生活中的隐语行话

从世纪之交至今，"网络语言现象"一直是学界和大众共同的关注热点。甚至，有人不切实际地频频疾呼"网络黑话何其多"，但并非语言事实。

本文作者曾在多篇有关网络语言的文章中提出 [②]，就性质而言，网络语言并非独立的语言系统，而是基于现代汉语的词汇、语音、语法和修辞规则在网络交流环境下的社会变体。这一点，与隐语行话具有共性。人类自然语言与计算机的"数字化语言"是互为表里的、相互切换的"互动"关系。现实语言生活活跃着隐语行话，网络语言生活亦不例外。两者之间的互动，也是语言发展不能拒绝网络、社会语言生活不能拒绝网络的一个根本要素。现实语言生活存在隐语行话现象，网络语言自不例外。在现实生活中，一如"踩点儿""挂彩""反水""走穴""跳槽"等原本"出身"于"江湖黑话"

---

① 王海峰《杂技行话与吴桥社会生活》，《文化学刊》2007 年第 1 期。作者王海峰出身于吴桥杂技世家，这是其关于杂技行话的一份实地调研报告。作者在家传、握有业内流传的隐语行话手抄本以及实地调研的基础上，分门别类辑释了吴桥杂技隐语行话数百条，堪谓一部别有洞天的吴桥杂技辞典。

② 例如：《网络语言现象评论》刊台湾《国文天地》2005 年 9 月号 /《网络语言的使用与规范》刊《中国社会科学院院报》2005.1.3/《略论"数字文明"与网络语言现象》，第四届全国社会语言学学术研讨会（2004 年 8 月杭州）交流论文，收入会议论文集，语文出版社 2005 出版 /《民俗语言学》（增订版 / 增加有网络语言内容），辽宁教育出版社 2004 出版 /《网络民俗语言探析》，《人民日报》2000 年 6 月 20 日第 10 版 /《计算机网络语言交流中的身势情态语符号探析》刊《语言教学与研究》2000 年第 4 期 /《数字化信息时代的语言时尚——有关计算机的社会流行语略议》，刊《中国文化报》2000 年 4 月 11 日等。

者，但早已堂而皇之地登入"大雅之堂"，被吸纳为现代汉语语汇的正式成员，诸如"伊妹儿"、"MM"、"美眉"（妹妹；美女）、"菜鸟"、"飞鸟"、"大侠"、"灌水"、"伊妹儿"、"网虫"、"黑客"之类充满活力的网络行话，业已在多种体裁的文学艺术作品中运用自如，无需大惊小怪。

（五）经济生活中使用的隐语行话

市场经济生活涉及具体领域繁多，使用各类隐语行话也是不争的事实。中国许多传统行业都有使用隐语行话的传统。在此，且以中国传统行业之外、改革开放之后重新活跃于中国经济舞台的保险、股市和彩票行当流行的隐语行话为例加以说明。

保险业是改革开放后复苏，发展迅速的行业。当前业界流通着一些"圈内"人"常用"，具有特定含义而非"术语"性质的词语，即保险业"行话"。当代保险业行话汇释，词条涉及营销、管理、经营理念等方面，折射出行业发展的时代性和民族性，反映出我国保险业复兴时期既活跃而又在某些方面规范不足的状况。例如[1]：事前不预约而直接上门推销保险谓之"陌拜"（专业名称为"直冲式拜访"），打电话向陌生客户推销保险谓之"陌拷"，使用富有创意的公关、营销卡片与客户沟通谓之"卡拜"，推销员到居民楼或街道挨家挨户推销保险产品谓之"扫楼"或"扫街"，保险公司给保险代理人的提成或回扣谓之"返点"，没有业务员跟踪服务的保单谓之"孤儿单"，业务员与保户串通虚报损失费而从中吃取超出实际的赔付额谓之"放鸽子"，等等。

---

[1] 曾毅平《当代保险业行话汇释》，《江汉大学学报》（人文科学版），2007 年第 4 期。

股市行话随着股市行业的繁荣发展，电视、报刊等大众传媒的推动，已经日益为社会其他领域的人们所接受，有部分股市行话已经超出了专业领域，而用于日常交际中或为社会其他行业转用，逐渐成为一种社会用语，如"套牢""反弹""低吸""高抛""收购""个股""追涨""年线""短多""骗钱""滞胀""摘牌""墓金""竞价""打底"等。股市行话繁多而活跃，甚至利用已有的语素和构词法进行类推，创造大量股市新词以满足需要。如以"股"为中心的股本、股票、股份、股评、股金、强势股、亏损股、潜力股、绩优股等；以"盘"为中心的，开盘、收盘、整盘、停盘、崩盘、抛盘、盘挡、盘坚、盘跌、盘整等。其中使用频率较高、表示动作性的词语如炒、抬、冲、追、杀、抛、崩、斩等，大多以元音发音，形象生动，短促有力，出口短暂、快速、有力，显现着股市交易的快、猛、狠，透视着股市的起落悲喜变化。①

自 1987 年开始先后发行福利彩票和体育彩票以来，在"彩民"之中已经形成并流传使用着一个直接与两种彩票博彩相关的隐语行话系统，例如有媒体所辑录的②：与上期开出的中奖号码相同的号码谓之"重叠码"，与上期开出的中奖号码加减余 1 的号谓之"边码"或"邻号"；与历期中奖号码构成斜连形状的号码谓之"斜连码"；上下数期直观上呈现一定的规律（等量、递减、递增、倍增、倍减）出现的号码谓之"对望码"；3 个号码呈现三角形的号码谓之"三角码"；呈现有序的几何图形出现的号码谓之"弧形码"；与历期，尤其近 5 期中奖号码没有任何联系的号码谓之"空门码"；与历期，尤其是最近 5 期的中奖号码有联系的号码谓之"关系码"；一组中

---

① 王月会、王建华《股市行话的构成及语用分析》，《修辞学习》，2005 第 2 期。
②《半岛都市报》2004 年 6 月 12 日。

奖号码中尾数相同的号码谓之"同位码"，隔期出现的号码谓之"跳号"；近期里，尤其是在近 10 期内频繁出现表现活跃的号码谓之"热号"；反之则谓之"冷号"；基本中奖号码中最大的号码和最小的号码之间的差谓之"极差"或"全距"等等。

（六）涉嫌犯罪及其他群体使用的隐语行话

　　事实证明，流行隐语行话的群体，大多不属于涉嫌犯罪的群体，亦即大都不属于"黑话"。但是，也毋庸讳言，涉嫌犯罪群体往往把隐语行话作为犯罪的工具。因而，隐语行话便自然也成了反犯罪和打击、惩治犯罪的工具，此为反其道而用之。时任中国刑事警察学院副院长的金玉学教授等撰写的《论犯罪隐语常识在警务工作中的特殊作用》[1]认为，所谓犯罪隐语，是隐语行话重要的组成部分，是指犯罪分子以隐蔽为目的，在犯罪群体领域内成员之间相互交流过程中所使用的特殊的具有隐讳性的语言，是违法犯罪人员预谋犯罪、实施犯罪的重要工具，其中蕴含着犯罪的性质、内容、罪犯身份等诸方面的信息。破译识别隐语的内容，对于打击犯罪、迅速破案无疑具有重要意义。王卉《广州地区犯罪隐语现状浅析》[2]，及其与冯冠强合撰的《广州地区犯罪隐语特点分析》[3]，通过对以个别访谈法、问卷法在广州市公安局十多个相关部门和番禺监狱等单位搜集的 738 例广州地区犯罪隐语的分析，发现广州地区犯罪隐语伴随治安形势的变化呈现个别类型的案件隐语发展很快，已成体系，有

---

　　[1] 金玉学《论犯罪隐语常识在警务工作中的特殊作用》，《文化学刊》，2007 年第 1 期。

　　[2] 王卉《广州地区犯罪隐语现状浅析》，《边缘法学论坛》，2007 年第 2 期。

　　[3] 王卉，冯冠强《广州地区犯罪隐语特点分析》，《中国人民公安大学学报》（社会科学版），2008 第 2 期。

些案件的隐语已大幅萎缩的现象，现有隐语则存在一词多义、异名同指现象较多；方言色彩浓郁；量词表达不一；隐语指代划分细致等特点。

使用隐语行话是许多宗教的传统语言习俗，例如传统道教即如此。不过，各种邪教使用隐语行话则多与涉嫌犯罪活动有关。吴东升《当代中国邪教秘密语探析》[①] 提出，邪教秘密语是邪教活动中值得密切关注的现象，也是解读邪教内幕的一个非常重要的视角。该文依据丰富的第一手资料，对当代中国邪教秘密语的生成、类型、特征和功能进行了探索性的分析和研究。期望通过对这个问题的探讨，更加充分地认识和理解当代中国邪教群体亚文化的内涵，以及邪教滋长蔓延的长期性和复杂性。

时下娱乐业十分活跃，处于社会生活的边缘地带的娱乐场所（包括娱乐城、酒店、酒吧、歌舞厅、夜总会等）成为各色人等聚集的地方，也成为违法犯罪分子聚集活动的重要场合，隐语行话在其中也相应活跃、语汇更新也相对较快。诸如卖淫嫖娼、赌博、毒品交易、走私、黑社会性质组织犯罪等均具其独特的交流方式和生活习俗，他们往往选择在娱乐场所公开活动，但又要用独特的隐语来隐藏身份、识别同类，进行秘密交易。消费者通过隐语对话判断某一娱乐场所提供哪些项目、价格、安全性如何等等，提供服务方则据此判断对方的身份、真实意图以及是否是常客等信息，从而做出不同的反应。叶建明《当前娱乐场所隐语的特点》[②] 提出，娱乐场所已成为当代各种隐语滋生、蔓延、使用最为充分广泛的重要场合。

---

① 吴东升《当代中国邪教秘密语探析》，《江苏社会科学》，2007 年第 2 期。

② 叶建明《当前娱乐场所隐语的特点》，《北京人民警察学院学报》，2005 年第 6 期。

当代中国社会的隐语在娱乐场所表现得更具复杂化、多样化，呈现出与传统隐语、与更为严密封闭的黑社会隐语、与其他行业领域隐语不同的特点。其相对特殊性，主要表现为语源综合化、形态复杂化、功能上戏谑游戏性、传播上半封闭性。

凡此种种均说明，使用隐语行话是现实社会语言生活的需要和语言事实。也可以说，古今中外皆无例外。

三、关于隐语行话的语言问题

尽管"使用隐语行话是现实社会语言生活的需要和语言事实"，却它也实实在在是社会语言生活中的一个语言问题。之所以说隐语行话是"一个语言问题"，一方面在于它包含着对这种语言现象的误读，更在于它是一种需要抢救和保护的语言文化遗产，需要给予科学的认识和面对。

（一）隐语行话是一种应予积极抢救和保护的语言文化遗产

汉语民间秘密语非但历史悠久，也是世界上诸同类语言现象中最大的一系。对于已经处于"高濒危状态"的各类民间隐语行话，亟待采取有效措施进行抢救性发掘、整理和研究。古今中外使用隐语行话的社会群体，主要是生存条件比较恶劣或说是社会非主流层面的"草根"群体、"弱势群体"或"边缘群体"。正因如此，这种语言现象也是一种"弱势语言现象"。弱势群体的弱势语言，一旦处于濒危的临界点，如"菇民"群体的"山寮白"等，就非常容易消亡，亟待抢救和保护。在辽宁社会科学院、中国刑事警察学院、中国民俗语言学会等单位联合主办的第三届"语言与民俗"国际学术研讨会上，与会学者在呼吁全社会注意保护、抢救濒危语言的同时，亦当不要忽略关注另一种十分细微的、一向为世人所误解、难以正视的"另类濒危语言"品类——民间隐语行话。学者们指出，作为一种特殊的民俗语言文化现象，对于隐语行话的种种误解，是其濒危的首要因素；其次，则是随着一些使用隐语行话群体的消失，使其所使用的隐语行话也随之消亡；再就是，隐语行话也会随着某些赖以依附的"濒危语言"的消亡而消亡。而且，少数民族濒危语言的抢救，同样存在对其隐语行话的抢救问题。因此，应将抢救和保护民间隐语行话纳入濒危语言抢救和非物质文化遗产保护工程，制定切实可行的相应措施加以抢救和保护。①

（二）科学地认识隐语行话

区别良莠，辨风正俗，首先从学术视野和知识层面，破除主流文化层面对民间隐语行话的误解，科学认识隐语行话的性质和文化价值。这是抢救、保护民间隐语行话，以至规范使用的基本前提。

多学科视点的研究，显示了学术界和社会有关方面对这一微观科学领域的关注与需要。即如有的专家所言，隐语行话既很有专门性，又颇有外部联系的广泛性，是历史学、语言学、社会学、文学、民间文艺学、民俗学、考据学、文化学，以及公安司法的预审学、语言识别、言语鉴定科学及至自然科学等多种学科科研教学和实际应用部门所共同关注的领域，同时也是一项海外中国学（汉学）研究关注而不易解决的课题。应认识到，民间秘密语是相对地域方言而言的又一语言社会变体，一种亚文化群体的语言代码，一种非主

---

① 李阳《民俗语言学：在发展与探索中前进——第三届"语言与民俗"国际学术研讨会综述》，《中国社会科学院院报》，2007 年 11 月 28 日。

流文化现象，一种属于非主流语言文化的特定民俗语言现象，一个非常值得探讨而又十分有趣的重要分支领域。

少数民族语文的隐语行话更体现民族文化特征。例如，据近年来已经开始初步进入学者们视野的蒙古族传统医学典籍《甘露八支秘诀窍》的隐语，布依语的反语，僜人使用的隐语，佤语的反语，湘西苗语中的隐婉话，以及燕子口苗语中的反切语等等。可以说，隐语行话是考察、保存和利用这些少数民族文化的重要文本，也是透视其民族思想意识的重要窗口。少数民族语言的民俗语汇和隐语行话，由于其"母语"本身就往往是使用人口比较少的"弱势语言"，一向很少受到关注，因而，更是其中的"重中之重"，处于"高濒危"的状态。少数民族语言，由于其使用人口相对较少，有的已经处于濒危态势，更何况其中的一向不为人所关注的隐语行话呢！所以，在关注、抢救作为"另类濒危语言"民俗语汇和隐语行话的过程中，尤其不要忽略了各民族语言中的这类特别濒危语言现象。

另外，包括一些往往涉嫌社会犯罪群体在内的亚文化边缘性群体，大都使用着隐语行话。对他们而言，隐语行话往往是一种涉嫌犯罪行为或自我保护的内部言语交际工具。据了解，在全国二百多所公安司法院校中，迄今只有为数甚少的隐语行话专家。至于为刑事侦查和言语识别、鉴定所需的隐语行话专业人才寥寥无几。在澳门，博彩业隐语行话，不仅是其行业技艺传承的主要载体，同时也是揭示、印证业内犯罪乃至当地黑社会犯罪的重要手段。

因而，隐语行话亟待被赋予科学地认识和解读，使之走出"黑话"的误区。

（三）正确引导与规范，维护祖国的语言健康发展

有媒体报道，在"炒股热潮"中，许多不谙世事的未成年孩子受到沉迷于股市的父母、老师炒股言行和举动的耳濡目染，不经意间在校园里掀起一股热学"股言股语"的热潮。比如，索要零花钱叫"补仓"，成绩差称"探底"，买东西是"投资"，家长控制零花钱叫"割肉"等等，"股言股语"出口成章。因而，提醒所有参与炒股的家长和老师：在股市"热闹"的情况下，切莫"赢"了股票而"输"了孩子。[①]与此同时，学界也注意到，股市行话的发展与流行是社会物质、文化生产的多样性与人们生活丰富性的一种折射。股市行话的迅速流行对社会文化产生了深远的影响。股市词语的意义的泛化和扩大，在整个社会语言中得到反映，不仅是经济领域，还逐渐渗透到其他语言现象中。体育报道套用股市行话，楼盘分析使用了股市行话。婚姻恋爱、日常生活也与股市行话扯上了关系。比如年轻人择偶要有个"心理价位"，刚谈朋友叫作"探行情"，订婚叫"入市"，结婚叫"成交"，两人世界由热转冷叫"盘整"，结婚后双方感情不好叫"踏空"，有了孩子叫"扩容"，婚后感情平淡、无可奈何地凑合叫"套牢"，终于离了叫"解套"，两口子婚姻彻底散伙不可挽回叫"崩盘"，如此等等，诙谐幽默且生动形象。[②]

作为流行于特定群体的隐语行话，主要用于非公众性、非正式交际场合。隐语行话的"泛化"有碍语言生活的文明、健康。有文章不无忧虑地指出，近几年暗语（按：亦即隐语行话）有日趋复活的迹象，每个圈子都有这种暗语，甚至在新的圈子中被重新创造和

---

① 《学生流行说股市行话　将要零花钱叫补仓》，《三秦都报》，2007 年 06 月 15 日。
② 王月会、王建华《股市行话的构成及语用分析》，《修辞学习》，2005 年第 2 期。

推广。暗语在多种因素的促成下，很有可能会变成一种流行语言。①
文章发表后，得到迅速广泛流传。《经济晚报》、香港《文汇报》、
中国国学网、凤凰网等多种媒体作了转载。有的关于干部语言规范
的著作也指出，语言应力求文明。用语文明，是每一个有修养的人
所应该具备的基本素质。首先要求各级领导干部在日常交谈中注意
交谈内容的文雅，避免格调不高的话题，例如小道消息、同事的是
非等等，也不能说脏话、粗话，更不能讲黑话、黄话和怪话等②。事
实上，这也应当是全民共同遵守的语言文明守则。至于，某些必要
使用隐语行话的群体或场合，应当有所限定，原则上不应进入公众
性场合或正式交际话语。应注意正确引导，以语言文字法为依据，
规范隐语行话的使用。尽量减少一些隐语行话进入公众交际活动，
尤其需要注意一些与社会犯罪相关的具有"黑话"色彩的隐语行话
的"泛化"，这是维护祖国的语言纯洁、健康需要注意的一个语言
问题。

---

① 孟隋《暗语的复活》，《成都晚报》，2008 年 7 月 27 日。
② 唐晋《领导干部大讲堂·礼仪卷》，国家行政学院出版社 2008 年出版。

隐语行话：一种特别的民俗语言文化现象

——由郝志伦《汉语隐语论纲》一书说起

　　汉语里的"隐语"，是个多义性用语。在此，"隐语"是指"隐语行话"，或说是民间秘密语。那么，这种"隐语"的语言属性和社会属性是什么？这是与此相关学术领域的学者们长期关注而又众说纷纭的问题。我认为，"隐语不是语言，而是语言的社会变体"，似乎已经是学界有关"隐语"语言属性的主流性认识。就"隐语"的社会属性而言，一如"语言是一种文化现象"这个命题，业已渐成学界的共识；"隐语是一种特别的民俗语言文化现象"，也同样会成为学界的一种共识。

　　不久前，看到郝志伦先生从绵阳寄来的他作为"四川省教委人文、社会科学研究项目"成果的新著《汉语隐语论纲》，正是一部探析"隐语"的语言属性和社会属性的专著。

　　《汉语隐语论纲》全书分成导论、史论、结构论和人文论四个"板块"。在"导论"中，讨论了汉语隐语及其特质，汉语隐语的研究对象、意义及方法，汉语隐语的生成，汉语隐语与社会群体，汉语隐语与民族共同语，汉语隐语与民族文化，汉语隐语与社会犯罪等七个问题。"史论"，在记述不同历史时期的隐语行话文本史料的同时，也相应地展示了各个时期的有关研究状况。如先秦至魏晋时期的隐语及其研究，唐宋元明清时期的隐语及其研究，近现代汉语隐语及其研究，以及汉语隐语的演变机制等。"结构论"，主要是从语言学视点审视这种语言文化现象存在的语言形式。首先从形态分类和应用领域及发生学分类讨论汉语隐语的类型，进而探讨汉语隐语的结构特征和汉语隐语的结构材料。然后，又从语音构词、词法构词、句法构词、文字构词和修辞构词等诸方面具体展示其形式的构成。郝氏本书的第四部分"人文论"，事实上当谓"汉语隐语文化论"。因为，其先是从命名理据、构成方式及体系关联分析了"汉语隐语的隐型文化特征"，然后又从隐语行话中所涉及的饮食文化习俗、市井文化习俗、武林规矩以及组织文化特征等信息，论述"汉语隐语的显型文化特征"。

从全书所使用的历代隐语语料和附在卷末的《主要参考文献》粗略可知，郝氏比较充分地使用了此前发现的有关语料文本和研究文献。上述论述，即建立在对这些文本和文献研究的基础之上。

几年前，我在《中国民间秘密语（隐语行话）研究概说》里，分析、讨论"秘密语研究的近期特点与趋向"时谈到，多学科视点的导入和研究领域的开拓，尤其有助于中国民间秘密语研究的深化和发展。这是现阶段这一领域的一个突出特点。不过，语言学视点的研究，始终是最基本也是最重要的研究视点。为什么？原因就在于，"民间秘密语是一种特殊的语言文化现象，这一根本属性决定了无论从语言学还是从文化学视点的研究，都是首要的、基础的本体性研究。它是语言的一种社会变体，因而语言学家首先将其纳入科学视野，是极其自然而又似乎是'责无旁贷'的，以往几乎是语言学单一视点'一家言'的局面，是不足为怪的。这一阶段民间秘密语的语言学研究，从过去偏重于语音学的研究，如大量的反切形态秘密语研究，已逐渐转为较全面的关注，如词型构造、语义转换、词源、辞书编纂、正字正音及社会文化背景等。尤其是根据其地域性特点运用方言学的方法所进行的调查和分析描写，使民间秘密语语料的采集整理更趋系统、准确而具有科学性"。

虽说，郝氏的《汉语隐语论纲》是以语言学视点研究为主，但他特别注意到了隐语行话现象的语言文化属性一面。可以说，这是一部从"语言文化"这个命题视点着眼，探析汉语隐语的语言属性和文化属性两种属性的学术专著。从全书的理念倾向来看，郝氏此书业已超越除了单一的语言学视点，或说是关注隐语的社会文化属性的倾向更为突出一些。如其在"人文论"部分的导言中所指出的那样，主要以特殊词汇形态存在的隐语行话，它与其所属特殊社会群团的社团文化，与其所赖以生成和运用的母语文化之间，必然有着千丝万缕的联系。和民族共同语一样，隐语行话也兼有交际工具和文化载体的双重特质。作为特定的社团文化和母语文化的特殊载体，作为一种特殊的语言文化现象，汉语隐语行话所运载和含蕴的文化内容便要复杂丰富得多。可以说，无论在其生成运用时，还是在其发展演变中，汉语隐语行话都在不断吸纳、传承着其所属群体和所属民族的诸如思维观念、价值取向、信仰习俗、生产生活方式以及心理行为模式等文化因素；无论在其表层结构，还是在其深层结构，汉语隐语行话都或多或少地，或隐或显地透析着其所属的特定社团文化和母语文化特征。即或是在考察隐语的语言形式的"结构论"中，他也清醒地注意到"作为民族共同语的社会变体，作为秘密社群及诸行百业的一种特殊交际工具，从语言与文化的宏观角度鸟瞰，汉语隐语与民族共同语和民族文化有着千丝万缕的血肉联系"。

总之，粗略浏览一过，使我感到《汉语隐语论纲》架构清新有致，论述清晰有据，在近年里所见到的同类或相关著作中，这是一部严肃认真的、应予肯定的汉语隐语行话研究力作。

所谓的"濒危语言"，亦即濒临灭绝的语言，是近年来人类学家、语言学家十分关注的社会现象。据报道，全世界大约 6800 种语言中，有近一半的语言使用者人数低于 2500 人，而且其使用的人数还在不断地减少着。几乎是平均每两个星期，就要有一种语言因不再有使用哪种语言的人而消亡。依此速度，到 21 世纪末，全世界就将有至少半数的语言不复存在。姑且不论这些语言消失的种种原因与后果，但就其所载负的丰富的、独特的社会文化信息来说，转瞬间就成了难以复制的东西，就成了需要重新发掘的、令人瞩目的"历史文物"。

《汉语隐语论纲》的导论谈道："根据现有资料记载，人类语言中的主要大语种，都明显地存在着他们自己的隐语。如果从人类社会实际的言语交际着眼，可以这样说，任何民族语言中都或多或少地存在具本民族历史文化特色的隐语，任何社会、任何时代都或多或 少地存在着传承、创造、使用隐语的文化现象。"那么，随着这些"濒危语言"的消亡，依附于这些"濒危语言"的民间隐语行话等民俗语言文化信息，亦必将随其"母体"的消亡而相应地消亡。皮之不存，毛将焉附！作为关注隐语行话这种特别的语言文化现象的学者们来说，自然是格外增加了一层惋惜和事业的紧迫感。

单就"滥觞于先秦，发达于唐宋，盛兴于明清，传承流变至今"的汉语民间隐语行话而言，尽管时下仍在"生生不息"，却也时时在"消亡着"。不是么，今可见到的唐宋以来的隐语行话语料文本实在有限。如果没有《圆社锦语》《绮谈市语》《行院声嗽》《金陵六院市语》《新刻江湖切要》等文献流传下来，汉语隐语行话的历史就不能显现像现在这样的清晰轨迹。尤其是唐代隐语行话的语料，真可谓"凤毛麟角"。众多信息的迹象表明，汉语史上的隐语行话语料十分丰富，远非这一点点。那么，其他那些都哪里去了？消亡了。我通过十数年研究的见解之一是，现代汉语所存在的隐语行话，也就是现今人在一些社会群体言语交际中生存着的汉语隐语行话，绝大部分的基本语汇，仍然沿用着已经传承了上千年的语汇体系，甚至，有许多语汇无论在形式或语音方面，同数百年前并无多大实质性变化，甚至完全沿用着未改。这一点，也正从另一视点佐证着汉语史上的隐语行话曾经十分丰富。

20 世纪 80 年代以来，虽道内地"在本领域学术史上空前活跃和繁荣的阶段"，"研究成果的种类、数量均远远超过了前一时期的总和，并且展示了新的研究水平"；但不容回避的一个问题是，当今学术界对隐语行话这一微观的民俗语言文化现象的关注似乎仍显不够，尤其纳入科学研究视野的力度还远远不够。这一点，1995 年，当美国语言学会保护濒危语言委员会的 Yamamoto 教授在来信中对汉语隐语行话的存灭表示关切时，尤其使我有所感触。安徽的一位于此道向有专攻和成就的学长，数次敦促我前往一道进行"田野调查"，其迫切之情溢于言表。事实上，也的确每天都有一些十分珍贵的隐语行话语料在消亡，都有一些旧语料的传人在减少。长期以来，我们既存在大量的对隐语行话的"濒危语料"文本的调查、发掘、抢救工作要做，还需进行大量深入细致的、扎扎实实的、各种视点的专题性或多元的综合性的科学研究。这些，都是非常紧迫的工作。如今，通过《汉语隐语论纲》又结识了一位学术同道，可谓幸事。

　　在学术研究的茂密丛林中，隐语行话研究是一个非常细微的领域，很难成为什么"显学"。但却是个不因忽略的、不可弃之的领域。许嘉璐教授在分析语言与文化的关系时曾提出，语言是一种特殊的文化现象，是文化的最重要载体，对文化有着巨大的反作用力。因而，"语言理解包含着文化理解，同时语言理解需要文化理解；语言理解的层次越高，文化理解也就越高，需要的文化理解也越高"。就此而论，隐语行话则可谓处于社会文化深层结构之中的一种更为特别的民俗语言文化现象，是考察研究中国社会文化、语言文化别具一格的独特视角。这一点，也是借为郝志伦先生的《汉语隐语论纲》写序所想重复强调的一个观点。同时，也期望能见到再多一些相关学术著作的问世。当然，也更期望汉语隐语行话的发掘、抢救和研究工作，能出现一个前所未有的新局面。

专论

论方问溪《梨园话》及其戏剧史意义

　　方问溪所著《梨园话》是一部比著名戏曲学大家的《国剧艺术汇考》早约 30 年出版的中国第一部戏曲词典，曾赢得"可与齐如山先生之《中国剧之变迁》《中国剧之组织》，鼎足而三"（陈墨香、张次溪评语，详见下文）的盛誉。至今，是书问世已经 80 多年了。除付梓当时在业内引起一定反响和几部专业辞书设有专书条目大略百十字的简介外，如今连其作者亦几乎被时间湮没了。然而，这是一部在中国戏剧史和社会文化史上有其独特意义和价值的专门著作，其作者方问溪是一位出身的数代相承戏曲世家，并将这个艺术世家和业内数代人仅凭口传心授难以获得学术层面解读和传播的艺术之道，推上艺术学术的殿堂，成就卓著，贡献独到应予彰显的重要学者，在中国近现代戏曲史上应予一席得体之地。以愚下之见，学界重新发掘、认知和评价方氏其人、其书、其事，使之不被湮没，并得以传播与使用，同样具有学术史、文化史的重要意义。

一、《梨园话》的成书、编纂体例和性质

方问溪《梨园话》初版的程艳秋题笺和齐如山题笺《皮黄班语》（邨雅堂藏）

首先，关于《梨园话》的成书问世及其命名。

方问溪著《梨园话》，版权页显示：校订人张次溪，出版人齐家本，北平中华印书局 1931 年 8 月出版①。全书 162 页，竖排，每页 11 行竖格，题词、序跋等 26 页，正文 136 页，约 4 万余字，辑释京剧名词术语 400 余条，条目正文以笔画为序排列，虽未以"辞典"名之，却可谓之为最早的一部京剧辞典。《新唐书·礼乐志》载："玄宗既知音律，又酷爱法曲，选坐部伎子弟三百，教于梨园。声有误者，帝必觉而正之，号皇帝梨园弟子。""梨园"原本唐代都城长安皇家禁苑中的一处供帝后、皇戚、贵臣宴饮游乐之所，后因

---

① 台湾传记文学出版社 1974 年影印出版的沈苇窗、刘绍唐主编《平剧史料丛刊》所收《梨园话》，以及学苑出版社 2012 年出版的《民国京昆史料丛书》第 12 辑所收《梨园话》均据此本影印，本文即以此版本作为研究文本。

唐玄宗经常于此处教演艺人，遂被后世借以用作戏曲界和艺人的代名词，"梨园行""梨园弟子"。此当是本书定名之根本所据。

是书封面书名，由著名京剧老生时慧宝（1881—1943）题写。卷首依次为京剧四大名旦之一的程艳（砚）秋（1904—1958）再题书名，著名戏曲理论家齐如山题写的"皮黄班语"四字，作者方问溪的肖像、自序和钱景周、张绍先、谢苏生、林小琴等25位人士的诗词和序文，卷末则为傅芸子（1902—1948）撰写《梨园话·书后》。

关于本书书名，张次溪序中有所较详的披露，且迻录如下：

> 方君问溪，近著《梨园话》。稿既脱，欲付梓，商于余，余颇善之，促其速印。方君复请序之。顾书之端，已有林小琴、关卓然、谢素声诸君之序矣。而序中又尽余之于此书之所欲言者，余复何言？顾方君三四请，必欲余言者，余不获辞，挑灯西窗，细读一过，心潮突起不可抑止，草成此篇，不自觉其辞之费也。当方君此编之初成也，原拟名曰《京班术语》，以"京班"二字仅通区人士所知，不能普遍。盖为问世计，非仅迎合平津沪之读者而作也，故不能仅就平津沪所识之京班，而名其书。故虽脱稿以书名之不惬意，迟迟未付梓。其后方君以之就商于林小琴君，林君为定名《皮黄戏班术语》，而钱唐无洁厂先生，则以其中所述不仅仅于术语一门，如"八大拿"、"大衣箱"之类又属于名词者，寓书于不佞。嘱告方君，且曰印书传后世也，不可不慎。方君以吴先生雅谊，遂亦不敢轻于问世。一日过余，曰命名为《梨园话》何如？盖术语也，名辞也，统可谓为"梨园话"。余曰，可。遂以名其书。书虽成而名不能定，遂至一二年未能问世，一事之成岂易易哉！

是知本书初拟定名为《京班术语》或《皮黄戏班术语》，齐如山题写"皮黄班语"四字，抑或为初拟书名之一。从钱景周陈勉安题诗识语"题问溪仁棣二十初度造像集耐辱居士诗韵两则"和"方君问溪以弱冠少年与八旬老朽为兄弟交"可知，撰著、出版本书时，方问溪年仅 20 岁上下，亦可由此大约推知其当出生于 1911 年前后。

其次，关于《梨园话》的编纂体例和内容，在其《例言》中已经讲述清楚。

其所辑条目内容主要为，"戏班中专用名词，苟非内行，颇艰了解，兹仅就京班范围，汇成此篇，聊供嗜剧者之参考耳"；至于"关于剧中行头，切末，盔髦，把子，武技脸谱等类名词，因与此篇命旨不同，故不备录，已别选他书述之"。

其辑释条目体例的要点，则是："为便于阅者浏览计，依字之笔画繁简定前后次序"；"本编所收名词及术语等，约四百条，除按条注解外，并加附记以资明释"；"凡注解明显者，则不加附记，以免失诸繁琐"。

同时，作者声明，"编者汇述此篇，苦于一人之经历见闻有限，访问又无专述此类书籍可供参考，文中不免有鲁鱼亥豕之误，乞阅者谅察"。

关于本书的性质。书的命名，大多与其性质有所关联。

该书从成书后初拟名为《京班术语》《皮黄戏班术语》到定名为《梨园话》正式付梓出版，历时一两年的时间，关键即在于力求更准确地体现本书的性质。关节点便是对所谓"术语"和一些"名词"概念的理解。事实上，本书所谓的"术语"和"名词"，尚非现代语言学的标准概念，均指《例言》所说的书中"苟非内行，颇艰了解"的"戏班中专用名词"，以及"其中所述不仅仅于术语一门，如"八大拿""大衣箱"之类又属于名词者"之类，实则均属于相对封闭或半封闭状态的行业隐语性质的"行话"和"行业语"。在编排形式上，并未如传统文人笔记杂著那样随机辑录和杂乱性随机编排，而是采取了近现代辞书常用的"依字之笔画繁简定前后次序"，以"便于阅者浏览"。各个条目，"除按条注解外，并加附记以资明释"亦接近现代辞书常用的词条释文形式。故此，尽管本书书名未冠以"词典"或"辞典"之类字样，就内容和基本体例而言，正是一部以传统戏剧行话为主体内容和提供读者以查阅为主要阅读方式的专业工具书——传统戏剧业行话辞典。

二、《梨园话》的作者及其编纂本书的"世家"家学背景渊源

方问溪《梨园话》初版的作者照片

方问溪《撅笛述义》卷首方秉忠祖孙合影和梅兰芳题辞"柯亭遗韵"

（邨雅堂藏）

作者方问溪的生平事迹，缺少相关记载可考。仅能从散在的文献中梳理出一二。

首先要要关注的，是齐白石先生的口述自传文字所及。齐白石在忆及及门弟子时谈道："同时，尚有两人拜我为师：一是赵羡渔，名铭箴，山西太谷人，是个诗家，书底子深得很。一是方问溪，名俊章，安徽合肥人，他的祖父方星樵，名秉忠，和我是朋友，是个很著名的昆曲家。问溪家学渊源，也是个戏曲家兼音乐家，年纪不过二十来岁。他的姑丈是京剧名伶杨隆寿之子长喜，梅兰芳的母亲，是杨长喜的胞妹，问溪和兰芳是同辈的姻亲，可算得是梨园世家。"[①]

其次，是张次溪的记述。除其《梨园话》言及方氏的事迹外，

---

①《白石老人自述》第128页，齐白石口述，张次溪笔录，生活·读书·新知三联书店2010年出版。

在其《清代燕都梨园史料》自序中再次写道："余少岁随宦燕京，侨居既久，视此土不啻第二故乡。凡名胜、古迹、人物、遗事，皆似与我以极亲爱之印象，故好从事搜集。独此梨园事迹最多，因史料难觅，鲜有能致力此者。故平时喜向冷摊搜觅，凡遇此类书籍发现，虽索多金亦不少靳。共和十七年革命军北伐，个人环境为之一变，不获已谋食津门，乃以此事属诸友人方问溪。而方君搜集之勤又过于余，先后寄赠者凡若干种。"①

著有《清升平署志略》《腔调考源》《清代伶官传》《中国京剧编年史》等的著名戏曲史学者，也是方问溪同道好友的王芷章（1903—1982），在为《清代燕都梨园史料》所作序言中，颇详尽地谈到了方氏，是迄今我们所见记述方氏事迹最翔实也最多的文字，对于了解方氏生平和编纂《梨园话》的学术背景，甚显珍贵。不妨摘录一些，以供参考和佐证。他写道②：

> 戏曲是一种文学，又是一种艺术，过去也有数百年的历史，如果我们想要研究它，也非得多看书籍不可。但这类书籍，是极少而又极为难得，所以我们第一步工作，就得先去搜辑采访。次溪因为看到这一点，所以在七八年前，便终日用心去作采访，同时恐怕一人精力有限，又拉上方问溪先生帮他的忙。北平市上各大小书铺，甚而至于街上所摆列的书摊，无一处没他们踪迹，也无一处不认识他们。就按这一层说，也足证明他们用力之勤了。凡人作事，只不辞劳瘁，有坚心毅志的干下去，没有

---

① 张次溪辑、吴启文等点校《清代燕都梨园史料》（正续编）第19—20页，中国戏剧出版社1988年出版。

② 张次溪辑、吴启文等点校《清代燕都梨园史料》（正续编）第15—18页，中国戏剧出版社1988年出版。

不成功的。就如编中的《燕兰小谱》，在叶德辉先生寻找多少年，仅仅得到一部，后来翻刻之本，且又不甚清楚。而次溪、问溪竟能购到一部原刻本，上边并有吴太初氏的图章。

到北平以后，就住在次溪先生家里，闲居无聊，便取出他所搜集的这一部梨园史料，来作解闷之物，随即看出近来谈剧者虽然不少，但实缺乏有系统的整理。又常到问溪先生家里闲谈，问溪是深于戏曲音乐的人，对于音乐，并也有很好的成绩，论他那点造诣，就在现在是很不易得的人才，可惜世人对于此道不知注意，所以使他就无用武之地，埋没不传。此时问溪常常取其心得，述之于我，用作谈话资料。我因得到这两方面的启发，便对于戏曲也稍有所得，才写成《腔调考原》一书。

那时我们三人，是每日必定聚晤一次，互相研讨，认为燕都为戏曲发源地，其中文物掌故极富，独叹社会人士，多不去注重，好像矿产一般，在我国本有极好的矿产，但深埋地下，尚无人加以开采，说起来真是汗颜。因为我们自己弃货于地，所以外国人便来越俎代庖。日本青木正儿乃有《中国近代戏曲史》之作，郑震君已为之翻译刊行于世，在对于我国戏曲没有深刻研究的人，乍一看他那部作品，一定认为不得了的东西，其实要实际考查，里边的错误不知道有多少。我们思着为祖国争点光荣，乃愈努力于搜集史料，以期反驳彼之谬误。先是次溪从北平研究院中抄出几个有梨园史料的碑文。但只碑面正文，无碑阴刻字。我以为既立一碑，当然要把立碑人的姓名凿上。原碑文既缺，我们不妨给它补上，是后遂开始作访碑工作。首先是到崇文门外，找春台义园碑记，因找春台义园，借着又发现了安庆义园的两块碑。精忠庙的碑记，本来只有一块，经我们不但把碑阴补上，又多抄写出两块。尔时次溪因公务所迫，无多闲暇，自后此项工作，就让我和问溪办的时候为多。中如陶然亭一碑，又最费周折，因为研究院揭片上写的是右安门内陶然亭，我们在陶然亭里边把碑找遍了，也找不到。第二次又从陶然亭底下，经过荒田野冢间，一直找到右安门内，也是踪迹毫无。第三次偕上次溪，我们三人从龙爪槐找到毗庐庵，又找到黑龙潭，仍旧扑了一个空。直到第四次，我和问溪又到陶然亭，才发现南房檐下，新立的那一块刻着陶然亭三个大字的，就是取雍正十年梨园馆碑记，磨去正面而改成的。我们二人费尽九牛二虎之力，方始将碑阴字刻，摹写出来。此后又继续到梨园新馆、松柏庵、盆儿胡同、天宁寺等处，经过一年多的功夫，方完成了《梨园金石文字记》一书。

我现在是整理升平署史料的，一俟稍能告一段落之后，尚拟与次溪合编《清代戏曲史》，同时若再为时间所允许，更拟帮助问溪，把关于戏剧的音乐方面，也加上一番整理工夫，使能归于科学化、普遍化，这样自可促中国戏曲使之有发展的希望。

据时人《撅笛述义》管之枢（运衡）序记述可知："皖肥方君问溪，年幼好古，家学渊源，鉴古乐之沦亡，奋力昌明曲学。盖其先世即以昆笛名家，随扈人都为供奉。至其大父秉忠先生，艺益精进，中外交称。因世罕知音，不妄奏。晚岁多病，乃授不传之秘于文孙问溪。呜呼！今先生之墓木拱矣，老成虽谢，绳武有人。问溪继承先志，能世其家，撅笛度曲，尽得乃祖之秘。顾问溪不愿以技艺见称于世，虽名重当时，久已辍而弗奏，一心讲学读书。记曰，

'先祖有美，知而费传，不仁也'。又曰，'显扬先祖。所以崇孝'。问溪明乎此，曾追记乃祖之论曲说笛诸说为一书，曰《星樵余韵》，以明著之后世，冀免烽典忘祖之诮也。"

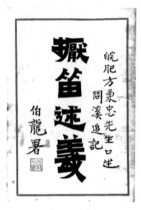

方问溪《撅笛述义》一书内封（邨雅堂藏）

方问溪《撅笛述义》书中的方问溪照片（邨雅堂藏）

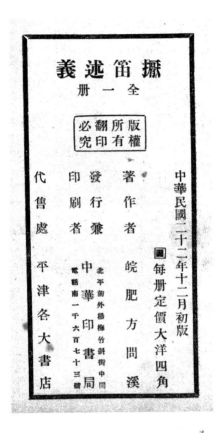

方问溪《撅笛述义》版权页（邨雅堂藏）

关于方问溪出身于"世家"之家世，今所见则以其《撅笛述义》①自序的记述比较详赡、清晰。方氏云：

> 清乾隆时，天下承平，物阜民丰。故内廷例于每年元旦日，设筵宴宗族，搬演《膺受多福》一剧，谓之宴戏。特设中和乐太临，声望事于剧前奏《雁儿落》乐曲。然此《雁儿落》与他

①方问溪《撅笛述义》，中华印书局 1933 年 12 月出版。

剧中所吹《雁儿落》谱，完全不同。盖此乐曲，乃凡调之流水板，全谱吹打仅三分钟，且极难拍奏。承应之太监，往往不能协合。乾隆帝南巡过皖，乃召乐师十二人，即撇笛者二人，司鼓者二人，操弦者二人，击大锣者二人，小锣者二人，铙钹者二人，共十二人也，随驾北来（寓内廷银丝沟苏州街，每人颁房四间），用以专承奏此大宴之《雁儿落》乐曲。时吾高祖德荣公，以工昆曲、善撇笛，声播江南，亦蒙召来都，为帝供奉。德荣公殁，吾曾祖国祥公，袭其职，深得帝宠。帝每行园，吾曾祖往往随侍左右，撇笛奏曲，厥职颇重。至先祖秉忠公，艺更精进。年十八，即入内廷承差，垂四十年。凡内廷诸御制腔及诸承应戏，皆赖秉忠公为之撇笛。德宗景皇帝，更召之拍曲，颇邀宸赏，尝以所食之馂余，赐之食。又赏以御书"大利"二字，使镇家宅。清亡后，先祖遂不复弹此调。然知之者，又多来请业质疑。先祖不忍重拂其意，乃尽将所知，授之就学者。如北方昆曲家钟秋岩、赵子衡、庄清逸、刘鲤门、颜慎夫、世哲生、包丹亭诸先生，皆尝从游。梨园中人，更多来求教者，若杨小楼、尚小云等是。至从学撇笛者，亦以梨园人为多，然能传其衣钵者，则寥寥可数。余髫龄时，侍秉忠公，辄教吾习此，谓家学不可绝也。每思录其口诀，公之同志，未果，而秉忠公逝矣。其后，友人多向吾询撇笛法，谓坊间无专书，请撰文述之。故余曾将旧所习闻者，陆续为文，披之报章，惜未详尽。兹于读曲之余，重加整理，复参以他人论笛之说，撰成十二章。一曰笛之孔位。二曰笛之选择。三曰笛之芦膜。四曰笛之吹法。五曰笛之执法。六曰笛之七调。七曰笛之练习。八曰笛之音节。九曰笛之杂记。十曰笛之歌诀。十一曰笛之保护。

十二曰笛之乐谱。虽不足当大雅一哂。要亦为初学撇笛者一助，至于笛之源流。与夫沿革变迁。坊间已有专书。兹不复赘。民国第一癸酉年孟冬皖肥方问溪识于三拜楼。

可以说，述自方星樵、录于方问溪的《撇笛述义》，以及《梨园话》《胡琴研究》等方氏著作，均可视为方氏艺术世家数代人的艺术结晶。

其次，则当是其师兼友之张次溪为其《撇笛述义》所撰序言的记述①：

> 合肥方秉忠先生，早岁袭荫为清廷昆曲供奉，任职垂五十年。研习既久，创获殊多，故内翰每制一曲出，辄嘱之制谱，于是声名震当时，清德宗景皇帝待之尤隆。德宗即世，秉忠先生感知已之寥落，遂无意商量管弦。未几清亡，益深感喟。曾一度闭门绝客，不复弹此调矣。然终以一家食指繁多，不得不维持生计，遂复授徒。月得束修，以资糊口。非先生之本意也。时都下名伶震其声名，谓七十以后，天倘假吾以年，学苟有成。或将吾之心得，着之于篇末云云。但至逝世前，终未尝有所撰述，世论惜之。其孙问溪君，年少大志，从余问学有年。

综上，我们现在可以了解到的方问溪简略生平及其家世概略为：方问溪（1911—？），名俊章，以字行，安徽合肥人。其家族世系脉络显示，他生长于一个家学渊源颇为深厚的梨园世家。除其高祖方德荣事迹待考外，曾祖方国祥、祖父方秉忠（1856—1927），均

---

① 此外，张次溪还著有《昆曲名家方星樵先生传》，《戏剧月刊》1928年第7期。

为清升平署乐师 ①。尤其其祖父方秉忠（号星樵），是光绪年以来最享盛名的京剧场面笛师，被业内奉为宗师。据业内老辈艺人记忆，溥仪民国初年新婚时，曾邀戏班进宫庆贺作堂会演出，方星樵与茹莱卿、锡子刚同为场面主师。父辈的方宝泉、方宝奎，以及兄弟方少泉（1925—？　），子侄辈的方士良等，均为卓有成就的京剧艺术家。

据上海《十月戏剧》杂志刊载的一篇无署名的售书广告性短文《介绍〈胡琴研究〉》②得知，当时方氏住家地址当为广告是书"函售处"的"北平宣外潘家河沿路西十八号后院方宅"。

再有其姻亲方面，姑丈杨长喜本人、长喜之父亲杨隆寿，长喜之子杨盛春（1913—1958），长喜之孙杨少春（1940—？　），乃至长喜之外甥梅兰芳（1894—1961），梅兰芳的父亲梅竹芬（1872—1898），几乎都是著名的京剧艺术家。即如齐白石先生所言，实在"可算得是梨园世家"矣。

就目前所知见，方问溪在其年仅 28 岁时，就总计撰写并出版了三部著作，分别是《梨园话》（1931）、《撅笛述义》（1933）和《胡琴研究》（1938）；此外，还在《北平晨报》《东方文化》（月刊）等报刊发表《昆曲与皮簧之板眼》《昆曲宫谱之研究》等戏曲艺术类文章十余篇，这也是我们目前所能见到的他的全部著作和所能了解的全部生平事迹。至于其学业、职业、婚姻等情况，乃至其生父

---

① 亦称南府，始于康熙年间的清代掌管宫廷戏曲演出活动的机构，隶属内务府。道光七年（1827），朝廷将十番学并入中和乐内，增设档案房，改为升平署，直到宣统三年（1911），主持宫内演出事务达 162 年之久。

② 上海《十月戏剧》1939 年第 2 卷第 9 期。

为方宝泉还是方宝奎 ①，等等，还缺乏必要的信息进行考察和确认，待考。尽管如此，仍不影响我们对其在中国近现代戏曲史上所做的贡献作出基本的评价。

凡此，一代戏曲学家方问溪上承四代家学，其所出身的数代相承的戏曲世家，以及其本人艺术志趣和勤奋好学，再加之由此而联结的几代戏曲界从业者乃至张次溪这般卓有建树的专家学者的互动关系，为其编撰《梨园话》提供了坚实的学术基础和丰厚的专业资源。

三、《梨园话》的戏剧史意义和社会文化史价值

首先，《梨园话》是汉语辞书史上一部开戏曲专题辞书先河的专业工具书。

《梨园话·关上英序》云，"夫戏剧即成为专门之艺术，且有悠久历史，则梨园掌故，菊部专词，自应有详细之记载，乃竟渺不可得，仰又何耶？……外行人，咸欲将此无美不具之艺术，贡献于世，无如内行人，知之而笔莫能述。文学家笔虽能述，而苦于莫由知。故二十年来，对于戏剧之著述，终鲜获有统系之作品。近有《梨园话》之作，吾知其必能阐扬风雅、提高艺术也。顾此次所撰者，仅注意于梨园术语，及专用名词。不知者将以为无关轻重，讵庸知此为戏剧首要之学乎！夫各种科学，莫不有其专词。故文科有

---

① 刘曾复《中国京胡与琴师》载"方问溪的师弟、北京京胡名家王世荣先生（王世荣系方问溪之叔方宝泉的弟子）"，可为备考。见是书第 6 页，远东出版社 2011 年出版。

文科词典，法学有法学词典，动植矿物，声光化电，以及医药生理等科，亦各有其词典。戏剧本为专科之一，宁无需乎词典？盖治学者，以明暸其专词与术语，为第一步工夫。词尚不通，如何研究其学术乎？又从何而知其重要乎？此篇不但将梨园专词术语，搜罗无遗，且更详加诠注，堪为有志研究剧学者之助"。这个言论，自是对本书之举的一种首肯和称赞，同时亦肯定了本书的主要价值所在。

作为开中国戏曲史专题辞书之先河的京剧辞典，较之齐如山所著与之性质相近的可用作专业工具书的专著《国剧艺术汇考》早了约30年。尽管其与现代辞书的规范尚有距离，但其"筚路蓝缕，以启山林"之功不可没也。

故而，张次溪云，"陈墨香先生，谓此书可与齐如山先生之《中国剧之变迁》、《中国剧之组织》，鼎足而三，诚非溢美之辞"（张次溪《梨园话序》）。其所据者，陈墨香的《梨园话题辞》，即"吾有齐如山著戏剧书三种，久付梓矣。今方君复著《梨园话》，足以与如山并传矣。后之考求戏曲者，合而观之，亦足广见闻也"。张次溪之所以很看重陈氏对《梨园话》的这般评价，在于陈氏乃一代戏剧史大家，评语分量颇重。陈墨香 (1884—1943)，名辂，字敬余，湖北安陆城关人。早年从父陈学棻在京启蒙读书，后拜其父陈学棻门人、山东滕县翰林高熙哲为师，攻读经史。读书时就对古典戏曲产生爱好，后在老师的鼓励下，开始试编剧本。

试看如下条目：

> 元场：在台上绕走一圈，谓之"元场"。[附记]元场有大
> 小之别，如发兵时龙套等走一大圈，谓之"大元场"，如《起

霸》勒绦子毕，自走一周，谓之"小元场"。

六场通透：各种乐器，无所不能，谓之"六场通透"。[附记]"六场通透"，系指场面而言。所谓"六场"者，乃胡琴、南弦、月琴、单皮、大锣、小锣等乐器是也。"通透"者，既无所不能之意。

反串：反其常态，谓之"反串"。[附记]反串乃反其常态之意，如令生饰旦，净饰丑，拿腔作势，实无甚意味，近来社会人心日奇每多以此为乐，而梨园中人又大张旗鼓，标新立异，演反串戏以资号召观众若长此以往，决非吉兆，按反串之举，昔虽有之多因本工不敷用，或所能之戏太多，偶一为之，藉博观客欢心非如今日随意反串也。

可见一斑，不复赘引。总体观之，书中大多数条目，均为体例所拟定的"名词及术语等"，实现了本书编纂宗旨和体例的设计要求，体现了作为梨园行业专业工具书的性质。

其次，《梨园话》是一部翔实的重要近现代戏曲史史料专集。

鉴于作者自幼生于梨园世家，几乎整日里耳濡目染，深"得乃祖星樵先生之传"①。而且为编写此书，在他广为搜求文献资料，比如作者关注并引用了齐如山的《中国剧之组织》《中国剧之变迁》和其他相关著作。同时，作者更多方虚心求教于对同光年间燕京梨园故事知之甚多的京剧泰斗程长庚的高足范福泰、李寿山等老前辈诸老伶工，对记忆和文献核证无误之后，方予立条和注释，可谓深得剧艺业内之真切实际。一如其张次溪序所述及，"余尝见其访范福泰、李寿山、杨长喜也。范君年逾八旬，李君年近古稀，杨君则

_____

①《梨园话·张次溪序》语。

始满之岁，范、李两翁，皆病于耳。方君每有所询，则近其身旁大声叩之言之再四，范、李始得而闻，乃徐徐答其所问。盖范、李二翁皆为程长庚高足弟子，于同、光间燕京梨园故事，知之最多。方君每与余言，今日之谈梨园故事者，往往獭祭故书，拾人牙秽，无人能虚心探问于二三老宿也。故方君此书之作，得之于老伶工之口传者为多，弥足珍贵也"。张次溪序又云：

> 其实内容不仅仅於解释其话而已。如"大轴子"，"切末"，"打通儿"，"打黄梁子"，科班后台诸条内，凡梨园之变迁与掌故源源本本缕述无遗。虽为《梨园话》，亦可作梨园掌故读矣。安陆陈墨香先生，谓此书可与齐如山先生之《中国剧之变迁》、《中国剧之组织》，鼎足而三，诚非溢美之辞。当方君撰此书时，搜集各书所已见他书者，就正于诸老伶工，以为无误始录存之。复广求遗闻，以扩充其资料。

可见，《梨园话》的戏剧史意义颇为显然，由于作者出身世家而且广觅文献并与访谈口述相互互证，尤其是一部言之有证、可资信赖的中国近现代戏曲史料集。

尽管《梨园话》仅仅是一部小型专业工具书，但条目本身，尤其是一些条目的"附记"，均具有十分珍贵的戏剧史史料价值。例如"科班"一条的"附记"，不仅介绍了对科班的由来历史，还记述了"入科""出科"的种种具体行规，甚至还附录有富连成科班的训词等等，甚是翔实，尤具史料价值。加之，本书成书、出版时间，切近所辑释条目内容发生和存续的时间，更加重了其信息的客观性和可靠性。再如"叫板"一条：

叫板：未唱之先，凡以喜怒哀乐，或惊忧之声，而引起锣鼓点者，皆谓之"叫板"。[附记] 叫板者，即伶工在未唱之先，或哭或笑，或喜怒忧思悲惊等声，而能引起锣鼓者。例如《女起解》苏三在台内之"苦啊"声，即所谓之"叫板"是也。按：此剧本为青衣正工，又因其身在缧绁中，受不白之冤，其苦可知。故"苦啊"之声，当嘶嘶如游丝断雨，徐徐发出，其锣鼓当随"叫板"之高低，而引申之。俾听者将苏三之苦，一一化于脑中。（下略【原注】）（节录《顾曲金针》）中国剧于说白完后，未唱之前，须有"叫板"。其"叫板"之法不同，有时将道白之末一字声音拉长有时用一字（如呀哎等字），有时一折袖，或一笑，或一种特别举动。音乐组一见一听，便预备奏乐随唱。将唱完时，歌者将末一字音亦拉长。音乐组一听，亦即知将完，便预备停止。按：元朝迄今日，无论何剧，每逢起唱，都有"叫板"。皮黄尤无一定腔谱，故可随时伸缩、更动。所以于歌唱起落之时，更须有一定之表示，然有时此人"叫板"，彼人唱，乃系特别的办法。（见《中国剧之组织》）

附记往往征引时贤著述并注明出处，必要时另以按语形式作为补充性阐述，合而构成一些条目的释文。

或言之，本书作者的业缘（与业内人士交往甚广）、家缘（生长于梨园世家）、天缘（辑释的内容切近发生和存续的时间），以及作者的学养学识，注定了本书戏剧史的珍稀史料价值及其学术史上所应有的地位。惟惜以往因其流传不广而未获得应有的关注。

第三，近现代社会文化史应予关注的一个行业文化文本。

非但戏曲既是一种人们喜闻乐见的艺术活动，也是社会文化的客观写照，而且其行业文化本身，亦属于一种特定的社会文化形态。行业文化史，亦是构成社会文化史不可或缺的方面。

行业信仰与禁忌，是行业文化中体现行业特点的核心成分之一。例如"打黄梁子"：

打黄梁子：谓做梦。[附记] 杨掌生《梦华琐簿》云，"余尝见伶人家堂，有书祖师九天翼宿星君神位者问之不能言其故，小霞为余言闻诸父老云，老郎神姓耿，名梦，昔诸童子从教师学歌舞，每见一小郎极秀慧，为诸郎导，固非同学中人也，每肄业时，必至，或集诸郎按名索之，则无其人，诸郎既与之习乐与之游，见之则智慧顿生，由是相惊以神，后乃肖像妃之，说颇不精，然无人晨起讳言梦，诸伶尤甚，不解其故，如小霞言是禁言梦者，讳其神明也"。无名氏云，"有位老郎神既唐明皇与楚王朗仲观者，亦可不办，考唐明皇设梨园以教演歌舞，与戏诚不无微功，然于艺术上殊无可称述，即偶有创作，亦李黄辈所为，且系贵族的而非民众的，其实格犹远逊于汉武，若郎中官确为中兴皮黄之元勋，并有所创作非汉武明皇可比，其名予知之现亦不妨宣布，黄班今有前不言更，后不言梦之说，更梦即其名也，缘伶工有谓老郎神为耿梦者，即由此致误。盖谓前台作戏时，须忘其为更生，而在后台则还我本相，乃艺术上之原则，以此二字为名要不过藉以自励，今汉班，以此示徽，京伶则流于迷信，两俱失之也"。大同云"史称孙叔敖卒，其子困贫负薪，楚国名优，有优孟者，假为叔敖，著其衣冠，做歌以感庄王，叔敖之子乃得封，后世称假装者，为优孟衣冠，即本乎是，今之梨园行人，前台不言更，后台不言梦，而曰打黄粱子，盖重优梦之为人，是同戏剧之鼻祖，请言其名，以尊之也"。

按，无名氏所云，则与《梦华琐簿》载者，各持一说，而大同君之言，又与无名氏不同，虽内行有前不言更，后不言梦之说。据诸《芙蓉曲》《碍谱》则谓，"以更为黑夜定鼓之时，梨园之戏不应作长夜荒乐之举，故避之。以梦是出自幻想，人之娱乐自为赏心之事，非如梦中禾醒也"。此又一说，然欲穷究其故，则皆愕然而莫能对矣。

再如"封台"条目：

封台：年终戏园停演，谓之"封台"，又曰"封箱"。[附记]年终封台时多演本戏，或新排之戏以号召观众。当年四喜班则演八本《铡判官》，即此例也。按：封台剧终，必跳灵官，及燃放鞭炮。俾使观众知已封台，在除夕前不能再演之意。"封箱"系指戏班而言，与戏园无关。如戏班"封箱"后其所演之戏园，尚未封台，他班仍可接续演唱也。

戏曲题材源于社会生活，通过表演体现社会生活，其所采用的语言和言语习俗，自然相互交融浸染。市井常言俗语进入戏曲语言，戏曲语言亦往往会成为市井流行习语或常言通语。例如"走板""客串""不搭调"等条目：

不搭调：歌腔与调门不合，谓之"不搭调"。【曲案："不搭调"早已成为各地习语】

走板：板眼不合，谓之"走板"。

怯场：怕同名角配戏，谓之"怯场"。

　　怯口：念白不脱土音，谓之"怯口"。

　　客串：局外人进戏班演戏谓之"客串"。

　　反串：反其常态，谓之"反串"。[附记]反串乃反其常态之意，如令生饰旦，净饰丑，拿腔作势，实无甚意味，近来社会人心日奇每多以此为乐，而梨园中人又大张旗鼓，标新立异，演反串戏以资号召观众若长此以往，决非吉兆，按反串之举，昔虽有之多因本工不敷用，或所能之戏太多，偶一为之，藉博观客欢心非如今日随意反串也。

　　中国梨园行业隐语行话语俗源远流长。明·田汝成《西湖游览志余》卷二五的《梨园市语》云："又有讳本语而巧为俏语者，如：诉人嘲我曰'淄牙'，有谋未成曰'扫兴'，冷淡曰'秋意'，无言默坐曰'出神'，言涉败兴曰'杀风景'，言胡说曰'扯淡'，或转曰'牵冷'，则出自宋时梨园市语之遗，未之改也。"甚至还可以追溯到梨园行业祖师唐明皇。唐代戏曲家崔令钦《教坊记》中所记述的当时伶人行话："诸家散乐，呼天子为崖公，以欢喜为蚬斗，以每日长在至尊左右为长入。"在历史上，梨园业一向于所谓"三教九流"之中处于"下九流"的卑微地位，出于交际的和自我保护需要，业内也流行一些江湖隐语行话。迤至清季，亦然。清·苕溪艺兰生《侧帽余谭》谓："若辈自相为语，率多廋辞，非久在罗绮丛中，不能得其隐。大约用本字转音，而字句之间，又间以闲字。口角伶俐者，舌战相尚，至有发语至数十字，陆续一串，如莺歌、如燕语，听者舋然。用此语者，非互相嘲笑，即讥讪本主之意。"例如本书中的"小老斗""杵"等条目：

　　小老斗：讥童伶，或甫能登台者之语也。【曲案："老斗"

系典型的江湖行话】扒山子：谓虎也。

杵：钱之也称，谓之"杵"。

看场子：台上演戏，管事者在后台指挥之，谓之"看场子"。[附记]凡伶工于初演戏时，恐所习场子不甚纯熟，教师必在场上监视，虽是暗中指导，或排演新戏，恐词句排场，亦有不甚熟悉之处，管事人需在后台指挥之，皆谓之"看场子"也。

海报子：通衢张贴之戏报子，谓之"海报子"。

"天地间形形色色，万汇纷呈，无不有其隐语，形容于万口。大而至于日月星辰，细而至鸟兽草木虫鱼，或语作双丸，或拟以白榆之历历，或呼天女，或号山君，或被以忘忧之嘉号，或锡以交让之美名，或薨薨之取譬，或策策之相称。倘不竭其两竭之叩，则虞初八九。莫悉其寓言，武成二三，终迷其真相，仰观俯察，有类昏衢之人矣。"（《梨园话·谢苏生序》）"粉墨生涯绝妙思，此中隐语几人知；休将玄秘嗤优孟，不此嬴秦善瘦词。"（《梨园话·管运衡题辞》）"个中隐语一齐收，不复当年菊部头。"（《梨园话·王蟫垒题辞》）这些针对本书的言论，亦当是对本书收录这类条目的一种首肯。

奕棋自古说长安，荆棘铜驼忍再看。我亦灰心袍笏事，朝官不重重伶官。

个中隐语一齐收，不复当年菊部头。大似宫人话天宝，萧萧白发冷于秋。

天地无非一戏台，朝歌夜舞不胜哀。海青已死龟年老，谁费工夫注疏来。

笺释精详胜剧评，如斯妙笔最多情。料知几度沧桑后，雏凤清于老凤声。

这是《梨园话·王蟫垒题辞》对方氏《梨园话》的概括性评价，予感甚是，且迻录于此，聊充结语兼共赏同品之。

"侨批"隐语与梅州"下市话"等小地域乡土秘密语现象卮议

——关于民俗语言文化遗产抢救性保护的田野调查札记

　　本篇并非鸿篇大论，而是伴随思考断续写来的专题学术札记，主要在于通过微观的探析提示社会的关注。例如，民间隐语行话是一种特殊的语言文化遗产正名与祛魅，方言文化是民间隐语行话等民间文化的母体文化，侨批隐语是华侨群体自我保护的一种言语习俗，燕子语、鸟语与客家江湖话等构成的"乡土秘密语"现象，20世纪以来之于闽粤反切秘密语的关注，发端于梅江河畔攀桂坊市井的反切秘密语"下市话"，以客家话反切秘密语解读"楼栖"教授的易姓为名，以及考察"侨批"隐语与梅州"下市话"的几点思考。有些尚属新问题或新探索的开端，恭请方家评点指谬。

一、正名与祛魅：民间隐语行话是一种特殊的语言文化遗产

进入本话题之前，似乎有必要首先简要略述一下本人相关学术思想的轨迹脉络，作为引言式的铺叙。

2005 年 1 月，在哈尔滨举行的"中国首届人类语言学国际学术研讨会"上，我提交了一篇题为《应予关注的"另类濒危语言"：民间隐语行话》的论文①，体现了本人多年来关注这一语言文化现象研究的一个基本论点。即如该文所说到的那样：

> 民间隐语行话，亦称"民间秘密语"，几乎是各种语言大都存在的一种特殊的民俗语言文化现象。对隐语行话的种种误解，是其濒危的首要因素。隐语行话属于社会文化深层结构之中的一种更为特别的民俗语言文化现象，是考察研究中国社会文化、语言文化别具一格的独特视角。随着这些"濒危语言"的消亡，依附于这些"濒危语言"的民间隐语行话等民俗语言文化信息，亦必将随其"母体"的消亡而相应地消亡。一种语言的消失，意味着一种文化的消失。少数民族濒危语言的抢救，同样存在对其隐语行话的抢救问题。少数民族语言，由于其使用人口相对较少，有的已经处于濒危态势，关注、抢救作为"另类濒危语言"隐语行话，尤其不要忽略了各民族语言中的这类特别濒危语言现象。

在 2007 年 8 月于沈阳举行的"语言与民俗"第三届国际学术

---

① 曲彦斌《应予关注的"另类濒危语言"：民间隐语行话》，《文化学刊》2007 年第 1 期。

研讨会上，我再次强调了上述观点。2010 年 10 月 16 日，由教育部、国家语言文字工作委员会发布的中国语言生活绿皮书《中国语言生活状况报告 2009》的第二单元"专题篇"的研究报告《社会生活中的民间隐语》明确认为，"在现实社会生活中，隐语行话在众多社会群体的语言生活中仍然十分活跃，而且是其生存或谋求生存所必需，是构成其日常生活的一种言语习俗"。这个专题由本人应邀撰写，并以《现实社会生活视野下的隐语行话》为题分别由《江西社会科学》（2009 年第 9 期）和《学术交流》（2009 年第 10 期）先行刊发。针对一向对隐语行话的误读与偏见，本文主要探讨作为一种语言文化现象的隐语行话，使用隐语行话是现实社会语言生活的需要，以及关于隐语行话的语言问题。笔者极力主张："各种语言几乎都无例外地存在使用民间秘密语的历史或现实。不同时代、不同群体的民间秘密语，不免印有时代与群体的文化痕迹乃至政治、经济的烙印。人们一向对隐语行话的误读与偏见，但事实证明，流行隐语行话的群体，大多不属于涉嫌犯罪的群体，作为一种语言文化现象的隐语行话，其使用与传承是现实社会语言生活的需要，随着社会的发展，隐语行话的传承，引发的一系列语言现象和语言问题有待于我们的关注和探讨。"换言之，就是要廓清学历、明辨是非、辨风正俗，为一向被统称为"黑话"的民间隐语行话"正名"。同时，矢在于呼吁全社会科学、客观地正视这种一向遭受"贬损"被"污名化"了的，让全社会都关注到，这是一种处于濒危境况的"另类"语言文化现象，一种珍稀性文化遗产，亟须像其他文化遗产一样进行有效的发掘保护。

2013 年，在《中国文化报》的《非遗》专版上发表的《隐语行话：别有洞天的民间秘密语》^① 短文中，我再次提出：

> 多学科视点的研究，显示了学术界和社会有关方面对这一微观科学领域的关注与需要。发掘、记录、保存和保护民间隐语行话这种特殊的语言文化遗产，科学地普及相关知识同时引导正确认识和规范使用，也有利于维护祖国的语言文化的健康发展。

> 貌似谜语一般的民间隐语行话，可谓语言的诡谲，亦是人们应对纷繁复杂的社会生活而形成的语言智慧。对民间隐语行话的保存与保护将开启世人了解千百年来中国古今诸行百业的民间文化的独特个视野，打开一扇别有洞天、富有有情趣的知识窗口。

总括言之，我认为民间隐语行话同各地纷繁复杂的地域方言一样，都是时下亟待关注并付诸发掘保护行动的一项重要的人类语言文化遗产。方言，以往之所以被忽略，没有正式被纳入发掘抢救的视野，或许是"习焉不察"之故；民间隐语行话的被忽略，最主要缘故在于一向以"黑话"视之的污名化误解。毋庸置疑，中国语言生活绿皮书《中国语言生活状况报告 2009》的发布，可以说是一次官方或者说主流文化视角的正名与祛魅：民间隐语行话是一种特殊的语言文化遗产。只不过，无论是在知识界层面，还是在社会公众视野和理念中，这种认识的确立还需要一个反复的过程。

---

① 曲彦斌《特殊的语言文化遗产——民间隐语行话》，《中国文化报》2013 年 03 月 29 日《非遗》专版。

二、方言文化：民间隐语行话等民间文化的母体文化

言语活动中民间隐语行话的使用者，一是社会职事行业群体，再即地缘性的乡里社会人群。社会职事的行业文化和乡土文化，是对民间隐语行话影响至深的两种文化类型。有的以知识群体文化为本，有的则以地域文化及其方言文化为本。也有的二者兼而有之。即或是身处各类职事群体中的人，也几乎无不出身于一个特定的乡土文化，至少都曾深受某一个或几个地域文化的深刻影响并留下踪痕。民间隐语行话的生成、发展与流变，大都是以方言文化为母体的前提下进行和实现的。

例如，举凡粤剧行业、昆曲行业和相声等众多的传统戏曲、曲艺艺术群体的隐语行话，吉林采参业的隐语行话，湖北木瓦工的隐语行话，浙江龙泉、庆元等地的"菇民"中流行的"菇山话"，福建永安豆腐行业的隐语行话，山西理发行业的隐语行话，河北乐亭皮影艺人的隐语行话，澳门博彩业的隐语行话，乃至当今各地古董古玩业的隐语行话，可谓各有各的当行隐语行话，作为这些行业技艺乃至绝技传承的最重要的工具、最基本的信息载体，在各自具有不同行业的特点的同时，亦同样保留着地域方言文化深刻影响的踪痕。至于山西夏县东浒的"延话"（隐语行话），潮汕的反切语，东莞的"三字顶"，福建建瓯的"鸟语"，福州的"切脚语"，广西灌阳的"二字语"，藤县的三种倒语，广东揭西棉湖的三种秘密语，广宁的山语与"黑话"，贵州榕江的反语，陕西西安的反语，湖北襄樊的襄阳捻语，安徽淮河流域的民间反切语等，无不载负着丰富的乡土文化内涵和许多历史文献所忽略了的重要的、其他载体也难

以载负的文化信息。[①] 本文行将重点言及的"侨批隐语"和客家方言"江湖话""下市话"，均属于孳生于一方乡土方言文化并带有其所根基的乡土文化鲜明的深刻影响踪痕或谓"胎记"的民间隐语行话。显然，祛除了这种特定的方言文化影响踪痕或谓"胎记"，这些所谓的"侨批隐语"和客家方言"江湖话""下市话"则因无从所处而不复存在矣。因而我们说方言文化是民间隐语行话等民间文化的母体文化，当是所言不虚。

联合国教科文组织《保护非物质文化遗产公约》确定的保护对象的首要一条即是"口头传统和表现形式，包括作为非物质文化遗产媒介的语言"；《中华人民共和国非物质文化遗产法》第二条规定非物质文化遗产包括"传统口头文学以及作为其载体的语言；传统美术、书法、音乐、舞蹈、戏剧、曲艺和杂技；传统技艺、医药和历法；传统礼仪、节庆等民俗；传统体育、游艺；其他非物质文化遗产"，其首要的内容也是"传统口头文学以及作为其载体的语言"。

时下，业已纳为包括中国在内的所有签约国家政府行政执法行为的非物质文化遗产保护，备受关注。但是，我们的语言文化遗产的发掘保护，尚远未实施到位，尚不尽人意，不能不说甚是遗憾。民间故事等口头文学，民间技艺的传承，民俗的传承，等等，几乎大部分"非遗"保护项目都与语言（主要是方言）直接相关，大多方言的濒危程度并不亚于个别少数民族语言，然而在现已分级列入保护项目名录的项目中，几乎没有方言本体或具有直接体现的项目。

有些地方出于开发打造旅游项目等急功近利的功利性出发，过度瞩目物化的文化遗产的申报立项，而忽视诸如方言、民间隐语行

---

① 此处所述行业和地域，直接引自曲彦斌《现实社会生活视野下的隐语行话》的相关部分，分别见于《江西社会科学》2009 年第 9 期和《学术交流》2009 年第 10 期。

话等语言类濒危物化遗产的发掘保护，以一种倾向掩盖着另一种倾向，也是非理性化之弊。

三、侨批隐语：华侨群体自我保护的一种言语习俗

且先议"下南洋"与"侨批"。

中国近代移民史上有三大移民潮，即"闯关东""走西口"和"下南洋"。前两者，属于本土内部迁徙，后者则是向境外的新加坡、马来西亚、印度尼西亚等东南亚国家迁徙。唐宋以来，滨海而居闽粤居民即已有了出海赴南洋海外谋求生计的经历。北宋福建惠安菱溪谢庄岭（今涂岭乡谢庄岭）人谢履的《泉南歌》，便记述了"泉州人稠山谷瘠，虽欲就耕无处辟。州南有海浩无穷，每岁造舟通异域"的情景。

"下南洋"者，主要是由于闽粤地区可利用的土地资源稀缺，人口密度过大，生存谋生空间狭小，即如广东普宁知县蓝鼎元（1680—1733）于清雍正二年（1724 年）向朝廷上的《论南洋事宜书》所言"闽广人稠地狭，田园不足于耕，望海谋生"，加之南洋"既禁之后，百货不通，民生自塞。居者苦艺能之无用，使沿海居民，富者贫，贫者困，驱工商为游手，驱游手为盗贼耳"！于是乎，"下南洋"势不可挡，自 19 世纪 40 年代至 20 世纪 50 年代，两度掀潮。据统计，从 19 世纪 60 年代至 20 世纪初以华人劳工输出为主体的海外移民潮中，仅东南亚地区就有大约 200 万华工前往，主要集中于中南半岛的种植园和印尼等国矿山。仅 1922—1939 年间，从厦门等港口出洋的移民就超过 500 万。若向前上溯至自明代中叶

开始，在所持续的近 300 年间，海外华人华侨的总数，目前比较认可的数字是 3500 万，80% 分布在东南亚，其中印尼华人数量最多，约有 600 万；马来西亚次之，有 500 万左右；华人占多数的唯一国家是新加坡，约占总人口的 75% 以上。[①]"下南洋"使闽粤成为中国境内两大著名侨乡。

一代又一代的侨民历尽千辛万苦在外打拼创业谋生，侨乡故里的亲人、故土家园，始终是其血肉关联的精神寄托。在地理闭塞、交通阻隔、通信设施简陋的条件下，尤其是适值战乱、灾荒之际，真正是"家书抵万金"。"侨批"成了关系侨民与侨乡故里经济交流和情感寄托犹如生命线似的纽带。一如有学者所说，侨批是出国谋生的潮人，寄回唐山（家乡）赡养胞亲和禀报平安的一种"银信合封"，即所谓"汇款家书联襟"的民间寄汇；作为一种文化，侨批却是一种以金融流变为内核，以人文递播为外象，以心心交感为纽带，以商业贸易为载体的综合性、流动型文化形态。……侨批是潮人"根"意识的特殊递变、"智"潜能的优化组合、"商"思想的灵活实用。[②]

何谓"侨批"？不妨顺便略作考识。通常认为，"侨批"之"批"，是闽粤方言谓"信"，如福州、厦门方言即谓"信"为"批"，有"批袋"（大信封）、"批筒"（厦门称邮筒）、"批箱"（信箱）、"批信"（信件）、"批纸"（信纸）、"批面"（信封的正面）、"批局"（厦门旧称邮局）、"批壳"（信封）、"批囊"（厦门称信封）等等[③]。亦有的认为，所出有故："侨信有一个特色，就是信封后面贴一个

---

① 刘平《"下南洋"：晚清中国人走向世界的艰辛历史》，《北京日报》2014 年 03 月 10 日第 19 版。

② 陈训先《论侨批的起源》，《华侨华人历史研究》1996 年第 3 期。

③ 李荣主编《现代汉语方言大词典》第二卷第 1615—1617 页，江苏教育出版社 2002 年出版。

小信封，内含一小张白纸，专供侨眷回信之用。这和古时'家书后批'的形式相同，故华侨信称为'批'而不称'信'。"①考之后说，亦可求证于一些古代故实。如晚唐诗人韩偓（约842年—约923年）写有一首题为《家书后批二十八》②的诗："四序风光总是愁，鬓毛衰飒涕横流。此书未到心先到，想在孤城海岸头。"《潮州志》云，"潮州对外交通，远肇唐宋"，客家语言文化的传承，亦然坚持远宗唐宋之典。再即"侨批"之"批"的特定内涵在于特别强调书信往复和同时兼指随信汇寄银钱及其收讫的回复信息。这个含义，正与古人所谓"批反"意义相合。其例如宋人沈括《梦溪笔谈补笔》卷三《杂志》所云："前世风俗，卑者致书于所尊，尊者但批纸尾答之曰'反'，故人谓之'批反'，如官司批状、诏书批答之类。故纸尾多作'敬空'字，自谓不敢抗敌，但空纸尾以待批反耳。"又如清·蘅塘退士孙洙编、吴兴张荽评注的《新体评注唐诗三百首》于诠注唐诗名句"马上相逢无纸笔，凭君传话报平安"时亦云："情根所系，但批马尾。"就其随信汇寄银钱及其收讫的回复信息（收据）意义而言，亦可与古谓支取银钱的条据之"批子"相关联。如元人周密《癸辛杂识别集》卷下《银花》："令庄中籴谷五百石，得官会一千八十贯，除还八年逐年身钱之外，余二百八十贯，还房卧钱，系知府曾存有批子。"至明代仍可见用此词，如冯梦龙《醒世恒言》第三十一卷《郑节使立功神臂弓》："张员外被他直诈到二十两，众员外道：'也好了。'那厮道：'看众员外面，也罢，只求便赐。'张员外道：'没在此间，把批子去我宅中质库内讨。'"再

①林道成《侨批故事》，广东省档案馆编《侨批故事》第122页，广东人民出版社2014年出版。
②题下作者自注："在醴陵，时闻家在登州。"

如《水浒传》第二一回："也好，你取纸笔来我写个批子与你去取。"
亦然。如若可将侨批视为特定的书信文体的话（有待专题详细论
证），关联所及则还可联系到唐宋宫廷奏请表疏的"批答"，详可参
见《文章变体序说》，待考之。

现在来讨论"侨批"隐语现象。

"侨批"属于具有特殊私密性的书信，其特殊性体现在特别强
调书信往复和同时兼指随信汇寄银钱及其收讫的回复信息这一特定
内涵。侨民和侨乡，无不由"三教九流"各类职事群体人等构成，
个中不乏帮会等秘密结社团体，都有使用隐语行话需要和这种语俗，
加之关系随信汇寄银钱的数目的兑付安全的隐秘性，等等，同样具
有使用隐语的必要。有鉴于此，笔者不免由"大胆假设"转为"小
心求证"。由于"侨批"申遗的推动，形成了"侨批"的收藏热和
研究热。对于研究整理者而言，现存"侨批"文本浩如烟海，基础
性工作量颇大。在尽力查阅众多研究文献和"侨批"实物文本中，
人们陆续发现，"侨批"中存在着使用隐语行话的现象。如，有位
记者的报道说 [1]：

> "伯父"暗指汇来 100 元，"山清叔"则代表寄上 3000
> 元……近日，记者在市区新华路张念星先生家中，见到了他收
> 藏的多张侨批。更有趣的是，这些"侨批"中竟然还有不少鲜
> 为人知的隐语呢。
>
> 张先生说，上世纪六七十年代，远在南洋某国的华侨要给

---

① 题目为《不为人知的"侨批"隐语》，见于泉州市科技局主管、泉州市科技信息研究所主办的《侨乡科技报》[CN-35(Q) 第 0066 号]2009 年 1 月 9 日，实习记者王建强。

国内的亲属邮汇钱款，却时常遭到该国反华势力的阻挠，无法正常化。这就迫使该国华侨不得不与国内的亲人约定以隐语互通。

最初，这一隐语是以药丸、元宵丸、针线等替代额数，如收到100元就以"收到药丸或元宵丸一百粒"来指代，不过后来这一隐码渐渐被破译。

随即，华侨又约定以"伯父"暗指汇来100元，"二伯"暗指汇来200元，"一菁兄"为1000元，"山清叔"则是3000元。

一些零散的记述，可与这个报道相印证。例如，一件侄子写给伯父母的侨批中写道，"随书附奉饼干八百三十二块，其中三十二块乃侄孙敬奉稍尽孝养尊长之心"；显然，隔山越海遥相寄奉寻常食品八百多块"饼干"作何道理？未免怪异。原来，"当时为确保侨批在分送过程中的安全，从海外寄钱回大陆，不能名言寄多少钱，只能以饼干或其他物品名称暗示。比如每块饼干即代表一块钱"①。又如，早期在当时为外国殖民地的港客往梅县故里寄送侨批时，"侨胞托带钱物要从水路乘船到大陆，故解送侨批的人被称为'水客'。……水客收信时，为预防边境军警检查，记事本上用仁、义、礼、智、信、益等为数字；伯、叔、兄、弟为千、百、万十港元代号"②。甚至，还发明有使用口头暗语的"口批"。例如抗日战争初期，澄海县建阳村在泰国开设的"增顺批局"在寄送附有大额银

---

① 刘榕平《感蒙恩义·述亲情以训子女》，广东省档案馆编《侨批故事》第150—151页，广东人民出版社2014年出版。

② 李焕兴《八路军驻武汉办事处的一封回批》，广东省档案馆编《侨批故事》第154页，广东人民出版社2014年出版。

钱的侨批时，送批的"批脚"抵达目的地汕头之后，立即到与该局对汇的"友信钱庄"，使用口头代号与密码支取，然后分送各地①。

上述所例举的，均属于语词替代形态的侨批隐语，仅仅是汉语民间隐语行话多种形态类型的一种形态类型。那么，是否还有其他形态类型呢？答案是肯定的，那就是发现于中国著名典型侨乡侨批中的，主要以语音变化为基本形态的"下市话"。

四、燕子语、鸟语与客家江湖话：20 世纪以来的闽粤反切秘密语关注

对于闽粤反切秘密语，20 世纪以来语言学和民俗学界一向有所关注。广东东莞人、著名中国哲学史专家兼民俗学家容肇祖 (1897—1994) 早于 20 世纪 20 年代之初即注意到了"燕子语"和"麻雀语"两种反切秘密语。撰文指出，反切的秘密语在前清初办学堂的时候中小学校里很通行，往往用来谈秽亵的事情。后来懂得的人渐渐多了，到如今大都看作很下流的一种语，也渐渐没多人敢说了。由于用反切注释单音字极通行的缘故，这种反切的秘密语在我国很容易发生②。个中的"燕子语"，亦即数年之后赵元任先生著名的《反切语八种》中论述到的广州 la-mi 式反切语。赵元任说，中国"最有系统，在音韵上也最有意思的是用反切的秘密语"③。其《反切语八种》所论述的八种反切秘密语之中，即包括了闽粤的福州 la-mi 式

---

① 陈训先《论侨批的起源》，《华侨华人历史研究》1996 年第 3 期。
② 容肇祖《反切的秘密语》，《歌谣》周刊 1924 年第 52 期。
③ 赵元任《反切语八种》，《中央研究院历史语言研究所集刊》第 2 本第 3 分册，1931 年版。

反切语和广州 la-mi 式反切语，认为两者"原则相似，然而由于两地音系相差较大，故差别亦较大"①。高名凯的《普通语言学》（增订本）和《语言论》，均介绍过"福州八音摄"（又谓"哨语"）："福州的'八音摄'就是应用语音改造的方法'创造'出来的一种隐语。重复任何一个音缀都说成两个音缀，其中第一个音缀保持原样，第二个音缀保留韵母，而把任何的声母都换做 k，如果第一个音缀的声母就是 k 的话，就把第二音缀的声母改为 r。"② 就此，笔者曾有文章做过稍微详细一点的介绍，认为③：

> 所谓"八章摄"，又名"哨语"，流行于福州地区。明代抗倭名将戚继光驻闽（福建省）时，为便于外地兵士学习当地方言曾编了一部通俗易学的韵书，名为《戚参军八音字义便览》。是书《例言》除胪列编撰体例之外，还附有"嗾语"与"嗾语切"两项。据以今日福州方言考证，"嗾"与"哨"音同，"嗾语"音协"哨语"，实为"隐语"或"暗号"的意思。
>
> 依此推断，所谓"嗾语"即"八音摄"，与当今仍流传之别称"哨语"亦相符合。是书将福州方言音系韵母分为三十六类，系以所定三十六个字母标示；又将声母分为十五个，声调分为八类，亦用字标示，因名《八音字义便览》。是书所用以注音的"反切法"，实为明清曾流行一时的"标射韵法"，极便于外地人学习当地方言俗语，亦便于本地人识字，故流行较广，

---

① 赵元任《反切语八种》，《中央研究院历史语言研究所集刊》第 2 本第 3 分册，1931 年版。
② 高名凯《普通语言学》（增订本）第 66 页，新知识出版社 1957 年版。
③ 曲彦斌《汉语民间秘密语（隐语行话）语法概要》，《文化学刊》2014 年第 3—4 期。

于后世亦颇有影响。

今所见流行于民国时期福州一带的"八音摄"（即"哨语"），是类如"反切语"而又略有区别的一种以改变语音为构造方式的民间秘密语。

其区别在于，当将本字化为二音节时，第一音节（即上字）与本字相同，而第二个音节只保留韵母，换以固定的声母"k"；若第二个音节声母本就是"k"的话，即将其改为"r"。

究其实，今所见之"八音摄"，即当初《八音字义便览·例言》中所说的"嗽语"遗制。由此亦可断知，作为一代名将的戚继光当时于军中推行《八音字义便览》，其直接的功利性目的在于为当时军中所用秘密语（即"嗽语"）提供定则。从此意义上说，《八音字义便览》是明季"戚家军"的标准密码本。

近年来，仍续有关注。如陈叔丰《潮汕的反切语》，梁玉璋《福州方言的"切脚词"》，潘家懿《海丰福佬话里的"尾仔"》，马重奇《闽南漳州方言中的反切语》，林伦伦《广东揭西棉湖的三种秘密语》，潘渭水《福建建瓯"鸟语"探微》，陈延河《广东惠东的"双音话"与"三音话"》，张维耿《客方言区的江湖话》，李蓝《方言比较、区域方言史与方言分区——以晋语分音词和福州切脚词为例》，陈靖云《兴宁"鸳塘话"研究——兼兴宁苑塘罗氏家族的兴衰史》，王秋珺《客家方言的双音反切语——关于梅城下市话的调查报告——关于梅城下市话的调查报告》①，等等。

个中，潘渭水《福建建瓯"鸟语"探微》写道：

> 在福建建瓯的一些边远山村流行着一种"仔语"，有的地方叫它"燕仔语"，或是"燕语"，即"鸟语"。其实，它是一种隐语。这种隐语是有规律性可循的。它只是将一个音节（一个字读出声来）的声母、韵母拆开，在声母后面加［i］［带鼻尾韵的音节则加ｉ］，在韵母前面加［l］，然后将声、韵对调移位，先说带［l］的韵母，后说带［i］的声母，声调照旧，使单音变成了双音节，读出来就是了。

显然，其所谓"鸟语"，亦即容肇祖半个世纪前所说的"燕子语"。马重奇的《闽南漳州方言中的反切语》一文把漳州方言中的反切语按照赵元任的命名方法分为 la—mi 式和 ma—sa 式两类，分别加以介绍，并将其与福州的"仓前庹""嘴前话"等反切语进行比较。比较得出以下结论：漳州 la—mi 式反切语与福州"仓前庹"在定音方法上较为相近；ma—sa 式反切语与福州"嘴前话"不太

---

① 陈叔丰《潮汕的反切语》，《中国语文》1940 年第 3 期；梁玉璋《福州方言的"切脚词"》，《方言》1982 年第 1 期；潘家懿《海丰福佬话里的"尾仔"》，《汕头大学学报》(人文社会科学版)1993 年第 3 期；马重奇《闽南漳州方言中的反切语》，《福建师范大学学报（哲学社会科学版）》1994 年第 1 期；林伦伦《广东揭西棉湖的三种秘密语》，《中国语文》1996 年第 3 期；潘渭水《福建建瓯"鸟语"探微》，《中国语文》1999 年第 3 期；陈延河《广东惠东的"双音话"与"三音话"》，《方言》2000 年第 3 期；张维耿《客方言区的江湖话》，谢栋元主编《客家方言研究：第四届客家方言研讨会（2000 年）论文集》第 65—72 页，暨南大学出版社 2002 年出版；李蓝《方言比较、区域方言史与方言分区——以晋语分词问和福州切脚词为例》，《方言》2002 年第 1 期；陈靖云《独兴宁"鸳塘话"研究——兼兴宁苑塘罗氏家族的兴衰史》，《客家文博》2012 年第 2 期；王秋珺《客家方言的双音反切语——关于梅城下市话的调查报告》，《客家文博》2015 年第 2 期。

相同，却与福州另一种反切语——"切脚词"用法十分接近，它们有一个特点，即"皆以口语为根据，或颠倒其双声叠韵，或掺杂无谓之韵纽，以混人闻听"。

较早将客家话反切秘密语明确定性为"江湖话"并以之冠名的，是在 2000 年举行的第四届客家方言研讨会上，梅州籍的中山大学教授张维耿提交的论文《客方言区的江湖话》。文章提到了一个以客家江湖话切音作名的实例，即中山大学中文系已故老教授楼栖名字的由来。梅州市梅县区人楼栖教授本姓邹，原名邹冠群，现用名原本姓氏的梅县客家江湖话切音。文中，作者还模拟梅县话的"江湖话"做了一篇题为《偓係客家人》的"江湖话"短文，读来甚是生动有趣。

五、"下市话"：发端于梅江河畔攀桂坊市井的反切秘密语

自从把"下市话"纳入"非遗"视野以来，这项梅州客家方言中的语言文化奇葩每每受到各种媒体的关注。不妨先浏览一些媒体的报道，亦可从中略窥"下市话"一般概况。且摘录若干如下：

"说起下市话的渊源，可离不开黄遵宪先生！"随着杨伟煌的娓娓道来，记者了解到，"下市话"又称"叶 (ea) 话"，按古书籍《客话本字》书中有双音反切"叶话"方法记载证明，下市话从清光绪三十一乙巳（1905 年）至今，其流传可考历史至少有 105 年。

它是梅江区梅州古城区东郊"攀桂坊"（今梅江区金山街道下市角及周边范围）客家人特有的一种民间文学语言。最初，由于黄遵宪祖辈经营典当业，渐渐地典当行内形成了一种行业专用语言。黄遵宪先生从小接触这种行业语言，加上学识渊博，于是便深加研究，将《康熙字典》字母、字韵切音法识字方式与祖辈的行业专用语言结合起来，采用梅州城区客家方言加以双音反切衍变而成了极具古梅州城区地域标志的客家独特方言，因而形成了初始形态的下市话。

据了解，下市话曾主要用于重要场合、重要事项的隐蔽交流，也在梅州古城区东郊"攀桂坊"民间交流。

——《百年"下市话"欲申遗》（《广州日报》2011 年 1 月 28 日）

下市话是采用梅州城区客家话切音的一种特殊方言。在 1956 年之前，我国还未推行汉语拼音，都采用以两个音切成一个字的切音识字法，原本 5 个字的一句话就成了 10 个字的一句话，比如说，"嘀咕"两字可切音成为"都"。黄遵宪将 40 个字作为字母，24 个字作为字韵，同时，根据梅州城区客家话的特色，将字转读 6 音，让下市话成为比较系统的体系。由于其语言生动并含蓄隐蔽，而语言韵律独具梅州古城区文化特色，并可用客家方言读音文字代替书写，用其读书、唱歌、与人交流，因此口传心授流传至今。它曾主要作用于重要场合、重要事项的隐蔽交流，也在梅州古城区东郊"攀桂坊"民间交流。

"黄遵宪先生作为驻日参赞时，使馆里潜伏有许多中国通的间谍，而身边同僚又多属客家人。那时正值清政府日渐衰退，出于形势需要，并为了防止泄密，他创造并教会了身边同僚使用下市话讨论要事。"说起这段典故，杨伟煊兴奋不已，他说下市话语言流传至今，被杨恭桓、杨檀儒、杨雪儒、杨幼敏等历史名人广泛运用。尤其是黄遵宪归隐故里时经常使用它谈论国家时政，让人觉得十分隐蔽、十分时尚。因其有规律的反切方法，客家人易学且外人难于听懂，因而在当地很快流传，特别在上世纪初至70年代初，从梅州城区、东山中学到文化公园周边的文化单位如梅县山歌剧团都十分盛行，当时，梅州城里有许多人都以会讲下市话为时尚。

随着时代发展，聚集交流的场景在渐渐退出人们的视听，今天城区使用下市话的人也日渐减少，但在下市"攀桂坊"及周边范围仍有好些60岁以上的老人热衷用其对话交流感情，"攀桂坊"在外经商的成功之人如黄华、李贵辉（上世纪50年代梅县山歌剧团演员）等仍然十分常用"下市话"交流感情。在文化大省、客家文化生态保护实验区的建设下，下市话作为区域特色文化，得到梅江区政府的重视和保护并重点宣传，目前，该区有关文化部门正在加紧对其收集、挖掘、整理申报，加以保护。

——《双声叠韵下市话奥妙含蓄意韵藏》（《梅州日报》2011年2月23日）

近日，致力于挖掘保护工作的传承人杨伟煊在他的家乡下市攀桂坊发现一批华侨信函，其中有关海外向梅州汇款的内容，频频使用"下市话"来传递信息，以避免汇款数目和分配情况外泄，为下市话发源于商业暗语增添证据。

杨伟煊发现的这批华侨信件属于下市杨桃墩原居民丘和德的家信。据他介绍，丘和德老人现年八十多岁，收藏的信件是他在印尼经商的父亲和哥哥当年向家乡汇款后写的家信。

记者看到，这些信函寄发于上世纪五十年代初，其中一封丘和德父亲发出的信内提到："和德儿：知悉，昨日接来九月寄的信，所云清旋伯到家各事……"杨伟煊解释，信中写到的"清旋伯"在下市话中就是钱的意思，"清旋"是下市话里"钱"的发音。丘和德的父亲从印尼寄回钱款准备购买河唇店铺，为了保守秘密用下市话覆盖了信中涉及资金的内容。

在杨伟煊出示的另外两封信中，丘和德的弟弟用部分下市话写道："已探悉，捲四之清璇，实是育只清先双甘驳隔容璇，因国良姊丈捲四信时弄错了。"杨伟煊解释这句话的实际意思是"已探悉，寄之钱，实是一千三百元，因国良姊丈寄信时弄错了"。对于不懂梅城客家话以及下市话反切读法的人士来说，无疑是天书，根本无法弄懂其含义，从而起到保密作用，即使信件在半途被人截取私拆，外人也弄不清其核心内容。

记者从信件保存者处了解到，寄信的人在印尼的三宝垄经商，历经两代人，远离家乡多年，在涉及商业机密的情况下，习惯采用下市话保守秘密。杨伟煊表示，这为下市话源自商业暗语提供新的证据，因为下市攀桂坊从清朝中叶开始，有不少家族参与钱庄、当铺的生意经营，有使用类似这批侨信保密功能的需要。杨伟煊还向记者出示手上抄录的杨桃墩文人杨檀儒为族侄子芸的《叶音字韵便读》所作的序文，显示在清末，攀桂坊人士已在系统梳理下市话。

——《60年前华侨信件为"下市话"源自商业暗语添新证》(《梅州日报》2013年12月06日)

(福建)省档案局副局长马俊凡介绍，侨批档案作为中国国际移民的文献遗产，最迟出现于 19 世纪 30 年代，基本消失于 20 世纪 70 年代。而现存最早的福建侨批产生于 19 世纪 90 年代。

侨批也存在不同形式，如"暗批"，就是在非常时期，当时寄递批款受到限制，写信者就在侨批封上写上"暗语"说明具体款数。

——《"侨批档案"入选〈世界记忆名录〉》，《东南快报》2013 年 6 月 21 日 A11 版。

等等。诸如此类的媒体报道，多属关于"下市话"的民间解读。其学术层面的认知，迄今尚未见到更多的专题研究成果发表，所见者主要为梅州中国客家博物馆青年学者王秋珺的《客家方言的双音反切语——关于梅城下市话的调查报告》。读罢，笔者认为这是一篇可圈可点、可资参考具有借鉴价值的"下市话"专题研究成果，是迄今所见公开发表的一篇属于学术层面较具说服力的研究报告。个中颇有一些值得关注的一些要点[1]。主要是：

首先，关于"下市话"发生的地域、名称和性质，文章认为：

古城区东郊"攀桂坊"一带（即今梅江区金山街道政府辖区内的小溪唇、下市角、杨桃墩、张家围、东街、月梅等村居委），曾经流行着一种独特的语言——"下市话"。之所以称"下市话"，是因为这种语言起源并主要流行于梅江区金山街道下市角及周边范围，因此以"下市"这个地名为之命名。据说这种语言现象的存在已有上百年的历史，从清光绪年间开始使

---

[1] 王秋珺《客家方言的双音反切语——关于梅城下市话的调查报告》，《客家文博》2015 年第 2 期。为避免过于烦琐，以下引述本报告不另一一注明所出。

用和流行，主要用于重要场合、重要事项的隐蔽交流。其主要特征是采用有规律的反切法，将本地客家话的单字音拆分成双音后进行对话，从而起到混淆视听、防止泄密的作用。对于下市话，许多人都认为它是当地特有的一种语言，甚至传说是下市角人黄遵宪所发明的。出于兴趣和专业学习使然，笔者认真查找了相关资料，发现采用双音反切进行秘密交流的语言并不止是下市话一种，并且从严格意义上来说下市话并不算是一种语言。事实上，"下市话"是"反切语"的一种，而反切语又是秘密语的其中一种类型。反切语不仅历史悠久，而且通行于大江南北，几乎每个方言区都曾经存在或至今流行着当地的反切语，只是名称和特点各有不同而已。

其次，关于"下市话"的发生的具体社会背景和时间，文章提出是"地域斗争"的结果：

所谓地域斗争主要是指在下市和上市两个紧邻的区域之间展开的。通过调查和查找资料我们得知，在梅城下市角有"下市话"这种秘密语，与下市仅一街之隔的上市也有"江湖话"（与下市话的构成规则不同）这种秘密语。那么为什么在嘉应州古城区这块并不大的地方就出现有两种地域相邻、类型不同的秘密语呢？显然是上市和下市两地在当时存在着某些不和谐的因素，导致各自采用不同类型的秘密语来达到对内团结、对外抗争的目的。至于这些不和谐的因素从何而来，我们推测主要是由于两地经济文化的不平衡所造成的。下市比起上市来，商品经济更为发达，文教和人才也更为出众，许多著名人物如黄基、杨炳南、黄遵宪、黄遵楷、李象兰、黄百韬、杨幼敏等等均出自攀桂坊的下市角。在一个小小的地方走出如此多的出众人才，可想而知下市的物产、经济、人文等都相当可观，因此下市角人有着良好的优越感也在情理之中了。这样，相邻的两地百姓之间就会存在或多或少的矛盾，久而久之其矛盾越来越大，最后形成公开的竞争甚至斗争。既然存在着斗争，那么在内部交流时也互相采用对方听不懂的语言，以防外人窃听。这个因素也可以借此解释下市话产生的真正原因。那么上、下市之间存在斗争的状况在何时出现呢？据多方资料显示，黄遵宪在童年时期已经习得下市话，说明由地域斗争促使产生下市话的时间至迟应为黄遵宪出生之前，即 19 世纪 40 年代之前。

第三，关于"下市话"的发生与本地名人黄遵宪关系民间的传说，通过辨析，文章提出：

下市话之所以为人所津津乐道，很大程度上是由于黄遵宪使用下市话进行国事保密的传说故事。"据说，19 世纪 70 年代，黄遵宪在中国驻日使馆担任参赞时，使馆里来往的日本人有许多'中国通'。那时正值清政府日渐衰退，为了防止泄密，他教会身边同僚使用下市话讨论要事，因为身边的上级和同僚又多属客家人，如首任驻日使何如璋，随员梁诗五、黄锡铨等都是大埔或梅县的客家人。"至于黄遵宪本人为何会使用下市话，有一种说法认为是"黄遵宪将《康熙字典》字母、字韵切音法识字方式与祖辈的行业专用语言结合起来，采用梅州城区客家方言加以双音反切衍变成了极具古梅州城区地域标志的客家独特方言，因而形成了初始形态的下市话"。这一说法与事实显然不符。一是下市话早在黄遵宪之前就已在下市角附近的百姓中普遍流传；二是像下市话这类秘密语多为民间口头传播，完全没有必要按照文人使用的识字方法来推广。因此下市话的产生应如上一小节所述，是源于地域斗争的需要而出现的。下市话除了使用在参事议事等正式场合，民间也有一些材料显示下市话在当时的普遍使用，其中一个使用场合就是海外华侨与家乡亲人之间的通信。

下市话不是由黄遵宪一人创造的，也不是其祖上因经营典当行业而创造的商业暗语，而是于民间兴起和流行的，主要原因应为上市与下市之间的地域斗争引发的。黄遵宪对于下市话的贡献主要在于将下市话这种民间使用的、不登大雅之堂的暗语运用到正式场合中，使本来名不见经传的下市话因黄遵宪的使用而为人所关注，并将与下市话有关的一切背景均与黄遵宪这位出自下市角的著名诗人和外交家联系起来。

再即，关于"下市话"与《客话本字》的关系，作者认为，《客话本字》所记载和论述的是客家话中的字的反切方法，相当于我们今天所说的"客家话拼音"，"作为反切语的一种的下市话，通常只留存于民间百姓的口语中，而不会'登大雅之堂'地以文字的形式加以记载"。因而，"《客话本字》《叶音字类》都不是记载下市话的文献资料"，亦并非被视为"下市话"传承人"杨伟煊所称为记载下市话的文献材料"。

凡此，作者关于"下市话"的辨析，多切中肯綮，言之成理。还有一些地方，体现了学术的理性。比如，作者注意到，"新闻报道和评述的主要受访者都是杨伟煊先生，关于下市话的主要观点均出自受访者本人之口，并且这些观点多为其主观猜测，缺乏科学性和实证性"。因此，作者试图"对下市话及其所属的反切语进行梳理和研究，既补充了客家地区的反切语研究成果，又避免让有关下市话的错误观点继续流传"。

文章指出，当然，还是有一些值得商榷之处的。比如，作者认为"下市话"是文章提出是"地域斗争"的结果，其"斗争"这样的表述用语，似可替换为"竞争"之类，似乎更为切合实际一点。不赘言之。

历经长期的经济交流，梅州也是明末清初以来客家地区的政治、经济和文化的中心。因此，特定的历史地理使梅县话是客家方言的代表性方言。即如梅州籍学者谢永昌的研究提出：梅州地区面积较大〔含梅江区、梅县区、兴宁市、五华县、丰顺县、大埔县、平远县、蕉岭县共8区（县、县级市）〕，故梅州话内部存在不同口音，又可细分为程乡小片、兴华小片等，但梅城话、兴宁话、五华话等其他梅州话可以完全互通①。那么，概言之，所谓"下市话"，是发生于清代梅县梅江河畔攀桂坊市井商业社区下市角一带的一种以梅县客家话为母本的反切秘密语。原本是基于市井商业活动民间隐语行话，一度是当地实景的一种言语时尚。后来，当其失去了商业活动中的特定功能之后，则逐渐成为青少年用以娱乐的语言游戏。或可言之，"下市话"可谓梅县客家话的代表性反切秘密语之一种。

---

① 谢永昌《古汉语的"活化石"：客家话——兼论客家方言以梅县话为代表的缘由》，《嘉应大学学报（社会科学）》1997年第5期。

六、"楼栖"教授：以客家话反切秘密语易姓为名

就此题目，且先从以反切秘密语易姓为名的故实谈起。

有篇题为《读注释》的文章写道："著名的语言学家王力先生，在四十年代写了不少随笔，结集出版后题名《龙虫并雕斋琐语》，署名王了一。大约是把学术当成雕龙大业，而把写随笔当成雕虫小技，笔名了一则是力字的反切。……王力先生化名发表随笔，大约也是迫于经济的压力，文章本身其实没有多少犯忌的成分。当时西南联大的不少教授用的笔名，都是名字的反切。古文字学家唐兰，笔名唐立厂，就是兰字的反切。[①]""所说王力先生化名发表随笔，大约也是迫于经济的压力"未必尽然，不过其以反切原理取名倒是王力先生本人认可的故实，见于即其《龙虫并雕斋琐语·姓名》所自述的，"为了避免雷同，有些雅人采用偏僻的名字。我本人就是其中的一个。在十五六岁时，我嫌父亲所给的名和老师所给的字都太俗，太普通，于是自己改为'力'，改字为'了一'"。新浪有篇博文《浅释古人名和字的关系》亦谈到，用声音来系联名和字，往往用古代注音所用的反切。比如钱钟书的夫人著名翻译家杨绛，字季康。"绛"就是"季""康"切音字。季是切音上字取其声，康是切音下字取其韵（一般而言是有调的，但是因为古今音变，很难读出来），然后二者拼合即是。还有古文字学家唐兰字立厂。再如龙虫并雕斋主王力先生，他的字是了一。也是反切。由此可见，"当时西南联大的不少教授用的笔名"，如此别出心裁，堪谓一时文人雅趣。这种基于汉语汉字独有特点的取名，也是中国现当代文学史

---

① 季红真《人生的节气》第 102—103 页，北京大学出版社 2010 年出版。

乃至文化史上的一个有趣的现象。

　　就此，笔者所要引出的话题的是，中国现当代文学史乃至文化史上还有一位采用反切秘密语（注意，是"秘密语"）易姓为名的人物，乃已故中山大学教授楼栖先生。如本文前述，在 2000 年举行的第四届客家方言研讨会上，张维耿在题为《客方言区的江湖话》的发言中，简略地言及此事。当时，笔者不曾恭与盛会，亦尚未见到后来辑集印行于会议论文集中的此文。倒是去年以来由于关注侨批隐语和"下市话"，偶然在客家博客中拜读到张维耿先生题为《梅县旧时的江湖话》的博文①。文章写道：

　　　　中山大学中文系有位老教授，梅县梅西人，叫楼栖。大家都叫他楼老师。他的一个侄孙以往在梅县与我同事，姓邹。我觉得叔公和侄孙不同姓，很有些奇怪。有一回我上楼栖老师家请教，顺便问他："你的侄孙姓邹，老师你怎么姓楼呢？"他说："我是姓邹。客家人说江湖话，邹说成楼栖，我就起了楼栖这名字了。"原来老师的姓名是按江湖话来起的。

　　　　我想起上小学时，常听留余堂张姓同学说江湖话。如"梅桂小学"就说成"来眉 loi²mi² 利贵 li⁴gui⁴ 了死 liau³xi³ 乐气 log⁶hi⁴"，我们楼下塘也有些小孩儿说江湖话，在每个字音前头加上个韵母和声调相同的 1 声母的字，如把"梅桂小学"说成"来梅 loi²moi² 利桂 li⁴gui⁴ 了小 liau³xiau³ 乐学 log⁶hog⁶"。

　　　　江湖话究竟怎么个说法呢？我在中大中文系学过音韵学，明白旧时没有国际音标，没能用国际音标来注音，为汉字注音就用了反切法。如《康熙字典》："东"的注音为"德红"切，

──────────

①www.worldexperts.org/web/Z23/Z23-6875.htm

取"德"的声母 d，与"红"的韵母 ong 拼合起来，就成为"东"这个字的读音 dong 了。客方言的江湖话实际上是一种倒反切，如"梅"字是"眉来"的反切，倒过来江湖话就说成"来眉"；"小"是"死了"的反切，倒过来江湖话就说"了死"，诸如此类。但是，江湖话的反切不同于《康熙字典》的反切。江湖话的反切，其上一个字是用该字同声母同声调而韵母为 i 的字，下一个字是用声母为 l 的韵母与声调相同的字，如"梅"字说成"眉 mi^2 来 loi^2"，倒过来就是江湖话的"来 loi^2 眉 mi^2"了。楼栖教授姓邹，为"栖楼"的反切，倒过来江湖话就是"楼栖"了。

至于楼下塘小孩儿说的那种江湖话，即在每个字音前头加上个韵母和声调相同的声母为 l 的字，应该是一种级别较低的客方言江湖话，人人都很容易听得懂，如"坐车去松口"，说成"啰坐 lo1co1 拉车 la1ca1 利去 li^4hi^4 龙松 $liung^2qiung^2$ 篓口 $lêu^3hêu^3$"。而那种倒反切的江湖话级别较高，听说双方都需训练有素，才有快速表达和认知的技能，一般的人是不容易具备这种听说能力的。如"坐车去松口"，倒反切江湖话说成"啰妻 lo1qi1 拉妻 la1qi1 利气 li^4hi^4 龙徐 $liung^2qi^2$ 篓起 $lêu^3hi^3$"。

你若对这种江湖话不熟练，就很难听得明白了。

读罢这篇博文，我随即觅得张维耿先生的联系方式，与之通过电话、电子邮件、短信乃至亲往其中山大学寓所访谈，比较清晰确切地棟廓清了楼栖先生以反切秘密语易姓为名的故实。个中，据张维耿先生的电子邮件答复得知，"楼栖的侄孙，叫邹允文，1934 年生，梅县梅西区人。20 世纪 50 年代，曾在梅县县委办公室工作，后调进广东省公安厅，为处级干部。现已离世"。张维耿先生谈其与邹允文的交集关系为：

> 我 1956 年调干考进中大中文系。1954—1956 年我在梅县县委办公室工作，邹允文原在梅西区区委工作，与我早认识，可能是 1956 年调来县委办公室的，所以说我们是同事关系。邹允文 60 年代初调出广州市省公安厅，一直到本世纪初，我和他常有联系和聚会。

有关资料显示：

> 楼栖（1912—1997）原名邹冠群。广东梅州市梅县区人。民盟成员、中共党员。1937 年毕业于中山大学文学院社会系。历任香港华南中学高中部教员，《广西日报》国际新闻编辑，广西工业作家协会分会工作站主任，香港达德学院文哲系教授，广州市军管会文教接管委员会新闻出版处杂志组长，中山大学中文系副教授，中国现代文学教研室主任、系副主任，民主德国柏林洪堡大学东方学院教授，文科教材《文学概论》编委，中山大学中文系文艺理论教研室主任、系副主任，教授。同时，楼栖先生还是中国作家协会广东分会第一、二、三届理事及第三届副主席，广东省第一、二、三届文联委员，中国郭沫若研究学会第一届理事，广东中华诗词学会理事。1956 年加入中国作家协会。著有散文集《窗》，杂文集《反刍集》、《柏林啊，柏林》、《楼栖自选集》、《楼栖作品选萃》，中篇小说集《枫树林村第一朵花》，文学专论《论郭沫若的诗》，长诗《鸳鸯子》等。

如此一位卓有建树的现代文学学者兼作家，少不得要进入各种人物辞书、传记，可至多也就介绍其原名（本名）为邹冠群而已，笔者视野所及，尚未见记载其"楼栖"之名原本竟然出自以客家话的反切秘密语易姓为名的故实。客家话专家也是有心人张维耿教授，以其深厚的研究功力和翔实的佐证破解并予揭载，与其现象一样，必将载入中国现当代文学史、文化史，自然，亦是为中国方言学史和汉语隐语行话研究史填写了别有情趣的重要一笔。

七、考察"侨批"隐语与梅州"下市话"的几点思考

从基于学术问题意识的关注、引发浓厚的兴趣，到笔者亲赴实地实施对"侨批"隐语与梅州"下市话"的考察研究，到现场访谈、组稿，期间自然发生许多学术思考。有一些将陆续写进其他相关文章，于此，则主要写下三个方面的问题，期望能够为诸君提供一点参考性信息的同时，引起对有关现象的积极关注，乃至引发进一步的讨论、批评。凡此，皆予之所殷切期待者也。

首先，关于"下市话"等"小地域性"乡土秘密语现象。

根据王秋珺《客家方言的双音反切语——关于梅城下市话的调查报告》的考察辨析认为，"所谓地域斗争主要是指在下市和上市两个紧邻的区域之间展开的。通过调查和查找资料我们得知，在梅城下市角有'下市话'这种秘密语，与下市仅一街之隔的上市也有'江湖话'这种秘密语"，亦即张维耿《客方言区的江湖话》一文中有所记载和论述分析过的"梅县地区的反切语，也就是他所说的'江湖话'，其实就是上市话"。如果此即当地当时的言语事实的话，则说明，第一，客家话内部曾经产生、流行过多种因地域而异的反

切秘密语；其次，有些客家话的反切秘密语存在于很近、很小的区域内；再即斯可推测，"江湖话"曾是当地影响较大的客家话反切秘密语，早于"下市话"，"下市话"在其基础上形成。

在此，需要注意的是，就在同处梅江河畔攀桂坊市井，还存在一种名曰"鸳塘话"的客家话反切秘密语。南京大学教授黄发有有篇文章言及客家话的一种名曰"鸳塘话"的民间隐语行话。文章写道①：

> 闲谈之间，一位客家阿叔罗埔先告诉我们，鸳塘内部有一种非常特别的语言，一个字读两个字的音，母音、子音各有 24 个。那位阿妹说"吃饭"的读音是"首席花散"，"发财"的读音是"发抵就达"，她说她就只知道这些。这种封闭性的语言和门户森严的齐安围，不正是异曲同工吗？我顿时来了兴趣。罗埔先大叔为我们提供了他自己搜集的文字资料，又主动地提出，要领我们去找一位还会讲鸳塘话的 90 岁老人。他一手打着雨伞，一手架着自行车，歪歪扭扭地骑行在泥泞的乡村小路上，其间还走错了一条田间岔路。老人叫罗友先，又名罗硕民，1914 年出生，他还特别强调其身份证上的出生时间是 1913 年。老人思维清晰，他说关于鸳塘话的起源，他听到的就有好几种，一说为罗姓祖先在京为官，因言惹祸，无奈出逃至江西九江，为避免重蹈覆辙，就自创了一种内部交流的语言；另一种说法是太平天国时期一位前辈秀才所创；第三种说法是辛亥革命时期有一位革命人士罗翼群，鸳塘当地的文人为了保护他，就发挥集体智慧，从江湖黑话中获得启发，创制了鸳塘话。据说罗

---

① 黄发有《客家原乡（三题）》，《当代小说》2006 年第 11 期。

翼群不仅借助鸳塘话的保密性来从事革命工作，传说他还在危
急时帮孙中山脱离困境。鸳塘话的母音和子音分别组成了两首
六言诗：

> 安手野行我快，短蓬孤就波遮。
> 问先宗身何处，桃花源李门家。
>
> 宽心东西磊私，亏跟砌粗他山。
> 漂身春秋淹呵，低声呼相欧歌。

前一首的二十四字为母音，后一首为子音，声调与古汉语
一样，分为平声、上声、去声、入声。为了方便我们记忆，老
人形象地解释两则诗的文化蕴涵，并说他们当年学鸳塘话时，
教授者也这样讲解：

> 安静地在野地里独行，我心快乐，
> 　小小的草蓬孤零零地遮风挡雨。
> 　　要问祖先的根在何处？
> 　　桃花源里藏着那门人家。
>
> 宽心的只能是安顿自己的小家，
> 　难过的是总要在他乡吃亏受累。
> 　漂泊的岁月为什么淹留不止啊！
> 　我低声哼唱，与梦中的她遥相呼应。

这些诠释性文字经过我的润色与锤炼。意味深长的是，这
两首六言诗的字面含义，似乎以隐喻的形式表现着客家人千年
流浪的漂泊体验。在我看来，鸳塘话正是近千年来缺乏安全感

的客家人，在反复遭受外界排斥的过程中，以倔强的姿态背对世界的精神形式。这是作茧自缚的独立王国，是用语言的砖石修筑在心上的城堡。罗埔先大叔告诉我们，"文革"期间，鸳塘也爆发了两派斗争，"旗派"和"联派"势不两立，常常派军宣队和社教队驻村工作，他们开大会，底下的群众就用鸳塘话开小会。那些革命干将一气之下，将"鸳塘话"。定性为"反革命"语言，被禁止使用，相关的文字材料也被焚烧。随着那些会讲鸳塘话的老人们相继过世，中年人还知道一些皮毛，年轻人对此不感兴趣，鸳塘话注定无法抗拒行将消逝的命运。

　　从兴宁回到梅州，听当地的朋友说，梅城也有三种与鸳塘话类似的语言，那就是：上市（司）话、下市（司）话和江湖话。以前，因为江南一带还是荒无人烟，梅城城区分为上市和下市两部分。据说，很久以前，住在下市的人和上市的人相互不服气，于是，上市的人发明了上市话，下市人就发明了下市话。这样，各自的秘密就不容易被对方探听了。现在，上市话和下市话都已失传，只有个别高寿的老人还会讲几句。相对而言，掌握下市话的人还多一些，但原来下市有肖屋、丘屋、张屋、黄屋等，现在都已拆迁，因此会讲下市话的人住得很分散。通过辗转打听，了解到当地客家人经常挂在嘴边的。"溜水"一词就是下市话词汇，意思是不辞而别，"溪小"则是好不好的意思。至于江湖话，顾名思义，是当地黑帮的行话。和齐安围的命运一样，不只是土石砖块修筑的城堡，就是这些语言的城堡，同样无法抵挡时间的洪流，在岁月的冲击下分崩离析。就像许多古建筑，即使留下模糊的外形，但在反复的修复和商业的开发之中，变得面目全非，将前人留下的草蛇灰线一样的生活遗迹，逐渐地磨蚀殆尽。让我感到纳闷的是，为什么客家人的建筑和语言，总是千方百计地强调封闭性和安全性，成为文明的活化石？不管如何牢固的城堡，终有一天会倒塌；不管如何保密的语言，也终有一天会被破译，或者莫名其妙地失传。但是，如果一种人群的心中总是矗立着无形的城堡，那么，在一种城堡和一种语言消失之后，他们必定会建造另一种形式的城堡和语言。我希望，随着这些城堡和语言退出历史的地平线，伴随了客家人上千年的不安也能随风飘散。只是，我心里也有一种模糊的担忧：如果这种不安消失了，客家人的文化认同是否就瓦解了？客家人是否也就被周围的人群淹没了？

兴宁位于广东省东北部，扼东江、韩江上游，地处粤东最大盆地兴宁盆地，东连梅县区，与梅县相距大约 50 多公里，方言属于客家语的粤台片兴华小片兴宁话，与梅县客家话比较接近。梅州市兴宁县位于所辖龙田镇东南的鸳塘村，是所谓"鸳塘话"的发生地和流行地。据陈靖云《兴宁"鸳塘话"研究——兼兴宁苑塘罗氏家族的兴衰史》的记述，"鸳塘话类似于梅县的下市话，其利用两个字的本地读音反切成一个字，也就是第一个字的声母与第二个字的韵和调组成一个新字的读音"①。文章举例的日常用语（圆括号内为普通话语义，括号前为鸳塘话记音）如：野罐桃祥问大（鸳塘话），行答（下），手箱（上），手食花散（吃饭），敏散元身（问谁），宗糗（走），门呆（买），门待（卖），安懂短西（唔知），航漂（好），安歹（矮），孤亏（贵），野息（一），李想（两），先也（三），先

① 陈靖云《兴宁"鸳塘话"研究——兼兴宁苑塘罗氏家族的兴衰史》，《客家文博》2012 年第 2 期。笔者注：为避免烦琐，接续引述本文不另一一赘注。

记（四），安懂（五），李刺（六），就吉（七），波底（八），姑就（九），手扶（十），波答（百），就娟（千），问散（万），等等。作者例举其所调查来的记述"鸳塘话"切拼规则的一首韵律诗（笔者案：谓之谣诀似更为确切）为：

> 安手野航我快，短蓬孤袖波遮。
>
> 问先宗身何处，桃花源李民家。
>
> 宽心东西磊私，亏跟砌组他山。
>
> 漂中春秋淹呵，低声呼相欧歌。

与之上述《客家原乡（三题）》所辑录的大同小异，仅仅是谣诀则带有笔者所加下划线的四个字。不过，本文作者采录的被当地村民视为"关于客家人历史的诗"的译文，则与上述《客家原乡（三题）》所辑录的存在较大的差异。一并迻录如此：

> 在田野里流浪，我感到快乐，小小的房蓬将就遮雨避风。
>
> 要问先生家在哪里？
>
> 桃花源里就是我的家。
>
> 可以宽心的就是有个自己的家，但处在他乡还是吃亏。
>
> 漂泊在外总是受冤，只能低声唱歌相呼应。

学者们发现，与此"下市话""鸳塘话"遥相呼应似的，在粤东的闽方言地区还曾流行着民间统称为"棉湖僻"的几种秘密语。此所谓"僻"者，一些地方谓反切秘密语，因不明就里而以其为怪异难懂的言语。据林伦伦《广东揭西棉湖的三种秘密语》①记述：

---

① 林伦伦《广东揭西棉湖的三种秘密语》，《中国语文》1996年第3期。笔者注：为避免烦琐，接续引述本文不另一一赘注。

　　在粤东的闽方言地区曾经流行着几种秘密语，民间统称为"棉湖僻"。

　　"僻"即僻语之省，僻语意即秘密语。

　　为什么把粤东闽方言地区流行的秘密语称为"棉湖僻"？这是因为它发源于棉湖镇。棉湖镇今属广东省揭阳市，古称道江，创建于宋仁宗年间，距今900多年。后因镇东南面的云湖两岸盛产木棉，遂改名棉湖。从宋、元、明、清以来，棉湖一直是揭阳县（揭西县是1965年才从揭阳县析出的）的重要墟集。清初，棉湖便行使佐堂职权，辖区范围长40公里，宽20余公里，有"棉湖半揭阳"之称。"棉湖僻"就诞生在这个粤东商镇中。

　　棉湖秘密语开始源于商贸。墟集中的商人们，特别是经纪人（当地称"中人"）中流行，目的是为了不让行外人知道他们之间讨价还价的秘密。

　　在棉湖墟集中，由于买卖不同，这种秘密语也略有不同，因而又有"猪中僻"、"药铺僻"、"剃头僻"、"拍铁僻"之分，甚至还有"乞食僻"，即丐帮秘密语。随着理发匠、打铁匠和乞丐们的到处流浪，棉湖秘密语也在粤东各地下层社会和市井中流行。30年代后期至40年代初期，为了逃避日本飞机的轰炸，县立揭阳一中迁至棉湖。这些学生觉得棉湖秘密语很好玩，大都学会了。由于这些学生的传播，使当时的汕头市和潮州府城的中学生中掀起了一股小小的说"僻"热。时至今日，还有不少六七十岁的老人对此记忆犹新，不少人还会说这种秘密语。棉湖镇，会说棉湖秘密语的更是大有人在。可惜的是，由于棉湖秘密语产生、流行于市井下层社会，《揭西县志》等史志均不记载，文人学者对此也视为下贱者之鄙俗之语，未加注意，使得今天我们已无法了解它产生的确切年代。

棉湖秘密语最常见的有三种，第一种是"声韵颠倒反切秘密语"。

第二种是"叠韵式"秘密语。即利用要说的音节的韵母，在其前面加上个 [s-] 声母〔如果这个音节正好是 [ts-] 声母〕，拼成一个音节，置于要说的音节后面。实际上是在要说的音节后面制造一个衍生音节，以达到行外人听不懂的目的。此种秘密语多流行于丐帮或轿夫帮等，所以又叫"乞食僻""轿夫僻"等。

第三种是"改韵秘密语"。即只留下要说的音节的声母和声调，把韵母全都改成为 [-iu] 或 [-iu？]。

在棉湖产生秘密语，是因为它是几百年来比较发达的集市，江湖市井、三教九流人物都在这里集散。从另一个角度看，在潮汕地区产生这种以分析音节为手段的秘密语，也有其浣的文化基础。潮汕地区素有"海滨邹鲁"之称，群众的文化素质向来较高。1912 年，便有了潮汕方言的韵表式同音字典《潮汕十五音》，至解放前夕，这种韵表同音字典竟有 10 多种，发行量达 40 多万册。时至今日，在潮汕本土、香港和泰国等潮人聚居地区，还常见坊间有此种字典出售。

除上述侨乡客家话的"下市话""鸳塘话""江湖话"，广东粤东闽方言地区的"棉湖僻"，乃至淮河流域的正阳关的"市门语"等，全国许多方言区大都存在有地域性颇强的"小地域性"反切式的乡土秘密语，总括言之，不妨杜撰试谓之一种独特的"下鸳棉市话"现象，或即确切第说是"乡土秘密语"现象，权且作为泛指性概称。其共性特点是：大都发源于当地，流行范围较小，产生于商业群体竞争需要而形成的市井语俗，以本地方言土语为母本有规则地变化而来，至其原有的初始功能消逝则演化为青少年的语言游戏；这些"小地域性"乡土秘密语本身及其存在的历史，承载着原生地深厚的乡土文化，是一项不可多得的语言文化遗产珍稀资源，是中国宏观历史文化资源的有机构成。

"下市话"与"鸳塘话"的发生、流行地域相距很近，属于同县域的近邻乡土社会及其客家话区域，但是仍然个性特点突出，同样存在差别。例如，根据专家们的采集和解读，常用的数目字一、三、百、千，"下市话"分别读作"育只""双廿""驳隔"和"清先"，"鸳塘话"则分别读作"野息""先也""波答"和"就娟"。可以肯定地预见，世上还有众多暂不知名的"小地域性"民间隐语行话有待发掘发现，还未进入文化史的视野，获得认知、解读和保护。随着城市化的进程，人口流动以及更新，时刻处于消逝的濒危状态，弥足珍贵，毋庸讳言，必然会有一些尚未得以发现就在拆迁的推土机轰鸣声中葬身永世消失。可见，"小地域性"民间隐语行话亟待抢救性发掘保护。

其次，关于"下市话"与侨批隐语的关系。

"下市话"语料文本的今存，主要在于保存在一些侨批中。例如 20 世纪 50 年代初在印尼经商的弟弟丘精法在写给下市角杨桃墩的哥哥丘和德（字"和法"）的家信（1951）中说道："和法兄台鉴：前日接兄台来信，唯兄台对清璇之事……已探悉，捲四之清璇，实是育只清先双廿驳隔容璇，因国良姊丈捲四信时弄错了……"云云。信中有几处是用下市话表达的，如："捲四"是指"寄"，"清

璇"即"钱"，"容璇"则是人民币货币单位"元"，"育只"即数字
"一"，"双甘"即数字"三"，"驳隔""为"一百"之数，"清先"
即数字"一千"之数。凡此，只有解读出这样混杂于侨批话语中的
一些反切秘密语，方得读懂全信。"显然，这封信中凡是涉及钱财
时就使用下市话来进行保密，以避免汇款数目和分配情况外泄"。[①]
今存侨批浩如烟海，难得逐件爬梳辨识解读。但是，有鉴于口头传
承人之稀见，还应一方面做口述史，一方面同时组织人力爬梳侨批
等有关文献。两相互校，必定会发掘整理出一个可靠的、可资保存
和再现的研究文本。尤其是，"下市话"业已争取进入非遗保护名
录的视野，侨批也已入选联合国《世界记忆名录》得以重点保护，
这都为深入研究"下市话"在文本方面，提供了可能和必要的条件。

　　"鸳塘话"也是与当地关联密切的侨批隐语。即如调查者所注
意到的，"当地村民坚信，在鸳塘话最盛行的时候，还能进行书写。
整个鸳塘地区都流行用鸳塘话写信的说法，有故事为证：在民国时
期，外出打拼的男主人写信给在家的妻子，但妻子不识字，需要人
读信；但涉及隐私信息不能为外人道也，故男主人用鸳塘话写信，
这样就不怕信息外泄，同时也能传达给妻子"[②]。无论目前是否已有
发现和保存，侨批中一定也理所当然会保存有"鸳塘话"样本的痕
踪信息。

　　各地侨批是发掘发现各地乡土性民间秘密语的主要文本资源。
解读侨批同样绕不开对个中各地乡土性民间秘密语的解读。两者互

---

　　① 王秋珺《客家方言的双音反切语——关于梅城下市话的调查报告》，《客家文博》
2015 年第 2 期。
　　② 陈靖云《兴宁"鸳塘话"研究——兼兴宁苑塘罗氏家族的兴衰史》，《客家文博》
2012 年第 2 期。

为表里，相辅相成。此即"下市话"等乡土性民间秘密语之于侨批以及侨批隐语的最根本关系所在。

关于"下市话"等乡土性民间秘密语与侨批隐语的关系，首先是侨乡地区的客家话的"下市话""鸳塘话"，以及广东粤闽方言的"棉湖僻"等乡土性反切秘密语。

第三，关于发掘、保护与解读及其核心环节。

要发掘保护一项文化遗产，首先是要遵照设定并认可的规则发现并予以界定，研究并确定对其保护的意义和价值，弄清楚其原生态是什么样子，时下的存在状况、濒危与否及其程度，以及如何保护的方法、手段，保护的形式与路径，关于保护的结果与保护之后的价值何在？难度如何？如何有效地解决？等等。如此这般，最基本的核心环节，乃科学的解读。否则，一切无从谈起。对于诸如侨乡客家话的"下市话""鸳塘话""棉湖僻"等民俗语言类型的民间语言文化遗产，同样都是不容回避和忽略的问题，其研究难度之大，不难想象。

仍以"下市话"为例。对于"民间也有一些材料显示下市话在当时的普遍使用，其中一个使用场合就是海外华侨与家乡亲人之间的通信"。现所可以直接用作考察研究的"下市话"文本，除现在世的少量可视为"传承人"的口述之外，更主要是存在于侨批里面。或言之，今所能面对的"下市话"文本，主要是清代以来运用并主要遗存于侨批之中需要爬梳、解读和认定的话语文本。

必须提出并值得注意的是，"下市话""鸳塘话"从近距离的口头交际言语到远距离交流的书信体口语，"下市话"经历了一个流变的过程。口头交流与进入书信落实到纸上笔下，那些个方言发音如何以通行汉字记音，尤其是使用具体的方言本字规范地书写出来，则绝非民间寻常易事。由于汉语汉字的纷繁复杂，五彩缤纷的地域方言，诡谲万端的社会方言，从古至今都是训诂学家、语言文字学家们考据不尽难题。对此，"下市话""鸳塘话""棉湖僻"亦皆不例外，同样是访谈记录和从浩如烟海的侨批中发掘、爬梳、识别和解读的难题。

像"下市话"这样一些乡土秘密语等亟待发掘保护的语言类民间文化遗产，需要立即采取有效的措施，抢救性地采辑口述史性质的文本，还要不失时机地发掘、保护散存于各类文献中的文本并予及时准确地解读。此所言"文献"，是指存在于各种形式载体的文献，不仅仅口述性的、文字性的还应涵盖可能存在的与之相关联的建筑物遗址遗迹、器物、可复原的场景等等，是全方位的文献，以期切近真实的认知和保存，力求全景式地复原和再现原生态本相，乃至切近其原生态的话语环境。

本文随文插图【艾珺供图】

曲彦斌在位于梅江下市角街一端的黄遵宪故居塑像留影（2015）

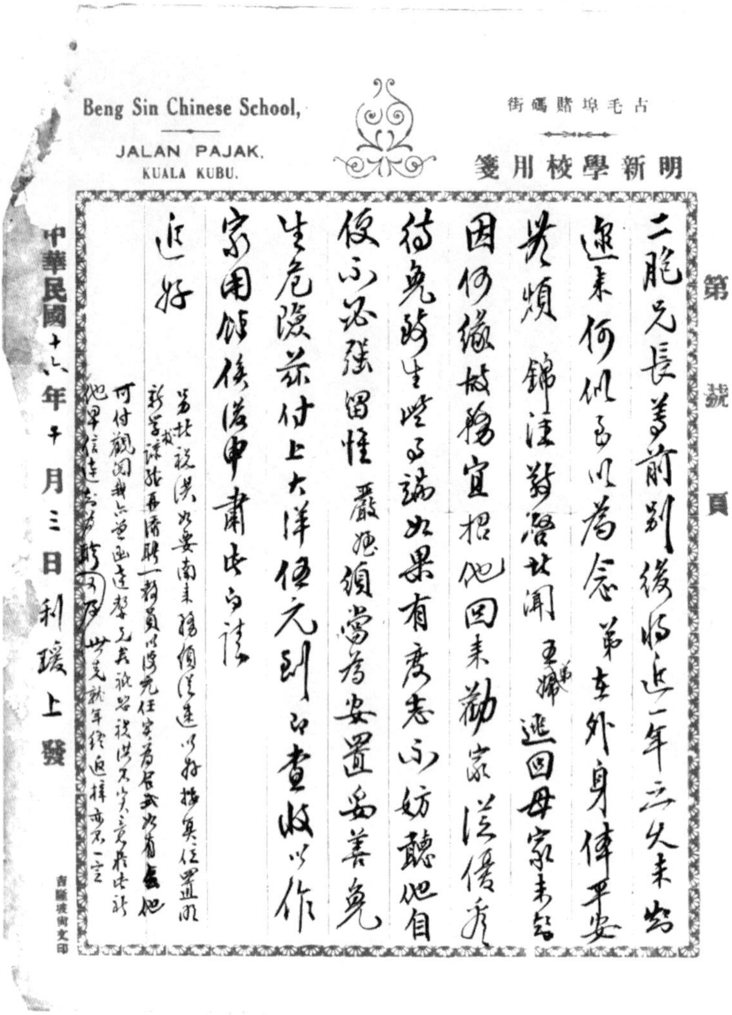

Beng Sin Chinese School,

JALAN PAJAK.
KUALA KUBU.

街嗎赌埠毛古

箋用校學新明

第　號　頁

二胞兄長鑒前別後忽近一年三�〤未覩

遠未何似至以為念弟在外身体平安

毋頃 錦注對慰此聞　王嬸逃回母家去名

因何緣故得宜招他回来勸家信復查

従兒的生些□諭以果有廪去不妨聽他自

便不恐强留惟 嚴池領當為安置要善免

生危险蒜付上大洋便元到台查收以作

家用餘俟後申甫氏言讀

逆好

中華民國十六年千月三日利瑗上發

吉瑞玻街文印

民国十六年（1927年）一位署名"利瑗"
的吉隆坡华侨寄给胞兄的侨批（艾珺收藏）

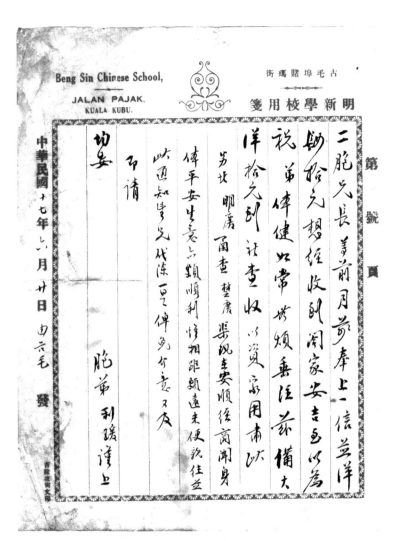

民国十七年（1928年）一位署名"利瑗"
的吉隆坡华侨寄给胞兄的侨批（艾珺收藏）

"迷史"与"市语"：钱南扬别辟蹊径
独树其帜的研究

　　说起来，同许多前辈学者比较，余之此生从事学术研究起步较晚，真正具备学术意识并正式从事学术研究的时间亦很晚。余从事学术研究最初刊布于世并即时引发关注的成果，当为《民俗语言学》和《中国乞丐史》两书。适值《中国乞丐史》被武汉大学出版社纳入再版书列，责任编辑李悦君提示应再做篇后记之类文字。恰好，因兴之所至，日前在重新考证唐代隐语文献时，重读钱南扬先生的《迷史》。不禁联想到，余之相关研究方法，不无钱氏影响。久有将之付诸文字想法，奈何迟迟未付诸笔端。借此，正好略述一二，可为开端。

　　一部几万字的《迷史》，可谓本领域独树一帜的学术经典之作。《迷史》之所以独树一帜，即在于钱南扬别辟蹊径，剔璞琢玉，亦在于顾颉刚慧眼识珠，允恰评定。

　　1984年2月，钱南扬在《迷史》的《再版前言》中写道："《迷史》最早写于一九二〇年左右，当时我在北大读书，正值五四运动提倡新文化运动之际，校长蔡元培先生也在校内大力提倡通俗文学，号召同学搜集民歌民谣，校刊副刊还专门辟有一块园地发表同学们搜集的民歌民谣。在这样风气熏陶下，我便开始对民间文学发生了兴趣，就迷史作了一些研究，编成了《迷史》一书的初稿。"作者于 1919 年 8 月考入北大读两年预科、四年本科，1925 年 7 月毕业，在北大读了六年书。也就是说，被后世同道视为学术经典之作的《迷史》，是作者年方 21 岁身为一个大学预科二年级在读学生的处女作。显然，当时的作者绝非会预想到这部习作在现当代学术史上所产生的影响。《迷史》出版于 1928 年，亦即书稿完成八年之后。当时获得正式出版机缘的是，遇到了顾颉刚。"北大毕业后，来到杭州执教，遇到颉刚兄，谈及《迷史》一事，他欣然要将此书拿到他执教的广州中山大学去发表，后在一九二八年由广州中山大学语言历史研究所作为《民俗学会丛书》之一正式发表。"顾颉刚年长钱南扬 6 岁。1928 年当时，29 岁的钱南扬在杭州省立一中作国文教员并随即进入刚刚成立的浙江大学文理学院担任助教。当时 36 岁的顾颉刚已因《古史辨》《孟姜女故事研究》等书的出版获得历史学家兼民俗学家的大名，已是誉满海内的名家。

在为钱氏《迷史》作序的 1928 年 7 月，时任中山大学史学系教授兼主任，以及中大语言历史学研究所事务委员会常务委员、出版物审查委员会委员、图书馆委员会委员、图书馆中文旧书整理部主任身兼多职的顾颉刚，正在办民俗学传习班，编《民俗》周刊，编辑出版民俗学会丛书。他在为《迷史》撰写的序言中写道："当我研究孟姜女故事的时候，钱南扬先生供给我无数材料，书本上的和民众口头上的都很多。我惊讶的是他注意范围的广博。后来知道他正在编纂两部书：《宋元南戏考》和《迷史》。到现在，《迷史》

竟依了我的请求而在我们的民俗学会出版了。我敢说，今日研究古代民众艺术的，南扬先生是第一人，他是一个开辟这条道路的人。"钱、顾两位最初交集于何时？尚有待作专门考察，但从顾氏序中所言"当我研究孟姜女故事的时候，钱南扬先生供给我无数材料"可鉴，两位此间的交往甚多，亦是后来与江绍原、钟敬文、娄子匡等共同发起成立杭州中国民俗学会的学术与人脉之缘。顾颉刚关注民俗、民间文艺研究，意在作为研究历史的辅助手段，却不意开了中国现代民俗学的先河。

少年时代就矢志于中国古代戏曲研究的钱氏，以预科在读大学生从事"迷史"研究的缘由，首先是由于其在北大读书时"正值五四运动提倡新文化运动之际，校长蔡元培先生也在校内大力提倡通俗文学，号召同学搜集民歌民谣，校刊副刊还专门辟有一块园地发表同学们搜集的民歌民谣"这样的文化背景，同时亦在于传统戏曲与民俗、民间文艺先天性的渊源关联。同时也显然存在五四以来学术新风对钱氏治学兴趣与方法的影响。

再就是，顾氏从1921年冬在《通志·乐论》中读到郑樵论《琴操》的"虞舜之父，杞梁之妻，于经传所言者不过数十言耳，彼则演成万千言"，开始关注孟姜女故事，到1924年至1926年，形成了以顾氏为主要代表、多人参与其间的轰动一时的孟姜女故事专题研究。钱氏供给顾氏"无数材料"，亦属一种参与。而之所以能供给顾氏"无数材料"，还在于其自己就对"梁祝"等民间戏曲有深入的研究。民俗民间文艺研究与戏曲研究是其一生并行不悖、相辅相成而且均卓有建树的两个专长领域。可以说，这是钱氏一生学术研究的一大特点。

钱氏参与的结果之一，便是促成这部篇幅不大但可谓传世经典的《迷史》。相去 58 年之后，王季思教授应作者之邀所作《〈谜史〉新序》有道，"《谜史》能够重印实在是件值得庆贺的事。它将使今天的青年学术工作者重见这本多年来已经鲜为人知的小书，重睹五四时期一位青年学者的手笔。当时钱先生只是一位大学生，却别具慧眼地在民间文化之花——谜语的处女地上开始了筚路蓝缕的拓荒工作。他是以科学态度来整理这一民间文化遗产的第一人，首创之功是不可磨灭的"。

钱南扬先生深受瞩目与推重的古代戏曲研究建树卓著，独树一帜，享誉海内外，自不待言。余之关注并从中获益者，乃其毕生同样颇有建树的民俗、民间文艺成果及其研究方法。余虽无缘登堂入室得享先生亲炙，所获教益主要是从其《汉上宦文存》之《市语汇钞》和《迷史》两书而得。

中国戏曲史源远流长，经汉、唐至宋、金逐渐形成了相对比较完整的戏曲艺术。从崔令钦《教坊记》所记唐代伶人的隐语行话"诸家散乐，呼天子为崖公，以欢喜为蚬斗，以每日长在至尊左右为长人"，到宋元明的《圆社锦语》《绮谈市语》《金陵六院市语》《六院汇选江湖方语》《行院声嗽》，多与梨园行当密切相关，且宋元戏文、话本更是夹杂许多诸行百业的隐语行话。这一微观事物，自是不会从有过《迷史》研究的钱氏的视野漏过，而且又成就了一项抉隐发微的拓荒性成果。那就是一部篇幅不大但却预料文献高度集中的《市语汇钞》。

《市语汇钞》辑于上海文艺出版社 1980 年出版的《汉上宦文存》。是书书名中的"汉上宦"之"宦"误作"宦"。编者的《内容提要》称，"书中文章除《从风人体到俏皮话》、《曲律简说》外，都曾经发表过，这次结集出版，作了补充修订"，然《市语汇钞》

曾发表于何时何刊，不得而知。据作者《市语汇钞·引辞》得知，该篇完成于1976年3月钱氏76岁之际。时值"文革"之末，很难想象该篇的公开发表。《引辞》言及作者注意到祝允明《猥谈·市语声嗽》所述内容，全条为："生、净、旦、末等名，有谓反其事而称，又或托之唐庄宗，皆缪云也。此本金元阛阓谈吐，所谓鹘伶声嗽，今所谓市语也。生即男子，旦曰妆旦色，净曰净儿，末曰末尼，孤乃官人，即其土音，何义理之有？《太和谱》略言之。词曲中用土语何限，亦有聚为书者，一览可知。"《引辞》又云，"见于金元戏剧者，更多不胜举。倘广为收罗，必有可观，惜无暇及此。至如《江湖切要》，又属专书，例不应收。今仅择其成片段者汇录成篇。见闻有限，遗漏尚多。续有所得，再行补入"。借此，笔者臆见以为，足以印证钱氏关注市语与其戏曲研究直接相关，更足可窥知钱氏治学颇显玄鉴幽微功夫，于面对各种史料能够"瞻山识璞，临川知珠"，进而抉隐发微，时有创获，功夫了得。《抱朴子·行品》云："夫惟大明，玄鉴幽微，灵铨揣物，思灼沉昧，瞻山识璞，临川知珠。"如何"玄鉴幽微"？可参《淮南子·修务训》之说："诚得清明之士，执玄鉴于心。照物明白，不为古今易意。"为人治学，同理也。

大约二十七八年前，余往北大图书馆读并抄录《新刻江湖切要》蓝晒本，即于书中得见一个向达先生钢笔竖行手书小笺，笺云："钱南扬藏光绪甲申（一八八四）刊本《江湖切要》一书，其中所收于研究近代秘密社会史及通俗文学，俱为有用，因为北大图书馆晒蓝一部。一九五五年四月廿七日。向达。"说明这个晒蓝本系出自钱氏藏书。原笺无标点。

《市语汇钞》辑录《圆社锦语》《绮谈市语》《金陵六院市语》

《六院汇选江湖方语》《梨园市语》《四平市语》《裱褙匠市语》《行院声嗽》《杭州市语》《江湖通用切口摘要》及《江湖行话谱》凡11种，并于"叙目"中逐一著录其所出。就此，以笔者三十余年研究隐语行话心得所及，感到尤其值得指出的是，本篇《市语汇钞》连同钱氏《引辞》所言"属专书，例不应收"的《江湖切要》在内，迄今仍是唐宋明清历代市语文献最早几乎被其"一网打尽"的、最接近完备的文本总汇，非但功不可没，而钱氏文献功夫、训诂学功力可见一斑。早于《迷史》研究之中，钱氏业已关注到了"市语"文献，如《志雅堂杂钞》之"医行市语"，张仲文《白獭髓》之"银匠谚语"，《诚斋乐府·乔断鬼》裱褙匠之"市语声嗽"，《西湖游览志余》之"三百六十行各有市语"，《江湖切要》及其所附《金陵六院市语》，等等。可以说，《市语汇钞》是缘于《迷史》及其古代戏曲研究又一开拓性成果。同时，还应特别彰显的是，《市语汇钞》专辑沿用了唐宋以来"市语"之谓，此亦关于"市语"研究开先河之作，汉语史领域之"市语"研究自此而始也。钱氏《市语汇钞》几乎是所有相关"市语"研究难以忽略的文本与基础。至于有的研究直接使用《市语汇钞》所开列的文本资料而故意不言明借鉴《市语汇钞》者，非止不公道，亦不厚道也，当属无德也。

　　一如钱氏民俗民间文艺研究与戏曲研究之并行不悖且相辅相成，余从事语言与民俗双向研究，亦相类似。郑燮《与江宾谷·江禹九书》有道"学者当自树其帜"也。从《迷史》到《市语汇钞》的研究轨迹，展示的钱南扬别辟蹊径、剔璞琢玉、抉隐发微的治学方法和特点，亦即钱氏"自树其帜"之道所在。这也是我这些年来反复阅读两书所感悟的一得之见，也是从中所获最重要的启迪与教益，而且受益无穷。

古人云，"朝闻道，夕死可矣"（《论语·里仁》）。说是这么说，既得道，则应以之有所作为，方不辜负所得其道。南朝人即想得明白："古人贵朝闻夕死，况君前途尚可，且人患志之不立，亦何忧令名不彰邪！"（《世说新语·自新》）钱氏20多岁即完成了堪谓经典的传世之作《迷史》，业已"得道"，若当即打住不再作为，那还有后来的一系列别树一帜的同样经典的戏曲论著么？还会有相去将近半个世纪之后的《市语汇钞》问世么？钱氏一生多舛，然矢志不渝执着若痴，正是其学品人品之可贵、可敬者也。如此看来，余得之于钱氏之道尚待继续实践躬行，觍颜之，或能有点创获才更可人意。时值乙未年即将逝之如水，再过十几日，迈入甲申年，余乃"六六大顺"之年矣。相比钱南扬先生76岁厚积薄发辑出《市语汇钞》，人生之途尚远，还有时间实现许多学术积愿。至少，无须十年，即可纂辑考释一部久欲完成的《历代市语汇释》，以及数种酝酿颇久小书逐一从容问世。如此这般"人生之秋"，岂不是每日都是"活在当下，快乐今天"么！

诸位浏览这部乞丐史小书，除可见使用了许多《市语汇钞》资料，稍加捉摸品味，不难觅得上面所言从钱氏两书别辟蹊径、剔璞琢玉、抉隐发微、独树一帜的治学之道所获教益并力行之痕迹。常思得道之源，知恩图报，不敢掠人之美，此即本后记特以钱氏治学方法特点作为话题之蕴意所在。

"锦语"封面故事：
《汉语历代隐语汇释》小跋

　　许多年来，特别是最近几年，笔者对于民间隐语行话的正名、辩诬，以及发掘抢救这种珍稀的民俗语言文化资源，发表了许多言论，策划组织了多次学术会议并深入到市井、村野采风，躬身进行田野作业。与此同时，还一直通过各种方式和渠道，发掘抢救各类历史文献。

　　之所以说其"珍稀"，亟须抢救与保护，主要在于，一是一向被统称为"黑话"的民间隐语行话一向遭受"贬损"被严重地"污名化"了，二是使用这种言语形式的社会群体的逐渐减少，三乃其所依附的地域方言亦处于濒危状态。

　　一部晚清坊间印行的《新刻江湖切要》，就连几十年前的蓝晒本，在一些著名图书馆亦早即列入了特藏。为什么？存世甚少。更重要的是，此书是一部中国历史上罕见的、堪称汉语隐语行话典籍的著作。至于陆续发现发掘的一些传统行业群体口耳相传的传抄本，更是命运多舛，因不识、误读等随时都在消亡于世。

或问，这类东西任其消亡就是了，无甚可惜的，还能影响社会的文明进程么？当然不会。然而，忽略这类作为出于历史文化深层结构的"言语化石"，探析、认知以往社会文化历程轨迹则缺少了理应在位见证，显然是一种不应有的缺失。

本书由于是初编，加之篇幅所限，只是从历年所收集的迄今为止约百余种汉语隐语行话文献中选辑出的三十余种，还有诸如《江湖丛谈》等一些重要典籍因种种缘故本次未能选辑入编。个中，不乏笔者自行校订的数种珍稀文献，十分遗憾，留待后续即是。期望连同其他几十种，乃至还将陆续发现发掘的有关文献，有待新的机缘再继续奉献于世。

梳理、校订和选辑这些专题文献的过程，实际上还是一个深入研究的过程。比如，在此过程中，愈发感到，在以往为隐语行话"正名"的基础上，还很有必要进一步为之冠以一个富有文化内涵的"雅名""别号"，那就是酝酿许久了的"锦语"。即将另外成文，另行发表，提请讨论，向世人请教。这个，也可以算是编纂本书过程中的一得之见，一点额外收获。

末了，还需要附带说明一点。这部书，名曰《汉语历代隐语汇释》，但限于篇幅等缘故，仅仅从已知见的历代百余种汉语隐语行话文献中选辑三十余种，分列约两万余个条目，作为初编就是。同时，考虑到汇释的隐语主体主要为"语汇"形态，为方便读者，本书编辑了《续编：其他形态的隐语行话》和《附编：历代汉语隐语研究与要藉选辑》，供参考。

关于本书的性质与功能立意，即如本书卷首的《说明与例言》所述，本书是"按条目汇辑中国汉语古代和近现代隐语行话（民间秘密语）文献的记述的文献类编，同时兼具类义性专门工具书功能，是一部供作汉语隐语行话学术研究参考的文献资料专题选集，一部仅供学术研究参考的比较冷僻的专题学术文献类编，一次对历史上有关文献的初步集中梳理与保存，一个特别言语形态的语料数据库"，亦即本书之初衷与旨趣也。或简言之，这是一部仅供专业学者作为学术研究参考使用的，以"小众"学者为读者对象的学术著作。

至此，似乎可以说说本书的封面故事，亦即"锦语"故事了。

封面又谓"书衣"。常言道，"人是衣裳马是鞍"。封面之所以谓之"书衣"，则在于它是一部书的外观仪表。虽说"包子好吃不在褶上"，却也是构成一部书不可忽略的有机部分。《汉语历代隐语汇释》的封面设计，因其书内容的独特性，我做了一点创意。提供给设计师去做艺术参考，于是就成了现在大家看到的样子。不妨就创意给各位做一点解读，或也是件有趣的事情。

这是一部以古文献为文本的学术专著，那么，就以线装书古籍封面常见的蓝色，加上仿线装书传统的书名题笺形式，以及封面若隐若现的古籍书影，三种主要元素合而构成封面的基调和风格。

这里需要特别提出的是，采用的书影和刻意突出的书影页面本身的"圆社锦语"四个字，以及稍大一些凸出书影之上的瘦金体"锦语"两个字，有些寓意在里面。

瘦金体是宋徽宗赵佶所创的一种与晋唐等传统书体区别较大，笔迹瘦劲风格独特的书体。黄淮流域民间流行的反切秘密语，被称作"徽宗语"，显富附会色彩。多才多艺的宋徽宗还是蹴鞠的爱好者，一位历史上最高级的"球迷"。因而，蹴鞠成了宋代风行一时一种的体育娱乐活动，几成国球运动。其间，非但涌现出许多为

"圆社"的蹴鞠结社组织名，还形成了自成系统的当行隐语行话"圆社锦语"。清人翟灏《通俗编·识余》所说，"所谓锦语者，亦与市语不殊，盖此风之兴已久"，指名其性质即属于民间隐语行话。"圆社锦语"语汇内容所及，十分丰富，举凡蹴鞠阵法、踢法，球员之间的交流，乃至日常生活等，各有特定名目。汪云程撰的《蹴鞠图谱》所"圆社锦语"，是世界足球运动史上的一种十分珍稀的足球运动专业技术性语料实证，也是佐证中国是世界上足球运动发源地的"语言化石"。

有鉴于汉语隐语行话的称谓用语芜杂不雅，需要进一步为之祛污正名，摆脱污名化的阴影，还其作为不可多得的民俗语言珍稀文化遗产的本原品性，扫清障碍，尽快祛魅。通过系统的研究，建议使用"锦语"作为"隐语行话"的别号雅称，在不同的话语环境下灵活替代，或与之并行，以期有益于这种珍稀语言文化遗产的发掘、保护乃至科学开发利用其历史文化资源。在此寓意背景下，凸出的"锦语"二字与题笺"汉语历代隐语汇释"相互关联映衬，启发着读者对此富有诡谲神秘色彩的语言文化化石的探秘情趣。

末了想说的是，本书乃仓促撰就，虽已尽力，仍难免舛误之失，诚请教正，以期进一步删改修订。

2018 年 5 月 8 日于邺雅堂

《江湖切要》原出明人所辑再考

　　《江湖切要》是迄今继《永乐大典·净发须知》而外记述中国古代江湖文化最重要的一部典籍。今所见版本，主要是清署名"卓亭子"的增广本《新刻江湖切要》和翟灏《通俗编·识余》的部分引述。关于是书的成书年代，历来众说分歧。

　　清·翟灏《通俗编》卷三十八《识余·市语》云："江湖人市语尤多。坊间有《江湖切要》一刻，事事物物，悉有隐称。诚所谓惑乱听闻，无足采也。其间有通行市井者，如官曰孤司，店曰朝阳，夫曰盖老，妻曰底老，家人曰吊脚，僧曰廿三，道士曰廿四，成衣曰戳短枪，抬轿曰扱楼儿，剃头曰削青，船曰瓢儿，屋曰顶公，银曰琴公，钱曰把儿，米曰软珠，饼曰匾食，盐曰濆老，鱼曰豁水，鸭曰王八，鞋曰踢土，镜曰照儿，抹布曰蹋郎，坐曰打墩，拜曰剪拂，揖曰丢圈子，叩头曰丢匾子，写字曰搠黑，说话曰吐刚，被欺曰上当，虚奉承曰王六，大曰太式，多曰满太式，无曰各念，俱由来于此语也。"

　　于此，且以翟灏《通俗编》卷三十八《识余·市语》云："江湖人市语"与今所见"八闽后学东海卓亭子录并订"光绪"吟杏山馆识"本《新刻江湖切要》（以下简作"卓亭子本"）作逐条比，以观察其文本之异同。

【官曰孤司】今所见卓亭子本载有"富厚多招嫉妒，奸邪必犯孤司"之说。此"孤司"的意思显为"官司"，其"孤"乃指"官"。然而，并无与《通俗编》相对应的记载。这一点，可从其"官职类"相关记述获得印证，如："凡文官曰士孤，乡官曰孤通，武官曰马孤；将官曰寒孤，今改戎孤。指挥：金孤，今改臂使。千户：逢孤。百户：白孤。武进士：寒孤，又寒士。武举人：寒斗。武秀才：寒通，又冷占。上司：太识孤；大夫。官员：孤员。异路：乙通；〔广〕径通。"

【店曰朝阳】与卓亭子本"店铺类"所载一致："凡店谓之朝阳。典铺：兴朝阳。盐店：信朝阳。衣店：皮子朝阳。"

【夫曰盖老，妻曰底老】与卓亭子本"亲戚类"所载一致："夫：官星；官通；盖老。妻：才老；乐老；底老。"

【家人曰吊脚】卓亭子本"亲戚类"所载与之不同："家人：挨通；〔改〕旦称，谓奴家也；又曰令公儿，以子仪骂子奴才也。"

【僧曰廿三，道士曰廿四】与卓亭子本"僧道类"所载一致："和尚：廿三；先一。道人：廿一。道士：廿四；得一。"

【成衣曰戳短枪】卓亭子本"工匠类"所载与之不同："成衣：单线通；甲札。"

【抬轿曰扷楼儿】卓亭子本"工匠类"所载与之不同："抬轿：兜力；押生。"

【剃头曰削青】卓亭子本"人事类"所载与之略有异同：

"剃头曰扫青；又，削青。剃头人曰飘生。"

【船曰飘儿】卓亭子本所载文本与之有别："船户：飘游生。""摇船：摆飘。撑舡曰搠水。""下船曰踏飘。"

【屋曰顶公】卓亭子本所载文本与之有别："造屋曰盖顶，又曰搭棋盘。""屋：窑子；龟公。""入屋曰钻仓。"

【银曰琴公】卓亭子本所载文本与之不同："银：硬底；琴头；又曰皂头。""好银曰坚琴。低银曰古琴。铜银曰将琴。"

【钱曰把儿】卓亭子本所载文本与之不同："趁钱曰浪肘。""取钱曰奎把。讨钱曰挂琴。又，讨银钱曰呕风。"

【米曰软珠】卓亭子本所载文本与之略有异同："米店：碾朝阳；木公帐；〔改〕生爜朝阳。""米：希老；软珠；擦老；碾希。糙米：研希。船米：花希。白米：雪希。糯米：粉希。"

【饼曰匾食】卓亭子本所载文本与之略有异同："饼：稀片；匾食。卖饼人：着大棋。"

【盐曰溃老】卓亭子本所载文本与之略有异同：盐：信老；沙力；赞郎；五味。

【鱼曰豁水】卓亭子本所载文本与之不同："鱼：水先生；水梭；河公；河戏；水气；希班；柴河；德判；水飘；〔增〕化龙子。腌鱼曰信梭。""鲤鱼：逼水。鲫鱼：时水。"

【鸭曰王八】卓亭子本所载文本与之略有异同："鸭：王八；鸳五；纸判。"

【鞋曰踢土】卓亭子本所载文本与之略有异同："鞋：立地；踢尖；踢土。""鞋店：踢土朝阳。做鞋为踢土生。"

【镜曰照儿】卓亭子本所载文本与之略有异同："镜子：照儿；的圆；照子光。"

【抹布曰蹋郎】卓亭子本所载文本与之用字略有异同："抹布：油方；榻郎。"

【坐曰打墩】卓亭子本所载文本与之基本相同："坐曰打墩子。坐又曰度堂。"

【拜曰剪拂】卓亭子本所载文本与之基本相同："拜曰剪拂。拜揖曰丢圈子。"

【揖曰丢圈子】卓亭子本所载文本与之基本相同："拜曰剪拂。拜揖曰丢圈子。"

【叩头曰丢匾子】卓亭子本所载文本无此条。

【写字曰搠黑】卓亭子本所载文本与之相同："写字人：搠黑生。"

【说话曰吐刚】卓亭子本所载文本与之略有异同："说话曰吐调。"

【被欺曰上当】卓亭子本所载文本无此条。

【虚奉承曰王六】卓亭子本所载文本与之不同："奉承曰除公。"

【大曰太式】卓亭子本所载文本与之略有异同："大脚曰太式。大亦曰太式。"

【多曰满太式】卓亭子本所载文本与之略有异同："多曰彭彭太式。多又曰满太式。"

【无曰各念】卓亭子本所载文本与之相同："无：念。无妻曰念才；[广]底落。无夫曰念官；[广]盖穿。无子：念欠。"

凡此可鉴。

今人钱南扬《汉上宦文存·市语汇钞》，曾就清乾隆时人翟灏

《通俗编·识余》引述《江湖切要》识云："《江湖切要》,本名《江湖切》,原本未见,疑出明人手。清康熙末卓亭子增广之;今书中注'广'字者当出卓手;而其序文犹称《江湖切》。"许政扬《元曲语释研究参考书目》亦持如此见解,"何人何时所编皆不得而知。可能是明代的书,因为翟灏的《通俗编》曾有引用"(见《许政扬文存》第 154 页,中华书局 1984 年 11 月出版)。我同意钱南杨氏"疑出明人手",和许政扬氏"可能是明代的书"的推测,先后在《中国民间秘密语辞书概说》(刊《辞书研究》1989 年第 6 期)和《中国民间秘密语》(上海三联书店 1990 年 8 月版第 285 页)书中提出:"是书流行于清初,原本或出明人之手。"然与钱、许两位的推测一样,均未出示显证。后在反复校订《新刻江湖切要》中发现,今所见虽系清末刻本,却保留了原本中的一个明人小说中常用的"嫖"俗体字"闞"。如:《新刻江湖切要·身体类》载:"淫阴曰拿蚌。闞曰吐青,又曰慕容。"又《人事类》亦载:"闞曰马牵。"清初吴任臣编的《字汇补》释称:"闞,溺倡也。俗字。"《辞海》(修订版)释之同"嫖"(嫖娼)并云:"明人小说中常用。"如《二刻拍案惊奇四》:"一日,那大些的有跳槽之意,两个雏儿晓得他是云南人。戏他道:'闻得你云南人只要闞老的。'"《警世通言》十五、《古今小说》(四)中亦有此字。凡此,清初吴任臣编《字汇补》乃补遗明梅膺祚《字汇》之作,"闞"确又习见于明人通俗小说作品,而以辑释下层社会诡谲俗语(即江湖秘密语)的《江湖切要》,作为"俗书"于坊间传刻时沿用俗字,亦合情理。这一俗字,为后世推断《江湖切要》的原本《江湖切》原出明人之手辑成,提供了佐证性的信息材料。

　　《江湖切要》原出明人所辑的再一个新证,则是此前尚未被人们关注到的在明嘉靖晁瑮编的《宝文堂书目》卷中《乐府》类目之下，明确著录有《江湖切要》，列其之前者为《怀春雅集》，列其之后者为《苏秦戏文大全》①。

晁瑮（1511？—1575？），直隶开州（今濮阳）人，明嘉靖二十年（1541）进士，授翰林院检讨，官至国子监司业，一代著名目录学家、藏书家。晁氏工于辞赋尤喜广泛访录收藏图书和刻书，筑藏书楼名之曰"宝文堂"。率其子晁东吴所编《晁氏宝文堂书目》三卷，著录元、明话本、小说、笔记、杂剧和传奇等所藏图书7829种，为研究我国古代戏曲小说史和社会生活史提供了许多弥足珍贵具有重要价值的文献佐证。以其收藏涉猎的兴趣，《江湖切要》自当入其视野。宝文堂书目除不按四部分类外的另一个特点，是在部分书名下边大多注明板刻，显示着藏书录簿体裁特点。今所见《晁氏宝文堂书目》国家图书馆藏明抄本，已非全本，已据以影印辑入《续修四库全书》史部。遗憾的是，本书以及相邻著录的书目并未标注版刻，属于例外。值得庆幸的是，存书虽残，还可见有本书的著录。尽管这个私家藏书录簿未见著录本书具体的版本信息，以及有关本书的其他相关信息，但是，至少已可以证明当年晁氏曾家藏本书，已足以佐证《江湖切要》原出明人所辑。

［案：本文系在原刊于《社会科学辑刊》1991年第3期拙著短论《〈江湖切要〉原出明人所辑新考》基础上增订而来，故名之曰《〈江湖切要〉原出明人所辑再考》］

①（明）晁瑮撰《晁氏宝文堂书目》三卷，见于《续修四库全书》史部第919册第67页，系影印国家图书馆藏明抄本。又见于（明）晁瑮、徐𤋮《晁氏宝文堂书目徐氏红雨楼书目》（中国历代书目题跋丛书）第138页，上海古籍出版社2005年出版。

中国民间秘密语（隐语行话）研究概说

　　所谓民间秘密语（或称民间隐语行话），是某些社会集团或群体出于维护内部利益、协调内部人际关系的需要，而创制、使用的一种用于内部言语交际的，以遁辞隐义、谲譬指事为特征的封闭性或半封闭性符号体系；一种特定的民俗语言现象。从功能特质和形态特质两种视点分析，即显示出民间秘密语这样总体的、基本的本质性特征。

　　无论是伦理道德标准所界定的"好人"或"坏人"，还是政治制度所认定的"敌、我、友"，或出自功利性的需要，或民俗使然（亦当属功利性的需要），几乎皆无例外地存在使用民间秘密语的历史或现实。不同时代、不同群体的民间秘密语，不免印有时代与群体的文化痕迹乃至政治、经济的烙印。然而，却是世界上几乎各种语言、各种社会文化所共有的一种非主流的语言文化现象。

　　民间秘密语并非严格意义上的"语言"，尽管有的能够大体替代话语，如汉语的反切秘密语，却不能完整而准确地表现被替代话语的语言要素及其丰富的固有内涵。因而，民间秘密语是以自然语言为母体，为适应特定的交际需要而产生的一种人为的语言符号或非言语符号系统，不是独立的语言。它的功利性，即在于完成直接使用自然语言所难以承担的特定交际任务。析言之，民间秘密语不是语言，是因人为因素而派生的语言社会变体，用以部分替代相应概念语义符号的特定符号集合。

所以，在语言学家的理论中，民间秘密语是相对地域方言而言的又一语言变体，即社会方言之一。在人类学家、社会学家看来，它是一种亚文化群体的语言代码，一种非主流文化现象。从民俗语言学视点来考察，民间秘密语则是一种属于非主流语言文化的特定民俗语言现象，一个非常值得探讨而又十分有趣的重要分支领域。

从既存文献考察，中国汉语的民间秘密语滥觞于先秦，发达于唐宋，盛兴于明清，传承流变至今，存在一个源远流长的历史和传承流变的轨迹。其中，唐代是它的成熟时代。

汉语是世界上使用人口最多的一种语言，因而汉语民间秘密语非但历史悠久，也是世界上诸同类语言现象中最大的一系。

就社会功能而言，汉语民间秘密语的来源大体有三，一是禁忌、避讳，二是回避人知，三是语言游戏。根据发生学分类法，汉语民间秘密语即可划分为这三种基本类型。

就符号形态而言，汉语民间秘密语可分作五种基本类型。一为语词形态的，如《左传·哀公十三年》中"吴申叔乞粮于公孙有山氏"，以庚、癸隐指粮、水。又如唐·崔令钦《教坊记》所述，当时"诸家散乐，呼天子为崖公，以欢喜为蚬斗，以每日长在至尊左右为长久人"，等等。二为话语形态的，如《列女仁智传·鲁臧孙母》所记，春秋时鲁大夫臧文仲出使齐国被拘禁写回的一封暗语信"敛小器，投诸台。食猎犬，组羊裘……"云云。三为谣诀形态的，其源可以追溯至古代隐语民谣，如《后汉书·五行志》所载的一首诅咒董卓的民谣："千里草，何青青；十日卜，不得生"以及"风人体"、谶语诗之类。较为典型的，则是后世江湖秘密群体的盘道谣诀。四为反切式的，即反切秘密语。从汉魏至唐宋以来，这种民间秘密语历行不衰，至今仍存。所谓"徽宗语""捻语""麻雀语"等，悉属此形态或其变异形式，受方言因素影响较大。五为副语言习俗，亦即各种非言语形态的，从古代的烽火报警，到旧时商贩的"袖里吞金"指码，总括又可细别为身势情态、标志符号和特殊音响三类。凡此五种，是为汉语民间秘密语的形态分类。

二、秘密语研究的 70 年简略回顾

中国民间秘密语的研究，类如某些传统学术所显示的轨迹，不外是一个从经验的、实证的走向同思辨性相结合，从而进入现代科学的基本历程。率先将这种语言文化现象纳入科学视野的，是民俗学家容肇祖于 1924 年发表在《歌谣》周刊第 52 期的《反切的秘密语》一文，和语言学家赵元任于 1931 年发表于《史语所集刊》第 2 本 3 分册的《反切语八种》一文。这两位民俗学家或语言学家不谋而合地从反切式秘密语形态切入，拉开了用现代科学视点研究中国民间秘密语的序幕。于此尚应谈到的是，略早于容文发表之前，即同年 1 月，上海东陆图书公司出版了一部吴汉痴主编的《全国各界切口大词典》，辑释诸行语词形态民间秘密语 18 大类 376 子类，凡 10 余万言。据卷首署"癸亥初冬缶老人"所撰序言称："近顷坊间之出版物夥矣，同独未及于切口，何也？岂以事属渺小为无足道耶！果如是，则谬矣。……我知坊间之所以乏此著作者，实以社会

之大，事业之夥，切口秘奥，无以侦得之耳。"这样对专门工具书的期求，无疑也透示着必须对这一语言文化现象给予科学阐释和科学梳理的社会要求。民俗学、语言学及现代科学引入本土，为中国民间秘密语研究纳入实证与思辨相结合的轨道提供了历史契机。可见，容、赵这两篇开创这一科学领域研究论文的出现，有其相应的社会基础和历史机遇，并非偶然。

约 10 年前，我在题为《中国民间秘密语漫说》（《中国文化报》1987 年 12 月 23 日 4 版）的文末写道："半世纪前容肇祖、赵元任等曾发表一些有关研究成果，而近半世纪却鲜见有人问津此道，中国民间秘密语研究成了科学园中一隅荒芜空白之所。愿与有志于此道的同行，共同拓垦这块荒置已久的科学园地。"事实也的确如此。在此数十年间，除《中国语文》杂志于 1957 年第 4、5 两期，组织了一次关于"社会习惯语"和"社会方言"问题的语言学讨论外，零散所见有关这一问题的专门学术文章，不过数十篇，寥若晨星。主要有：许蕙芬《名堂语》（北平《晨报》1933 年 5 月 22 日），曾周《词的秘密语》（北平《世界周报·国语周刊》1934 年 12 月 22 日），陈志良《上海的反切语》（《说文月刊》第 1 卷合订书，1939—1940 年），陈叔丰《潮汕的反切语》（《中国语文》第 3 期，1940 年），黄金义《拆字口语》（《语文知识》1953 年第 4 期），陈祺生《旧时代无锡粮食业的常用切口》（《语文知识》1957 年第 12 期），陈振寰、刘村汉《论民间反语》（《广西师范大学学报》1981 年第 1 期），叶骏《简论捻语》（《上海师院学报》1982 年第 2 期），陈振寰、刘村汉《襄阳捻语》（《广西师范大学学报》哲社版 1984 年第 3 期），高玉堂《浅谈隐语》（《大庆师专学报》1984 年第 2 期），张天堡《切语初探》（《淮北煤师院学报》1985 年第 3

期），潘家懿、赵宏因《一个特殊的隐语区——夏县东浒"延话"（隐语）调查纪实》（《语文研究》1986 年第 3 期），白维国《〈金瓶梅〉和市语》（《明清小说论丛》第 4 辑，1986 年），安家驹《盲人秘语》（《汉语学习》1986 年第 6 期）等。虽然有些语言学著作注意到了这种语言现象，如高名凯的《普通语言学》（增订本，1957 年），张永言的《词汇学简论》（1982 年），武占坤、王勤的《现代汉语词汇概要》（1983 年），陈原的《社会语言学》（1983 年）等，但是却无一部专门的学术专著问世。然而，国外语言学著作对同类现象的注意要早得多，如法国语言学家房德里耶斯 (Joseph. Vendryes,1875—1960)1921 年出版的《语言论·历史的语言学导论》，即将行业话、宗教语和隐语统称为"特殊语言"加以论述。

这一时期的中国民间秘密语研究，除比较冷寂外，基本上属于单一的语言学视点的研究，并且偏重于反切秘密语形态，缺乏多学科交叉的多维视野的综合性考察研究。这种状况，对于所拥有的源远流长、蕴藏丰富，至今仍在许多社会层面传承乃至生生不息的汉语民间秘密语来说，显然是不相适应的。这是多种因素所造成的遗憾。

然而，冷寂往往是一种积聚和准备的过程，而不是静止。20 世纪 80 年代以来，随着中国经济的发展，现代科学思想被导入和众多新兴边缘科学大量出现，这种政治、经济和学术的活跃局面，也为中国民间秘密语这一微观而又"多缘性"的领域的科学研究提供了一次新的历史机遇，使之出现了一个在本领域学术史上空前活跃和繁荣的阶段。

相对前一时期而言，这一时期中国民间秘密语研究有着令人瞩目的两大特点：一是研究成果的种类、数量均远远超过了前一时期的总和，并且展示了新的研究水平；二是在继承以往成就的基础上，突破了单一的语言学视点，借鉴、导入了许多相关学科的思想、方法和成果，力求开展多维视野的综合性全方位立体式的"全息研究"。

据不完全统计，仅 1987 年至 1992 年 6 月间，内地学术界发表中国民间秘密语专题研究论文 20 余篇，如郭青萍《徽宗语》（《殷都学刊》1987 年第 3 期），侯精一《山西理发社群行话的研究报告》（《中国语文》1988 年第 2 期），潘家懿《山西晋南的秘密语"言子话"》（《运城师专学报》1988 年第 3 期），王希杰《黑话说略》（《汉语学习》1989 年第 1 期），曲彦斌《民间秘密语与民族文化》（《民间文学论坛》1988 年第 5、6 期）、《中国民间秘密语辞书概说》（《辞书研究》1990 年第 6 期）、《隐语行话与民间文化》（《民间文艺季刊》1990 年第 4 期）、《隐语行话的传承与行帮群体》（《百科知识》1991 年第 1 期），余云华《当代地下行业及其隐语》（《民间文艺季刊》1990 年第 1 期），赵丽明《湘西苗语中的隐婉话》（《民族语文》1990 年第 5 期），曹聪孙《汉语隐语说略》（《中国语文》1992 年第 1 期），王军《隐语：形态结构与逻辑转换》（《中国人民警官大学学报》1992 年第 1 期），张天堡《语文学的奇葩——读〈中国民间秘密语〉》（《淮北煤师院学报》1992 年第 2 期），柯小杰《荆楚木瓦工行话浅析》（《民俗研究》1992 年第 4 期），章虹宇《滇西解放前土匪黑话、行规及其禁忌》（《民间文学论坛》1993 年第 2 期），沈明《现代隐语的社会语言学考察》（《民俗研究》1994 年第 3 期），及张天堡《淮河流域民间反切语》（《淮北煤师院学报》社科版 1996 年第 3 期），等等。出版学术专著 3 种，即曲彦斌的《中国民间秘密语》（上海三联书店 1990 年出版）、《江湖隐语行话的神秘世界》（"中国民俗语言文化丛书"一种，署名冷学人，河北人民出版社 1991 年出版）、《中国民间隐语行话》（"神州文化丛书"一种，新华出版社 1991 年出版）；介绍性读物，雪漠编著的《江湖内幕黑话考》（上海文艺出版社 1991 年出版）；专科词典《中国秘语行话词典》（书目文献出版社 1992 年出版）字数超过百万言，出版前言称本书是在吸取前人、近人所撰有关辞书、调查报告等丰富材料的基础上编著而成，所收语词从唐宋到近代 12000 多条，可称大观。近些年来，这方面成系统的新工具书尚属阙如，此书具有填补空白以应读者急需的性质。此外，上海文艺出版社不仅影印出版了旧籍《切口大词典》，还影印了云游客出版于 20 世纪 30 年代末的《江湖丛谈》这部主要从江湖秘密语揭示了京津地区江湖社会内幕的要籍。中国戏曲曲艺出版社和中国民间文艺出版社，亦先后出版了《江湖丛谈》的整理校订新版本，为研究使用该书提供了方便。1994 年上海文艺出版社出版了《语海·秘密语分册》，学林出版社出版了潘庆云主编的《中华隐语大全》。1995 年辽宁教育出版社出版的《中国隐语行话大辞典》，从古今近 200 种有关文献、调查资料和研究报告中，选释了唐宋以来至当代市井诸行、江湖秘密社会及各种犯罪团伙的隐语行话约 2 万条。评论称该辞典资料丰富，古今连贯，注释简明、准确，信息含量大，集学术性、知识性、资料性和工具性于一体，具有较强的可读性。除正编外，续编有均为首次公开发表的第一种《隐语行话研究事典》《中国隐语行话编年纪事简表》和《中国隐语行话简明地图》，以及话语形态、谣诀形态、副语言习俗形态的隐语行话和反切秘密语文献选辑，从而在这部辞典中比较全面地综合展示了中国隐语行话的古今概貌。1996 年，上海辞书出版社出版的《俚语隐语行话词典》，同 1889 年西方出版的《俚语行话和切口词典》异曲同工。

此外，多学科视点的中国民间秘密语研究，以基础研究与应用研究并重的势态，显示了学术界和社会有关方面对这一科学领域的关注与需要。除上述理论建设外，基础研究还表现在古今中外民间秘密语文字和口头资料的发掘、采集与整理方面。

继已故钱南扬教授《汉上宧文存》（上海文艺出版社 1980 年出版）"市语汇钞"辑录的 11 种宋代以来诸行秘密语之后，先后校订标点出《新刻江湖切要》（见所著《江湖隐语行话的神秘世界》下卷）、《江湖走镖隐语行话谱》（见所著《中国民间隐语行话》附编），以及《剃发须知》等稀见珍贵文献。语言学、民间文艺、地方志及公安等方面，还结合本领域的研究分别调查、采录了一些至今仍在不同社会层面群体中流行的大量鲜活语料，发表了一些颇有分量的调查报告，有的已编辑出了专题资料汇集，凡此发掘、积累和抢救性的工作，不仅是学科的重要基础建设，尚具有明显的历史价值。此间的基础建设和本领域学术活跃的另一重要标志，即 1990 年秋辽宁社会科学院文学研究所主办了"中国民间秘密语行话专题学术研讨会"和专题学术讲座。次年春，在第二届"中国民俗语言学基础理论与应用研究学术讨论会"期间，不仅再次举办了专题讲座，还成立了"中国隐语行话研究会"（中国民俗语言学会的专业委员会之一）。某高校一位教师在讲习班后，根据所学知识为本校学生也开了一次专题课，颇受欢迎。有的院校，还组织学生利用假期做社会调查，直接采集民间秘密语资料。凡此，无疑是不应忽视的基础建设，是这门科学领域进步与发达的征象。

三、秘密语研究的近期特点与趋向

多学科视点的导入和研究领域的开拓，尤其有助于中国民间秘密语研究的深化和发展。这是现阶段这一领域的一个突出特点，主要表现如下几个方面。

第一，语言学的研究。民间秘密语是一种特殊的语言文化现象，这一根本属性决定了无论从语言学还是从文化学视点的研究，都是首要的、基础的本体性研究。它是语言的一种社会变体，因而语言学家首先将其纳入科学视野，是极其自然而又似乎是"责无旁贷"的，以往几乎是语言学单一视点"一家言"的局面，是不足为怪的。这一阶段民间秘密语的语言学研究，从过去偏重于语音学的研究，如大量的反切形态秘密语研究，已逐渐转为较全面的关注，如词型构造、语义转换、词源、辞书编纂、正字正音及社会文化背景等。尤其是根据其地域性特点运用方言学的方法所进行的调查和分析描写，使民间秘密语语料的采集整理更趋系统、准确而具有科学性。有的重要调查报告，就是结合方言调查进行的，或是在方言调查中发现而形成的专项研究，如《藤县倒语三种》《灌阳方言的二字语》《山西理发社群行话的研究报告》《山西晋南的秘密语——"言话"》等。

第二，文化学的研究。主要是民俗学的研究，因为民间秘密语主要表现为一种非主流的亚文化现象。当初容肇祖《反切秘密语》已开先河，但直至中国民俗学科近年正式建立以来，才重新将这一视点导入本领域，其成果如《隐语行话与民间文化》《隐语与群体文化心理》《隐语行话的传承与行帮群体》《当今地下行业及其隐语》等。

第三，历史学的研究。主要表现为近代会党史和文化史研究，就民间秘密语作为透视某些社会历史现象的"窗口"和"语言化石"。例如，蔡少卿的《中国近代会党史研究》（中华书局 1987 年出版）、《中国秘密社会》（浙江人民出版社 1989 年出版），即充分注意到对有关民间秘密结社当行秘密语功能的考察，前书并附录了《新刻江湖切要》，认为是"当时流传于南方秘密会党的江湖切口行话"。又如《中国乞丐史》（上海文艺出版社 1990 年出版）、《中国典当史》（上海文艺出版社 1992 年出版），均设有考察当行秘密语并以此揭示有关现象的专章或专节，将其语料视为文化史的"语言化石"。

第四，民族学的研究。拙文《民间秘密语与民族文化》虽切入了民族学意识，但所使用的仅是汉语民间秘密语材料。近年来已有人进行中国少数民族的民间秘密语的调查，虽然尚限于个别少数民族语种，却是个可喜的开端。孙宏开《僜人使用的隐语》（《语言美》1982 年第 7 期）及赵丽明《湘西苗族隐语的使用情况和社会功能》（载《语言·社会·文化》论文集，语文出版社 1991 年出版），即为其例。多民族的民间秘密语的调查研究，是亟待开发拓展的领域，是中国民间秘密语研究的有机组成方面。

第五，文学的研究。首先是对文学作品中出现的民间秘密语的研究，除白维国《〈金瓶梅〉和市语》外，尚有傅憎享《〈金瓶梅〉隐语揭秘》（见《社会科学辑刊》1990 年第 5 期）。宋元以来，中国戏曲小说中诸行民间秘密语屡见不鲜，元明杂剧、明清时调、《水浒传》、《金瓶梅》、《拍案惊奇》、《醒世姻缘》、《说唐》、《海上花列传》，以及现代的《李自成》《林海雪原》《昙花梦》等，都不同程度地运用民间秘密语材料。然而，相关的研究却远远不够。其次，是作家对这一现象的关注、研究和利用，近几年颇有一些值得注意的成果。例如熹葆的长篇作品《江湖黑话》（百花洲文艺出版社1991年出版），通过揭示江湖黑话所系结的种种内幕，暴露了千奇百怪的骗术，赞扬了富有正义感的江湖能人。曾有江湖朋友找上门向作者介绍了许多江湖奇闻轶事，但关照他不可写江湖"秘诀"（民间秘密语），以给众人留碗饭吃，否则会有可怕后果（据卷末语）。这也从一个侧面反映了民间秘密语同社会生活的密切联系，尤其是同亚文化群体利益的切合与紧要。一部以揭露上海青帮内幕为内容的历史作品《青帮大亨》（傅湘源著，中国文史出版社1987年出版）亦曾有通过译解青帮秘密语的写实段落，用以说明史事。20世纪80年代末，贾鲁生的一篇报告文学《黑话》（见《报告文学》1989年第1期），曾在读者中引起很大反响和评论界的注意。这篇作品中的"黑话"，大都不是我们所说的那种民间秘密语，而多数是对某些暗指所不便言明事物的话语的借称，旨在由此透析、抨击时弊。即如蔡毅在《黑话不黑》一文中所说的，"他对'黑话'和'黑话现象'所做的鞭辟入里的分析以及在语义上对'黑话'所做的定义般的界说，使我们感到，即使从社会学、语言学方面去理解认识它，也仍不失作品的光辉"。显然，《黑话》的作者巧妙地利用了"黑话"这个词词义的模糊性，及其作为术语的不规范、不科学的缺陷，因而别出心裁地将真假"黑话"合糅一体，获得了特别的艺术效果。这样超常手段，亦正是其艺术效果的一个基础。

第六，公安言语识别的研究。使用秘密语的未必不是"好人"，但秘密社会群体、各种犯罪群体往往都有其当行秘密语。掌握这种语料，是侦破、打击各类犯罪活动的言语识别技术所看重的内容，是识别、揭露、制止有关犯罪活动的手段之一，乃至依法惩治的证据。近年来，有关部门汇编了多种"犯罪隐话"资料，一些科研、教学人员还发表了一些专题论文，如唐松波《汉语隐语及其构造特点》、王亮《三种社会方言词的识别》等。前述两次中国民间秘密语研究的学术活动（会议、讲习班）的与会者或学员中，公安部门即占有约半数之多，有工程师、侦察员，也有公安院校教师。民间秘密语的一系列研究成果，已经并正在为维护法律、制止犯罪的领域发挥其科学的直接效用。

第七，以民俗语言学为基点的多方位综合研究。直接由民俗学和语言学孕育而出的民俗语言学，是一门借鉴了多种传统科学和现代科学发展而来的新兴人文科学，其广泛的边缘性和开放性，必然地导致了对作为一种特定的民俗语言现象的民间秘密语研究的多方位综合性研究倾向。这种倾向，在首部《中国民间秘密语》论著中已反映得比较明晰。除绪论中运用了符号学理论外，其余各章专题分别是：中国民间秘密语的语言学考察，非言语的及其他形式的民间秘密语，民间秘密语与文学艺术，民间秘密语与科学技术史，民间秘密语与工商业职事集团，民间秘密语与市井变态文化，民间秘密语与民族文化等。即如佐夫在《浙江学刊》1991年第1期上的评论所指出的，"'隐语行话学'既很有专门性，又颇有外部联系的广泛性，是历史学、语言学、社会学、文学、民间文艺学、民俗学、考据学、文化学，以及公安司法的预审学、语言识别、言语鉴定科学及至自然科学等多种学科科研教学和实际应用部门所共同关注的领域，并且也是海外中国学（汉学）研究关注而不易解决的课题。本书（《中国民间秘密语》）运用民俗语言学的科学方法，将民间秘密语置于民族文化这个基本大背景中加以梳理、探讨，对民间秘密语的性质、源流、类型、构造方式、社会功能与民族文化的关系及其传承、扩布的基本规律诸方面，以历史、语言、民间文化、社会心理等多维视野，进行'立体式'综合研究、透析，运用符号学等现代科学方法进行阐述……使之集中而系统化，从而展示了中国民间秘密语的全景"。

凡此，中国民间秘密语研究约70年的历史轨迹，显示了由浅入深、由表及里、由狭而宽、由单一向"全息"的总体趋向，在继承与创新的过程中不断深化基础理论和拓宽应用研究领域。不过，目前仍存在许多亟待开拓的课题，如少数民族民间秘密语，宗教与民间秘密语，中外民间秘密语比较分析，民间秘密语与现实经济活动，民间秘密语与当代社会犯罪，民间秘密语与语言政策，等等。其中，很多课题需要多方协作才能完成，还需要专家学者们付出相当艰苦的努力。我相信，中国民间秘密语研究领域将不断为社会奉献出自己特有的新成果，有所新建树。

原载《社会科学辑刊》1997年第1期

汉语民间秘密语（隐语行话）语法概要

一、汉语民间秘密语总说

（一）概念

所谓民间秘密语，又称隐语行话，是某些社会集团或群体出于维护内部利益、协调内部人际关系的需要，而创制的一种用于内部交际的，以遁词隐义、谲譬指事为特征的封闭性或半封闭性的符号体系；一种特定的民俗语言文化现象。从功能特质和形态特质两种视点分析，即显示出民间秘密语这样总体的、基本的本质性特征。

无论是伦理道德标准所界定的"好人"或"坏人"，还是政治制度所认定的"敌、我、友"，或出自功利性的需要，或民俗使然（亦当属功利性的需要），几乎皆无例外地存在使用民间秘密语的历史或现实。不同时代、不同群体的民间秘密语，不免印有时代与群体的文化痕迹乃至政治和经济的烙印。然而，却是世界上几乎各种语言、各种社会文化所共有的一种非主流的语言文化现象。

民间秘密语并非严格意义上的"语言"，尽管有的能够大体替代话语，如汉语的反切秘密语，却不能完整而准确地表现所被替代话语的全部或完整的语言要素及其丰富的固有内涵。因而，民间秘密语是以自然语言为母体，为适应特定的交际需要而产生的一种人为的语言符号或非言语符号系统，不是独立的语言。它的功利性，即在于完成直接使用自然语言所难以承担的特定交际任务。析言之，民间秘密语不是语言，是因社会的人为因素而派生的语言的社会变体，是用以部分替代相应概念语义符号的特定符号集合。

所以，在语言学家的理论中，民间秘密语是相对地域方言而言的又一语言变体，即社会方言之一。在人类学家、社会学家看来，它是一种亚文化群体的语言代码，一种非主流文化现象。从民俗语言学视点来考察，民间秘密语则是一种属于非主流语言文化的特定民俗语言现象，一个非常值得探讨而又十分有趣的重要分支领域。

（二）历史

从既存的有关语料文献考察，汉语的民间秘密语滥觞于先秦，发达于唐宋，盛兴于明清，传承流变至今，存在一个源远流长的历史和传承流变的轨迹。其中，唐代是其成熟的时代。

汉语是世界上使用人口最多的一种语言，因而汉语民间秘密语不但历史悠久，也是世界上诸同类语言现象中最大的一系。

（三）类型

就社会功能而言，汉语民间秘密语的来源大体有三：一是禁忌、避讳，二是回避人知，三是语言游戏。根据发生学分类法，汉语民间秘密语可划分为这三种基本类型。

就符号形态而言，汉语民间秘密语可分作五种基本类型。一为语词形态，如在《左传·哀公十三年》中，"吴申叔乞粮于公孙有山氏"，以庚、癸隐指粮、水。又如唐代崔令钦《教坊记》所述，当时"诸家散乐，呼天子为崖公，以欢喜为蚬斗，以每日长在至尊左右为长久人"，等等。二为话语形态的，如《列女仁智传·鲁臧孙母》所记，春秋时，鲁国大夫臧文仲出使齐国，被拘禁后，写回的一封隐语信，信中说，"敛小器，投诸台；食猎犬，组羊裘……"，云云。三为谣诀形态的，其源可以追溯至古代隐语民谣，如《后汉书·五行志》所载的一首诅咒董卓的民谣，"千里草，何青青；十日卜，不得生"；以及"风人体"、谶语诗之类。较为典型的，则是后世江湖秘密群体的盘道谣诀。四为反切式的，亦即反切秘密语。从汉魏至唐宋以来，这种反切式的民间秘密语历行不衰，至今仍存。所谓"徽宗语""捻语""麻雀语"等，悉属此形态或其变异形式，受方言的语音因素影响较大。五为副语言习俗的，亦即各种非言语形态的，从古代的烽火报警，到旧时商贩的"袖里吞金"式的"指语"，其中又可细别为身势情态、标志符号和特殊音响的三类。凡此五种，是为汉语民间秘密语的形态分类。

二、汉语民间秘密语研究综述

（一）汉语民间秘密语研究的 70 年简要回顾

汉语民间秘密语的研究，一如某些传统学术所显示的轨迹，不外是一个从经验的、实证的走向同思辨性相结合，从而进入现代科学的基本历程。率先将这种语言文化现象纳入科学视野的，是民俗学家容肇祖于 1924 年发表在《歌谣》周刊第 52 期的《反切的秘密语》一文，以及语言学家赵元任于 1931 年发表于《史语所集刊》第 2 本 3 分册的《反切语八种》一文。这两位民俗学家或语言学家不谋而合地从反切式的秘密语切入，拉开了用现代科学视点研究中国民间秘密语的序幕。于此尚应谈到的是，略早于容氏文章发表之前，即同年一月，上海东陆图书公司出版了一部吴汉痴主编的《全国各界切口大词典》，辑释诸行语词形态民间秘密语 18 大类 376 子类，凡 10 余万言。据卷首署称"癸亥初冬缶老人"所撰的序言称："近顷坊间之出版物夥矣，而独未及于切口，何也？岂以事属渺小为无足道耶！如果是，则谬矣。……我知坊间之所以乏此著作者，实以社会之大，事业之夥，切口秘奥，无以侦得之耳。"这样对专门工具书的期求，无疑也透视着必须对这一语言文化现象给予科学阐释和科学梳理的社会要求。民俗学、语言学及现代科学引入本土，为中国民间秘密语研究纳入实证与思辨相结合的轨道提供了历史契机。可见，容、赵这两篇开创这一科学领域研究论文的出现，有其相应的社会背景和历史机遇，并非偶然。

1987 年，笔者曾经在题为《中国民间秘密语漫说》（《中国文化报》1987 年 12 月 23 日 4 版）的文章之末说到："半世纪前容肇祖、赵元任等曾发表一些有关研究成果，而近半世纪却鲜见有人问津此道，中国民间秘密语研究成了科学园中一隅荒芜空白之所。愿与有志于此道的同行，共同拓垦这块荒置已久的科学园地"。事实也的确如此。在此数十年间，除《中国语文》杂志于 1957 年第 4、5 两期，组织了一次涉及民间隐语行话的关于"社会习惯语"和"社会方言"问题的语言学讨论外，零散所见有关这一问题的专门学术文章，不过数十篇，寥若晨星。主要有：许蕙芬《名堂语》（北平《晨报》1933 年 12 月 22 日），曾周《词的秘密语》（北平《世界周报·国语周刊》1934 年 12 月 22 日），陈志良《上海的反切语》（《说文月刊》第 1 卷合订本，1939—1940 年），陈叔丰《湖汕的反切语》（《中国语文》第 3 期，1940 年），黄金义《拆字口语》（《语文知识》1953 年第 4 期），陈祺生《旧时代无锡粮食业的常用切口》（《语文知识》1957 年第 12 期），陈振寰、刘村汉《论民间反语》（《广西师范大学学报》1981 年第 1 期），叶骏《简论捻语》（《上海师院学报》1987 年第 2 期），陈振寰、刘村汉《襄阳捻语》（《广西师范大学学报》哲社版 1984 年第 3 期），高玉堂《浅谈隐语》（《大庆师专学报》1984 年第 2 期），张天堡《切语初探》（《淮北煤师院学报》1985 年第 3 期），潘家懿、赵宏因《一个特殊的隐语区——夏县东浒"延话"隐语》调查纪实（《语文研究》1986 年第 3 期），白维国《〈金瓶梅〉和市语》（《明清小说论丛》第 4 期，1986 年），安家驹《盲人秘语》（《汉语学习》1986 年第 6 期）等。虽然有些语言学著作注意到了这种语言现象，如高明凯的《普通语言学》（增订本，1957 年），张永言的《词汇学简论》（1982 年），武占坤、王勤的《现代汉语词汇概要》（1983 年），陈原的《社会语言学》（1983 年）等，但是此间却无一部专门的汉语民间秘密语研究学术专著问世。而国外语言学著作对同类现象的注意要早得多，如法国语言学家房德里耶斯（Joseph·Vendryes,1875—1960）1921 年出版的《语言论·历史的语言学导论》，即将行业话、宗教语和隐语统称为"特殊语言"加以论述。

　　这一时期的中国民间秘密语研究，除比较冷寂外，基本上属于单一的语言学视点的研究，并且偏重于反切秘密语形态，缺乏多学科交叉的多维视野的综合性考察研究。这种状况，对于源远流长，蕴藏丰富，至今仍在许多社会层面传承乃至生生不息的汉语民间秘密语来说，显然是不相适应的。这是多种因素所造成的遗憾。

　　然而，冷寂往往是一种积聚和准备的过程，而不是静止。20 世纪 80 年代以来，中国经济的发展，现代科学思想的导入和众多新兴边缘科学大量出现，这种政治、经济和学术的活跃局面，也为中国民间秘密语这一微观而又"多缘性"的领域的科学研究提供了一次新的历史机遇，使之出现了一个在本领域学术史上空前活跃和繁荣的阶段。

　　相对前一时期而言，这一时期中国民间秘密语研究有着令人瞩目的两大特点：一是研究成果的种类、数量均远远超过了前一时期的总和，并且展示了新的研究水平；二是在继承以往成就的基础上，突破了单一的语言学视点，借鉴、导入了许多相关学科的思想、方法和成果，力求开展多维视野的综合性、全方位、立体式的"全息研究"。

　　据不完全统计，从 1987 年至 1992 年 6 月间，内地学术界大约发表中国民间秘密语专题研究论文 20 篇，如郭青萍《徽宗语》（《殷都学刊》1987 年第 3 期），侯精一《山西理发社群行话的研究报告》（《中国语文》1988 年第 2 期），潘家懿《山西晋南的秘密语"言子话"》（《运城师专学报》1988 年第 3 期），王希杰《黑话说略》（《汉语学习》1989 年第 1 期），曲彦斌《民间秘密语与民族文化》（《民间文学论坛》1988 年第 5、6 期）、《中国民间秘密语辞书概说》（《辞书研究》1990 年第 6 期）、《隐语行话与民间文化》（《民间文艺季刊》1990 年第 4 期）、《隐语行话的传承与行帮群体》（《百科知识》1991 年第 1 期），余云华《当代地下行业及其隐语》（《民间文艺季刊》1990 年第 1 期），赵丽明《湘西苗语中的隐婉话》（《民族语文》1990 年第 5 期），曹聪孙《汉语隐语说略》（《中国语文》

1992 年第 1 期)，王军《隐语：形态结构与逻辑转换》(《中国人民警官大学学报》1992 年第 1 期)，张天堡《语文学的奇葩——读〈中国民间秘密语〉》(《淮北煤师院学报》1992 年第 2 期)，柯小杰《荆楚木瓦工行话浅析》(《民俗研究》1992 年第 4 期)，章虹宇《滇西解放前土匪黑话、行规、及其禁忌》(《民间文学论坛》1993 年第 2 期)，沈明《现代隐语的社会语言学考察》(《民俗研究》1994 年第 3 期)，以及张天堡《淮河流域民间反切语》(《淮北煤师院学报》社科版 1996 年第 3 期)，等等。出版专题学术著作 3 种，即曲彦斌的《中国民间秘密语》(上海三联书店 1990 年出版)、《江湖隐语行话的神秘世界》("中国民俗语言文化丛书"一种，署名冷学人，河北人民出版社 1991 年出版)、《中国民间隐语行话》("神州文化丛书"一种，新华出版社 1991 年出版)；专科辞典《中国秘语行话词典》(书目文献出版社，1992 年出版)，字数超过百万言，出版前言中称：本书是在吸取前人、近人所撰有关辞书、调查报告等丰富材料的基础上编著而成，所收语词从唐宋到近代约 12000 条，可称大观。近些年来，这方面成系统的新工具书尚属阙如，此书具有填补空白以应读者急需的性质。此外，上海文艺出版不仅影印出版了旧籍《切口大词典》，还影印了署名"云游客"的出版于 20 世纪 30 年代末的《江湖丛谈》这部主要从江湖秘密语揭示了京津地区江湖社会内幕的要籍。中国戏曲曲艺出版社和中国民间文艺出版社，亦先后出版了《江湖丛谈》的整理校订新版本，为研究使用该书提供了方便。1994 年，上海文艺出版社出版了《语海·秘密语分华隐语大全》。1995 年辽宁教育出版社出版的《中国隐语行话大词典》，从古今近 200 种有关文献、调查资料和研究报告中，选释了唐宋以来至当代市井诸行、江湖秘密社会及各种犯罪团伙的隐语行话约 2 万条。评论称该词典资料丰富，古今连贯，注释简明、准确、信息含量大，集学术性、知识性。资料性和工具性于一体，具有较强的稳定性。除正编外，续编有均为首次公开发表的第一种《隐语行话研究事典》《中国行话编年纪事简表》和《中国隐语行话简明地图》，以及话语形态、谣诀形态、副语言习俗形态的隐语行话和反切秘密语文献选辑，从而在这部词典中比较全面地综合展示了中国隐语行话的古今概貌。1996 年，上海辞书出版社出版的《俚语隐语行话词典》，同 1889 年西方出版的《俚语行话和切口词典》异曲同工。

此外，多学科视点的中国民间秘密语研究，以基础研究与应用研究并重的势态，显示了学术界和社会有关方面对这一科学领域的关注与需要。除上述理论建设外，基础研究还表现在古今中外民间秘密语文字和口头资料的发掘、采集与整理方面。

继已故钱南扬教授《汉上宦文存》（上海文艺出版社 1980 年出版）的"市语汇钞"所辑录的 11 种宋代以来诸行秘密语之后，先后校订标点出《新刻江湖切要》（见拙著《江湖隐语行话的神秘世界》下卷）、《江湖走镖隐语行话谱》（见拙著《中国民间隐语行话》副编），以及《剃发须知》等稀见珍贵文献。语言学、民间文艺学、地方志及公安等方面，还结合本领域的研究分别调查采录了一些至今仍在不同社会层面群体中流行的大量鲜活语料，发表了一些颇具分量的调查报告，有的已经编辑出了专题资料汇集。凡此发掘、积累和抢救性的工作，不仅是学科建设的重要基础工作建设，尚具有明显的历史文化研究价值。此间的基础建设和本领域学术活跃的另一重要标志，即 1990 年秋辽宁社会科学院文学研究所主办了"中国民间秘密语行话专题学术研讨会"和专题学术讲座。次年春，在第二届"中国民俗语言学基础理论与应用研究学术讨论会"期间，不仅再次举办了专题讲座，还成立了"中国隐语行话研究会"（中国民俗语言学会的专业委员会之一）。某公安高等专科学校一位教师在讲习班后，根据所学知识为本校学生也开了一次专题课，颇受欢迎。有的院校，还组织学生利用假期做社会调查，直接采集民间秘密语资料。凡此，无疑是不应忽视的基础建设，是这门科学领域进步与发达的征象。

（二）汉语秘密语研究的近期特点与趋向

多学科视点的导入和研究领域的开拓，尤其有助于中国民间秘密语研究的深化和发展。这是现阶段这一领域的一个突出特点，主要表现在如下几个方面。

1. 语言学的研究

民间秘密语是一种特殊的语言文化现象，这一根本属性决定了无论从语言学还是从文化学视点的研究，都是首要的、基础的本质性研究。它是语言的一种社会变体，因而语言学家首先将其纳入科学视野，是极其自然而又似乎是"责无旁贷"的，以往几乎曾是语言学单一视点"一家言"的局面，是不足为怪的。这一阶段民间秘密语的语言学研究，从过去偏重于语音学的研究，如大量的反切形态秘密语研究，已逐渐转为比较全面的关注，如词型构造、语义转换、词源、辞书编纂、正字正音及社会文化背景等。尤其是根据其地域性特点运用方言学的方法所进行的调查、分析和描写，使民间秘密语语料的采集整理更趋系统、准确而具有科学性。有些调查报告，就是结合方言调查进行的，或是在方言调查中发现而形成的专项研究，如《藤县倒语三种》《灌阳方言的二字语》《山西理发社群行话的研究报告》《山西晋南的秘密语——"言话"》等。

2. 民间文化学、民俗学的研究

因为民间秘密语主要表为一种非主流的亚文化现象因而受到民俗学家的特别关注，当初容肇祖《反切秘密语》已开先河，但直至中国民俗学科近年正式建立以来，才重新将这一视点导入本研究领域，其成果如《隐语行话与民间文化》《隐语与群体文化心理》《隐语行话的传承与行帮群体》《当今地下行业及其隐语》等。

3. 历史学的研究

主要表现为近代会党史和文化史等的专题史学的研究，将民间秘密语作为透视某些社会历史现象的"窗口"和"语言化石"。例如，蔡少卿的《中国近代会党史研究》（中华书局1987年出版）、《中国秘密社会》（浙江人民出版社1989年出版），即充分注意到对有关民间秘密结社当行秘密语功能的考察，前书并附录了清代刊本《新刻江湖切要》，认为是"当时流传于南方秘密会党的江湖切口行话"。又如曲彦斌的《中国乞丐史》（上海文艺出版社1990年出版）、《中国典当史》（上海文艺出版社1992年出版），均设有考察当行秘密语并以此揭示有关现象的专章或专节，将其语料视为社会文化史的"语言化石"。

4. 民族学的研究

拙文《民间秘密语与民族文化》虽切入了民族学意识，但所使用的仅是汉语民间秘密语材料。近年来已有人进行中国少数民族的民间秘密语的调查，虽然尚限于个别少数民族语种，却是个可喜的开端。孙宏开《僜人使用的隐语》（《语言美》1982年第7期）及赵丽明《湘西苗族隐语的使用情况和社会功能》（载《语言·社会·文化》论文集，语文出版社1991年出版），即为其例。多民族的民间秘密语的调查研究，是亟待开发拓展的领域，是中国民间秘密语研究的有机组成方面。

5. 文学的研究

首先，是对文学作品中出现的民间秘密语的研究，除白维国《〈金瓶梅〉和市语》外，尚有傅憎享《〈金瓶梅〉隐语揭秘》（见《社会科学集刊》1990 年第 5 期）。宋元以来，中国戏曲小说中诸行民间秘密语屡见不鲜，元明杂剧、明清时调、《水浒传》、《金瓶梅》、《拍案惊奇》、《醒世姻缘》、《说唐》、《海上花列传》，以及现代的《李自成》《林海雪原》《昙花梦》等，都不同程度地运用了民间秘密语作为文学艺术的语言材料。然而，相关的研究却远远不够。其次，是作家对这一现象的关注、研究和利用，近几年颇有一些值得注意的成果。例如熹葆的长篇作品《江湖黑话》（百花洲文艺出版社 1991 年出版），通过揭示江湖黑话所系结的种种内幕，暴露了现代江湖社会千奇百怪的骗术，赞扬了富有正义感的江湖能人。曾有江湖朋友找上门向作者介绍了许多江湖奇闻轶事，但关照他不可写江湖属于"秘诀"的民间秘密语，以给众人留碗饭吃；并威胁作家说，否则会有可怕后果（据卷末语）。这也从一个侧面反映了民间秘密语同社会生活的密切联系，尤其是同亚文化群体利益的切合与紧要。一部以揭露上海青帮内幕为内容的历史作品《青帮大亨》（傅湘源著，中国文史出版社 1987 年出版）亦曾有通过译解青帮秘密语的写实段落，用以说明史事。20 世纪 80 年代末，贾鲁生的一篇报告文学《黑话》（见《报告文学》1989 年第 1 期），曾在读者中引起很大反响和评论界的注意。这篇作品中的"黑话"，大都不是我们所说的那种民间秘密语，而多数是对某些隐喻所不便言明事物的话语的借称，旨在由此透析、抨击时弊。即如蔡毅在题为《黑话不黑》的评论文章中所说的，"他对'黑话'和黑话现象所做的鞭辟入里的分析以及在语义上对'黑话'所做的定义般的界说，使我们感到，即使从社会学、语言学方面去理解认识它，也仍不失作品的光辉"。显然，《黑话》的作者巧妙地利用了"黑话"这个词词义的模糊性，及其作为术语的不规范、不科学的缺陷，因而别出心裁地将真假"黑话"糅合一体，获得了特别的艺术效果。这样超常艺术手段，亦正是其艺术效果的一个基础。

6. 公安言语识别的研究

使用秘密语的未必不是"好人"，但各种秘密社会群体，或各种犯罪群体，往往都有其当行的秘密语，秘密语不仅是其群体的内部交际工具，也是用以识别身份或保守群体、秘密维护群体利益所必需的手段。掌握这种语料，是侦破、打击各类犯罪活动的言语识别技术所看重的内容，是识别、揭露、制止有关犯罪活动的手段之一，乃至依法惩治的证据。近年来，有关部门汇编了多种"犯罪隐话"资料，一些研究、教学人员还发表了一些专题论文，如唐松波《汉语隐语及其构造特点》、王亮《三种社会方言词的识别》等。前述两次中国民间秘密语研究的学术活动（会议、讲习班）的与会者或学员中，公安部门即占有约半数之多，有工程师、侦察员，也有公安院校教师。民间秘密语的一系列研究成果，已经并正在为维护法律、制止犯罪和打击、制裁犯罪的领域发挥其科学的直接效用。

7. 以民俗语言学为基点的多方位综合研究

直接由民俗学和语言学孕育而出的民俗语言学，是一门借鉴了多种传统科学和现代科学发展而来的新兴人文科学，其广泛的边缘性和开放性，必然地导致了对作为一种特定的民俗语言现象的民间秘密语研究的多方位综合性研究倾向。这种倾向，在首部《中国民间秘密语》论著中已反映得比较明晰。除绪论中运用了符号学理论外，其余各章专题分别是：中国民间秘密语的语言学考察、非言语的及其他形式的民间秘密语、民间秘密语与文学艺术、民间秘密语与科学技术史、民间秘密语与工商业职事集团、民间秘密语与市井变态文化、民间秘密语与民族文化。即如《浙江学刊》1991年第1期上刊发的佐夫的评论所指出的，"'隐语行话学'既很有专门性，又颇有外部联系的广泛性，是历史学、语言学社会学、文学、民间文艺学、民俗学、考据学、文化学，以及公安司法的预审学、语言识别、言语鉴定科学及至自然科学等多种学科科研教学和实际应用部门所共同关注的领域，并且也是海外中国学（汉学）研究关注而不易解决的课题。本书（《中国民间秘密语》）运用民俗语言学的科学方法，将民间秘密语置于民族文化这个基本大背景中加以梳理、探讨，对民间秘密语的性质、源流、类型、构造方式、社会功能与民族文化的关系及其传承、扩布的基本规律诸方面，以历史、语言、民间文化、社会心理等多维视野，进行'立体式'综合研究、透析，运用符号学等现代科学方法进行阐述……使之集中而系统化，从而展示了中国民间秘密语的全景"。

8. 有关秘密语辞书及其研究

20世纪90年代以来，内地先后出版了数部汉语民间秘密语辞书，如刘延武编著的《隐语·黑话集释》（中国人民公安大学出版社1992），杨青山主编的《犯罪隐语与方言识别词典》（群众出版社1993），孙一冰主编的《隐语行话黑话秘笈释义》（首都师范大学出版社1993），郑硕人、陈崎主编的《语海·秘密语分册》（上海文艺出版社1994），曲彦斌主编的《中国秘语行话辞典》（书目文献出版社1994），潘庆云主编的《中华隐语大全》（学林出版社 1995)，曲彦斌主编的《中国隐语行话大辞典》(辽宁教育出版社 1995)，曲彦斌主编的《俚话隐语行话词典》(上海辞书出版社 1996)，王英著《宋元市语汇释》(贵州人民出版社 1997)，等等。但是，关于秘密语辞书的研究，迄今还刚刚受到有关学者的关注。在出版的一些秘密语的前言或后记中，虽然有一些探讨，但是尚远远不够。继 15 年前发表曲彦斌《中国民间秘密语辞书概说》(1989)之后，1999 年第 4 期《辞书研究》杂志，集中刊载了有关秘密语辞书研究的 4 篇论文和评论，即：曲彦斌的《隐语行话（秘密语）研究与辞书编纂》、傅憎享的《秘密语辞典先须正字律词》、余云华的《学界之盛事，语典之丰碑——简评〈中国秘语行话词典〉和〈中国隐语行话大辞典〉》、刘瑞明的《评〈中国秘语行话辞典〉》。对于汉语秘密语辞书研究来说，这些论文和评论无疑是个可喜的开端。尽管这是个十分微观的研究领域，但是却不仅关系秘密语辞书的编纂，而且还直接关系着其他辞书的编纂，如汉语语文辞书、文学辞书、百科辞书等等，是不应忽略而且急需加强的一个研究领域。

（三）汉语秘密语研究小结

纵观汉语民间秘密语研究大约 70 年的历史轨迹，显示了由浅入深、由表及里、由狭而宽、由单一向"全息"的总体趋向，在继承与创新的过程中不断深化基础理论和拓宽应用研究领域。不过，目前仍存在许多亟待开拓的课题，如少数民族民间秘密语、宗教与民间秘密语、中外民间秘密语比较分析、民间秘密语与现实经济活动、民间秘密语与当代社会犯罪、民间秘密语与语言政策、民间秘密语与语言污染，等等。其中，很多课题需要多方协作才能完成，还需要专家学者们付出相当艰苦的努力。我相信，中国民间秘密语研究领域不断为社会奉献出自己特有的新成果，有所新建树。

三、语词形态的汉语秘密语造词法分析

在此，我们讨论的是语词形态的汉语秘密语的造词法。语词形态的汉语秘密语的造词法，亦即其造词的规则，可以说，基本上是遵照汉语的一般造词规则。其原因所在，就在于它不是独立的语言。语词形态的汉语秘密语的造词法，主要有词法学造词法、句法学造词法、修辞学造词法、语音学造词法和综合造词法五种。

（一）词法学造词法

语词形态的汉语秘密语的词法学造词法，主要有析字、镶嵌、藏词、倒序等四种方法。

1. 析字

古人分析、归纳汉字构造方法为"六书"，即象形、指事、会意、形声、转注、假借，可以说，"六书"基本上反映了汉字的结构特点。汉语修辞学据此将汉字分为音、形、义三个方面，看别的字有一面与之相和相连，随即借来代替或推衍上去，是为"析字"修辞格。以这种方式创制语言游戏式隐语，古已有之。如《后汉书·五行志》："千里草，何青青；十日卜，不得生。"本书的作者南朝宋·范晔按云："千里草为董，十日卜为卓。"南朝宋·刘义庆《世说新语·捷悟》载："魏武尝过曹娥碑下，杨修从。背上见题作'黄绢幼妇外孙齑（齑）臼'八字。魏武谓修曰：'解不？'答曰：'解。'魏武乃曰：'卿未可信，待我思之。'行三十里，魏武乃曰：'吾已得。'令修别记所知。修曰：'黄绢，色丝也，于字为绝；

幼妇，少女也，于字为妙；外孙，女子也，于字为好；齑（齏）曰，受辛也，于字为辞（辤）。所谓绝妙好辞也。'魏武亦记之，与修同，乃叹曰：'吾才不及卿，乃觉三十里。'"是乃先会意而后析字合字为解耳。

民间秘密语以析字创制之例颇有一些，如：

天——一大（《江湖切要·天文类》）

末——一木（《江湖切要·娼优类》）

琴瑟——双王（《江湖切要·乐器类》）

二——空工（《通俗编》卷三十八）

五——缺丑（《通俗编》卷三十八）

六——断大（《通俗编》卷三十八）

七——皂底（《通俗编》卷三十八）

八——分头（《通俗编》卷三十八）

九——未丸（《通俗编》卷三十八）

了一，子时也。(《切口大词典·星相类》)

刃一，丑时也。(《切口大词典·星相类》)

未巳，辰时也。(《切口大词典·星相类》)

千角，午时也。(《切口大词典·星相类》)

点王，主人也，以王字加一点，成主人之主字矣。(《切口大词典·星相类》)

还有一种"藏词"兼"析字"构造隐语的方式，如旧时当铺流行的秘密语数目字，一为由，二为中，三为人，四为工，五为大，六为王，七为夫，八为并，九为羊，十为非，皆系就其上下左右笔画露头多少为标示。"由"字仅上面露出一个头，为一；"中"字上下各露出一个头，为二；"人"字露出三个头，为三；"工"字露出四个头，为四；……依此类推，是为笔画露头计数法。又如挑脚夫、轿夫，其秘密语数字亦为一种"藏词"式"析字"构造隐语的方式：

一为挖，"挖"中有"乙"，谐音一；

二为竺，"竺"中含"二"；

三为春，"春"中藏"三"；

四为罗，"罗"中有"四"；

五为悟，"悟"中含"五"；

六为交，"交"中含"六"；

七为化，"化"中含"七"（实为"匕"，此为"象形"类也）；

八为翻，"翻"中含"八"；

九为旭，"旭"中含"九"；

十为田，"田"中含"十"。

2. 镶嵌

镶嵌又谓"镶字""嵌字"，是一种以无关紧要用字夹杂人语的一种修辞方式。在修辞学中，可使语流舒缓、郑重。此式古已有之。如《左传·昭公二十五年》师已引童谣："鸲之鹆之，公出辱之。"《汉书·叙传》："容如辱如，有机有枢。"民间以此法构造的秘密语，如"五音循环语""八音摄""麻雀语""同音切"之类，多兼用此法。

3. 藏词

藏词又谓"切脚""歇后"等。陈望道先生《修辞学发凡》称："要用的词已见于习熟的成语，便把本词藏了，单将成语的别一部分用在话中来替代本词的，名叫藏词。"例如：陶渊明《庚子岁从都还》诗："一欣待温颜，再喜见友于。"其以"友于"代"兄弟"出自《尚书·君陈》之"友于兄弟"。《晋书》六十四论赞："慄慄周余，竟沈沦于涂炭。"其"周余"出自《诗·云汉》之"周余黎民"。宋代严有翼《艺苑雌黄·用典歇后》云："昔人文章中，多以'兄弟'为'友于'，以'日月'为'居组渚'，以'黎民'为'周余'，以'子孙'为'诒厥'，以'新婚'为'燕尔'，类皆不成文理，虽杜子美、韩退之亦有此病，岂非徇俗之过耶！"可知此式古已有之。本文曾举"少年主人吉日良（时），束修且是爷多娘（少），身材好象夜叉小（鬼），心地犹如短剑长（枪）……"之类，即藏词隐语，却只是语言游戏罢了。

据陈志良《上海的反切语》一文述及，上海旧时即有以藏词方式构造的民间秘密语流行，且有"缩脚隐""缩头隐""缩中隐"之分别。

"缩脚隐"，是只说出一句成语或俗语的前三字为"能指"成分，藏去其末字为"所指"成分，并可谐音取义。如：

一为"大年初（一）"；

二为"桃园结（义）"，方言中二、义同音；

三为"东化西（散）"，方言中三、散同音；

四为"不三不（四）"；

五为"自念白（唔）"；方言中五、唔同音；

六为"支五缠（六）"；

七为"形式逻（辑）"，方言中七、辑同音；

八为"七勿搭（八）"；

九为"十中八（九）"；

十为"紧牢固（实）"，方言中十、实同音

缩头隐，系取三字式的成语、俗语，以其末二字为"能指"成分，所藏去的首字为其"所指"成分。例如取"肉陀螺"之"陀螺"表示"肉"；取"皱眉头"之"眉头"表示"酒"（酒、皱于方言中音同）。

至于"缩中隐"，则是取三字式成语或俗语的首尾二字为"能指"成分，藏去的中间字则是其"所指"成分。对此陈氏文中未举上海方言中用例，依其定制推知，大致情形当是这样的：

虎——抒须，出自"抒虎须"；
面——笑虎，出自"笑面虎"；
干——站岸，出自"站干岸"；
马——露脚，出自"露马脚"；
外——门汉，出自"门外汉"；
北——西风，出自"西北风"；
钉——碰子，出自"碰钉子"。

凡此，似其大概。其已比语音构造的民间秘密语更直接与民俗文化联系起来，取之民俗语言，用之于民俗语言；信口而出，随手拈来，返璞归真。"藏词"法，或为修辞学范畴，亦不失为一种构词法的艺术规律，故置此。

4. 倒序

倒序又称"逆序"，即颠倒合成词词素语序的一种构词方式。民间秘密语的"倒序"方式构词，主要表现在两个方面：一是"反切秘密语"的"倒说"，究其实即"倒序"方式；再一种，是直接将通语合成词词素语序颠倒过来作为秘密语。例如旧时上海的道士们所说的反语"道反"，其不以语音构造为主，而主要以"拆字反"（即拆字法）来创制秘密语，如以"田力头"谓"男"，以"安脱帽"谓"女"之类。同时，他们的"道反"还以"倒序"法创制秘密语。例如要说某所"客堂"怎样，实际上则是在评头品足人家"堂客"妍丑。上海方言称妻子为"堂客"，逆序即成了秘密语的"客堂"。而又因"上海家家有客堂的，所以听者就不以为意了"。然而这种方式构造秘密语能力是有限的，故并不常见。

（二）句法学造词法

所谓"句法学造词法"，即一种运用句法学原理构造语汇的造词方法。"镶嵌"是典型的句法学方法，尤其"同音切""五音循环语"之类，均属这种构造方式。

（三）修辞学造词法

汉语修辞学构造法，是以修辞手段构造词汇的一种构造手段。修辞学构词法不仅于一般语汇构词中占有重要位置，而且亦为民间秘密语的一种主要构造方式。语词形态的汉语秘密语的修辞学造词法主要有比喻、摹绘、用典和婉曲四种方式。

1. 比喻

所谓"比喻"，即"打比方"，是一种常见修辞方式，于汉语民间秘密语构造中运用颇多。例如：

月——冰轮（《江湖切要·天文类》）

雷——天鼓（《江湖切要·天文类》）

雨——天线（《江湖切要·天文类》）

雾——如烟（《江湖切要·天文类》）

小路——羊肠（《江湖切要·地理类》）

卖饼人——着大棋（《江湖切要·经纪类》）

膏药——圆纸；涂圆（《江湖切要·医药类》）

断路——留客住（《江湖切要·盗贼类》）

毛贼——小老鼠（《江湖切要·盗贼类》）

画符——描黄（《江湖切要·僧道类》）

箭——茅针；流星（《江湖切要·兵备类》）

铙钹——双筛（《江湖切要·乐器类》）

干面——飞尘（《江湖切要·饮馔类》）

蛇——练子（《江湖切要·鸟兽虫鱼类》）

虾——长枪手（《江湖切要·鸟兽虫鱼类》）

蟹——钳公（《江湖切要·鸟兽虫鱼类》）

怕——胆寒（《行院生嗽·人事》）

言语疾——翻饼（《行院生嗽·人事》）

冷笑——冰哂（《行院生嗽·人事》）

口——樱桃（《江湖通用切口摘要》）

剃头——扫苗（《江湖行话谱·行意行话》）

小米饭——星星散（《江湖行话谱·走江湖行话》）

大米饭——盐花乱（《江湖行话谱·走江湖行话》）

2. 摹绘

所谓"摹绘"，又谓"摹状"，是运用语言手段描摹事物音、形、色、味、景、象、情态的修辞方式。以此方式构造秘密语之例如：

白——粉白（《圆社锦语》）

丝环——锁腰（《圆社锦语》）

伞——聚网（《圆社锦语》）

炭——乌薪（《绮谈市语·器用门》）

蒲（葡）萄——马乳（《绮谈市语·果菜门》）

蝙蝠——飞鼠［《绮谈市语·水族门（虫附）》］

弄蛇的——扯溜子（《六院汇选江湖方语》）

差人——狗子（《六院汇选江湖方语》）

立——打桩（《行院生嗽·人事》）

筋斗——翻跳（《行院生嗽·伎艺》）

茶壶——青壳子（《江湖通用切口摘要》）

炮——烘天（《江湖通用切口摘要》）

塔——钻天子（《江湖通用切口摘要》）

桌子——平案（《江湖行话谱·行意行话》）

小便——摆柳（《江湖行话谱·行意行话》）

洋火——崩星子（《江湖行话谱·走江湖行话》）

袜——笔管；登桶（《江湖切要·衣饰类》）

孝巾——顶雪（《江湖切要·衣饰类》）

蒜——地拳（《江湖切要·草木百果五谷类》）

蛇——缠身（《江湖切要·鸟兽虫鱼类》）

缺嘴——兔唇（《江湖切要·疾病类》）

鳗——线香（《江湖切要·鸟兽虫鱼类》）

螺蛳——波罗；曲房（《江湖切要·鸟兽虫鱼类》）

饱——盈腹（《江湖切要·人事类》）

3. 用典

"用典"，在修辞学中多以隐喻、暗喻形式寓意其中。以此方式构造民间秘密语者，多以口头常用、人们习见之典为之。例如：

《江湖切要·乞丐类》："带妇人求乞亦称观音堂。""观音"，本为梵文 Avaiokjtesvara（阿缚卢枳低湿伐逻）的意译，译作"观世音"，因唐人避太宗李世民之讳而略作"观音"，玄奘译《心经》则改为"观自在"，是佛教大乘菩萨之一。《法华经·普门品》云其有三十三身；《楞严经》云其有三十二应（化身）。大约自南北朝起出现有女相观音，至唐则盛。佛经称观音为广化众生之菩萨，通常与"大势"至同为阿弥陀佛的左右胁侍，合称"两方三圣"。由于佛教的流行，观音则成为民间信仰中的一位"以慈悲为怀"的慈善女神。在这一秘密语中，则以观音作为女善人的隐称，暗指随人求乞之妇。

《江湖切要·星相类》："九流三教，通称'江湖友'。初出江湖曰'卯喜'；[增]'隆中'。应聘谓'才出茅庐'也。"其"出茅庐"乃取刘备"三顾茅庐"聘请诸葛亮为军师的历史典故。

《江湖切要·人物类》："媒婆，潘细；[改]撮合山。""撮合山"，俗语中本指撮合、拉拢男女关系的中间人，亦指媒人。如《扬州梦》剧第三折："将你个撮合山慢慢酬答，成就了燕约莺期。"《百花亭》剧第一折："只索央及你撮合山花博士，休使俺没乱煞做了鬼随邪。"《偷梅香》剧第三折："锦屏前花烛辉煌，那时节，也替我撮合山妆一个谎。"又《京本通俗小说·西山一窟鬼》："原来那婆子是个撮合山，专靠做媒为生。"《水浒传》第二十一回："怎当这婆婆撮合山的嘴，撺掇宋江依允了。"凡此可知，《江湖切要》改用"撮合山"代指媒婆，乃直用俗语的原义。

《江湖切要·亲戚类》："赘婿，合才；八吉才；今改为独占鳌头。""独占鳌头"之"鳌"乃传说中海里的大鳖。清代洪亮吉《北江诗话》卷三："俗语为状元独占鳌头语，非尽无稽。胪传毕，赞礼官引东班状元、西班榜眼二人，前趋至殿陛下，迎殿试榜抵陛，则状元稍前进，立在石上。正中镌升龙及巨鳌，盖禁跸出入所由，即古时所谓鳌首矣。俗语本此。"后则用指占据首位或第一名。《元曲选》无名氏《陈州粜米·楔子》："独占鳌头第一名。"卢挚《双调·沉醉东风》："脱布衣，披罗绶，跳龙门，独占鳌头。"

《江湖切要·亲戚类》："大舅，才上。小舅，才下。总称舅曰曹国。""曹国"，即"曹国舅"，因系"总称舅"，防说漏而省"舅"。此系用典兼藏词构造方式。曹国舅，相传名友，宋人，传说中的八仙之一。《列仙全传》卷七载："曹国舅，宋曹太后之弟也；因其弟每不法杀人，后罔逃国宪，舅深以为耻。遂隐迹山岩，精思慕道，得遇钟离、纯阳，……遂引入仙班。"据清代赵翼《陔余丛考》卷之十四考云："按《宋史》慈圣光宪太后弟曹佾，年七十二而卒，未尝有成仙之事。"而民间闲话传说"八仙过海"颇盛一时，至今未已，秘密语取此典乃其自然。

《绮谈市语·人物门》："媒人，伐者；执柯。""伐者"，即"伐柯人"也。典出《诗·豳风·伐柯》："伐柯如何？匪斧不克。取妻如何？匪媒不得。"又《礼·中庸》："执柯以伐柯。"因称媒人为"伐柯人"，做媒为执柯。宋代吴自牧《梦粱录》卷二十《嫁娶》："其伐柯人两家通报，择日过帖。"明史《鹔钗记》剧第三十一折："懊恨杀韦公执柯，却将探花妻子被状元夺。"宋元市语"伐者""执柯"同出是典。

《行院声嗽·鸟兽》："驴，果老。"其以"果老"称"驴"，亦出"八仙"传说。"果老"即"张果老"，传说中的八仙之一。唐代李冗《独异志》卷下："玄宗朝有张果老先生者，不知岁数，出于郴州，帝迎于内，礼敬甚，问无不知者。一旦有道士叶静能，亦多知解。玄宗问果老柯人，静能答曰：'臣即知之，然臣言讫即死，臣不敢言若陛下免冠跣足救臣，臣即能活。'帝许之。静能曰：'此混沌初分白蝙蝠精。'言讫七窍血流，堰仆于地。玄宗遽往。果老徐曰：'此小儿多口过，不谪之，败天地间事耳。'帝哀恳久之，果老以水其面，复生。其后果老辞归郴州所隐之处，依然不知所往。"此乃有关张果老身世传奇，而以此典为秘密语，又出自其坐骑，即相传的"张果老倒骑驴"。清代翟灏《通俗编》卷二："张果老常乘一白驴，日行数万里，休则叠之如纸，置巾箱中，乘则以水巽之，还成驴矣。"又称："俗言张果老倒骑驴，各传记未云，盖倒骑驴乃宋潘阆事。"而《四游记·东游记》第二十回《张果老骑驴应召》云："张果老常乘一白驴，每倒骑之。"民间传说以倒骑驴为其佳话，故亦自然用"果老"代"驴"，却又未免戏谑仙家。江湖中人颇迷信，此则行院中语，或是个中之人不以为然，或不敬张果老。

4. 婉曲

即"婉言"，委婉而云，不直说，常用的修辞方式，亦常用于构造秘密语。例如：

墓——佳城（《绮谈市语·举动门》）

输——败（《绮谈市语·拾遗门》）

偷——弄把戏（《金陵六院市语》）

行经——红官人（《金陵六院市语》）

会说话——调皮（《六院汇选江湖方语》）

阴阳生——水火通（《江湖切要·僧道类》）

笼子深——指广宅深院，或高楼大房子而言也。（《切口大词典·党会类》）

路锁——言有官兵在前途截拿，或已在要隘设防，或有捕役追缉。贼遇此必高呼路锁，同伙闻之俾避匿也。(《切口大词典·党会类》)

金钏——手梏也。(《切口大词典·党会类》)

开天窗——在屋上掀去瓦片，抽去椽子，而入屋者。(《切口大词典·盗贼类》)

死——归原(《切口大词典·盗贼类》)

由此很容易使人想到，从广义而论，民间秘密语即以"委婉言之"来回避人知。上述"委婉"诸例，多类"比喻""摹状"而不直言其事。又如宋代的《绮谈市语·数目门》："一，丁不勾，孤；二，示不小，封；三，王不直，春；四，罪不非，山；五，吾不口，马；六，交不义，囗（原文不可考）；七，皂不白，星；八，分不刀，卦；九，馗不首，远；十，针不金，收。"亦如《圆社锦语》之"小出尖，五；大出尖，六"之类。虽为析字格，亦在"委婉"耳。

（四）语音学造词法

利用谐音、改变或变化语音的方式构造新词汇，属语音学造词法。反切式秘密语改变了全部话语符号的语音，从而使之成为隐语。除此而外，常见的则是谐音秘密语。以谐音方式构造隐语行话比较常见，但不如"反切语"那样自成系统，而是往往与其他方式合用，用以创制个别隐语名目。如明季"四平市语"以"一"为"忆多娇"，"二"为"耳边风"，"三"为"散秋香"之类，即以"忆"谐"一"，以"耳"谐"二"，以"散"谐"三"，其他两个字皆无实际语义。又如《金瓶梅》第三十二回"调子曰儿"的"望江南、巴山虎、汗东山、斜纹布"，其前两句首字"望巴"谐音为"王八"，通句的大意是"汗憋的王八"，亦然。

（五）综合造词法

所谓综合造词法，即兼用两种或两种以上造词的一种造词方法。例如，宋代"市语"谓数目"九"为"尴不首"，即兼用了"析字"和"藏词"两种构词方法；清代江湖群体谓"手梏"为"金钏"，兼用了"比喻"和"婉曲"两种方法。

四、语词形态的汉语秘密语词类分析

汉语语词的词性分类，是根据词汇的意义、词汇的语法功能特点以及两者之间的关系进行语法分类。通常把汉语分为实词和虚词两大类。其中，实词类包括名词、代词、动词、形容词、量词、数词和副词；虚词包括连词、介词、助词、语气词、叹词和象声词等。在此，我们主要以实例分析语词形态的汉语秘密语的常见语法分类。通常语词形态的汉语秘密语，由于并非独立的语言，只是部分地替代言语交际中的某些语词，而所替代的语词又大多是实词而没有连词、介词、助词、语气词、叹词等虚词。

下面，即进行有关词类的汉语民间秘密语的实例分析。

（一）名词

在汉语秘密语的词类中，表示人或事物名称的名词性语词的数量比其他词类语都要多，可谓数量最多的一类。如明代的《金陵六院市语》所载："自身而言，撒楼者，头也；凶骨者，鼻也；爪老者，手也；齿老者，牙也；听聆者，耳也；撇道者，脚也；枪者，脸也。"又如《新刻江湖切要》所载下面数例：

天——乾公；云表；高明君

地——坤老；配天；博厚君

日——常圆；恒满；出扶桑

月——太阴；兔窟；秋倍明

医生——扶本；济崩公；苦劝人

和尚——廿三；先一

头——顶元；魁儿

耳朵——招风；采官

桌子——朝天；万面

房屋——窨子；龛公

　　汉语秘密语的名词中，还有许多必要的方位词，例如宋代《圆社锦语》所载，左为"左拐"，右为"右拐"，后为"稍拐"，等等。再如《新刻江湖切要》所载下面数例：

东——仰盂　　　　　　西——上缺

南——中虚　　　　　　北——中满

上——溜；逆流；君达　下——落；顺流

左——青　　　　　　　右——白

前——朱　　　　　　　后——玄

（二）代词

　　汉语秘密语的代词，少见指示代词和疑问代词，常见的主要是人称代词，如《行院声嗽·人物》所载，你为"伊儿"，我为"瞒儿"。又如《新刻江湖切要·人事类》所载："他曰渠，你曰伊，我曰令儿悉。"

（三）动词

在汉语秘密语的词类中，表示人或事物的动作、行为或变化的动词数量，是仅次于名词的一个大的词类。在宋代的《绮谈市语》中，专门辑有一个名曰"举动门"的类别。例如，谓走为"踏莎"，吃为"食"，生病为"违和""便作"，哭为"恸"，笑为"哂"，死为"物故""怨作"，葬为"襄事""襄奉"，唱曲为"善讴"，等等。其中，趋向动词，如《圆社锦语》所载的来为"入步"、去为"欣辞"；又如《江湖切要·人事类》所载的"去曰凉，来曰热"，均属汉语秘密语中的趋向动词。

（四）形容词

汉语秘密语中用来表示人或事物的形状、性质或者动作、行为、变化的状态的形容词，也很多。如宋代《绮谈市语·拾遗门》所载，大为"雄哉""灰作"，小为"眇哉"。又如《新刻江湖切要·人事类》和"身体类"所载如下数例：

好——坚；响坚；坚通

不好——古；古坚；念坚；神古

大——太式　　　　　　小——尖

高——崔峻；上　　　　低——浅；狭

急——弓皮　　　　　　缓——倦千

生意好——响帐　　　　名色好——双足

极好——本六　　　　　肥——花草；濯濯

瘦——柴；青条　　　　标致——坚立

丑陋——古寒；配酉　　矮——矬身；如射

壮大——干叱　　　　　怯懦——肥妖

（五）量词

表示事物或动作的单位的词，即量词；其中表示事物的单位的量词为"物量词"，表示动作的单位的量词为"动量词"。此外，如"人次""吨公里"之类，名为复合量词。汉语秘密语的词类中，相对数词来说，量词往往不独立存在，在运用当中通常是略去不说出来，只道明数目即可，在具体的言语环境中有上下文的限定并不会产生歧义。实际潜含着物量词和动量词，但没有复合量词潜含其中。即或运用少量的量词，也是同数词复合在一起"捆绑"着使用。例如《新刻江湖切要·数目类》："一分：流去；一钱：流宝；一两：流西；十两：流千；百两：流千宝；千两：流丈。"显然，其"分、钱、两"，均为物量词，但是一般却不单独使用，而是与数词复合在一起使用，成为数量词。也就是说，在汉语秘密语的词类中，直接存在的是数词与量词组合而成的"数量词"。

（六）数词

在汉语秘密语的词类中，数量词大量存在，并因行业或群体不同而有所区别。因而其各类也十分丰富，异彩纷呈。且不论以往的文献记载，以及《新刻江湖切要》所记，仅在20世纪初的一部《全国各界切口大词典》中，就记载了大约200个行业各自的隐语行话数码，亦即汉语秘密语的数词。许多行当的秘密语数词，大都各具本行业的特色。在此，且将清代翟灏在《通俗编》卷三十八所辑明清时代11个行当使用的隐语行话数词列表于下：

	一	二	三	四	五	六	七	八	九	十
米行	子	力	削	类	香	竹	才	发	丁	足
丝行	岳	卓	南	长	人	龙	青	豁	底	
绸绫行	叉	计	沙	子	固	羽	落	末	各	汤

续表

	一	二	三	四	五	六	七	八	九	十
线行	田	伊	寸	水	丁	木	才	戈	成	
铜行	豆	贝	某	长	人	土	木	令	王	合
药行	羌	独	前	柴	梗	参	苓	壳	草	芎
典当	口	仁	工	比	才	回	寸	本	巾	
故衣行	大	土	田	东	里	春	轩	书	籍	
道家	太	大	蒙	全	假	真	秀	双全	渊	
星卜	大	太	蒙	全	假	真	秀	双全	渊	
杂货铺	平	空工	眠川	睡木	缺丑	断大	皂底	分头	未丸	
优伶	江风	郎神	学士	朝元	供养	幺令	娘子	甘州	菊花	段锦

凡此可见，这些数词颇具行业特色。例如"药行"，皆以中草药名作为数目的代码，即以羌活、独活、车前子、柴胡、桔梗、人参、茯苓、枳壳、甘草和川芎，分别表示一至十数；"优伶"行的一至十数代码，多与当行行事相关，如"江风""郎神""幺令""甘州"，即分别出自《一江风》《二郎神》《六幺令》《八声甘州》等曲牌名称。

（七）副词

在汉语中，副词是表示动作、行为、发展变化、性质或状态的程度、范围、时间等状况的词类。语词形态的汉语秘密语很少有替代副词的语汇，所需使用的副词大都利用普通的既有副词，亦即非"隐语"的"明语"（通用语）的副词，如《江湖切要·人事类》中记载的"着曰响"或"端"，"不着曰不响"或"不端"之"不"，即是属于"明暗通用"或说"借明为暗"的习惯用法。这一点，也是其并非独立的语言这一性质所决定了的自身本来的局限。但是，这也并不排除个别具有副词属性的秘密语迂回的存在。例如：明代的《六院汇选江湖方语》所记"古琴是不好"之"古琴"，《江湖切要·人事类》的"不知事曰暗人"或曰"不端亮"，所隐含的"不"
这个语素，即属于副词性质。又如《江湖切要·人事类》的"极好
曰本六"隐含之"极"这个语素，亦属副词性质。

（八）兼类词

所谓兼类词，是词的一种兼类现象，亦即一个词语兼属于两个
或两个以上词类的现象，其词即"兼类词"。已故著名语言学家王
力先生曾经谈到，"兼类现象是指个别的词兼属于两个词类"，他举
证的词例为"科学"和"报告"。"语言科学，科学方法"之"科
学"，是名词；"他的研究方法很不科学"之"科学"则属形容词。
又如，"报告上级"之"报告"，是动词；"做个报告"之"报告"，
就属于名词了。语汇十分丰富的汉语尚且存在词的兼类现象，那么，
词汇相对比较贫乏、颇多局限的汉语秘密语以词的兼类方式来扩充
词汇量，就是再自然不过的事了。试为举例如下：

【例一】川——①死，动词。《江湖切要·生死类》："凡死
皆称曰川。"《切口大词典·巫卜料类·文王课之切口》："川：
死也。"②三，数词。《切口大词典·商铺类·豆麦业之切口》：
"川：三也。"

【例二】柴——①杖打，动词。《绮谈市语·拾遗门》："遭
杖：柴；批衮。"②四，数词。《通俗编·识余·药行》："四：
柴。"③瘦，形容词。《江湖切要·身体类》："瘦：柴；青条。"

【例三】盖顶——①盖房子，动词词性。《江湖切要·宫室
类》："造屋曰盖顶，又曰搭棋盘。"②纸制的冥器帽子，名词。
《切口大词·杂业类·纸扎店之切口》："盖顶：纸帽子也。"

【例四】滑——①大，形容词。《切口大词典·巫卜类·道

士之切口》："滑：大也。"②生油，名词。《近代秘密社会史料》
卷六："生油叫滑。"

【例五】古——①不好，形容词。《江湖切要·人事类》：
"不好曰古。"②五，数词。《切口大词典·商铺类·南货业之切
口》："古：五也。"

【例六】古老——①丑，形容词。《六院汇选江湖方语》：
"古老：谓丑而不美，苦而不好。"②骡子，名词。《江湖切
要·鸟兽虫鱼类》："骡：古老。"

　　汉语秘密语语词的上述诸例兼类现象，主要反映在跨时代、跨
群体（行业）的现存语料文献这一总体的宏观大平面之上。至于在
同一时代并且是同一群体范围使用的秘密语语汇之中，也存在有少
量的上述兼类现象，例如同是一个"裁皮"，同在一部辑录明清时
期江湖社会群体民间秘密语的《江湖切要》书中，其"盗贼类"的
注释是"剪绺"亦即小偷、窃贼，属于名词；在其"人事类"中，
则注释为"剔脚为裁皮"，属于动词。由此得知，"裁皮"是一个在
同一时代、同一群体使用的兼类的秘密语语汇。不过，囿于汉语秘
密语语汇的贫乏有限，这样的情形也极为稀见。

五、反切秘密语

（一）反切秘密语总说

　　反切秘密语是以语音学构造的隐语行话中最常见的一种。所
谓"切口"这一别称，即是就这种形态的隐语行话的构造方式特点
而言。尽管《江湖切要》《江湖通用切口摘要》《切口大词典》等以

"切"或"切口"为名称，却并非都是以此方式构造的秘密语。民间隐语行话之所以有此别名，主要是因为这种方式起源较早而流行又广之故。

魏晋南北朝，是汉语反切隐语比较活跃的时期。在当时，这种秘密语称作"反（fan，平声）语"或者"体语"。例如，《南史·刘悛传》："（刘）悛本名忱，宋明帝多忌，反语'刘忱'，为'临雠'，改名为悛。"又如，《北齐书·徐之才传》亦曾言及，"尤好剧谈体语，公私言剧，多相嘲戏"。再如唐代封演《封氏闻见记·声韵》亦载："周……好为体语，因此切字皆有纽，纽有平上去入之异。"

（二）反切秘密语的起源与原理

关于"反切"之起，历来众说不一。其中最流行的说法，认为是三国时魏人、《尔雅音义》的著者孙炎（字叔然）所首创。北齐·颜之推的《颜氏家训·音辞篇》及唐·陆德明《经典释文·序录》，及张守节《史记正义·论音例》等，均持是说。所谓"反切"，本是一种传统语文学的注音方法，上字取声，下字取韵及调，以二字拼合一字。在非拼音文字的汉语文化中，其简便易学，故一时颇为流行。反切秘密语，即依这种原理构造而成。如以"练"为所要表达信息的字、即隐语符号的所指成分，那么其由反切法所构成的能指成分即为"郎甸"。

（三）反切秘密语的基本类型

在实际运用中，为使之更加隐秘，防止说漏，反切秘密语又有顺说与倒说、硬口儿与软口儿、三字反、四字反、五字反等多种分别。

1. "顺说"与"倒说"

"顺说"，是按一般正常切法去说；"倒说"，则是先说其下字切音、后说出上字切音。"顺说"易于掌握，"倒说"则须熟练之后才能运用自如。"顺说"的慢说或快说，均直接对声调发生影响；而"倒说"则无论快慢，切语上字均读轻声。在上海，倒说的反切秘密语叫作"花儿反"。

2. "硬口儿"与"软口儿"

"硬口儿"与"软口儿"，是就反切秘密语的虚字处理方式来说的。无论实词、虚字以及声调如何，悉化作上、下字组合构造，这是"硬口儿"。如果照用轻声虚词本字而不将其化为反切语的说法，即所谓"软口儿"。

3. "三字反"

"三字反"的反切秘密语在各地都有流行，一般是说"三字硬反"而言。如上海旧时流行的"三字反"，将"中"说成"糟曹仲"或"提　仲"，这是"硬反"；如说成"糟齐仲"，即为"软反"。如果其第一附加韵及第二附加韵均收"阿"韵，将"中"说成"摘柴仲"，是"喇叭反"。若其第一附加韵及第二附加韵均收"恩"的，如将"中"说成"镇神仲"，又别称作"仓敦反"或"鼺（weng）鼻头反"。

4. "四字反"及其他

"四字反"至"七字反"，是多字反，比较少见。其基本定则为：（1）首字发声与切字发声相同，末字收韵亦须同切字收韵一样；（2）第二字的附加声须与末字符加声相同；（3）末字之前诸字的附加韵均可自由应用。现仍以"中"为例，其"四字反"为"糟齐柴仲"，其"五字反"为"斋神曹柴仲"，其"六字反"是"镇曹齐柴才仲"，其"七字反"是"灾齐曹神坐柴仲"。益为烦琐玄虚，很少流行。

各地方言繁杂，语音、声调、用韵皆因方音而异。因而，以语

音切合为构造方式的反切秘密语亦因流布地域不同而形成多种具体
样式，名目亦各有分别。旧时广州流行的反切秘密语即有三种，一
为"燕子公"，是一般形式的反切语；一为"燕子毑（jie）"，是于
各字后面附加 × 及本字韵母的合音，声调是平上去三声读平声，
入声读上入；一为"燕子仔"，类似"燕子毑"，所不同的是声调，
其平上去三声读去声，入声读中入。此外，常州有"字语"、昆山
有"切口语"，苏州、浦东、余杭、武康等地有"洞庭切"，苏州
又有"威分"，东莞有"盲佬语"，福州有"廋语"或称"仓前廋"，
都是因地域方言读音各异而派生出的反切式秘密语的地方变体。这
个语言事实也说明，非但语言有其地域变体（即地域方言），作为
语言社会变体的民间秘密语（社会方言）亦存在地域变体现象。同
样，地域方言与社会方言之间，亦是你中有我、我中有你，相互错
综联系，谁也不能孤立存在。

　　据陈志良《上海的反切语》文中介绍，上海旧时社会上不同群
体应用反切秘密语极为普遍。如流氓间用"硬反""花儿反""切
口"；唱滩簧的以使用"花儿反"隐语为主，故此行亦别称"浪花
儿"；道士以"折字反"为主，间用"硬反"；茶担业、乐人等以
"硬反"为主，间用"折字反"；裁缝以"硬反"为主；小学生亦
以反切秘密语作为语言游戏，流行一时。可知反切秘密语于旧时流
行颇广。据最新的调查，反切秘密语于各地仍有流传。这是一种在
汉民族语言文化史上流行既久又非常广泛的隐语行话类型。

　5. 同音切

　　同音切也是运用语音变化手段创制的民间秘密语，主要流行于
江浙地区。其构造原理则是在本字前分别附加同一音节、并与本字
音节组合在一起，作为衬字读音。所附加的衬字读音，一般是取本

字声母加韵母"奥"（ao）组合而成。例如："高古骚诗淘台捞历"，即"古诗台历"的隐语说法。这种类型的秘密语与"燕子语"相似，但在语音变化上所取衬字韵母方面迥然各异。

6. 五音循环语

在赵元任的《反切语八种》一文中略及了这种类型的秘密语："最简单的就是定几个字音，每一种字后加一个，以乱人的听闻。北方北平有一种秘密语就是凡字都加红、黄、蓝、白、黑循环的说。如：咱红们黄不蓝要白跟黑他红'玩儿'黄，就是：咱们不跟他玩儿。"这就是"五音循环"式的秘密语。这种秘密语比反切语简单，又与"同音切"相近，不过取用的衬字置本字之后，又不与本字音节发生关系，是另外所选用的任意字，故亦比"同音切"还简便一些。20世纪50年代沈阳市内的中小学生之中所流行的"单音循环"式秘密语游戏，亦属此类，只不过是任取一个衬字一贯到底，更易说漏。因而，只能作为语言游戏，而无其他用处。

7. 八音摄

所谓"八章摄"，又名"哨语"，流行于福州地区。明代抗倭名将戚继光驻闽（福建省）时，为便于外地兵士学习当地方言曾编了一部通俗易学的韵书，名为《戚参军八音字义便览》。是书《例言》除胪列编撰体例之外，还附有"嗽语"与"嗽语切"两项。椐以今日福州方言考证，"嗽"与"哨"音同，"嗽语"音协"哨语"，实为"隐语"或"暗号"的意思。依此推断，所谓"嗽语"即"八音摄"，与当今仍流传之别称"哨语"亦相符合。是书将福州方言音系韵母分为36类，系以所定36个字母标示；又将声母分为15个，声调分为8类，亦用字标示，因名《八音字义便览》。是书所用以注音的"反切法"，实为明清曾流行一时的"标射韵法"，极便于外

地人学习当地方言俗语，亦便于本地人识字，故流行较广，于后世
亦颇有影响。

　　大约 100 年后，清代康熙时进士林文英（碧山），根据此间语
音的发展变化，将《八音字义便览》略作改易而编成《珠玉同声》
一书。至乾隆十四年（1749），福州人晋安则奖二书汇刻为一部，
署《戚林八音》，上截刻《八音字义便览》，下截刻《珠玉同声》，
成为多年来当地群众学习文字、掌握切拼法的重要工具书。在《戚
林八音》之后，先后又出现了《汇音妙语》《拍掌知音》《击掌知音》
《十五音》等同类通俗用书，足见其影响之大。

　　今所见流行于民国时期福州一带的"八音摄"（即"哨语"），
是类如"反切语"而又略有区别的一种以改变语音为构造方式的民
间秘密语。其区别在于，当将本字化为二音节时，第一音节（即上
字）与本字相同，而第二个音节只保留韵母，换以固定的声母"k"；
若第二个音节声母本就是"k"的话，即将其改为"r"。

　　究其实，今所见之"八音摄"，即当初《八音字义便览·例言》
中所说的"嗷语"遗制。由此亦可断知，作为一代名将的戚继光当
时于军中推行《八音字义便览》，其直接的功利性目的在于为当时
军中所用秘密语（即"嗷语"）提供定则。从此意义上说，《八音字
义便览》是明季"戚家军"的标准密码本。

　　那么，又或有疑问，戚继光出身于将帅军旅之家，又为一代著
名将领、军事家，本为山东蓬莱人，何以编出福州方言音系的《八
音字义便览》呢？著名的语言学者罗常培即持此疑问。他认为，据
《连江县志》载，嘉靖四十一年（1562），戚继光抗倭至福州郊县连
江时，曾召见"博及群书，而喜谈兵"的著名音韵学家陈第共谋驱
虏大计，陈曾为之献策。戚继光升任总兵职后，即荐举陈第擢任车

前营游击将军。陈第字季立，号一斋（一号温麻山农），即连江当地人，万历年间秀才，以诸生从军。他精于音韵训诂，认为"时有古今，地有南北，字有更革，音有转移"，所论证古今音异对后世音学深有影响。又著有《毛诗古音考》《读诗拙言》等书，事迹载《明史稿》《名人小传》《小学考》等史志多种。凭陈氏这般条件，撰《八音字义便览》要比戚继光优越许多。因而罗氏提出："《八音字义便览》如果不是后人依托，或者是受了他不少的影响。"综合上述，笔者认为，《八音字义便览》极可能是陈第或有关学者受戚继光所委托而撰，先是作为军中隐语所用，随即普及流行为军民共用成为启蒙谐字的通俗用书。然而，尚无直接史料佐正，仅为推断而已。但是，从民国时当地流行的"八音摄"切法隐语及其亦名"哨语"，亦可证之一二，并窥其本来形制。总之，"八音摄"创制、起源较早，又于当地民间广泛流行，已为显证。

8. 可可话

可可话，是一种曾于昆明学生中流行一时的隐语形式。其构造定则类似于"八音摄"而有区别。"八音摄"在切音时保持第一音节（即上字）不变。其第一音节取本字韵母拼以声母"k"，如恰逢原声母即为"k"，则一律重读原音节一次或改"k"为"g"。显然，所谓"可可话"，即以其声母发音为名。

9. 麻雀语

容肇祖《反切的秘密语》一文（《歌谣周刊》第 52 号，1924年）曾提到这种隐语行话形式，是"一种用单字代表单字的秘密语，名为麻雀话，如说话时，一切的字皆改为'箫韵'的声音，如'食饭'读为'xiaofiao'；'读书'读为'diaoxiao'等等。一知道了一个字，就可以完全悟出来。故此绝少人应用"（案：引文中汉语拼音系据原文所用注音字母改标的）。其定则是取本字声母与"箫"韵拼合而成。

这种"麻雀语"于20世纪60年代末、70年代初，仍在黑龙江农场的北方下乡知识青年和上海中学生中流行一时。但是，已在原来的基础上加以改造，是将本字置于"箫"韵代字之后作为衬字反复使用。所谓用"箫"韵，并非大家都懂得向以"绝学"相称的阴韵之学，而是学者总结、归纳其用韵规律的认识。实际上，早期乃至六七十年代流行的"麻雀语"，并非韵书上所规定的严格"箫"韵，不过都是"宽式"用法而已。这与文人墨客之应制赋诗用韵选字，是不大一样的。

上面所述的"同音切""五音循环语""八音摄""可可话""麻雀语"等类，实际上均属"反切式"秘密语的变体，派生于"反切"方法，与这些类型不同的，则是"谐音"法。

六、话语形态的汉语秘密语

语句式的隐语行话，大都以一个短语作为其符号单位，表示出特定的所指意义。这种类型的隐语行话，大都属于民间秘密语社会各种组织的特定语俗，用于识别身份、简述情况。例如旧时东北"胡子"见面时的一些"黑话"：

蘑菇，溜那路？什么价？（什么人？到哪去？）

想啥来啥，想吃奶就来了妈妈，想娘家的人，小孩他舅舅就来啦。（找同行来了）

紧三天，慢三天，怎么不见天王山？（我走了九天，也没找到哇？）

野鸡闷头钻，哪能上天王山？（因为你不是正牌的）

地上有的是米，唔呀有根底。（老子是正牌的，老牌的）

拜见过啊幺啦？（你从小拜谁为师？）

他房上没有瓦，非否非，否非否。（不到正堂不能说，徒不言师讳）

哂哒？哂哒？（谁引点你到这里来？）

一座玲珑塔，面向青带，背靠沙。（是个道人）

么哈？么哈？（以前独干吗？）

正晌午时说话，谁也没有家。（许大马棒上山）

天王盖地虎。（你好大的胆！敢来气你祖宗）

宝塔镇河妖。（要是那样，叫我从山上摔死，掉河里淹死。）

好叭哒！（内行，是把老手。）

天下大大啦。（不吹牛，闯过大队头）

这种语句式隐语行话，外观上是些符合汉语语法的一般语句，运用于话语之中，但其语义、交际对象、语言环境都是特定的，不是任意的。究其实，是一种话语体秘密语。

话语体的民间秘密语，又往往将某些替代式隐语符号混杂于"明语"中使用，使之构成一个完整的特定语义集合。例如东北"胡子""挂注"时"拜香"盟誓所说的一套惯用套语："我今来入伙，就和弟兄们一条心，如不一条心，宁愿天打五雷轰，叫大当家的插了我。我今入了伙，就和兄弟们一条心。不走漏风声，不转，不出卖朋友。如违犯了，千刀万剐，叫大当家的插（刺杀）了我！"显然，其"插了"、"大当家的"（匪首）、"转"等，都是行中黑话。

这些黑话语词掺杂于语句之中，与其他"明语"合而结构特定的语义集合。

清季三合会、哥老会、天地会等民间秘密团体的"口白"一般有谣诀体与语句式话语体两种形式，而二式又往往合用。例如哥老会的《拜码头交结》：

> 我兄弟来得鲁莽，望你哥哥高抬一膀，恕过兄弟的左右。我闻你哥哥有仁义，有能有志，在此拈旗挂帅，招聚天下英雄豪杰，栽下桃李树，结下万年红，特来与你哥随班护卫。初到贵市宝码头，理当先用草字单片，到你哥哥龙虎宝张（案：当为"帐"字），请安投到，禀安挂号。兄弟交结不过，理义不周，子评不熟，钳子不快，衣帽不正，过门不请，长腿不到，短腿不齐，跑腿不称；所有金堂银堂，卫是门堂，上四排哥子，下四排兄弟，上下满园哥第，兄弟请安不到，拜会不周；今伏称哥子金阶银阶，金副银副，与我兄弟出个满堂上副。
>
> 回条（即"回答的话"）：好说好说。
>
> 不知你哥哥到此来，未曾收拾少安排，未曾接驾你见怪，副（无）奈仁兄莫计怪。仁义胜过刘皇叔，威风其过瓦岗寨。交结甚过及时雨，讲经上过批法台。好比千年开花、万年结果老贤才，满园桃花共树开。早知道你哥哥驾到，三当三十里铺毡，四十里结你；五里排茶亭，十里摆香案，派三十六大满，七十二小满，摆队迎接你哥哥，才是我兄弟的道理。
>
> 回条：好说好说。
>
> 不知你哥哥旱路来，水路来？
>
> 回条：兄弟旱路也来，水路也来。

旱路多少湾？水路多少滩？

回条：雾气腾腾不见湾，大水茫茫不见滩。

请问有何为证？

回条：有凭为证。

拿凭来看！

回条：大哥赐我一凭文，牢牢稳记在心中，普通天下一般同。

（余略）

凡此，可见语句是隐语行话之一斑。

七、谣诀形态的汉语秘密语

谣诀式的隐语行话，即以完整的歌谣、诀语作为符号单位，于其中隐含特定的语义。这种秘密语字面语义显然，仅为"能指"而已，其隐含的特定意义才是"所指"。近代中国秘密语社会组织天地会中颇多这种谣诀式秘密语，如：拜码头交结，梁山高大典交结，始祖洪盛殷交结，赞酒，送宝，出山访友交结，四十八句总诗交结，送行交结，三把半香，出门交结，店主回，洗面交结，陪堂传令，五碑高升，山岗令，大小通令，赞刀斩牲，祭旗，洋烟开火，祭红旗，传令开山，相会合同，相会皮盼，红旗安位，镇山令，接客安位，封赠大爷，封赠当家，封赠老五，封赠老六，封赠老九，封赠满爷，封赠少侄，禀见盟证大爷，等等，达数十种之多，各有所用，因而名目繁杂。

按照天地会的戒律，举凡日常交往、外出活动、娱乐，各种仪式，无不各有谣诀式秘密语。例如为新入伙者举行仪式，即专有《送宝谣诀》（"送宝"即颁发会员证明，其身份证隐语谓"宝"）：

> 东边一朵祥云起，西边一朵紫云开。祥云起，紫云开，乃是龙山开大会。大哥传令把堂座，特命送北解宝来。此宝不是非凡宝，众家兄弟众家宝。用不了，吃不了，甚过当年秦叔宝。要学羊角哀左伯桃。义好义气高，桃园与古交。请宝入库，金银满库；发富发贵，禄位高升，高升禄位。

又如"四十八句总诗交结"：

> 手提算盘重几斤，推算木阳城内几十宗。高溪庙内三层佛，招军旗下五堆烟。旗杆之上红光现，桃李乾坤一统归。三关六将保九佛，内有洪家兄弟扶圣君。燕盘广积仙人板，白石香炉有缘因。溪汰洪花，白云连天。赐少林寺，又有万云龙。七星八卦不非轻，四九三台五本同。披发当头座，头戴方巾一点红。身披袈裟铁罗汉，双龙宝剑在其身。始祖本是洪殷盛，祖母金丹有名声。高溪庙内观音佛，外有关公显威灵。花亭之中逢手段，五祖命命座当中。复转仁义礼智信，重新月日乾坤。号江洪内，附塔印信。……韩龙韩虎李昌国，头门披守万云龙。七盏明灯分左右，五阴六阳定分明。江花绵棍量天尺，戥称算盘立青天。梅花镜子金交椅，太平毯子一色新。铜铁桥上兄弟过，抬头一望木阳城。松柏堂前分大小，桃李树下共一宗。千年仇恨虽要报，扭转乾坤归一统。福德寺内把愿许，公义堂上起英雄。兵饷根原真悟事，原来一百零八层。若问木阳城内根原事，四十八句逢对清，可算一位好英雄。

请问那里去？

回条：木阳城内去。

可有公文牌票？

回条：有。

有在那里？

回条：左手为票，右手为牌，合掌为印，心为凭，口为号令。

有何为证？

回条：有诗为证。

何诗？答对！

回条：五祖赐我天下同，文凭藏在我心中。位台若问根原事，三八甘一共一宗。

显然，上述"四十八句诗交接"这段"口白"的前半部分韵语及所谓"有诗为证"之"诗"，都是行中谣诀式秘密语，其余对话则属语句式秘密语。

谣诀式秘密语多整齐押韵，便于记诵，虽是通俗平白语言，却非内部人不能解其中隐含意义。又因略错或遗漏字句，则往往败露，故可保守秘密和识别身份。

八、非言语形态的汉语秘密语

同一般以语言为材料的言语形式相对应的又一大类隐语行话，是非言语方式的民间秘密语。这种隐语行话一般有三种类型，一是身势情态的，二是特殊标志的，三是特殊音响的。非言语的民间秘密语是建立在言语交际基础之上，运用特定的非言语手段隐含、传达特定语义信息的一种特殊类型。在民间秘密社会中，一举一动往往都与一言一语一样，极为敏感，因为其非言语的隐语行话颇为流行，又往往伴和关言语的隐语行话一同传达、交流各种内部信息。

下面，即摘要论列部分非言语方式的民间秘密语类型。

（1）符徵。清季民间反清秘密组织三合会、哥老会、天地会多有"符徵"，作为识别标志或传达简要的内部特定语义。如三合会"符徵"：

> 遇有紧要事件，以白扇徐摇三四次，即为招其傍近会员之证。其逾越头上，轻摇其扇三次者，即为招其会员与于战争之证。

> 会员与外人争斗时，在场之他会员以手掌向外人，以又一手之指甲向会员，即为止其勿再争斗之意。

> 两人殴打时，会员以手之两掌向外，连呼勿争斗者，即示以殴彼，彼乃会外人之意。如曲右手拇指，将两掌向内，连呼勿争斗者，即示以勿争，彼乃会内人之意，谓之阴阳法。

> 争斗时，以右手之拇指及第一第二指伸出，余二指曲握于掌伸臂向前，复以左手照式作势，置于右手之肘，即为求救之意，谓之三角法。

> 将右手之拇指握于余四指之外，以置头上，为求助之又一法。以右手掌向外伸出，以左手之拇指与前指屈曲之，余指贴掌，置于胸前，为求助之又一法。如左右手作同势，易其位置，即为止争斗之符徵。

> ……

若欲于饮茶时试之，则以右手之拇指置茶碗缘，第二指置茶碗底，执茶碗以献；左手之拇指与第二指屈曲，余三指伸出，置于右手之肘，若其人为会员者，必以同法受之。

凡供献饮食物三种时，必取其居中之一物，谓之忠臣。

伸右手，令拇指与第一第二指伸直，左手亦然，惟以伸直之三指按胸前，此即所以表天。如伸右手，令拇指与第一第二指伸直，按胸上，即所以表地。若伸右手，令拇指与小指伸直，余三指屈曲，左手亦然，以置胸上，即所以表人。此表人者，谓之龙头凤尾。三法连演，即所以表明为三合会员。

葡国人及马来人之为会员者，别设便利之法，以绢制手帕卷于颈，于胸前作结下垂，此即表明为福建义兴公所之会员。

三合会起事以后，有保护家庭之法。凡会员之家，门上必贴方形之红巾，外面作洪字，里面书英字。室内四隅，必竖立三尺六寸长之绿竹。若是者，即为会员家之符徵。（据平山周《中国秘密社会史》）

凡此可知，"符徵"主要由标志物和手势语构成。

（2）茶阵。茶阵，亦名"茶碗阵"，是清季天地会以及后来的青帮、红帮等民间秘密组织内部用以表达心迹，同时又辅以相应的谣诀或秘密语。

所谓"茶阵"，就是关于饮茶时壶、碗以及一些辅助物的各种摆置图式，和取用顺序、饮法的若干规矩，适时念诵相应谣诀，也是其规矩的一种。仅据有关史料所载民间流传多年的三合会、哥老会、天地会行中"茶阵"名目，即有数十种，估计可达百多种。其名目繁多，摆法、破法各异，如：单鞭阵、顺逆阵、双龙争玉阵、忠义党阵、争斗阵、四隅阵、四忠臣阵、赵云加盟阵、英雄八栅阵、关公护送二嫂阵、贫困箪篓阵、复明阵、孔明上台令诸将阵、反清阵、赵云救阿斗阵、患难相扶阵、五虎将军阵、六子守三关阵、古人阵、七神女降下阵、苏秦相六国阵、下字阵、七星剑阵、太阴阵、四平八稳阵、仁义阵、五梅花阵、七星阵、桃园阵、六顺阵、一龙阵、双龙阵、龙宫阵、生克阵、梅花阵、宝剑阵、梁山阵、绝清茶、深州失散茶、桃园结义、日月相掩、四大忠贤茶、梅花郎、五祖茶、天日茶、五虎下西村、陆郎镇守三关、会仙姬、带嫂入城、七星会旗、七例分散壶、夜观星象、清转明、八仙回山、龙泉宝剑、合兵灭清、绝清剑、五将会四贤、插草结义、忠义团员、欺贫重富茶、明主出身，等等。"破阵"之法悉因"茶阵"名目而异，如"天日茶"阵，右茶壶一只，壶左茶六杯，分两行摆齐。若要饮时，先将下面两杯移作"天"字形，再以"地本"拈来饮之，并诵谣诀云："一天生水水朝东，地二生火烧青龙。清池无水清龙绝，洪家兄弟保明龙。"

据吴公雄著《绘图青红帮演义》（民初出版）一书叙述，"青红帮"中亦有"茶碗阵"，如第二十九回"蔡标制定子招牌，孙琪排演茶碗阵势"："孙琪见蔡标编定带子挂牌法，他也拟排茶碗的式样就可知道意思。"又附图近五十幅，所见阵式，名目乃至谣诀（仅部分有谣诀），基本与三合会、哥老会、天地会"茶阵"形制、定则一致。孰先孰后，有待考证，由此亦可窥知"青红帮"与"天地会"于清季时相互关系。

（3）路阵。路阵，亦可谓"路符"，是清季天地会的一种以图画符号并辅以谣诀构成的非言语形式的秘密语。例如：出门行路，若见路上画有一图，则需进入三步，并念诵谣诀："姑嫂相逢在路中，乃是玉莲郭秀英。"若见路上画有一条蛇，即可以脚拨去蛇头，并念诵谣诀："天高地厚防相访，太子皆因未出头。今日义兄业劫驾，恃强欺弱有天收。"若出门遇见路中有人排列五块石头，即需以脚拨开，并念诵谣诀："打开清朝兵将绝，为因奸臣所害民。洪英来报冤仇日，诛清灭满复大明。"一般文献稀见关于"路阵"用法的更详细记载。显然，这是该团体中的一种路防，附近又可能设有埋伏，而以此来识别过路人身份。

除上述之外，非言语形式的隐语行话还有一些，多因时代、具体社团而有区别，形式各异。同时，非言语形式的隐语行话亦不限于民间秘密社会组织之中，三教九流之中，如某些商业集团或群体亦有流行。其中，比较常见的，即以"指语"（属手势语的一种）来表示数目隐码，如"捏七"，即以食、拇、中三指指尖捏拢表示"七"；"叉八"，即以叉开食、拇二指、余三指向掌心合拢来表示"八"；"勾九"，即为用食指向内弯若钩状而余指向掌心合拢来表示"九"。

非言语形式的隐语行话以适应视觉或听觉习惯及相应接收条件为前提，具有不易被外人察知、破译的优点，同言语形式的相比，各有短长，相得益彰，往往被有机地协调、组合为一体综合运用。

原载《文化学刊》2014 年第 2、3 期

汉语民间秘密语语源探析

——陈崎主编《中国秘密语大辞典》序

一、民间秘密语语词"字无意义"辨正

清光绪年间苏州桃花仙馆石印本唐再丰编的《鹅幻汇编》卷一二，录有佚名氏所辑《江湖通用切口摘要》，尽管收在坊间杂著之中（通常大都如此），却是研究汉语民间秘密语的一篇重要语料文献。其所谓"切口"，即民间秘密语，或谓隐语行话。《江湖通用切口摘要》卷首"解语"称："湖湖各行各道，纷纷不一。切口，即隐语也，名曰春点。字无意义，姑从吴下俗音而译之，阅者原谅焉。……今所记皆各道相通用者，至于各行各道另有隐切口，乃避同类而用，隐中又隐，愈变愈诡矣。其类既多，其语可知也。"所言多有道理，然而所谓"字无意义，姑从吴下俗音而译之"之说，却未必尽然，需要进一步辨析讨论。

具体言之，由于民间秘密语系有关社会群体口耳相传的社会方言语类，加之受使用者地域方言方音的影响，流传中在所难免要发

生变异，尤其是以文字符号记录跨地域、跨职事行当群体即所谓"各行各道"的"各道相通用"的"江湖通用切口"，必然受到记录者本身语言文化修养和方言方音等条件的限制。因而，《江湖通用切口摘要》的辑录者，在当时条件下"姑从吴下俗音而译之"，是可以理解的，非但无可厚非，尚应铭记这位未留下姓名者的辑录功绩，为后世的隐语行话研究园地留存了一篇珍贵文献。不过，"字无意义"之说，则有失于以偏概全，过于武断。汉语文化的民间秘密语，总分五种形态类型，一是语词形态，二为话语形态，三即谣诀形态，四乃非言语形式的副语习语形态，其五则是以反切为主的其他语音学构造的形态。"切口"作为民间秘密语的通泛俗称之一，系就反切式隐语行话而言。反切式隐语行话用汉字符号按语音进行记录，其所用之"切字"为记音字符，当然"字无意义"，而是要依切拼的语音译解语义。例如明·田汝成《西湖游览志余·委巷丛谈》所记，"杭人有以二字反切一字以成声者，如以'秀'为'鲫溜'，以'团'为'突栾'，以'精'为'鲫令'"之类，其"鲫溜"二字相对语义"秀"而言，显然并无意义，仅记音字符而已。又如旧时沪上反切式民间秘密语谓"中"为"糟仲"，"登"为"刀伦"，"台"为"桃来"等，亦然。当然，有些反切式民间秘密语字词的记音组合字符经约定俗成也会成为语词形态民间秘密语的特定语汇，用作隐指特定语义的语词符号，如明·风月友辑《金陵六院市语》中的谓"头"为"撒楼"，"（老）妈儿"为"波么"，"呆（子）"为"歹该"等，亦属"字无意义"之类。不过，就目前所见语词形态的汉语民间秘密语总体而言，其所占比例较少，只是诸语源类型中比较特别的一种（详后）。况且，《江湖通用切口摘要》所辑，皆属语词形态的民间秘密语。反之，"字有其义"，则使考察众多语词形态的汉语民间秘密语语词的语源，具备了必要的基本条件。

罗常培先生在《语言与文化》中曾谈到，"在各国语言里有许多语词现在通行的涵义和他们最初的语源迥不相同"，"你若知道他们的历史，那就不单可以发现很有趣的语义演变，而且对于文化进展的阶段也可以反映出一个很清晰的片影来"①。语源亦谓词源，是词源学的主要研究对象。词源学研究范围所及当然也应包括社会方言和地域方言语汇的语源。对于作为一种特定社会群体或职事集团的社会方言的隐语行话来讲，以往进入词源学研究视野的大都是其被吸收到通用语汇之中的那部分语词，而且通常将其语源探溯至"出自某某群体或职事集团的民间秘密语"这一层面辄止，除非特别需要，通常很少再进一步考溯其原本作为民间秘密语语汇的语源。至于古往今来诸行各业流行的更多的民间秘密语的语源，则极少为语言学家注意和顾及。民间秘密语不是独立的语言，是某些社会群体或职事集团使用的，以回避外部人知晓其交际信息为功利使用的用以部分替代相应语义符号的特定语汇符号体系，是基于使用者母语共同语创造的部分诡譬指事符号。这一性质，即如陈原先生所言，"特定的社会集团所制定的符号，往往不是语言文字，而是一些记号、信号或者隐语。这些特约符号是为这个集团的成员之间特殊交际活动所使用的，带有一定的秘密性，大都是这个集团以外的人所不能理解的"②。

---

① 罗常培《语言与文化》第3页，语文出版社1989年出版。
② 陈原《社会语言学》第163页，学林出版社1983年出版。

二、考释民间秘密语语源的意义及其类型

一如对于汉语外来语语汇，不仅可以考知其来自某种语言，还可考溯其在原有语言中的语源、本义。尽管民间秘密语不是独立的语言，是母语共同语的替代符号，亦可根据其音形义等要素考溯其语汇相应的语源。考溯一种语言语汇的语源，尽管不是轻易之事，却有着远远超出语言科学领域的多种意义。考察那些往往"隐中又隐，愈变愈诡"的语源，虽然更为困难，但对语言学和相关的许多人文社会科学领域而言，亦具有十分重要的意义。在20世纪出版的10数种汉语民间秘密语辞书中，词目释文注意考溯语源者甚少，考释语源条目亦极为有限。在迄今大约70年的汉语隐语行话研究史上，有关研究的几部学术专著和数十篇学术论文中①，几乎没有关于汉语民间秘密语语源研究的专论。因而，至少在汉语民间秘密语这一科学研究领域中，其语源研究尚属有待填补的空白。

那么，研究民间秘密语语源的意义何在呢？我认为至少有这么六个方面的科学意义和实际价值。首先，在于考溯其语汇音形义的形成由来和流传变异，辨析确认其实际应用中的语义，进而确定文字记录时所应采用的本字等规范用字。其次，规范汉语民间秘密语专门辞书中的词目设定、准确释义，增强同语源有关的历史文化背景的信息量。第三，面对有些民间秘密语语汇先后被吸收为民族共同语或一些地区的方言语汇而"解密"的语言事实，规范有关汉语

---

① 详参拙文《中国民间秘密语（隐语行话）研究概说》，《社会科学辑刊》1997年第1期。

语文或专门辞书的词目设定、语义阐释及语源的说明。^① 第四，唐宋以来流传至今的民间秘密语文献较少，而且由于流传变异、方言差别、群体差别以及使用辑录者大都文化程度较低等因素和影响，这些文献的语言文字大都不很规范，方言字、俗体字、别字、错字及语病较多。因而，有关的语源研究则有助于科学地整理、解读和使用这些历史文献，以及正确解读历代含有这种语词的包括笔记杂著、戏曲、小说等各类文献。明末清初坊间刻本《江湖切要》的序言，夹杂大量民间秘密语语汇，只有逐一译解才能解读通篇内容。第五，古今各地流行的民间秘密语语汇，虽有流变和差异，但基本语汇大致相同，在辨析语义方面有一定规律可循。规范解读其语义、用字，亦有助于根据有关语料通过正确识别、鉴定、破译来防止和惩治社会犯罪活动。清末民初活动于广东、香港地区一个名为"江相派"的迷信诈财集团，其内部口头传授的"师传法术"秘本，同联络用语一样，几乎全由秘密语连缀成篇。当代许多黑社会性质的犯罪集团，亦不例外。为依法防止和惩治这些犯罪，准确地破解其当行秘密语，是科学性很强的技术工作。第六，通过考释民间秘密语的语源与流变，可以透视一些相关社会群体或职事集团的当行行事、习俗惯制、社会心理等历史文化背景，为研究社会史和民俗提供一些来自特殊层面的线索、资料或印证。例如，清末的一部传写本《江湖走镖隐语行话谱》，是迄今研究中国传统保安业史的颇为稀见的珍贵文献；有幸收录于《永乐大典》得以留存下来的《剃发

---

① 例如，《汉语大词典》《现代汉语词典》《简明吴方言词典》《北京土语辞典》，以及《宋元语言词典》《元曲释词》《小说词语汇释》《戏曲词语汇释》《金瓶梅词典》《上海话流行语辞典》《北京现代流行语》等语文辞书，均数量不等地收录辑释有民间秘密语语词。并且，有的词典在编纂体例说明中，明确将有关民间秘密语列入选收词条范围。

须知》记述中夹杂有许多当行隐语行话，是研究中国理发业史和发饰民俗不可多得的重要资料。总而言之，研究民间秘密语源的必要性，即在于上述科学意义和应用价值，其根本的基点则在于科学、规范而准确地译解和利用这种特殊民俗语言语类。这一点，也印证了有些语言学者关于词源学研究的评论，"词源研究不仅是语言学中一个重要的部门（历史比较词汇学的一部分），它对于许多社会科学和思维科学都具有重大的意义"。①

社会变迁等复杂的历史原因，给语源研究造成许多障碍和困难，使众多语汇的语源难以获得可信的阐释甚至失考。岑麒祥先生认为："词源学不仅是词的科学，同时也是词所表现的现实的科学。所以，认真严肃的词源研究者应该具有各种各样有关历史、文化、人种学、民俗学、考古学等等的知识。"②实践证明，对词源学者的这种要求并不为过。至于以母语共同语及其语源作为比较参照系来研究民间秘密语语源，由于以口耳相传为主要传承扩布方式，其难度会更大，语源失考率也会更高，这是不可避免的。不过，虽然其"隐中有隐"，终有规律可循。根据汉语民间秘密语生成、发展及流

---

① 岑麒祥《历比较语言学讲话》第91页，湖北人民出版社1981年版。
② 同上，第103—104页。

变的历史，通过对唐宋以来十余种语料文本的考察研究分析①，我们发现汉语民间秘密语语源通常主要由八个方面构成，即八种类型：历史典故当行事物、民俗事物、语言文字游戏、民间流行市语、自身衍生拼合反切语及外来语等。这些语源类型，也正是考溯汉语民间秘密语语源所应把握的基本视点和方法。

三、汉语民间秘密语语源类型略析

现将汉语民间秘密语语源的八种基本类型简要分析如下。

1. 源于历史典故的民间秘密语

词源学的通常方法是根据文字资料从音形义推究语源，重在以文献佐证其由来所本。因而在探求民间俗语语源时也往往看重从古籍或经典文献中寻求书证。清代训诂学家钱大昭"类次俗语俗事之见于经史子集者，为《迩言》六卷"，推崇的是"务使巷中只语片

---

① 这些主要语料文本为：《绮谈市语》，宋·陈元靓《事林广记》续集卷八；《蹴鞠谱·圆社锦语》，《玄览堂丛书》第三集影印旧抄本；明·风月友《金陵六院市语》，清光绪十年吟杏山馆《新刻江湖切要》附录；《六院汇选江湖方语》，明·程万里《鼎锲徽池雅调南北官腔乐府点板曲响大明春》卷一，明闽建书林刻本；明·田汝成《西湖游览志余》卷二五《委巷丛谈》，《武林掌故丛编》本；《行院声嗽》，《墨娥小录》卷一四，明隆庆五年吴氏聚好堂刻本；清·卓亭子增删《新刻江湖切要》，清光绪十年银杏山馆刻本；清·翟灏《通俗编》卷三八《识余·市语》，商务印书馆1958年排印本；《江湖通用切口摘要》，清·唐再丰《鹅幻汇编》卷一二，清光绪苏州桃花仙馆石印本；清·佚名辑《江湖行话谱》，北京打磨厂学古堂排印本；清·佚名手录《江湖走镖隐语行话谱》，曲彦斌校点，附录于《中国民间隐语行话》，新华出版社1991年出版；清·傅崇矩《成都通览》，成都通俗报社1909—1910年出版；李子峰编《海底》，上海文艺出版社1990年影印本；云游客《江湖丛谈》，北平时言报社1936年出版；吴汉痴《全国各界切口大词典》，上海东陆图书公司1924年出版，等等，其余不一一赘载。

解，俱合于古"，"以见一话一言，亦不可无所根据焉"①。对于民间秘密语来说，如此求源则未免近于苛求了。不过，尽管民间秘密语的创制、使用者多属缺少文墨修养的下层社会者流，亦有许多语词的创制是采取用典的结果，即出自历史典故。例如：《绮谈市语·人物门》谓媒人为"伐者"或"执柯"，其典出《诗·豳风·伐柯》："伐柯如何？匪斧不克。取妻如何？匪媒不得。"《新刻江湖切要·人物类》谓歹人为"汉忌韩彭"，此说至民初仍流行于医药行业，为《全国各界切口大词典》所收录，其语源典出汉高祖刘邦时的人物故事。韩信、彭越二人均系刘邦属下部将，韩因被控谋叛而杀，彭乃叛楚归汉之将，皆为汉高祖心存戒备者，因而借以代指歹人。《江湖通用切口摘要》谓"犯大快"要"开堂食"包赔众人膳食，其"堂食"一语典出唐代政事堂公膳。据唐·李肇《国史补》卷下载，每朝会罢，宰相百僚会食都堂，故名之。《新刻江湖切要·天文类》谓日（太阳）为"出扶桑"，典出古代神话。《山海经·海外东经》："汤谷上有扶桑，十日所浴。"在《楚辞·九歌·东君》中即用以代指太阳："暾将出兮东方，照我槛兮扶桑。"又谓日为"丙丁"，至民初亦然，典出古代以十干配五行纪日而丙丁属火。《吕氏春秋·孟夏》"其日丙丁"汉高诱注云，"丙丁，火日也"，因以丙丁隐指太阳。采用历史典故比较多的是民间流传较广的喜闻乐见耳熟能详的典故，如星相业谓初出江湖为"隆中"，应聘为"才出茅庐"，皆出典刘玄德三顾茅庐及与诸葛亮隆中对三国故事。谓舅父为"曹国"，典出《列仙全传》等所载八仙传说之一"曹国舅"的歇后藏词；谓驴为"果老"，亦典出八仙传说，《东游记》描写"张

① 清·钱大昭《迩言》自序，清咸丰元年葛氏啸园刊巾箱本。

果老常乘一白驴，每倒骑之"。以典故为语源的秘密语别有情趣而又易于记忆，进行文字记录时还便于直接采用正字、本字避免歧义或错误解读；在丰富民间秘密语语汇的同时，也为之注入了主流文化层面的历史文化内涵。

2. 源于有关社会群体当行行事和事物的民间秘密语

群体性、行业性是民间秘密语的一个重要特点，这一特点即出自同其群体的当行行事密切相关的事物和活动。除一般诸行通用者外，许多民间秘密语语汇直接源出于当行行事或事物。宋代蹴鞠游艺颇为盛行，据源自该行当隐语行话的《圆社锦语》所载，谓添物为"穿场"、得为"上手"、不得为"下手"、好为"圆"、左边为"左拐"、右边为"右拐"，以及谓数 1 至 7 为"解数、勘赚、转花枝、火下、小出尖、大出尖、落花流水"等，大都原本蹴鞠技艺用语。又据清《通俗编·市语》所载，明清时期杭州药业以 10 种中草药名简称羌（羌活）、独（独活）、前（车前子）、柴（柴胡）、梗（桔梗）、参（人参）、苓（茯苓）、壳（枳壳）、草（甘草）和芎（川芎），作为 1 至 10 的秘密语数码；梨园（戏曲）行业则以 10 个曲牌名或戏曲掌故作为 1 至 10 的代码，即"一江风，二郎神，三学士，四朝元，五供养，六幺令，七娘子，八甘州，九菊花，十段锦"，构思巧妙，别开生面。清末民初沪上赌博娱乐业，则以牌技牌事用语名之，如"项张、子张、吃张、出牌、对煞、成功、清一式、砌牌、抓牌"，即依次为 1 至 9 的秘密语数码名称。常言道，"隔行如隔山"，这类民间秘密语语汇显示了较强的群体性和行业性，同时也增强了对外的封闭性和隐秘性。

3. 源于社会民俗事物的民间秘密语

崇雅抑俗意识一向是社会生活中居主导地位的价值取向，身处中下层的非主流社会层面的社会群体的这种意识尤其突出。清末民初非但以看相算命占卜为业的广东"江相派"集团从业者，以"将相"之"相"自诩，各地操此业的"巾行"亦自称"相夫""当相者"。然而，仅为求得心理平衡而已，仍然不能免俗。尤其社会民俗作为一种不成文法的社会制度和文化现象，无论雅士俗人都要自觉或不自觉地毕生受其制约和影响。主流社会的典章制度摆脱不掉民俗影响，非主流社会的民间秘密语有许多便源于民俗，亦即出自民俗语源。从民俗形态、民俗事象或民俗要素考释其语义衍生流变、文化内涵或社会背景的结果，即民俗语源，是民俗语言学与词源学相联系的一种探求语源方法。①《新刻江湖切要·亲戚类》载，谓继父为"莫顾，取《诗》谓他人父之意"；谓继子（养子）为"赢负，谓螟蛉子也"；谓续娶之妻为"接辫，取续发之意"，源于谓原配夫妻为"结发夫妻"之俗；谓晚子为"油欠、瓶欠"及晚女为"油斗"，注称"凡晚醮挈子女者，余名之倒藤瓜，谓连子去也"；凡此均源自旧时有关再婚民俗。禁忌避讳是社会生活中重要的民俗事象，各类职事群体也多有其行业禁忌民俗，因而也自然形成一些源自行业禁忌民俗的秘密语。《江湖通用切口摘要》载："凡当相者，忌字甚多，不能尽载。其中有八矣欠最忌者，名曰八大快，今录于左，快者即忌也。梦曰混老；虎曰巴山子（火字同音，亦忌火，曰三光）；猁狲曰根斗子；蛇曰柳子（茶字同音，亦忌茶，曰青）；龙曰海柳子；牙曰瑞条；桥曰张飞子；伞曰开花子；塔曰钻天子；伙食曰堂食。……同寓诸人，清晨各不搭话，盖恐开大快（开大快者，即犯大忌也）。如犯之此人是日之用费，皆要赔偿，名曰开堂

---

① 参见拙文《民俗语源探解》，《中国民间文化》1995年第1集，学林出版社。

食（即伙食也）。清晨取火，须自于石中取之，或隔夜留一火种，切不可向人乞取。若犯之，罚同前。到黄昏时，终皆归寓，则尽可纵谈，无所顾忌矣。"此类源于禁忌民俗的秘密语语汇，在各行业中流行甚广而大同小异，是考察社会文化史的特殊语言化石。

4. 源于语言文字游戏的民间秘密语

这里所谓语言文字游戏，主要是指利用汉语字词结构特点加以拆合寓意的方式，修辞学称之为"析字格"，有些民间秘密语语汇即源出于此。例如《新刻江湖切要》所载谓天为"一大"、末为"一木"，《通俗编·市语》载二为"空工"、五为"缺丑"、六为"断大"、七为"皂底"、八为"分头"、九为"未丸"之类，又如《绮谈市语》1 至 10 数为"丁不勾、示不小、王不直、罪不非、吾不口、交不义、皂不白、分不刀、馗不首、针不金"等。有的采用词语首字谐音称之，如《西湖游览志余》所载"四平市语"，一为"忆多娇"，二为"耳边风"，三为"散秋香"，四为"思乡马"，五为"误佳期"，六为"柳摇金"，七为"砌花台"，八为"霸陵桥"，九为"救情郎"，十为"舍利子"。也有的源于"藏词"式析字法，如《全国各界切口大词典》辑录的清末民初挑夫、轿夫行业隐语行话数码，一为"挖"（字中含"乙"，谐和音一），二为"竺"（字中含"二"），三为春（字中含"三"），四为"罗"（字中含"四"），五为"悟"（字中含"五"），六为"交"（字中含"六"），等等。这类秘密语语汇，显然不会出自目不识丁者之手，但一经约定俗成便流行使用开来。这类秘密语直接以母语书写符号为本，化雅为俗，雅为俗用，类似字谜，别有情趣。

5. 源于流行市语的民间秘密语

宋人陈元靓辑《事林广记》续集卷八收录有《绮谈市语》一

卷。所谓"绮谈"，亦即"绮语"，在佛教看来是泛指市井流行的纤婉言情或俚杂俗秽习用言辞，非雅言之属，如《法苑珠林》卷八八引《成实论》云："虽是实语，以非时故，即名绮语。或是时以随顺衰恼无利益故，或虽利益以言无本，义理不次，恼心说故，皆名绮语。"至于"市语"之说，在宋代兼有二义，一指市井俗语俚言，如宋·周紫芝《竹坡诗话》卷三引苏轼语道，"街谈市语，皆可入诗，但要人熔化耳"；同时又用于指隐语行话，如宋·陶谷《清异录·百八丸》云，"和尚市语以念珠为百八丸"（系因念珠通常为 108 颗而言）。而用于指隐语行话，始自唐代，如宋·曾慥《类说》卷四引唐·佚名（一说为元澄）《秦京（内外）杂记》云："长安市人语各不同，有葫芦语、锁子语、纽语、练语、三摺语，通名市语。"《绮谈市语》所辑 19 门类 360 余目"绮谈市语"，大都属隐语行话，亦杂有流行讳语、俚称之类流行市语，如谓老为"耄"或"桑榆"、入厕为"如厕"、牙人为"牙郎"、讼胜为"得理"等。这一事实显示了有些隐语行话源于流行市语的轨迹。历来既不乏民间秘密语进入流行市语之例，亦有出自流行市语之例。例如，谓媒人为"撮合山"，本即宋元市井流行市语。《京本通俗小说·西山一窟鬼》："元来那婆子是个撮合山，专靠做媒为生。"又元·乔吉《扬州梦》剧第三折："则今日一言定，便休作两家事，将你个撮合山慢慢酬答。"至明清，则成为江湖社会隐语行话语词，如《新刻江湖切要·人物类》载："媒婆：潘细；改撮合山。"至民初犹然，如《全国各界切口大词典·媒婆》："撮合山，做媒也。"又例如谓败兴为"杀风景"，《委巷丛谈》载："言涉败兴曰'煞风景'……则出自宋时梨园市语之遗，未之改也。"又《金陵六院市语》亦载："涉败兴者为杀风景。"考之"杀风景"，一作"煞风景"，本为唐代市

井流行市语，唐·李义山《杂纂·煞风景》辑载"煞风景"诸事有
"花间喝道、看花泪下、苔上铺席"等10余事。一般说，流行市语
的时代性、地域性较强，当其终未能被吸收为共同语语汇便随时间
的流逝自然消亡。被用作隐语行话的流行市语，显然大都时过境迁
并缩小了使用的范围限定于某一社会群体。

6. 源于自身衍生拼合的民间秘密语

汉语构词法主要为词根复合和词根加词缀两种方法，汉语民间
秘密语语汇的构词法即以此为法则，通过自身已有语汇的衍生拼合
创制扩大词汇量以适应特定交际的要求。其一是利用已有的两个
或两个以上秘密语语汇或单纯词作为词根拼合为新的复合词。例
如，《新刻江湖切要·亲戚类》载，谓子为"欠"，妻为"才"，儿
媳则谓"欠才"；继者为"奖"，父为"日官"，母为"月官"，继
父母分别谓为"奖日""奖月"；鞋为"踢土"，店铺为"朝阳"，
鞋铺则为"踢土朝阳"。又如《江湖通用切口摘要》所载数目，一
为"留"，二为"越"，百为"配"，千为"粳"，则"一百曰留本
鼠，二百曰越配鼠，一千曰留粳鼠"。凡此，可谓"隐加隐"或"暗
加暗"式。二是利用已有秘密语词汇作为词根加通语一般词汇或词
缀拼合为新的秘密语复合词。例如，明清江湖社会分钱谓"均杵"，
分银谓"劈恳子"，其中"杵"为钱、"恳子"为银子的秘密语。
"老"为宋代至明清民间秘密语中常用词缀，配以自身已有的有关
词汇作为词根则构成许多用语，如谓夫为"盖老"、妻为"底老"、
官员为"孤老"、小孩为"顶老"、儿为"抱老"、茶为"表老"、面
为"元老"或"盘老"、教书人为"巾老"，等等。明·李开先《词
谑》之六所谓"掉佩"（即隐语行话）所录《醉太平》带《莲花落》
曲词中，连续有数个这类语词："嗑着齿老（牙），剪着稍老（烟熏

子），睁着睬老（眼），侧着听老（耳），耸着训老（鼻），摸着乳老（乳），舒着爪老（手），执着磁老（碗碟），就着盏老（杯），饮着海老（酒），吃着气老（饭）。"皆梨园业隐语行话。这类民间秘密语采用自身语汇材料加以变化衍生而成，隐中生陷，特别强化了其封闭性和防范破解的功能。同时，也从特定的非主流语言文化层面印证了汉语语汇自身较强的生成能力。

7. 源于反切语的民间秘密语

反切是汉语的一种古老的注音方法，利用反切原理创制的民间秘密语谓反切秘密语或切口。根据古代、近代汉语单音节词汇较多的特点，用某一词（字）的反切注音用字作为该词的秘密语符号形式，一经约定俗成则成为"字无意义""隐中有隐"的语词形态的民间秘密语。例如明·田汝成《西湖游览志余·委巷丛谈》所记杭州梨园市语，"有以二字反切一字以成声音，如以秀为'鲫溜'，以团为'突栾'"，还有"以双声而包一字，易为隐语以欺人者，如好为'现萨'，丑为'怀五'"等，即属此类。清末扬州钱庄业流行的所谓"老鸦语"中，亦可见此类语汇，如谓手为"寿州"，你为"泥笔"，我为"鹅黄"，要为"腰刀"等。[①] 这类民间秘密语语汇源远而未必流长，很可能由于反切式使用的逐渐稀少而锐减乃至绝迹。既有者，将保存在有关历史文献之中成为"历史上的语汇"并完全"解密"。

8. 源于外来语的民间秘密语

这种语源类型的汉语民间秘密语，在古代主要是源自北方少

---

① 胡朴安《中华全国风俗志》下册第 189 页，河北人民出版社 1986 年出版。是书原由上海广益书局于 1923 年出版。《闻一多全集》第一卷第 117 页，三联书店 1982 年出版。

数民族语言。例如蒙古语谓头为"撒髅"，也写作"撒娄"或"撒楼"，元杂剧中有之。如元·无名氏《闹铜台》剧第四折："虚搠一枪逃命走，留着撒髅戴纱帽。"又如元·无名氏《岳飞精忠》剧第三折："大家又去弄虚头，丢了撒娄休后悔。"至后来用作明代行院业隐语行话，音义仍然依旧。《行院声嗽》："头：撒楼。"《金陵六院市语》："撒楼者，头也。"可为佐证。至现代，源于外来语的汉语民间秘密语主要来自英语，流行于东南沿海地区的黑社会流氓犯罪团伙。之所以如此，主要在于民族和国际间的文化交流等因素使然，是不同时代、不同地区和不同文化交流在民间秘密语语源方面的反映。就总量而言，出于这类语源者比重较小。

综上可见，诸种类型民间秘密语语源各具特点。同时还应注意到，这些语源类型也是产生汉语民间秘密语的历时性、地域性、群体性差异等的重要因素和体现。例如，所采用的历史典故、流行市语、社会风俗事象的时代性，及其变化与消逝等，均使不同时期流行使用的民间秘密语呈现出相应的历时性差异和时代色彩；出自流行市语、社会风俗和采用外来语的地域性差别，反切语秘密语直接所受到的地域方言语音分歧的制约，以及民间秘密语本身在传承扩布过程中的变异，必然使出自这些类型的汉语民间秘密语形成地域性差异。至于出自当行行事和相关事物的民间秘密语，其行业性"胎记"便是其与生俱来的社会群体性差异。利用语源类型及其差异考察民间秘密语，既是解析破译其语码的主要方法之一，同时也是借以探析汉语文化和社会非主流文化的有益途径。民间秘密语的根本特点在于"隐"，即《文心雕龙》卷三所谓"遁辞以隐意，谲譬以指事也"。亦如闻一多先生所言，"是借另一事物来把本来可以说得明白的说得不明白点"，乃至外人完全听不懂。基于这么一点，也就需要通过各种语源使之愈发诡谲隐秘。上文粗略分析的几种类型，仅为汉语民间秘密语诸语源类型的一部分，尚非全部，抛砖引玉而已，有待进一步探讨。

原载《语言教学与研究》1999 年第 4 期

中国民间秘密语辞书概说

中国民间秘密语辞书概说

民间秘密语，又称"春点""切口""市语""隐语行话"等，是中下层社会的一种俗语。它以回避人知为基本功能而用于民间社会集团或群体，维护内部利益，协调和组织内部关系，作为民俗语言的一种，在语言学中属于社会方言，在文化学中属于民间文化范畴。

由于民间秘密语是人们进入某一具体民间社会集团或群体的必修课，使之受到当行的种种内部戒规制约，加之其源自民间而语言形态及内容为粗俗鄙俚，因而历来于正统目录学中并无一隅之地，更极少有专书流传，仅靠口耳相传。至于辑释诸行秘密语的工具书，尤为罕见于世。

就我近年从事中国民间秘密语研究中穷搜广觅所见，从唐宋秘密语形成至今，堪称秘密语专门辞书者，不过四五种而已，实弥足珍贵。今分别作一概要性评述。

其一，《绮谈市语》，见于宋人陈元靓所辑《石林光机续集》卷八，今有中华书局影音元刊本。虽非专书，已初具专门工具书雏形。总共辑释隐语行话 360 多条，按内容凡分天地门、君臣门、亲属门、人物门、身体门、宫殿门、文房门、器用门、服饰门、玉帛门、饮食门、果菜门、花木门、走兽门、飞禽门、水族门（虫附）、举动门、拾遗门、数目门 19 类。悉以通语为目，注以隐语，近若类以词典。如例：

身体门：心，中君；方寸。肾，幽关。面，玉容□（末字不清）。脸，桃花。腮，夺；发，绿云；乌云。须，山林。乳，羲骏；孛雀。肩，玉楼。鼻，玉；嗅老。耳，听老；闻子。眉，春山；春锋。眼，秋波；六老。口，三绰。齿，瓠犀。唇，朱楼；樊素。舌，丁香；三寸。手，柔荑。指，青葱；春笋。腰，楚柳；束素。脚，拆道。

所谓"绮谈"，即绮语，纤婉言情词语。如陈廷焯《白雨斋词话》卷五："近人为词，习绮语者，托言温（庭筠）、韦（庄）。"而于佛门，则用指语涉情爱或女人的艳丽辞藻，以及俚杂秽语，是其四口业之一。如《四十二章经善恶并明》所云："众生以十事为善，亦以十事为恶。何等为十？身三，口四，意三。……口四者，两舌、恶口、妄言、绮语。"又如《法苑珠林》卷一〇五《五戒·戒相》亦称："又《成实论》云：虽是实语，以非时故，即名绮语。或是时以随顺衰恼无利益故，故虽利益以言无本，义理不次，恼心说故，皆名绮语。"可见当时对于隐语行话的正统之见。

尽管《绮谈市语》间杂通语俗语，如以小杖为笞、上茅为如厕、老为耄之类，然体例尚善，亦便查检，首创之功不可没矣。

其二,《行院声嗽》,见于明·无名氏辑《墨娥小录》卷十四,今常见为明隆庆五年（1571）吴氏聚好堂刊本；又见于锄兰忍人编的《新镌绣像评点玄雪谱》,有明崇祯时刻本。

《行院声嗽》规模及体例与《绮谈市语》类似,全部370多个条目,亦按内容分作天文、地理、时令、花木、鸟兽、宫室、器用、衣服、饮食、人物、人事、身体、伎艺、珍宝、文史、声色、数目、通用,计18类；也是首列通语名目,次注以隐语。如例：

身体：头,撒楼。发,飘光。眼,六老；六子。身体,伎儿。鼻,嗅老。口,鲍翁。舌,摇老。阳物,蘸笔。牙,柴老。耳,听手；爪老。阴物,才前。足,撒道。腿,超棒。脸,博浪。大脚,拍把。肚,庵老。乳,缠手。臀,笃膊。撒尿,洒溲。血,光子。戏,外嗽弼。拳,扣老。骨,柯枝子。尿,碎鱼儿。痴,大身。呆,耙子。放屎,撒条。疼,吊撒。放屁,撒进。泻,□□（字不清）。泻肚,拐答。瘦小,京三。剃面,挞豹。咽喉,□□（字不清）。好打扮,标正。做口,吕儿。无打扮,彪咭。抬不起头,郁恐。花绵身体,蒙头。

所谓"行院",宋季指行帮,如车若水《脚气集》卷上："刘漫塘（宰）云：向在金陵,亲见有小民行院之说。且有卖炊饼者自别出来,未有其地与资,而一城卖饼诸家便与之护引行院,无一毫忌心。"金元时则谓杂剧或院本艺人及其所居,至明季又多用指妓院或妓女。由此,则知《行院声嗽》所辑释的隐语流行范围之大概。所辑隐语,较《绮谈市语》稍精到又有相同者,可略见隐语行话传承轨迹。

其三,《江湖切要》,一名《江湖切》,不见初刊本,今所见为清康熙末卓亭子增广删定本,题《新刻江湖切要》,光绪十年

（1884）由银杏山馆刊行，小半本。卷首有《江湖切序》，末署康熙五十二年（1713）"八闽后学东海桌亭子录并订"，序文多以江湖隐语连缀成篇。《江湖切分类目录》按内容分为上下两卷34类，上卷为天文、地理、时令、官职、亲戚、人物、店铺、工匠、经纪、医药、星卜、娼优、乞丐、盗贼、释道、身体、宫室、器用、文具，凡19类；下卷为武备、乐律、舟器、章服、饮馔、珍宝、数记、草木、五谷、百果、鸟兽、虫鱼、疾病、死生、人事，凡15类。下注："后附梳牙法及园光秘诀，内载卓亭新语广类编。"而末言及所附《金陵六院市语》（署明·风月友），恐系清末另加的附录。另外，正文有"草木百果五谷类"，实将三类合并为一；又如下卷将"舟器类"刻作"舟具"。凡此，则可见其编、刊粗糙。正文中，除有曰、名、谓、又、又曰、总名一类用语，又散见广、补、增（增曰）、改（今改）之类用语，则知是书并非出自一人之手，而经多次删订增补所成，或于卓亭子之后尚有修订。

《新刻江湖切要》全书所辑通语词目约1000个左右，收录隐语行话约1600个，悉以隐语注通语，即以通语名目标目为词条。如例：

身体类：头，顶元；魁儿。面：元老；盘老。眼，照子。耳，招风；采官。鼻，土星；闻官；汲香。口，风门；水星；海门。齿，磨子。舌，信心；心柔；心苗。眉，探老；及第；分八。发，皂线；飘光；云线。须，草绿；龙图子；表丈夫。喉，素儿；司谏。身，四太。肚，西方；客老。手，上元；脱瓜。足，下元；土。大脚，太式。拳，托起。乳，缠手。妇乳，尖山；吞子。骨，枯枝。阳，金星；缩头生。阴，盼公；北风。男风，卯生。淫阴，拿蚌。阆，吐青；慕容。龟头眼，马口。大便，撒闷；脱急。小便，撒柳；闷干。撒屁，撒条。饥，枵。困，昏斗；并足。瘦，柴；青条。肥，花草；濯濯。标致，竖立。丑，古寒；配酉。盲，念照；又，双念照。眇，单念照。脉，刊通；雨沙；又曰礼冠。哑，念讷；默；忘言。聋，老采；目听；等辰。驼，但结；入公门。跷，地不平。矮，脞身；如射。折足，定半。胡子，老图。白，草飘。黑，草鬼。黄，金草。壮大，干叱。怯懦，肥妖。

凡此，悉为明清时江湖诸行一般隐语行话，而将"壮大""怯懦"之类归入是类，又见其分析不精，归属界限不明。清翟灏《通俗编·识余》称："江湖人市语尤多，坊间有《江湖切要》一刻，事事物物悉有隐称。诚所谓惑乱听闻，无足采也。"又引录书中语例若干，间与今本不同。翟氏生于乾隆元年（1736），卒于乾隆十三年（1788），是清初人，所见之书已经卓亭子删改增订。鉴此，原本或出明人之书，曾于清初流行删订本。

尽管《江湖切要》体例、刻印多有不善之处，却比宋、明另两种已丰富、细致，已有显著发展，是中国民间秘密语史上首部经多人增补订改的单独刊行的专门辞书。在中国俗语辞书上，明清两季空前繁荣，《江湖切要》亦自然脱颖而出，以其个性子立其中。

其四，《切口大辞典》，全称《全国各界切口大辞典》，吴汉痴主编，上海东陆图书公司民国十三年（1924）一月出版。卷首有"癸亥初冬缶老人"序一篇。全书收录隐语近万条，悉清末民初所流行者，按社会三教九流诸行分为商铺、行号、杂业、工匠、手艺、医药、巫卜、星相、衙卒、役夫、武术、优伶、娼妓、党会、赌博、乞丐、盗贼、杂流18大类，又于大类之中按具体流行集团或群体细别为376子类（含目录漏标者三），洋洋达10几万言，400余页，是迄今收录中国民间隐语行话最为宏富详备的一部专用辞书。

在编写体例上，不仅使用现代标点符号（句读式），又一反上述三种立目习惯，将隐语行话作为词，释文多非仅相应通语词，又较为详细。如《乞丐类·弄蛇求乞之切口》：

扯溜　　弄蛇乞儿也。

溜头　　蛇也。

当头　　租得来之蛇也。有种乞儿。已不能捕蛇。乃向捕蛇者租来。日出租费若干。

木当货　自己捕来者。

献庆隆　弄蛇求乞也。

乾坤袋　藏蛇之袋也。

挨朝阳　向店铺求乞也。

挨门槛　向落家求乞也。

倒溜　　蛇被逃走也。

溜走　　蛇被逃走也。

燉地鳗　吃蛇肉也。

凡此，可见一斑。考其资料来源，一是取自以往文献，如《江湖切要》等书，再即直接采自当时诸行所口耳相传流行者。尽管是书存在收录不甚严格，又有重复之处等病，但至今仍是一部可资查阅、参考的专门辞书。

除此之外，从宋季至民国还有一些散在的民间秘密语文献。有的是专门辑录，但体例与上述迥异，至多亦只能算是准辞书性质。例如《蹴鞠谱》中有《圆社锦语》，以通语注隐语，辑录了当时"圆社"（蹴鞠社团）行话130余条，不分类，是迄今所存最早的专行民间隐语行话专辑。附刊于《新刻江湖切要》卷末的《金陵六院市语》，及附载于明·程万里《鼎锲徽池雅调南北官腔乐府点板曲响大明春》卷一中层的《六院汇选江湖方言》，所辑各百条左右，是明季娼家隐语行话专辑。又有《江湖通用切口摘要》一编，载于清光绪年间苏州桃花仙馆石印的唐再丰编《鹅幻汇编》卷十二，漫述成篇，并非辞书性质，所记皆星卜、游艺等隐语行话。其他，明·田汝成《西湖游览志余》卷二十五《委巷丛谈》、清·翟灏《通俗编》，亦略有辑述，皆片段而已。

据钱南阳《市语会钞》所载，北京打磨厂学古堂有排印本《江湖行话谱》一书，凡分"行意行话"等九类（条），亦以隐语注隐语，近于辞书而体例尚欠完善，与《江湖切要》《切口大词典》远莫能比。

至于清·张德坚《贼情汇纂》所辑太平天国隐语，仅 70 余条。日人平山周《中国秘密社会史》、萧一山《近代秘密社会史料》及徐珂《清稗类钞》、刘联珂《中国帮会三百年革命史》等书，所辑亦属片段而已，仅作参考，不如专门辞书便于查检。

当代研究民间秘密语者已为鲜见，更难有专门辞书问世。日本名古屋于 1975 年出版了一部由池本义男编的《下层社会的隐语集》（京津地方），仅一两个地区所流行的而已。从某种意义上说，一部系统的秘密语词典，就是一种特别的中下层社会历史小百科，生动地印证，考察民间社会生活诸世象，亦别具功能。为此，我寄希望于一部反映新一代学术水平的中国民间秘密语词典的及早问世。

原载《辞书研究》1989 年第 6 期。

《悲惨世界》"语言中的苦役犯"：切口

—— 雨果关于"语言中的苦役犯"和"真正的冲击士"的

自我解读

小引：从普希金《大尉的女儿》中的"暗语" "黑话"说起

作为语言的一种社会变体，隐语行话几乎是世界上各种语言都存在一种特殊的言语习俗和民俗语言文化现象。

俄罗斯诗人、作家亚历山大·谢尔盖耶维奇·普希金，在《大尉的女儿》第二章《向导》中写道①：

> ……老板从小酒柜里取出了一个短口酒瓶和一只杯子，走到他的面前，望了一下他的脸，"喂"，他说道，"你又到我们这儿来啦！是什么风把你刮来的呀？"我的向导意味深长地

---

① 中篇小说，首次出版于 1836 年。此据钟锡华中译本，花城出版社 1996 年出版，以下引文见第 19—20 页。

使了一个眼色，用暗语回答道："飞进了菜园子，啄过了大麻籽；大娘扔了个小石子——好在打偏了才没有死。嗯，你们怎么样？"

"我们有什么可说的呢！"老板回答道，接着就用暗语继续说下去。"我们本来要去做晚祷的，可司祭的老婆不准许：司祭作客去啦，坟地上有鬼呢。"

"别说啦，大叔"，那个流浪汉表示异议道，"只要有小雨，就会有蘑菇；只要有蘑菇，就会有装蘑菇的篮子的。可是现在（他又使了一个眼色）先把斧子掖在腰后吧：护林人在巡逻呢。老爷！祝您健康！"他边说边拿起酒杯，画了一个十字，说一口气喝完了。然后他向我鞠了一躬，又回到高架床上去了。

普希金接着写道，"当时我一点儿也听不懂这些黑话；但是我很快就猜到了是在谈论亚伊克河流域的部队的事，那支部队在 1772 年的暴动以后刚刚被平定下来"。至于那"暗语""黑话"到底是什么，普希金没有向读者交代，或许是"没有必要"吧。像这样出于故事情节的需要略及一些所谓"黑话"的情形，在中外文学作品里颇有一些。《世界博览》杂志一篇题为《全世界都说黑话》[1] 的文章述及，15 世纪以来的法国、英国、俄罗斯等欧洲经典文学作品的语言中，大都不同程度地运用了民间隐语行话。

---

① 龙隐《全世界都说黑话》，《世界博览》2014 年第 3 期。

龙隐《全世界都说黑话》,《世界博览》2014 年第 3 期

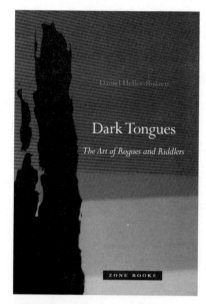

丹尼尔·海勒－瑞兹《黑话：匪徒和谜语的艺术》

在讲话受到审查的时代，最保险的方法就是使用某种密语，把要表达的意义隐藏起来。为此我们可以向五花八门的人物学习，比如：儿童，造反者，乞丐和诗人。很久之前，这些边缘人或者不法之徒彼此分享一种晦涩的术语，让他们能够在圈子内部安全地交流。这就是所谓的行话、黑话，这正是丹尼尔·海勒-瑞兹的《黑话：匪徒和谜语的艺术》一书的主题。作者告诉我们，早期的黑话主要在犯罪集团内部使用。在英国，黑话被称为"小贩的法语"，分成小偷、扒手和骗子三个类别，1567年，英国作家托马斯·哈曼花了好几年的时间研究黑话，揭露那些在乡村游荡、诈骗、偷盗、寻找施舍的游手好闲者。哈曼说，黑话是30年前传奇匪首吉卜赛人之王，在一个山洞里面发明的。当然事实并非如此，黑话也并非是英国独一无二的发明。

大卫·毛雷尔是20世纪最著名的研究美国地下社会俚语的学者，他花了几十年来研究专业扒手、骗子、吸毒者、保险箱窃贼、造假者、私酒贩子，发现他们的黑话只不过是其职业的一个标志，就像工会证，需要多年积累才能学到，很难伪造。

一、《悲惨世界》中的"黑话"

说起来，本人年轻时看过的电影《巴黎圣母院》，是我对伟大的法国作家维克多·雨果最初的认识。其著名的伟大经典杰作《悲惨世界》在我的藏书中寂寞了许多年，一直没能得暇仔细读完。如今，吸引我重新捧读这部史诗般的巨著《悲惨世界》的，竟然是书里面所专章、专卷大段论述的，被他称之为"语言中的苦役犯"和"真正的冲击士"的"黑话"。

　　可以说，大段大段、甚至是整卷地主要以"黑话"为题材的文学经典作品，很少见。不过，法国作家维克多·雨果的《悲惨世界》堪称是个稀见的例外。

　　《悲惨世界》这部经典名著中，至少有两处相对集中的述及"黑话"，如第一部《芳汀》第三卷《在一八一七年内》的第七章《多罗米埃的高见》，第四部《卜吕梅街的儿女情和圣德尼街的英雄血》第七卷《黑话》[①]。尤其后者，以专卷数章大篇幅讨论"黑话"，恐怕是古今中外众多文学经典名著中所十分少见的一例。例如[②]：

　　　　黑话是一种常具有腐蚀性的俗话，因而它自身也易于被腐蚀。此外，它总是要遮遮掩掩，一旦感到自己已被识破，便又改头换面。正和一切植物相反，它一见太阳，便得死亡。因而黑话一直是处在不停的败坏和新生中，它隐秘、迅捷、从不停息地工作。它在十年中所走的路比普通语言在十个世纪中所走的路还远些。于是 larton（面包）变成 lartif, gail（马）变成 gaye，fertanche（麦秸）变成 fertille, momignard（小孩）成了 momacque, siques（破烂衣服）成了 frusques, chique（教堂），成了 égrugeoir, colabre（颈子）成了 colas。"鬼"最初是 gahis to，后来变成 rabouin，继又改为 boulanger（面包师傅）；神甫是 ratichon，继为 sanglier（野猪）；匕首是 vingt —

　　①除专门标注者外，本文所据中译本，李丹、方干译，人民文学出版社 1992 年 6 月第一版。谨向译者致谢。

　　②第 1223 页。括号中的语义为雨果原书自注。

deux（二十二），继为 surin，继又为 lingre；警察是 railles（耙子），后来改为 roussins（高大的马），再改为 rousses（红毛女人），再改为 marchands de lacets（卖棉纱带的小贩），再改为 coqueurs，再改为 cognes；刽子手是 taule（铁砧的铁皮垫子），后来改为 Charlot（小查理），再改为 atigeur，再改为 becquillard。在十七世纪，"互殴"是 se donner du tabac（互敬鼻烟），到十九世纪，却成了 se chiquer la gueule（互咬狗嘴）。在这两个极端之间曾改变过二十种不同的说法。卡图什的黑话对于拉色内尔，几乎是希伯来语。这种语言的词正如说这种语言的人一样，永不停息，总是在逃避。

又如：

要从西班牙语方面谈谈吗？这里大量存在着古老的哥特语的黑话。例如 boffette（风箱），出自 bofeton；vantane 和后来的 vanterne（窗子），出自 vantana；gat（猫），出自 gato；a—cite（油），出自 aceyte。要从意大利语方面谈谈吗？例如 spade（剑），出自 spada；carvel（船），出自 caravella. 要从英语方面谈谈吗？例如 bichot（主教），出自 bishop；raille（间谍），出自 rascal，rascalion（流氓）;pilche（套子），出自 pilcher（鞘）。要从德语方面谈谈吗？例如 caleur（侍者），出自 kellner；hers（主人），出自 herzog（公爵）。要从拉丁语方面谈谈吗？例如 franbgir（破），出自 frangere；affurer（偷盗），出自 fur；cadène（链条），出自 catena。有一个字，以一种强大的力量和神秘的权威出现在大陆上的一切语言中，那便是 magnus 这个字，苏格兰语用它来构成它的 mac（族长），如 Mac—Far—

lane，Mac－Callummore（应注意 mac 在克尔特语里作"儿子"解释）；黑话用它来构成 meck，后又变为 meg，也就是说"上帝"。要从巴斯克语方面谈谈吗？例如 gahisto（鬼），出自gaiztoa（恶）；sorbgabon（晚安），出自 gabon（晚上好）。要从克尔特语谈谈吗？例如 blavin（手帕），出自 blavet（喷泉）；ménesse（女人，含有恶意的说法），出自 meinec（戴满钻石的）；barant（溪流），出自 baranton（泉水）；goffeur（锁匠），出自 goff（铁匠）；guédouze（死神），出自 guenn–du（白和黑）。最后还要知道这些事吗？黑话称埃居为 maltaise，这词来自对从前马尔他大桡船上通行的钱币的回忆（马尔他的钱币。译者注。第 1220—1221 页）

再如散见于该书《越狱者的惊险》一节的部分"黑话"用例和语料①：

> 观众把熊给逗乐了——观众给剧本喝了倒彩。
>
> 寡妇，指绳子。（大庙的黑话）
>
> 乌龟，指绳子。（大庙的黑话）
>
> Mion，小孩。（大庙的黑话）
>
> mocme，小孩。（便门的黑话）
>
> 大风琴，指大人。（黑话）

至于，何以如此这般运用隐语行话呢？或言之，是否作品人物背景和故事情境的需要呢？这里也需要大段的迻录作者的主要是理

---

① 第四部第六卷，第 1204—1205 页。

据^①：

> 除了刚才就语言学方面指出的种种来源以外，黑话还另有一些更为自然、直接出自人们意识的根源。

第一，字的直接创造。这在语言中是难于理解的。用一些字去刻画一些有形象的事物，既说不出通过什么方式，也说不出为了什么理由。这是人类任何一种语言最原始的基石，我们不妨称它为语言的内核。黑话中充斥着这一类的字，一些自然浑成、凭空臆造、不知来自何处出自何人、既无根源也无旁据也无派生的词，一些独来独往、粗野不文、有时面目可憎，却具有奇特的表现力和生命力的词。刽子手（taule），森林（sabri），恐惧、逃跑（taf），仆从（larbin），将军、省长、部长（pharos），魔鬼（rabouin）。再没有比这些又遮掩又揭露的字更奇怪的东西了。有些字，如 rabouin，既粗俗又骇人，使你想象出独眼巨人作的鬼脸。

第二，隐喻。一种既要完全表达又要完全隐瞒的语言，它的特点便是增加比喻。隐喻是一种谜语，是企图一逞的盗匪和阴谋越狱的囚犯的藏身之处。没有任何语言能比黑话更富于隐喻的了。Dévisserlecoco（扭脖子），tortiller（吃），etregerbé（受审），unrat（一个偷面包的贼），illansquine（下雨），这是句非常形象化的古老的话，多少带有它那时代的烙印，它把雨水的斜长线条比作长矛队的斜立如林的矛杆，把"下刀子"这一通俗换喻表现在一个字里了。有时，黑话从第一阶段进入第二阶段的过程中，某些字会从野蛮的原始状态转入隐喻。

---

① 第四部第六卷，第 1211—1223 页。

"鬼"不再是 rabouin，而变成 boulanger，也就是说，把东西送进炉子的人。这样比较风趣，却减了气派，仿佛是继高乃依而起的拉辛，继埃斯库罗斯而起的欧里庇得斯。黑话中某些跨两个时代的句子兼有粗野和隐喻的性格，就象凹凸镜里的鬼影。

Les sorgueurs vont sollicer des gails àla lune（贼将在夜里去偷马），这给人一种如见鬼群的印象，不知看见的是什么。

第三，应急之策。黑话凭借语言而生存。它按自己一时兴之所至而加以利用，它在语言中随意信手拈取，并且常常在必要时简单粗暴地加以歪曲。有时，它用一些改变原形的普通字，夹杂在纯黑话的专用词中，构成一些生动的短语，我们能在这里感到前两种因素——直接创造和隐喻——的混合使用：Le cabjaspine, je marronne que la roulotte de Pantin trimedans le sabri（狗在咬，我怀疑巴黎的公共马车已进入树林）。Ledabestsinve, ladabugeest merloussière, laféeestbative（老板傻，老板娘狡猾，姑娘漂亮）。还有一种最常见的情况，为了迷惑别人的听觉，黑话只从 aille, orgue, iergue 或 uche 这些字尾中不加区别地任选一个，替日常语言所用的一些字加上一条非常难听的尾巴。例如：Vousiergue trouvaillebonorgue ce gigotmu che？（你认为这羊后腿好吗？）这是卡图什对一个狱卒说过的一句话，他要问的是他所赠送的越狱款是否合他的意。近年来，才添了 mar 这个字尾。

也就是说，"除了刚才就语言学方面指出的种种来源以外，黑话还另有一些更为自然、直接出自人们意识的根源"（该书第 1221

页）。因为：

> 从纯文学的角度看，也很少有比黑话更为丰富奇特的研究题材了。这是语言中整整一套语言，一种病态的树瘤，一种产生肿瘤的不健康的接枝，一种根子扎在高卢老树干上，虬枝怪叶满布在整整半边语言上的寄生植物。这可称为黑话的第一个方面，通俗方面。但是，对那些以应有的严肃态度——也就是说象地质学家研究地球那样——研究语言的人来说，黑话却真像一片真正的冲积土。当我们往下挖掘，在深浅不一的地方发现，在黑话中比古代法兰西民族语言更往下的地方有普罗旺斯语、西班牙语、意大利语、东方语（地中海沿岸各港口的语言）、英语和德语，有罗曼语的三个分支法兰西罗曼语、意大利罗曼语和罗曼罗曼语，有拉丁语，最后还有巴斯克语和克尔特语。深厚离奇的结构。这是所有穷苦人在地下共同起造的建筑。每一个被诅咒的部族都铺上了它的一层土，每一种痛苦都投入了它的一块石，每一颗心都留下了它的一撮沙。无数恶劣、卑下、急躁、度过人生便消失在悠悠宇宙中的灵魂还几乎以原有形象存留在我们中间，凭借一个词的奇形怪状显现在我们的眼前。（第1219—1220页）

由此可见，雨果之所以特别关注"黑话"，确当是出自《悲惨世界》描述中人物背景和故事情境的需要使然，意在揭示"这些活在黑暗中的悲惨人群"所生存的"悲惨世界"的群体和被社会悲剧惨陷其中者的生存权利。这些"黑话"，便是充满污秽血泪的语证的"语言化石"。亦如作者所言[1]：

> 当然，深入到社会结构的底层，在土壤告罄污泥开始的地方去寻找，到那黏糊糊的浊流中去搜寻，抓起来并把那种鄙俗不堪、泥浆滴答的语言，那种脓血模糊、每个字都像秽土中幽暗处那些怪虫异豸身上的一个肮脏环节，活生生地丢在阳光下和众人前，这并不是种吸引人的工作，也并不是种轻而易举的工作。在思想的光辉下正视着公然大说特说着的骇人的大量的黑话，再没有什么比这更凄惨的了。它确实像一种见不得太阳刚从污池里捞出来的怪兽。人们仿佛见到一片活生生的长满了刺的怪可怕的荆棘在抽搐、匍匐、跳动，钻向黑处，瞪眼唬人。这个字像只爪子，另一个字像只流血的瞎眼，某句话像个开合着的蟹螯。这一切都是活着的，以某种杂乱而有秩序的事物的那种奇丑的生命力活动着。

所以，雨果认为，"对黑话进行挖掘，步步都能有所发现。对这种奇特语言深入的钻研能把人引向正常社会和那被诅咒的社会幽奥的交叉点"。"整个黑话，无论是四百年前的黑话或今天的黑话，都渗透了那种时而把抑郁姿态，时而把威吓神情赋予一切词的象征性的阴暗气质。我们能在这里感受到当年在圣迹区玩纸牌的那些流浪汉的郁怒情绪，那些人有他们自己独创的纸牌，我们还保存了几副。"[2]

---

[1] 第四部第六卷，第 1211 页。
[2] 同上，第 1228 页。

二、雨果视野的"黑话"解读

在此，我还特别感兴趣的是，被誉为"以历史学家为己任"的这位对"黑话"给予"另类视点"特别关注的文学大师视野下的关于"黑话"解读。基于此，则有必要首先要考察一下雨果视野中的"黑话"是什么？末了，则应就此重新检讨究竟什么是"黑话"？

值此这位世界伟大经典作家诞生 200 周年之际，也算是一种别有情趣的特别纪念吧！

隐语行话的基本形态之一，即以语句形式来寓含特定语义信息的隐语行话。早在春秋时已见端倪。据《烈女仁智传·鲁臧孙母》载，春秋时鲁国大夫臧文仲出使齐国时遭到拘禁，为向本国报告齐国行将攻袭鲁国的紧急情报，他暗地派人送回一封隐语信。信中写道："敛小器投诸台。食猎犬，组羊裘。琴之合，甚思之。臧我羊，羊有母。食我以同鱼，冠缨不足带有余。"鲁公展读之不解其意，臧母见信则哭诉："吾子拘有木治矣。"公曰："何以知之？"对曰："'敛小器，投诸台'者，言取郭外萌，内之于城中也。'食猎犬，组羊裘'者，言趣飨战斗之士而缮甲兵也。'琴之合，甚思之'者，言思妻也。'臧我羊，羊有母'者，告妻善养母也。食我以同鱼同者，其文错。错者，所以治锯。锯者，所以治木也。是有木治系于狱矣。冠缨不足带有余者，头乱不得梳，饥不得食也，故知吾子拘而有木治矣。"

谬套其语，则可说，雨果便是将"切口"这种"小器"纳入了《悲惨世界》"投诸台"于小说情境之中。

三、中译本之译："黑话""切口"还是"俚语""市语"？

雨果作品的中译本中，最多的当是《悲惨世界》。从 20 世纪初迄今的各种中译本，至少有 20 几种。其中，早期的中译本，多是节译本，例如 1903 年苏曼殊翻译的《惨世界》，同年庚辰（鲁迅）的《哀尘》，1906 年平云（周作人）的译本《孤儿记》，1933 年伍光建译的《悲惨世界》，1934 年中华书局英汉对照文学丛书中的张梦麟注译本，1935 年启明书局《世界文学名著丛书》中李敬梓的译本，1936 年《万有文库》出版的李丹、于夫妇翻译的《可怜的人》，等等。直至 1984 年，李丹、方于翻译的完整的中译本《悲惨世界》由人民文学出版社出版。此后陆续又有译林出版社出版的潘丽珍译本，商务印书馆出版的郑克鲁译本，中央编译出版社出版的李玉民译本，吉林大学出版社出版的薛欢译本等数种全译本。

值得注意的是，这些全译本当中，关于第四部第七卷《黑话》的"黑话"的中译表述有所不同。同样为一部雨果的《悲惨世界》，署名李丹译本，李丹、方于译本，李玉民译本和薛欢译本，均译作"黑话"；郑克鲁译本，译作"切口"；潘丽珍译本，译作"俚语"。[①]而且，这几部译本，均译自法文。

---

① 李丹译本，人民文学出版社 1981 年出版，《悲惨世界》第 4 册第 1219 页并全书；李丹、方于译本，人民文学出版社 1992 年出版，2015 年第 1 次印刷；李玉民译本，中央编译出版社 2011 年出版第 708 页并全书；薛欢译本，吉林大学出版社 2021 年出版第 684 页并全书；郑克鲁译本，商务印书馆 2006 年版；潘丽珍译本，译林出版社 2019 出版第 891 页并全书。

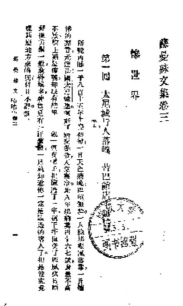

柳亚子1927年编订的《苏曼殊全集》第二册所辑苏曼殊译本《惨世界》

悲慘世界

Les Misérables

中華民國三十二年

內政部註冊認明醬字第七九三一九號

版權所有
不准翻印

實　價	十　六　元	
原　著　者	V. Hugo.	
譯　述　者	李　敬　梓	
發　行　者	鮑　啓　元	
	啓明書局代表人	
發　行　所	啓明書局	
	上海福州路三二八號	
經　售　處	全國各大書局	

本書編號：107

李敬梓译本《悲惨世界》版权页

李敬梓译本《悲惨世界》封面

165　說　小

哀塵

法國囂俄著

庚辰譯

惠克德爾囂俄既於前七曜日。(禮拜六) 學學士院會員經兩日居辣斐的街之席。

拉覃夫人折簡招囂俄而饗以晚餐。

球歌特亦與其列爾時渠僅一將官適任亞耳惹利亞大守行將就任之際也。

球歌特者齡既六十有五精神戞鑠而顏色潤澤痘痕歷歷滿面覺有一種粗豪氣。

然次非粗野者渠蓋以戇拙兼意氣以古風雜今樣者也復無耄年長者自憙之癖。

一機轉之可人也。

席拉覃夫人令將官坐其右囂俄坐其左。而自處其中於是此詩人與武人之間乃生縱論。

將官於亞耳惹利亞一事心滋不平其論曰法國取此是使法國懊後無辭以對歐羅巴也夫攻取之易者莫亞耳惹利亞若在亞耳惹利亞其兵易於圍擊捕其兵無以異捕鼠其兵直可張口啖之耳且欲殖民於亞耳惹利亞有蓁雜者以厥土瘠

哀塵

一

1903 年留学日本的鲁迅节译自《悲惨世界》的《哀尘》，署名庚辰，发表在创刊于东京的留日学生刊物《浙江潮》第 5 期李丹译本译文写道，"黑话是什么？它是民族同时又是土语，它是人民和语言这两个方面的盗窃行为"[①]。"黑话只不过是语言在要干坏事时用来改头换面的化妆室。它在这里换上面罩似的词句和破衣烂衫似的隐喻。这样，它便成了面目可憎的[②]。"因为：

人们几乎认不出它的真面目了。这确是法兰西语言，人类的伟大语言吗？它准备上台，替罪行打掩护，适合扮演整套坏戏中的任何角色。它不再好好走路，而是一瘸一拐的，它两腋支在圣迹区的拐杖上蹒跚前进，拐杖还可以一下变成大头棒，它自称是托钵行乞的，牛鬼蛇神把它装扮成种种怪模样，它爬行，也能昂头竖起，像蛇的动作。它从此能担任任何角色，作伪的人把它变成斜视眼，放毒的人使它生了铜锈，纵火犯替它涂上松烟，杀人犯替它抹上胭脂。

当我们在社会的门边，从诚实人这方面去听时，我们的耳朵会刮到一些门外人的对话。我们能分辨出一些问话和一些答话。我们听到一种可恶的声音在窃窃私语，不知道说些什么，好像是人在说话，但更像狗吠，不全像人话。这便是黑话了。那些字是畸形的，带一种不知是什么怪兽的味道。我们仿佛听见了七头蛇在说话。

这是黑暗中的鬼语。轧轧聒耳，嚣张如风，仿佛黄昏时听人猜哑谜。人在苦难时眼前一片黑，犯罪时眼前更黑，这两种黑凝结在一起便构成黑话。天空中的黑，行动上的黑，语言里的黑。这是种可怕的癞蛤蟆语言，它在茫茫一大片由雨、夜、

---

① 见于该译本第 1210 页。
② 连同下面的引文，均见于该译本第 1216 页。

饥饿、淫邪、欺诈、横暴、裸体、毒气、严冬（穷苦人的春秋佳日）所构成的昏黄迷雾中来往跳跃，匍匐，唾沫四溅，像魔怪似的扭曲着身体。

李丹、方于译本译文写道，"黑话是什么？它是民族同时又是土语，它是人民和语言这两个方面的盗窃行为"①。

李玉民译本译文写道，"黑话是什么？既是民族又是方言，是人民和语言这两方面的盗窃……黑话多么丑恶呀！这种话是囚犯讲的，是在苦役牢中，监狱里，社会上最卑劣的人讲的"②。

薛欢译本译文写道，"黑话是什么东西？其实是民族也是方言，是人民跟语言这两个方面的盗窃行为"③。

郑克鲁译本译文写道，"切口是什么？这既是民族同又是方言，是对人民和语言实施的盗窃"④。"切口,这是黑暗的人的语言。"⑤"二十年前有个批评流派说：'莎士比亚的一半是文字游戏和双关语'，他们是在说黑话⑥。"由此也会让读者联想到，郑氏译本译作"切口"的本身，似乎便潜含着与"切口"一词本义（切开个口）的双关用意。如其译述："要检查一个伤口，探测一个深渊或社会，下去得太深，一直到底部，下去得太深，从什么时候起算是一个错误呢？⑦"

潘丽珍译本译文将此译作"俚语"。其迻录几段译文如下：

---

① 见于该译本第 978 页。
② 见于该译本第 708 页。
③ 见于该译本第 684 页。
④ 见于该译本第 1168 页。
⑤ 见于该译本第 1176 页。
⑥ 见于该译本第 1171—1172 页。
⑦ 见于该译本第 1169 页。

俚语是什么？它既是民族，又是方言；它是人民和语言这两个种类下的盗窃行为。（第891页）

后来，又有两位才华横溢的小说家，一个是对人心进行深刻观察的巴尔扎克，另一个是人民无畏的朋友欧仁·苏，他们也像《囚徒末日记》的作者那样，在他们的作品中让强盗讲他们平时讲的语言，也遭到了同样的抗议。人们反复说："这些作家用这种污浊的语言，把我们当成什么人了？俚语太丑恶！俚语叫人毛骨悚然！"（第892页）

俚语不过是一个更衣室，语言要干坏事时，在里面乔装打扮，戴上词语的面具，穿上隐喻的烂衣。（第896页）

对俚语进行发掘，每一步都有新的发现，深入研究这个奇特的方言，就可以到达正常社会和被诅咒社会神秘的交叉点。俚语是苦役犯的语言。（第904页）

显然，上述几种译本译文中"黑话""切口"或"俚语"，存在多寡不一的差异。

《悲惨世界》是文学语言大师雨果的作品，上述几种译本则是颇有造诣的翻译家的杰作。无论作者还是译者，均非专业的语言学家。他们对这类用语的使用和通过翻译所做的解读性转换，甚可理解。但是，这些差异毕竟是读者正确阅读译著、理解原著的一点困惑。就此，不妨且以上述几种中译本文本试为辨析。

所译述的"黑话""切口"或"俚语"等语言现象的本质，属于民间隐语行话。中译本欲以汉语契合雨果在《悲惨世界》中关于这个概念的表述，重要的则是选择与法语原著与汉语均合体的用语。

应该说，雨果书中的这一概念，若依现代语言学视点来看，是需要进行一点辨析的。

先看下汉语文化背景下"黑话""切口"和"俚语"的概念。

所谓"黑话"，《现代汉语词典》的解释是指"帮会、流民、盗匪等所使用的暗语"或"指反动而隐晦的话"①。《汉语大词典》的解释是"旧社会的帮会、无业游民、盗匪等所使用的秘密语"②；《现代汉语规范词典》的解释是，"帮会、盗匪、流民团伙等所使用的只有同道人才能听懂的暗语"③。三者的解释，均是指帮会、流民、盗匪等反主流社会群体所使用的秘密语，亦即雨果中译本书中所说的"黑话"相近似，一如中国近代类似群体业内传播的《江湖黑话谱》的内容，是"黑暗中人的语言""语言中的苦役犯"，属于涉嫌社会犯罪群体自我保护的特定语言。

郑克鲁译本译文的"切口"，在汉语中，有两重意义，一是《江湖通用切口摘要》小引释"切口"，"解曰：江湖各行各道，纷纷不一。切口即隐语也，名曰春点。字无意义，姑从吴下俗音而译之，阅者原谅焉。此乃摘其常用繁者，知之则可于此辈相问答，且道途间亦自防之一补"，"今所记皆各道相通用者，至于各行各道另有隐切口，乃避同类而用，隐中又隐，愈变愈诡矣。其类既多，其语可知也"，所说为"巾、皮、李、瓜"四行"江湖诸技"之切口。再即《全国各界切口大词典》④，辑释了当时中国诸行语词形态民间隐语行话凡 18 大类 376 子类。除帮会、乞丐、盗贼和娼妓等行当之前述"黑话"性质的"切口"，几乎囊括了举凡商铺、市贩、手工

---

①　《现代汉语词典》，商务印书馆 2016 年第 7 版。

②　《汉语大词典》第十二卷第 1335 页，汉语大词典出版社 1993 年版。

③　《现代汉语规范词典》外语教学与研究出版社、语文出版社 2004 年第 1 版。

④　吴汉痴主编《全国各界切口大词典》，上海东陆图书公司民国十三年（1924）版。

匠人、戏曲杂技、医药、五行八作、僧道、官衙、役卒等群体的隐语行话，堪谓"黑白两道"切口大典。把良莠混杂的各行各业从业者说的隐语行话笼而统之地都统谓之"黑话"，未免以偏概全矣。且不言唐代宫廷"优伶"也流行隐语行话，称天子为"崖公"，称欢喜为"蚬斗"。事实上，大家都在说的诸般"黑话"未必就是"黑社会"性质的言语行为，那"黑话"所蕴含的内容，并非都是下贱或有违社会公德和法律的那类"黑"色事物。

需要注意的是，雨果有个关于"隐语"的声明："我毫不亵渎隐语。我仅就它价值的高下，寄以相当的敬意罢了。人类中，也许是人类以外，最尊严、最卓越和最可亲的人都说过隐语。耶稣基督说过一句有关圣彼得的隐语。摩西在谈到以撒、埃斯库罗斯、波吕尼刻斯时，克娄巴特拉在谈到屋大维时也都使用过隐语。还要请你们注意，克娄巴特拉的隐语是在亚克兴（Actium，公元前 31 年罗马舰队在屋大维率领下，击败叛将安敦尼于此，埃及王后克娄巴特拉死之。——译者注）战争以前说的，假使没有它，也就不会有人记得多临城，多临在希腊语中只是一个勺而已。"[1] 至于与之相类似的"黑话"，雨果书中亦有专说，认为"黑话"不单纯是涉嫌犯罪群体，还涉及了社会其他层面群体的"黑话"。例如[2]：

　　在此，人们可以止住我们，人们可以把这一事理广泛运用到其他范畴，虽然广泛运用有时能起冲淡的作用，人们可以对我们说，所有的手艺，一切职业，也不妨加上等级社会中的所有一切阶层，各种各样的知识都有它们的黑话。商人说"蒙

---

①　李丹译《悲惨世界》第一册第 168—168 页，人民文学出版社 1958 年第 1 版。
②　同上，第 1112—1113 页。

培利埃可发售"，"优质马赛"；兑换商说"延期交割，本月底的手续贴补费"；玩纸牌的人说"通行无阻，黑桃完啦"；诺曼底群岛的法庭执达吏说"在租户有禁令的地段，在宣布对拒绝者的不动产有继承权时，不能从这地段要求收益"；闹剧作家说"喝了倒彩"；喜剧作家说"我垮了"；哲学家说"三重性"；猎人说"红野禽，食用野禽"；骨相家说"友善，好战，热衷于秘密"；步兵说"我的黑管"；骑兵说"我的小火鸡"；剑术师说"三度，四度，冲刺"；印刷工人说"加铅条"；所有这些印刷工人、剑术师、骑兵、步兵、骨相家、猎人、哲学家、喜剧作家、闹剧作家、法庭执达吏、玩纸牌的人、兑换商、商人，全是在说黑话。画家说"我的刷子"；公证人说"我的跳来跳去的人"；理发师说"我的助手"；鞋匠说"我的帮手"，也是在说黑话。严格地说，假使我们一定要那么看，所有那些表达右边和左边的种种方式，如海员们所说的"船右舷"和"左舷"，舞台布景人员所说的"庭院"和"花园"，教堂勤杂人员所说的"圣徒的"和"福音的"，也还都是黑话。从前有过女才子的黑话，今天也有娇娘子的黑话。朗布耶的府第和圣迹区相去不远。还有公爵夫人的黑话，王朝复辟时期的一个极高贵又极美丽的夫人在一封情书里写的这句话便可以证明："你从所有这些诽谤中可以找到大量根据，我是不得不逃出来的啊。"外交界的数字和密码也是黑话，教廷的国务院以 26 作为罗马的代号，以 grkztntgzyal 为使臣的代号，以 abfxustgrnogrkzu–tu–XI 为摩德纳公爵的代号，便是黑话。中世纪的医生称胡萝卜、小红萝卜和白萝卜为 opoponach，perfroschinum, reptitalmus, dracatholicum, angelorum, postmegorum，也是在说黑话。糖厂主人说"沙糖、大糖块、净化糖、精制块糖、热糖酒、黄糖砂、块糖、方块糖"，这位诚实的厂主是在说黑话。二十年前评论界里的某一派人常说"莎士比亚的一半是来自文字游戏和双关的俏皮话"，他们是在说黑话。有两个诗人和艺术家意味深长地说，如果德·蒙莫朗西先生对韵文和雕塑不是行家的话，他们便要称他为"布尔乔亚"，这也是在说黑话。古典的科学院院士称花为"福罗拉"，果为"波莫那"，海为"尼普顿"，爱情为"血中火"，美貌为"迷人"，马为"善跑"，白帽徽或三色帽徽为"柏洛娜（Bellone，罗马神话中之女战神，战神玛斯之妻或姐妹，为玛斯准备战车。——译者注）的玫瑰"，三角帽为"玛斯的三角"，这位古典院士是在说黑话。代数、医学、植物学也都有它们的黑话。人在船上所用的语言，让·巴尔、杜肯、絮弗朗和杜佩雷等人在帆、桅、绳索迎风呼啸，传声筒发布命令，舷边刀斧搏击，船身滚荡，狂风怒吼，大炮轰鸣中所用的那种极其完整、极其别致、令人赞赏的海上语言也完全是一种黑话，不过这种具有英雄豪迈气概的黑话和流行于鬼蜮世界的那种粗野的黑话比起来，确有雄狮与豺狗之分。

甚至，还关注到对于主流文化正常语言的影响及其结果[1]：

挨耳光是什么？庸俗的隐喻回答说："就是看三十六支蜡烛。"黑话在这里参加意见说："Chandelle, camoufle［就是看三十六支蜡烛，黑话称 Chandelle（蜡烛）为 camoufle。——

① 同上，第1126—1127页。

译者注]。"于是日常用语便以 camouflet 为"耳光"的同义词。于是黑话在隐喻裏这一无法计算的弹道裏的帮助下，通过一种自下而上的渗透，便由匪窟升到文学院，根据普拉耶所说的"我点燃我的 camoufle（蜡烛）"，伏尔泰便也写下了"朗勒维·拉波梅尔够得上挨一百下 camouflets（耳光）。"

如此看来，把良莠混杂的各行各业从业者说的隐语行话笼而统之地都统谓"黑话"，未免失之以偏概全矣。其情形，有点类似汉语"市语"。

通常，汉语"市语"还指"街谈市语"亦即市井俗语。如宋·周紫芝《竹坡诗话》卷三："东坡云：'街谈市语，皆可入诗，但要人镕化耳。'"明·袁宏道《解脱集·朱司理》："近日觉与市井屠沽，山鹿野獐，街谈市语，皆同得去，然尚不能合污，亦未免为病。"

同时，汉语的"市语"，还是唐宋以来对市井隐语行话的泛称。宋·曾慥《类说》卷四引唐·无名氏（元澄）《秦京（内外）杂记》云："长安人市语各不同，有葫芦语、镶子语、纽语、三摺语，通名市语。"张世南《游宦纪闻》卷二："井邑间市语，谓犀下品为鬼犀。"孟元老《东京梦华录》卷九："惟用群队装其似像，市语谓之拽串。"陶穀《清异录·百八丸》："和尚市语，以念珠为百八丸。"陈元靓《事林广记》续集卷八《绮谈市语》凡 19 门，辑录市语 360 余事。明·祝允明《猥谈》亦载："所谓鹘伶声嗽，今所谓市语也。"李卓吾《开卷一笑》卷二收录《金陵六院市语》，即明代京城风月场中隐语行话专辑。又清·翟灏《通俗编》卷三八"识余"，在例举米、丝等 12 行隐语行话数目后亦云："江湖人市语尤多，坊间有《江湖切要》一刻，事事物物，悉有隐称。诚所谓惑乱听闻，无足采也。其间有通行市井者，如官曰孤司，店曰朝阳……俱由来于此语也。"今人钱南扬《汉上宦文存》中专录《市语汇钞》一辑，则是沿用了唐宋以来对隐语行话诸多称谓的一种。

宏观而言，市井俗语可以涵盖市井隐语行话。唐·元稹《估客乐》之"一解市头语，便无邻里情"，其"市头语"是市井俗语还是市井商人的隐语行话？迄无确解。

那么，似乎可以认为，在如此意义之下，郑克鲁译本译文的"切口"，似乎较译作"黑话"更契合《悲惨世界》的实际。

现在，再试作潘丽珍译本译文将此译作"俚语"的讨论。

汉语所谓"俚语"，是个多重意义复合的概念。俚语亦作里语、俚言，通常是指日常生活中通俗易懂、往往具有地域性的非正式交际的常言语汇或谣谚之类。如唐·刘禹锡《插田歌》："齐唱田中歌，嘤伫如竹枝。但闻怨响音，不辨俚语词。"又《新五代史·卷三十二·死节传·王彦章传》："彦章武人不知书，常为俚语谓人曰：豹死留皮，人死留名！"亦即"俚语曰谚。"（《古谣谚》卷一百《集说·书某氏传》）《汉语大词典》谓俚语是"方言俗语""民间浅近的话语"①。《现代汉语词典》谓之"粗俗的或通行面极窄的方言词"②。甚至，宋代也有将隐语行话谓之"谚语"之例，如宋·张仲文《白獭髓》记述"掀也""火里"之类之"银匠谚语"，却仅仅是个案而已。综合如此汉语"俚语"概念，"行话""切口"虽然有其粗俗、通俗的特点，一如"黑话""切口"虽为民间隐语行话这个概念所涵盖，但并非切近其具体的本来所指。如此而言，似可商榷的是，潘氏译本将"黑话""切口"译为"俚语"，未免失之喧宾

① 第1384页，汉语大词典出版社1986年出版。
② 第7版第799页，商务印书馆2016年出版。

夺主，或言之以偏概全，未使之以本义入位。

四、赘言

言犹未尽，作为本篇文章的小跋，意在阐说自以为未必是赘言的几项事情。实可谓"赘言"非"赘"。

一是，声明一下，笔者本人尽管沉浸于汉语文史研究数十年仍嫌浅薄，于汉语之外的外语知识所知有限，讨论《悲惨世界》的隐语行话及其中译本译法问题，却又碍于知识结构之中不通法语，仅就其几种中译本的汉语语义，不揣浅陋地以一得之见试为建议性商榷。目的在于，探讨如何让这部是名世界的经典名著的中译本日趋完美。书中，有整卷、大段的隐语行话，而且均属作品内容结构所不可或缺，所以，谈不上"小题大做"，正是本文破题探讨的用意所在。

二是，必须声明一下，鉴于本人不通法语，虽备藏有原文原著，却无法阅读原著，只可以采用几种中译本作为探讨文本；同时，还必要一再以中译的雨果书中的大段言论作为示例和解读。这样子，就发生了美其名曰"文抄公"的问题。因而，在向各位译者致意祈谅和感谢的同时，期望获得理解，亦请读者谅解。如有异议，则请编辑先生直接撤稿即是。

三是，"锦语"之说，乃笔者近年为倡导隐语行话祛污正名的新近之论。不好径然用于《悲惨世界》译事。"锦语"之为"锦语"，不仅仅在于祛污正名，还在于其在社会生活中，这种诡谲语言现象本体的丰富多彩。《悲惨世界》的文学语言亦可为证。

末了还要说的是，这篇文章的体裁，是论文否？读书札记否？随笔杂说否？若说是学术论文，行文中不时可见"我"的直抒己见，似乎不合时下源自西方的论文规范。近代以前的论说文文章一向都是这样子的呀！直至杀青，笔者也不好断言本文的体裁归属。似乎信马由缰而已。也许，这几句话才使赘言。

2022 年元月五日

锦语景观

隐语行话与民间文化

隐语行话，是一种特殊的民俗语言现象。它对民间文化有着特殊的影响。

一、隐语行话是民间文化中的一种特殊语俗

戴维·W.摩洛在研究赌徒隐语行话时提出："隐语远非仅仅是语言的特定形式，它们反映了一种生活方式……它们是研究有关心态、对人们和社会的评价、思维方式、社会组织和思维能力的关键所在。"[①] 这是有道理的。为什么呢？因为一种群体的隐语行话符号体系所掩盖的内容，既是其秘密，也正是该群体内部主导文化所在。这就是美国描写语言学派代表人物兼人类学家爱德华·萨丕尔说的，语言不脱离文化而存在，不脱离社会流传下来的、决定人们生活面貌的风俗和信仰的总体。[②] 隐语行话的本身，就是中下层社会群体

---

① 《投骰赌徒的隐语》，刊《美国政治社会学年鉴》第 269 期，1950 年。
② 《语言论》中译本第 186 页，商务印书馆 1985 年出版。

的一种语俗，是民间文化的一种特殊语俗。

为什么说它是一种"特殊语俗"呢？作为民间文化范畴的语俗类型是很多的，如谜语、谚语、流行习俗、惯用语、称呼语、绰号、詈语、禁忌语、语言游戏等等。尽管大都可以寻得使用者的年龄、职业等种种社会文化层面痕迹，但均非特定社会群体用于内部交际的特定符号体系，均非直接以对语言的反动来实现内部信息交流的保密需要，均非某些特定群体的固有语俗，都是开放性而非封闭或半封闭性的。相反，隐语行话作为一种特殊语俗，则是某些社会群体用于内部交际、维护内部利益（当行秘密）和组织、协调内部人际关系需要的必然产物。

隐语行话作为民间文化的一种特殊语俗，具有前面说到的封闭或半封闭性、符号性、群体性，及口头性、地方性和传承性等基本特征。由于其主要用于口头交际过程和内部口耳相传，人群中的方言文化背景和因素的影响就在所难免。清光绪间苏州桃花仙馆石印的唐再丰《鹅幻汇编》卷二十收录的《江湖通用切口摘要》引言中称："江湖各行各道，纷纷不一。切口，即隐语也，名曰春点。字无意义，始从吴下俗音而译之，阅者原谅焉。"即可为证。方音之讹误，势必导致隐语行话的自然变异，加上其他人为因素、社会因素及为保密而应情况变化因素的影响，就愈发使之在传承过程中不断发生各种变异，难免出现隐而又隐的趋势，对于考其形制构造、本来用字之类，愈发困难。尽管如此，江湖隐语行话在传承过程中仍保持了相当的稳定性。例如，清末民初活动在今河北、山东的江湖丐帮"穷家行"称一吊钱为"干桁"，而当代华北、东北等地的流氓、乞丐等黑社会团伙中将一百元称为"一杆子"。这是一种历经社会变迁后的传承变异，并非偶合。至于将狗称为"皮子"，几乎是清末以来至 20 世纪 40 年代江湖隐语行话中的"通用语"，在传承中竟未发生变化，仅各地方音有异而已。

宋元时即将养雏妓称为"养瘦马"，20 世纪以来仍称妓女为"马子"，而当代东北地区黑社会团伙则将之改称"抽子"，又足见其变化之殊。

凡此可见，民间隐语行话作为民间文化中的一种特殊语俗，虽有其特殊属性和规律，却由于其以母语文化为基础派生而出，仍大体因循了民间文化的一般语俗特征。

二、江湖文化与民间隐语行话

在中国社会发展史上，有一个超越时代的复杂社会现象，即所谓"江湖社会"及其文化。说其复杂，是因它既藏龙卧虎，又藏污纳垢，鱼珠泥沙并蓄。反抗黑暗政治的揭竿起义者，以江湖义气联络各方、团结部众，如清季的天地会及后来的多种秘密社会团体。古代隐士有称隐居江湖的，如《南史·隐逸传上》即载"或遁迹江湖之上"。诗人不得志流落四方亦称落魄江湖，如唐·杜牧《遣怀》诗云："落魄江湖载酒行，楚腰纤细掌中轻。"甚至高僧也有称走江湖者，梁·慧皎《高僧传·竺法汰》："与道安避难，行至新安，安分张徒众，命汰下京。临别，谓安曰：'法师仪轨西北，下座弘教东南，江湖道术，此焉相望矣。'"同时，那些杀人越货、走私枉法的流寇匪盗亦自称江湖中人。至于那些四海为家到处流浪卖艺、行医、占卜或以乞讨为生计者，同样也自称是吃江湖饭的。仗义行侠的江湖义士，一向为世人所褒扬、敬畏；"江湖骗子"，却是对一些江湖丑类及其恶行的习惯称谓。凡此种种，美与丑、善与恶、是与非，皆为"江湖"所兼容，交织缠绕地构成神秘而复杂的江湖文化，是民间文化研究尤其隐语行话研究中最令人棘手，而又不能绕行的一个领域。

《江湖通用切口摘要》称："江湖赌技，总分四行，曰：巾、皮、李、瓜。行此者名曰相夫。凡做相夫者，不曰做而曰当，故自称当相者。算命、相面、拆字等类，总称曰巾行。医病、膏药等类，总称曰皮行。戏法四类，总称曰李子。打拳头、跑解马，总称曰瓜子。"各行道之中，再加细分，不仅各有隐称，亦别有当行的隐语行话。例如皮行，在桌子置放药瓶行医卖药的称之四平；同时兼备有锉药现卖的称之捻之；在地上摆瓶卖药的称之占谷；捐布招、摇虎撑，走街串巷卖药的称之推包；用铁槌敲打自身方式招徕顾客的卖药者，称之边汉；用自我割份方式招徕顾客的卖药者，称之青子图；卖象皮夹纸膏的称之龙宫图；卖膏药只收香，不收钱的称之香工；自称戏曲艺人，而走乡串村行医的称之收包；摆草药摊的，称之草汉；卖眼药的，称之招汉；卖人参、三七的，称之根根子；打弹弓卖膏药的，称之弹弓图；卖假龙骨的，称之凄凉子；治毒疮卖春药的，称之软账；先以变戏法招徕观众，而后卖药的，称之聚麻；卖药糖的称之甜头；祝由科、画符称之于头子；画符治病、且能说明病因的，称之叉李子；走乡串村送符的，称之劈斧头等等。五花八门的走江湖行医卖药人，真假善恶混杂，以骗取资财为生计者居多。由于其行无定踪，以赚钱为本，坑人误命不负责，讲医德者颇少。

那么，历来为什么屡有人自愿上钩、甘心上当，屡屡受骗者，至今不乏其例呢？其中主要是同民间文化的传统观念有关。在世俗观念中、仗义行侠、行善除恶和江湖义气是走江湖者赖以自立或结盟的一个精神支柱，也是赢得人们敬畏的根本所在。当人们对清官政治失去信赖之后，遇急遇难无助之际，即寄托于江湖侠义的帮助。19 世纪末 20 世纪初，活跃于鄂北老河口一带的一个哥老会支派，本名"九龙山"，颇讲江湖义气，聚众达数千人之多，后来干脆就改称为"江湖会"，成为清末"扫清灭洋"的一支重要力量。由此可见"江湖"在世俗观念中的影响力量之大。至于江湖骗子，也正是巧妙地利用了人们这种心理趋向，以行善为名，以作恶为实。

不久前，曾见到清·佚名氏手辑的《江湖黑话谱》，其所录皆属当时江湖走镖者行事，是为初入镖行者备用的教习读本，正其名当为《江湖走镖隐语行话谱》。谱中说："会全生意要知江湖话，才能称起江湖班。四大部州，三教九流，八大江湖，校里二行，有一不明是未全。"凡此可见，掌握当行隐语行话是江湖中人必不可少的基本常识，既是存身立命生计之本，也是凭以自卫、识别身份的"护身符"。正因其关系如此重大，所以，出于维护当行者共同利益的需要而"能送一锭金，不吐半句春。能送十千钱，不把艺来传"。这种不成文的江湖行规，是以江湖义气为基点的一种约定俗成的江湖习惯法。如有违犯，即辱没江湖义气，为江湖所不能容忍。因为，江湖文化的核心是江湖各色人等所尊奉的江湖义气，而隐语行话也是协调和维系当行人际关系的基本工具。这一点，也充分示了隐语行话的群体性、封闭性特征。

由于隐语行话与江湖社会行事关系甚为密切，明清以来流传的一些隐语行话辑集，时有径以"江湖"二字冠名者，如明代教坊掌教司程万里《鼎锲徽池雅调南北官腔乐府点板曲响大明春》书中收录的《六院汇选江湖方语》，经卓亭子删订作序的专书《江湖切要》，唐再丰《鹅幻汇编》中收录的《江湖通用切口摘要》，民初北京打磨厂学古堂排印的《江湖行话谱》，等等。

于此，应指出的是，《六院汇选江湖方语》的"六院"，是指明代金陵（南京）的六家著名酒楼、妓院，该辑卷首却称，"但凡在于方情，而在江湖上走动者，称（以下辑释隐语行话一百五十余事）"，可知"六院"虽为当时京师为"宿商贾"所建，亦是江湖中人经常往来出入之所，至少那些过往商贾往往要雇有江湖镖师随行护身的，酒楼妓家与江湖中人打交道多了，自需谙知江湖秘密语规矩以应付营业之道。与此同时同地、相关而又可为互证的，今所见辑录当时六院酒楼妓家本行隐语行话的《金陵六院市语》，即附载于卓亭于删订过的《江湖切要》一书卷末，署"明风月友著"。这就是说，江湖中人由于时常出入六院，为方便起见，亦需掌握其当行隐语行话，即如《金陵六院市语》卷首所称："六院风景不同，一番议论更别。既难当时分晓，可不预先推详？"所谓"议论"，即就六院中人言谈时所夹杂的当行隐语行话而言。这样一来，本为妓家隐语行话。民初金老佛将此收入《九流三教江湖秘密规矩》时题为《江湖通用切口》，上海大通书社一九三七年版的《金陵六院市语》何以附载于《江湖切要》书末，乃至当时江湖中人与六院的过从之谜，也就可以找到了答案。江湖中人常居无定所，游无定踪，出入酒楼妓家，自属常事；而对生意人来说，"来者都是客"，则是其基本的生意经。互通隐语行话，各为其便，正是其功利性所在。

民间秘密结社，是江湖社会中组织性较强而又极引人注目的群体。他们大都承继了江湖义气等江湖文化，其中也包括使用隐语行话这一民间语俗。不过，他们的隐语行话，虽以江湖秘语为基础，或间有交叉，却大都具有更强的封闭性。如果说，一般江湖通用隐语行话是半封闭性的符号体系，那么民间秘密结社的隐语行话则是全封闭性的，这是由其结社宗旨和有组织地保守内部机密的切实需要所决定的。"亚文化及其群体的人们，不仅享有作为其成员的资格，参加社会社团和文化社团的活动，而且他们也共享着语言传通的方式和类型。""对于我们来说，关键在于懂得隐语是限于特定亚文化及其群体内所使用的语言，其成员是在主导文化之外的。懂得隐语是了解有关亚文化或亚文化群体的关键所在。"① 其缘故亦如安德列·里奇说的，"隐语帮助反主流文化提供一种自卫的手段"。② 译解、剖析江湖秘密组织的隐语行话，对于了解、把握其组织性质、行事规律等内幕及其亚文化心态，均有重要意义。据蔡少卿《中国秘密社会》书中记述：③

　　会规用以约束会内兄弟，互不通属的各个哥老会对这方面的规定大同小异，在实际活动中亦少有变动。暗号暗语则不同，其功能是掩护哥老会活动，一旦一种暗号或暗语为官方和公众知晓，就要变更，因此哥老会的暗号暗语十分复杂。而且，各地风俗习惯和方言土俗有差异，暗号暗语的差异就更大了。……暗语的字面意思和实际隐含意思不一样，一般人不易理解。这里举几个暗语为例子：

　　扫面子：帮中人与某人有隙，派兄弟故意与他为难。

　　闹场：对有代隙的人，遇他有热闹的宴会时，故意捣乱；或因戏院、茶楼、酒楼、澡堂不买账时，故意去闹。

　　①萨姆瓦等《跨文化传通》中译本第191—192页，生活·读书·新知三联书店，1988年出版。
　　②《跨种族传通》第142页，美国纽约哈珀和罗出版公司，1974年出版。
　　③蔡士卿《中国秘密社会》第62—63页，浙江人民出版社1989年出版。

争风头：帮中人与帮外人发生纠纷，各不服输，扩大纠纷，双方集人群携刀棍动武，谓之争风头。上前动武时，名为开头，又曰上阵。

摆硬功夫：遇事以小刀向自己腹上或腿上猛戳，流血而不动声色，表示不怕死，使人畏怯，以达到他的目的。

帮会弟兄熟习了会内的一套隐语，即使在烟茶酒肆之中，也可高谈阔论，传递信息，而帮外人殊不能详其意。据说，哥老会红帮内的隐语，不下十万余言……

哥老会是最初以"反清复明"为宗旨的天地会的一个主要支系，始终有着政治斗争的历史背景，然而从上述四例隐语的译解中却不难使人窥得帮中江湖恶习颇盛，会众成分十分复杂，良莠不一。事实上，哥老会成员除手工业工人、破产农民外，即是遣散的官兵和无业游民，辛亥革命后它几乎完全堕落为社会恶势力，与其固有的会众基础有着直接关系。

凡此种种，隐语行话作为一种江湖社会语俗和特定符号代码，以其内在的联系为考察这一特定的民间文化，提供了一个别有洞天的窗口。

三、市井文化与"市语"

在汉语中，"市井"有多种含义，如城邑中的交易场所、城镇、街市、商贾、城市流俗之人或无赖之徒，包罗诸行百业，而活跃其间者大多为市民。隐语行话一名"市语"，当系就其是市井社会生活的一种习见语俗而言。

宋人陶毂《清异录》中说，"和尚市语以念珠为百八九"，"百八九"即僧人隐语行话中的一个语汇，考其语源当系念珠多取一百零八颗之概。笔者曾引述过宋代曾小慥的有关论述，他在《类说》卷四引（元澄）《秦京杂记》语云："长安市人语各不同，有葫芦语、镶子语、纽语、练语、三摺语，通名市语。其后，宋·张世南《游宦纪闻》卷二："井邑间市语谓犀下品为鬼犀。"宋·孟元老《东京梦华录》卷九"宰执亲王宗室百官入内上寿"："惟用群队装其似像，市语谓之拽串。"明·祝允明《猥谈》中亦称："本金元阛阓用谈吐，所谓鹘伶声嗽，今所谓市语也。"至清初，翟灏《通俗编》卷三十八"识余"在逐一举了米行、丝行、绸绫行、线行、铜行、药行、典当、估衣铺、道家星卜、杂货铺、优伶及江湖杂流等十二行一至十的数目市语后，又写道："江湖人市语尤多，坊间有《江湖切要》一刻，事事物物，悉有隐称。诚所谓惑乱听闻，无足采也。其间有通行市井者，如官曰'孤司'，店曰'朝阳'，夫曰'盖老'，妻曰'底老'，家人曰'吊脚'……俱由来于此语也。"至于以"市语"径为隐语行话辑集之名者，除明代的《金陵六院市语》外，宋代陈元靓《事林广记续集》卷八中已收录有一种《绮谈市语》，共辑释隐语行话三百六十余事，按内容分为天地、君臣、亲属等十九门。如其"亲属门"所录，以夫为"厥良、盖老"，以妻为"内政、底老"，以婢为"赤脚符"，妾为"妮子堕"之类。所谓"绮谈"，于此当含故意不直言之义。

凡此可见，以"市语"称隐语行话，至迟于宋代已始。同时，宋、明、清三代所谓"市语"，大都主要用指市井诸行，即或如翟灏那样亦用作江湖隐语行话之称，亦仅是将之视为诸行中的一行而论之；其所指出"江湖人市语""有通行市井者"诸例，又可佐证市井诸行市语与江湖人秘密相通和互相渗透的关系。一如前面已谈过的，江湖人隐语行话读本附载酒楼妓家市语，六院中人又力求掌握"江湖方语"，同为一理，是民间文化在中下层社会不同群体间相互平行层次的渗透与融合现象。

市井社会，三教九流，五行八作，世事炎凉，人生百态，亦自然于"市语"中得到反映，觅得轨迹乃至史证。例如市井的蹴鞠游艺，远在春秋战国时即已盛行，《史记·苏泰列传》曾载："临淄甚富而实，其民无不吹竽鼓瑟，弹琴击筑，斗鸡走狗，六博蹋鞠者。"至宋代尤为盛行，帝王亦有此好，宫廷中还设有御用球队，每逢盛会往往举行蹴鞠比赛，民间亦有各种蹴鞠结社，并有当行市语流行。今所见《圆社锦语》，光是数目隐码即有两套之多，如一为"孤"或"解数"，二为"对"或"勘赚"，三为"春"或"转花枝"，四为"宣"或"火下"，五为"马"或"小出尖"，六为"蓝"或"大出尖"，七为"星"或"落花流水"，八为"卦"或"斗底"，九为"远"或"花心"，十为"收"或"全场"。有趣的是，其后一套数目隐码的所指部分，或有取自蹴鞠当行行事为之者。如"勘赚"，一本作"勘赚"，即指二人踢法，《蹴鞠谱·二人场户》："两人对立，各用左右赚，一来一往，三五十遭，不许杂踢。"又"花心"，在《蹴鞠谱》中属"九人场户"，为一种踢法。至于一般隐语行话中亦不乏此类，如以好为"圆"，左边为"左拐"，右边为"右拐"，骂人为"冲撞"，晚为"蹴鞠梢"，靴鞋为"拐搭"，吃饭为"入气"，失礼为"穿场"等，颇富当行特色。据宋人王明清《挥麈后录》卷七记述，北宋时人高俅，初为苏轼小史，能笔札，后属枢密都承旨王铣。王铣尝遣高俅给端王赵佶送篦刀子，赵佶见其善蹴鞠，即留用身边。及赵佶即位为徽宗，对高俅优宠有加，任殿前都指挥使，加至太尉，开府仪同三司。其父高敦复得任节度使，兄高伸自言业进士，直赴殿试，后登八座，子侄亦皆为郎。也就是说，高俅以其一身球技得宠皇王，不仅一人得居高位，亲族也普遍称贵。《水浒传》第二回中，也有相似描写。仅此一斑，足见一时市井风情。

历来描述市井社会生活通俗文学，最以明清为盛，其中又不乏用及当时诸行流行市语之例。于此，仅选言称"市语"的三例。

其一，见于《西游记》第二回：

祖师又道："教你'流'字门中之道，如何？"悟空又问："流字门中，是甚义理？"祖师道："流字门中，乃是儒家、释家、道家、阴阳家、墨家、医家，或看经，或念佛，并朝真降圣之类。"悟空道："似这般可得长生么？"祖师道："若要长生，也似'壁里安柱'。"悟空道："师父，我是个老实人，不晓得打市语。怎么谓之'壁里安柱'？"祖师道："人家盖房，欲图坚固，将墙壁之间，立一顶柱，有日大厦将颓，他必朽矣。"悟空道："据此说，也不长久。不学！不学！"

其二见于《警世通言》卷三七：

当日茶市罢，万员外在布帘底下，张见陶铁僧这厮，栾四十五见钱在手里。万员外道："且看如何？"元来茶博士市语，唤作"走州府"，且如道市语说："今日走到余杭县"，这钱，一日只稍得四十五钱，余杭是四十五里；若说一声"走到平江府"，早一日稍三百六十足。若还信脚走到"西川成都府"，一日却是多少里田地！

其三，见于《儿女英雄传》第十一回：

　　却说李老、韩七两个一路上真个是小心谨慎，不辞辛苦；不但安公子省了多少心神，连张老也省得多少辛苦。沿路上并不是不曾遇见歹人，不是他俩人匀一个远远的先去看风，就是见了面说两句市语彼此一笑过去，果然不见个风吹草动。

　　例一的市语"壁里安柱"，意思是终也要朽，在文中指难得长生之道，实为一种隐喻，是歇后语。因而，这里的"打市语"之"市语"，就不是"古代行帮使用的隐语"①了。即或个中"市语"不属隐语行话，亦非直言，具有"隐"性，仍可见一时市井风习。例二称"走州府"为"茶博士市语"，即当时市井茶肆的当行隐语行话，即指借便贪取私匿钱财。即如其下文万员外所道："你一日只做偷我五十钱，十日五百，一个月一贯五百，一年十八贯，十五年来，你偷了我二百七十贯钱。如今不欲送你去官司，你且闲休！"例三的"市语"，则属江湖隐语行话，其"看风"即指观察或探查情况、动静。凡此，诸般"市语"与市井风情融为一体，其本身既为语俗，亦属市井风习事象，自可从中窥视市井诸行微观化气象。又如《水浒传》第六十一回说浪子燕青："不则一身好文绣，更兼吹的、弹的、唱的、舞的、拆白道字、顶真续麻，无所不能，无有不会；亦是说的诸路乡谈，省的诸行百艺的市语。"可知懂得诸行百艺市语，于当时也是市井中令人羡慕的一份本事，是为人处世的一种精明之道。何以如此，一时风气使然。有这种本事，即可与诸行广为交往，洞悉诸行行事，更好地立足于当世。

---

　　① 见《西游记》人民文学出版社 1980 年 5 月第二版第 16 页脚注④黄肃秋注释。

　　综上可见，隐语行话既属一种民间语俗，亦是可借以译解、透析民间文化的特别符号体系。其根本机制在于，它不仅隶属民间文化范畴，亦凝聚和运载着多种具体层面的民间文化信息。

原载《民间文艺季刊》1990 年第 4 期

隐语行话：别有洞天的民间秘密语

世界上许多语言都存在使用民间秘密语的历史或现实。不同时代、不同群体的民间秘密语，不免印有时代和群体的文化痕迹，乃至政治、经济的烙印。隐语行话，或叫民间秘密语，在汉语史上又有"秘密语""市语""切口""春点""锦语"等多种称谓，是某些社会集团或群体出于维护内部利益、协调内部人际关系的需要，而创制、使用的一种用于内部言语或非言语交际的符号体系，是一种特定的民俗语言文化现象。

当提及隐语行话时，一些人会把它同匪盗、娼、赌、贩毒、走私等犯罪活动联系起来，把这种民俗语言现象通称为"黑话"，这既不科学也不符合语言事实。实际上，除了黑社会群体外，许多社会群体都存在使用隐语行话的习俗惯制。

已故语言学家高名凯在其《语言论》中写道："有人认为在社会主义国家里，隐语是不可能存在的。他们所以这样主张，一方面是因为他们误以为隐语总是不好的东西，它是'偷儿的语言'，一方面是因为他们以为在社会主义国家里，凡事无须偷偷摸摸地做。其实，正如我们所说的，'隐语'这个术语的来源尽管是'偷儿的语言’，它的现实含义却只是带有秘密性的社团方言。隐语之是否存在，要看‘秘密行事’是否必要，不是看有没有偷儿存在。"可见，把隐语行话笼统泛称"黑话"，实在是一种可笑的偏见和误解。

教育部、国家语言文字工作委员会发布的《中国语言生活状况报告（2009）》显示，在现实社会生活中，隐语行话在众多社会群体的语言生活中仍然十分活跃，是构成其日常生活的一种言语习俗。古往今来，许多传统民间艺术和技艺大都是口耳相传，诸般技艺关系着世代的生计利害，有些甚至立下了"传男不传女"的不成文规矩，并且其中大都是用隐语行话进行传承的。

吴桥杂技业内的隐语行话跟吴桥杂技艺术一样，很早就形成了一套完整、丰富的系统，并有很大一部分进入了当地百姓的日常生活语言，同时还随着社会的发展而不断补充，如"转心子"（手表）、"夯子"（公章）、"叶子"（证明信）、"土冷子"（民兵）、"把杂"（开证明信外出演出）、"掰铃子"（打电话）、"驾灵子"（开车）等。东北二人转至今仍有数百个当行隐语行话语汇活跃在艺人群体中，是其相互交流、传授技艺的常用言语形式和习俗。例如节目叫"活儿"，曲目统称为"条"，一问一答的唱词谓之"对篇"，同行谓之"老合"，艺人相互间的尊称为"相府"，到各地演出谓之"走踅"。再如粤剧、昆曲、皮影和相声等众多的传统戏曲、曲艺群体的隐语行话亦然。隐语行话是这些行业技艺传承的重要工具和基本的信息载体。

如今，在许多社会群体的生活语言中隐语行话仍然十分活跃，是构成其日常生活的一种言语习俗。现代汉语中的"踩点儿""挂彩""绑票""出血"等，无不出自隐语行话。近年来，"大腕（蔓）儿""托儿"之类旧时隐语行话陆续进入当代的社会流行语。

　　在语言学家眼里，民间隐语行话是相对地域方言而言的又一语言社会变体。在人类学、社会学家看来，它是一种亚文化群体的语言代码，一种非主流文化现象。从民俗语言学视点来考察，民间隐语行话则是一种属于非主流语言文化的特定民俗语言现象，一个非常值得探讨的重要分支领域。

　　多学科视点的研究，显示了学术界对这一微观科学领域的关注与需要。发掘、记录、保存和保护民间隐语行话这种特殊的语言文化遗产，科学地普及同时正确引导和规范使用，也有利于维护祖国语言文化的健康发展。

　　貌似谜语一般的民间隐语行话，是人们应对纷繁复杂的社会生活而形成的语言智慧。对民间隐语行话的保存与保护将开启世人了解中国诸行百业的一个窗口，别有洞天、富有情趣。

原载《中国文化报》2013 年 3 月 29 日

隐语行话的传承与行帮群体

　　隐语行话作为行帮等社会群体的特殊语俗，其基本功能在于保守当行秘密的内部言语交际和协调、维系内部人际关系。因而，其创制、流行和传承推广都主要是在群体内部进行的，其符号体系的约定俗成和传承过程大都具有相当的封闭性。青洪帮等民间秘密社会组织，将记载会中秘密规矩和隐语行话等内容的"海底"，视为比身家性命还重要的当行最高机密物，其原因即在于此。明陈洪谟《继世纪闻》卷二："逆（刘）瑾用事，贿赂公行。凡有干谒者，云馈一干，即一千之谓，后渐增至几干几方。"像这样明代官场中表示行贿数额的隐语，除此书而外鲜见有闻，说明它也是具有封闭性的，只流行于某个特定的小圈子中。如果官场中人人皆晓，也就失去了其存在的价值。

　　隐语行话的封闭性也是相对而言的，也是有"时效性"的，及至其在行外人中传开，亦即无效了。由当行者泄露外传，是使隐语行话冲破封闭失效的基本原因。一些隐语行话从不同媒介渠道，因不同机缘而为普通语言所吸收，也就当然失去了原来固有的属性和功能。现代汉语普通话的"扯淡""窟窿""杀风景""挂彩""观风"，东北方言中的"花舌子""出血儿""踩盘子"等，均属因传承扩布过程中突破封闭性而失效了的隐语行话，并衍生为新语汇。

东北话称强盗、土匪为"胡子"，称其团伙为"绺子"，"绺子"原即胡子匪帮的隐语行话。隐语行话的流行、传承大都因行而异，又往往受当行中人主要活动地域的乡土风俗和方言的影响，即或是同一行当者，亦往往因所处地文化的关系而存在隐语行话的差异。例如在当代的流氓盗窃犯罪行帮中，同是粮票，杭州团伙的隐语行话称之为"活儿"，在广州称"钢板"，在黑龙江称"红头"，在四川称"粉子"，在沈阳称"吃的"，在上海、江苏等地又称"吃头"；即或同是四川，在成都又称"飞飞"，在重庆则称"籽籽"，等等。

有趣的是，多年主要活动于东北地区深山野林中的东北胡子的某些隐语行话，竟然与关内乃至中原的江湖行话几乎完全相同。例如清末的《江湖行话谱·行意行话》和民初吉林的《临江县志》所载当地"匪语"中，都称吸鸦片烟为"啃海草"，称马为"风子"；而且近代山西晋南地区的民间隐语行话也称马为"疯疯子"，民初印行的《切口大辞典》所载短截贼的隐语称马为"疯子"。《江湖行话谱·走江湖行话》称小米饭为"星星散"，不仅当年的东北胡子这样说，而且当代黑龙江地区的流氓盗窃团伙的隐语行话仍这样说。

东北胡匪之所以同内地江湖隐语行话有如此明显的传承关系，关键在于其群体本身的形成的历史渊源。据清末徐珂《清稗类钞》辑录的史料得知："明袁崇焕计杀毛文龙，文龙部下乃散而入海为盗，出没于辽沈、登莱间，此即胡匪之所自始也。厥后，边将孔有德、耿仲明、祖大寿等，相继叛明而降于本朝，其部下或有怀田横五百人之志，不愿寄身于降将旗下者，则亦附和为文龙之遗众，自逃于海。日久，凡亡卒悉加入之，遂成一党。……久之，胡匪有以股而结为帮者，一帮未平，一帮又起，大有野火春风之概。……或曰，胡匪行劫时，以红色涂须髯，故又名红胡子。或曰，胡匪用火枪，率以红缨塞枪之口径，及用时，拔其缨，衔诸口，远望似胡，故名。……至其同类谈话，辄用隐语，殊离奇不可解。"由此可知，东北胡匪群体及其语俗的渊源均在明末时的关内，其隐语行话的某些说法与明清及民初内地江湖隐语行话相同，恰是这一传承关系的语证。

　　由于受地域文化和时代的制约（即时空条件所限），同一行业群体的当行隐语行话可因时、空差别而异，因而一时一地的隐语行话主要是在个别群体内部流行和传承的。如明末清初典当业一至九数隐语为口、仁、工、比、才、回、寸、本、巾，民国时则是由、中、人、工、大、王、夫、井、羊，而东北则是摇、按、瘦、扫、尾、料、敲、奔、角，皆迥然不同。新人进得行来，习说当行隐语行话是必修课，否则"言语不通"寸步难行，这是一种最基本的内部传承，即行帮群体内部的传承。俗语说"隔行如隔山"，在旧时个中亦包括隐语行话在内。一如上述，有时虽为同行却也因隐语行话之别而如"隔山"。

　　同时，隔行乃至年代不同而个别隐语行话也有相同或近似的现象，如就"分"字用拆字（或兼藏字）方法构造的数目隐语"八"，就是为数不多的一例。宋代的《绮谈市语·数目门》载八为"分不刀"，明清杂货铺业至民初金钱业、饭店业均称八为"分头"，清末民初的山果业、席子业和猪行均称八为"分"。这种相同或近似并无直接的行帮传承因素，却是就"分"字拆字造语这一方式起的作用，不谋而合。

　　因方音之别造成同行隐语行话变异、历时稍久而不相通用的情况，尤其常见。清末流传于坊间的佚名氏所辑《江湖通用切口摘要》，开篇即声明："江湖各行各道，纷纷不一。切口，即隐语也，名曰春点。字无意义，姑从吴下俗音而译之，阅者原谅焉。此乃摘其常用繁者，知之则可与此辈相问答，且道途间亦自防之一补。今所记皆各道相通用者，至于各行各道另有隐切口，乃避同类而用，隐中又隐，愈变愈诡矣。"像这样以吴下俗音辑录的隐语行话，尽管是各行通用的，但对于吴语区以外也就因方音变异而不相通用了。

凡此可见，隐语行话作为民俗语言的一个特殊的封闭符号系统，其传承的封闭性与所属行帮等群体的封闭性是一致的；同其性质、功能一样，都是由维护当行群体利益所决定的。这种特殊性，恰为利用隐语行话考察各种亚文化群体及进行跨文化层次的比较研究，乃至公安工作的语言识别、言语鉴定，提供了科学依据和有价值的语料。

原载《民俗语言与社会生活·曲彦斌文集》

别有洞天独具意义的中国隐语行话博物馆

　　世界上各种语言几乎都无例外地存在使用民间秘密语的历史或现实。不同时代、不同群体的民间秘密语，不免印有时代和群体的文化痕迹，乃至政治、经济的烙印。每当涉及隐语行话时，人们往往首先把它同匪盗、娼、赌、贩毒、走私等犯罪活动联系起来，把这种民俗语言现象通称为"黑话"，既不科学也不符合语言事实。事实上，除了黑社会群体外，许多社会群体都存在使用隐语行话的习俗惯制。由于宗教、禁忌乃至游艺的需要而使用隐语行话，自古就是许多民族所共有的民俗，只不过其语言及表现的形式各有不同罢了。

　　如果用几句话来简洁明了地概括中国汉语隐语行话发生发展的历史的话，那就是：

　　　　春秋战国见发端，雅俗并用唐宋元。
　　　　空前发达明清季，一脉传承到今天。
　　　　谣诀切口和话语，语词诡谲成春典。
　　　　半明半暗未必黑，你言我语口相传。

笼统泛称"黑话"是一种可笑的偏见和误解

　　隐语行话在现实众多社会群体的语言生活中仍然十分活跃，而且是其生存或谋求生存所必需，是构成其日常生活的一种言语习俗。现代汉语中的"踩点儿""挂彩""挂花""反水""绑票""出血""撕票""上手""跳槽""眼线儿""扯淡""失风""避风头"，等等，无不出自隐语行话。近年来，"大腕（蔓）儿""走穴（踅）""托儿""腥"之类旧时的隐语行话陆续进入当代的社会流行语。《北京现代流行语》《上海话流行语辞典》这两部篇幅并不大的当代流行语专书以及徐世荣先生编著的《北京土语词典》，分别选录数十条这类语汇。语言事实说明，这种现象仍将继续下去。

　　隐语行话，或叫民间秘密语，在汉语史上又有"秘密语""隐语""行话""市语""切口""春点""锦语""市语""杂话"或"黑话"等等多种称谓，是某些社会集团或群体出于维护内部利益、协调内部人际关系的需要，而创制、使用的一种用于内部言语或非言语交际的，以遁辞隐义或谲譬指事为特征的封闭性、半封闭性符号体系，是一种特定的民俗语言文化现象。

　　已故著名语言学家高名凯先生在其《语言论》中写道："有人认为在社会主义国家里，隐语是不可能存在的。他们所以这样主张，一方面是因为他们误以为隐语总是不好的东西，它是'偷儿的语言'，一方面是因为他们以为在社会主义国家里，凡事无需偷偷摸摸地做。其实，正如我们所说的，'隐语'这个术语的来源尽管是'偷儿的语言'，它的现实含义却只是带有秘密性的社团方言。隐语之是否存在，要看'秘密行事'是否必要，不是看有没有偷儿存在。就是没有任何一个偷儿，也可以有隐语。"就现实社会而言，黑社会隐语行话与其他社会群体隐语行话的共存，均由其固有功能及文化构成之需所决定。可见，把隐语行话笼统泛称"黑话"，实在是一种可笑的偏见和误解。

在语言学家眼里，民间隐语行话是相对地域方言而言的又一语言社会变体。在人类学家、社会学家看来，它是一种亚文化群体的语言代码，一种非主流文化现象。从民俗语言学视点来考察，民间隐语行话则是一种属于非主流语言文化的特定民俗语言现象，一个非常值得探讨而又十分有趣的重要分支领域。就非物质文化遗产保护而言，又是一种跨地域、跨艺术门类和技艺行当并与之共存的"非遗"特别门类。

"非遗"的一种特别门类

教育部、国家语委发布的《中国语言生活状况报告（2009）》第二部分"专题篇"的研究报告《社会生活中的民间隐语》显示，在当代现实社会生活中，隐语行话在众多社会群体的语言生活中仍然十分活跃，而且是其生存或谋求生存所必需，是构成其日常生活的一种言语习俗。古往今来，许多传统民间艺术和技艺大都是口耳相传。诸般技艺关系着世代的生计利害，甚至立下了"传男不传女"的不成文规矩。其"口耳相传"，大都是用当行隐语行话进行传承的。吴桥杂技业内的隐语行话跟吴桥杂技艺术一样，很早就形成了一套完整、丰富的系统，并有很大一部分进入了当地百姓的日常语言生活。同时还随社会发展"与时俱进"而不断补充。如"转心子"（手表）、"夯子"（公章）、"叶子"（证明信）、"土冷子"（民兵）、"把杂"（开证明信外出演出）、"掰铃子"（打电话）、"驾灵子"（开车）等。东北二人转，至今仍有数百个当行隐语行话语汇活跃在这个艺人群体中，是其相互交流、传授技艺的习用言语形式和行业言语习俗。例如节目叫"活儿"，曲目统称为"条"，一问一答的唱词谓之"对篇"，同行谓之"老合"，艺人相互间的尊称为"相府"，到各地演出谓之"走趟"，异地艺人碰到一起无需对词就能上台合演谓之"归道"等。再如粤剧、昆曲、皮影艺人和相声等众多的传统戏曲、曲艺艺术群体的隐语行话，亦然。其他又如吉林采参业、湖北木瓦工、浙江龙泉庆元等地的"菇民"中流行的"菇山话"，福建永安豆腐、山西理发行业、当今各地古董古玩业乃至澳门博彩业，无不有各具其行业特点的当行隐语行话。明代从《事林广记》《蹴鞠图谱》《戏毡场科范》等宋元文献编辑而成的《蹴鞠谱·圆社锦语》所辑录的130多条当时蹴鞠行当的隐语行话，业已成为佐证中国是世界上足球运动发源地的重要"语言化石"。隐语行话是这些行业技艺乃至绝技传承的最重要的工具、最基本的信息载体。凡此种种，众多艺术门类和技艺行当大都属于"非遗"。这些隐语行话迄今仍是与这些遗产"共存亡"、无可替代的有效传承工具。因而可以说，民间隐语行话是一种跨地域、跨艺术与技艺行当共存的，几乎涵盖了"非遗"全部类别的特别门类。

　　中国民间秘密语的生存现状已在国际学界关注的视野。早在20世纪90年代，中国民间秘密语的濒危状况，就已经受到了成立于1924年的规模最大的国际语言学组织——美国语言学学会的来信关注。继梅州客家江湖话"下市话"，甘肃永登薛家湾人算命技艺及其业内隐语"邵句"等民间秘密语陆续入选地方政府的非物质文化遗产保护项目之后，中国隐语行话博物馆馆将是这种特殊的非物质文化遗产的全国性最集中并且是唯一的、规模性的保护基地和研究中心，自然是申报成为国家层面乃至申报入选世界层面《人类口述和非物质遗产代表作名录》、列入联合国教科文组织《世界遗产名录》《世界记忆遗产名录》保护项目的不二选择。

创建一座中国隐语行话博物馆别有洞天独具意义

通过实物、图片、模型的展示和声光电高科技手段的演示，以及人机对话等互动游戏，生动而富有情趣地揭示秘密，换个新角度了解认识丰富多彩的社会生活，普及专门知识，是发掘展示中国历史文化深层结构的一个别有洞天的窗口和显微镜，是普及科学知识破除迷信和匡正祛邪的特殊利器。

多学科视点的研究，显示了学术界和社会有关方面对这一微观科学领域的关注与需要。发掘、记录、保存各行各业的民间隐语行话，理所当然地成为隐语行话博物馆的使命。中国隐语行话博物馆的设立，既在于抢救、收藏和保护这种特殊的语言文化遗产，也在于科学地普及相关知识的同时引导正确的认识与规范使用，维护祖国的语言文化健康发展。

貌似谜语一般的民间隐语行话，可谓语言的诡谲，亦人们应对纷繁复杂的社会生活而形成的语言智慧。即如鲁迅在评论古代笔记小品《义山杂纂》时说："书皆集俚俗常谈鄙事，以类相从，虽止于琐缀，而颇亦穿世务之幽隐，盖不特聊资笑噱而已。"(《中国小说史略》) 可以说，单就隐语行话博物馆的展示来讲，无疑将为世人了解千百年来中国古今诸行百业的民间文化调换个视角，打开一扇别有洞天而又别有情趣的知识窗口。

其特色在于，专题内容特色迥异，别有洞天，独具意义的语言文化类专题博物馆，是各类专题博物馆中的奇葩，独领风骚。内容神秘、新奇而密切关联现实社会生活，是一个探秘古今社会生活多种层面的特别视窗，同样的事物在此获得新解。

特别是，如今作为首先创建的是中国乃至全世界第一座也是迄今唯一的一座中国隐语行话博物馆。该馆的建成，必将成为全国乃至世界最具规模的中国民间隐语行话信息中心、研究基地和固定的展示场馆。当然，更将自然成为颇具吸引力的一个旅游参观景点，联动相关旅游景点，其商业运作的潜质自在其中，恐怕在短时期内毋庸担忧其生存问题。

原载《文化学刊》2017 年第 5 期

陈娟探案小说《昙花梦》中的江湖隐语行话

　　所谓江湖隐语行话，即俗所谓的"江湖黑话"，江湖上称作"春典"，是流行于一些民间秘密社会群体的民间秘密语，是其用以保守当行秘密、维护本群体利益的一种重要手段。同时，还具有识别相互身份和协调其内部人际关系等功能。

　　在漫长的中国历史中，一直存在有形形色色的民间秘密社会群体，江湖隐语行话则属这种亚文化群体语俗的一个层面。明清以来辗转传世的《六院汇选江湖方言》《江湖切要》《江湖通用切口摘要》《江湖紧要》《江湖行话谱》等，均为一时江湖隐语行话的专集。

　　文学是以社会生活为本的语言艺术，因而适当选用某些江湖隐语行话，也是表现一些特定生活题材的艺术需要。题材多涉下层社会风俗生活的元明戏曲、明清小说，乃至属于民间文学的明清民歌时调等，均不乏选用江湖隐语行话。评书《说唐》、历史小说《李自成》，以及以智剿东北匪帮为题材的现代小说《林海雪原》等，都有恰到好处地选用江湖隐语行话的精彩片段，给读者留下了深刻的印象。至 20 世纪 80 年代，中国文坛上又一选用江湖隐语行话的成功作品，是 1981 年由福建长乐县移居香港的陈娟女士的长篇小说《昙花梦》。

文学是语言的艺术、生活的写照，而语言则是思想与生活的直接现实。江湖隐语行话是适应特定言语交际需要的语言变体，透过它可以揭示当行秘密，解析当行人物的价值取向和内在心理活动。切实根据小说题材、人物背景和故事情节的艺术需要，适当选用一些当行隐语行话以增强立体的生活实感，而不是借以作为刺激读者的猎奇、新异心理的语料随意滥用，这是选用得体、成功的首一点。例如，小说中的男主人公是 20 世纪 40 年代南京警察厅的刑事科长程慈航，是一个精明干练、富有经验的刑事警官。为了表现这一点，作者不仅设计、构建了许多令人叹服的精彩故事，还选取了一些切合题旨与情节的江湖隐语行话，将之得体、自然地穿插于对话之中，使之生动富于实感。试看作者为程科长安排的下面两段对话：程科长说："是的，这门学问的确很复杂，很奥妙，但是它不能登大雅之堂，所以历史上还没有盗窃学的专著。我举一个很简单的例子，单从盗窃学分类来说，就很有研究的价值。目前盗窃可以分为三种：有黑线、白线和锦线。黑线着重于夜间行窃，如'拨闩子'、'开窦子'、'上天窗'、'滚地龙'、'钓鱼'、'灯花'、'插香'之流；白线着重于白日行窃，如'闯门子'、'跑台子'、'露水'、'扒窃'之流；锦线在三线中算是最高者，技能掌握白线的各种技术，又能不拘形式，出入于上流社会交际场中，见机行事，巧取豪夺，不露痕迹。"

程科长接着说："各种盗窃还有他的帮派及其各不同的特性。我们研究了这些，就能掌握方向，以便对付。今天因为时间关系，我只举一个例子，比如说，'开窦子'这一行，看他挖洞的形式，我们就晓得是哪一帮干的。洞的形状像蝴蝶，像蝙蝠，这都是本京的黑线干的，叫作'本京窦子'。洞的形状像倒置三角形，上大下小，这是汉口、九江一代的黑线干的，叫作'上江窦子'。……"

显然，读过这两段穿插有隐指各种具体盗窃犯罪手段的当时宁沪一带江湖黑道隐语行话的对话，一个有丰富侦探经验的精明警官形象即跃然纸上了，为读者刻下了深刻的印象。同时，小说开篇中的这一细节描写，恰为后面众多引人入胜的侦破故事的展开，和对这位刑警形象的塑造与深化，做了极好的细节性铺垫。不难设想，如果将上面自白式对话中的隐语行话换以常语，无疑要变得平淡寡味许多，失去其生动性与实感。

江湖黑道使用隐语行话的直接目的，在于隐蔽作案和自我保护，而刑侦人员熟稔地掌握并使用这些隐语行话，则属反其道而行之，在于发现揭露犯罪和打击罪犯，是以其道攻其身的有力手段。在文学作品中选用有关语料，则是出于表现这两方面内容而使用的艺术"道具"。

言为心声。也许正是这个道理，惯匪往往满口黑话，不外是自然流露，习惯使然。《昙花梦》作者是深知这一点的，她为小说中的惯盗、海派扒手主舵人阿常设计的一段自白性对话即可为例："我是上海浦东人，名刘阿常，这次来到南京作案，已有半个月了。全组四个人，穿走于新街口至山西路之间，不幸接连失风，下面'副手'和'传手'相继被捕，现在只剩下两个人。由于缺员太多，下手不灵，前几天，我的另一个副手当时为了掩护我的安全暴露了，跌在队长部下严组长手里，我自己也被他照过面。第二天我就被他跟上了，连我的草窝都被他踩到了。……"

个中，"失风""草窝"，即为当行表示暴露和临时落脚处的隐语行话。而这些话却是其向警方自首时所言，显然是一种习惯性的自然流露，切合身份个性。

与此相反，刑警程科长同黑道人物打交道的对话亦不时穿插一些当行隐语行话，则属居高临下是实力与机智的表现，亦切合身份个性，为艺术情节、效果所需要。如例：程科长见对方并没有否认自己的名字，也没有否认江湖上的绰号，他的胆子大了起来，笑说："花小姐，你太过奖了！你临危不惧，沉着应战，真不愧是个当代的锦线人物，我甘拜下风。刚才我对你那样不礼貌，请你原谅！现在外面风声太紧，不得不争分夺秒，实在迫不得已才来这一手，因为上海七卡拉钻戒案件'炸'了，上海的'剑子'、'牌子'到了许多，如果我不捷足先登，肯定落入别人手中，那就更麻烦了！"

个中之"炸"（事发）、"剑子"（警官）、"牌子"（探员）等，悉为当行黑道隐语行话。

戏剧舞台上，诸葛亮手持羽毛扇，关云长使的是青龙偃月刀，张翼德执的是丈八蛇矛，不同人物各有其特定的兵器道具。小说中，警匪同言黑道隐语行话，是切合情节、人物的需要，亦符合其个性与真实，因而作者选来用作艺术"道具"。隐语行话的个性以群体性为基点。否则，一人一套隐语行话，就毫无实际意义了。一部《昙花梦》穿插有数十个20世纪40年代宁沪黑道的隐语行话，除上述外，又如"过天星"（流窜作案的）、"触电"（被察觉）、"一票生意"（做一桩案）、"把风"（放哨）、"底线"（打入对方内部的探子）、"庙"（警察局）、"堂"（家）、"舵把子"（头目）、"窝子"（隐蔽的据点）、"线上"（黑道）等等。这些语料选用得切合实际，得体，自然，为全书的成功增色许多，成为该书内容的一个有机组成部分。其效果，即如朱居易《元剧俗语方言例释·自序》所云："元剧在当时之所以能普及大众者，主要原因之一，就使他充分利用了人民大众的口语方言；但使其曲生动者，则为其丰富多彩的俗语。

其中有谚语，有市语，有趣语，有双关语，有谐音语，有歇后语，有外来语，一语之妙，全剧生色，不特加强了该剧的艺术性，同时还增添了该曲的音乐美。"换言之，《昙花梦》选用江湖隐语行话之妙，即在于使全书生色，增强了该书的艺术效果。

陈娟女士写作《昙花梦》以及选用江湖隐语行话的成功，绝非偶然。除其相当的文学艺术修养外，尚有相应的生活基础可依。这就是香港评论家巴桐先生于是书卷首所披露的，其父陈可友先生曾是 20 世纪 40 年代南京警察厅的一名科长，时年 20 多岁，专责刑事盗窃、桃色命案。他曾亲手侦破过喧嚇一时的马歇尔汽车被盗案，颜料大王姨太太价值 400 两黄金的钻戒案，朱家骅公馆被窃等巨案，因此一时名噪大江南北，乃至有"中国的福尔摩斯"之称。这些，正是《昙花梦》故事素材的原型和主要人物形象的由来。

由于多年从事民间秘密语等民俗语言研究的关系，读过《昙花梦》之后，写出如上感想，就教于同好诸君。同时，也期望陈娟女士继续有佳作面世。

历代隐语行话中的神秘数

——《中华民族数文化》选录

　　数的崇拜与禁忌，为数笼罩上了具有历史文化传统渊源的神秘色彩。隐语行话中的秘密数，也是很神秘的，然而这是具有防止外行人听得懂的现实功利作用的另一种人为神秘性，对于内行中人，却是极明白不过的事。

　　宋·邵博《闻见后录》卷十七载："钱昭度有《食梨》诗云：'西南片月充肠冷，二八飞泉绕齿寒。'予读《乐府解题》井谜，云：二八三八，飞泉仰流，盖二八三八为五八，五八四十也，四十为井字。"这是以数谜符号入诗之例，即将"井"字析为四个"十"字，而以数字"二八"代之，向谓"隐语"，但这种隐语是一种数字游戏，并非属我们这里讲的民间秘密语性质的"隐语行话"。民间秘密语历来称谓颇杂，如切口、春点、黑话、市语等等。而民间秘密语中的秘密数码，又有"暗码"之称。就目前所见到的文献记载及实例，中国的民间秘密语当起自唐宋而盛于明清之季。民间秘密数码，亦循此历史。

　　民间隐语行话之兴，首先始于社会秘密组织与各种职事集团。这些秘密组织与行社，出自保守本集团秘密，维护本集团利益及协调内部人际关系的需要，创制并流行了具有各自当行职事特点的内部语言，用以部分地取代通用语言材料，这就是民间秘密语。无论叫什么，乃至造法各异，其功能、性质是一致的。这其中，数目则属非同小可的必须保密内容。因而，各种使用隐语行话的大都有着自己的秘密数码系统，有的甚至还比较严密。各种社会事物的产生，均有其特定的社会历史背景，而各种社会集团所使用的隐语行话，又是一种特殊的社会文化形态，是该集团的特殊语俗。这种特定集团特殊语俗中的秘密数，当然也是民族数文化习俗的特别形态。

唐宋时代，"毗鞠之戏"亦即踢球，颇盛行一时，连妓女也会踢球作乐。宋徽宗即因赏识落魄的无赖子高俅踢球技艺出众，而将其提拔为太尉。至明代亦然，世情小说《金瓶梅》中，应伯爵、谢希大、李铦内等，都踢得一脚好球。而且，其踢球的民间结社亦沿用以前旧制，谓之"圆社"。源自宋代的《蹴鞠谱》一书所辑《圆社锦语》，即当时踢球当行的隐语行语。在《圆社锦语》中，就录有两套秘密语数码，如例：

第一套：一为孤，二为对，三为春，四为宣，五为马，六为蓝，七为星，八为卦，九为远，十为收。

另一套：一为解数，二为勘赚，三为转花枝（当为转枝花），四为火下，五为小出尖，六为大出尖，七为落花流水，八为斗底，九为花心，十为全场。

除其第一套数码隐语与宋·陈元靓《事林广记续集》卷八所录《绮谈市语》中两套中一套基本相同，属当时市中流行一时者外，第二套则多具"圆社"当行特点。如"解数"（一），本指武术套路，在蹴鞠戏中，则指蹴鞠术了，如《圆社锦语》原有注云"坐蹬十三解未写"；即指十三种当行技法。又如"勘赚"（二），则是一种二人踢的专名，如该书另有"二人场户"一条称："两人对立，各用左右赚，一来一往，三五十遭，不许杂踢。"① 凡此，悉可印证当时一时风俗，乃至某些具体事象。这是迄今所见到为数不多的最早民间隐语行话专集之一，其当行所用数码隐语即有两种，且颇具本行特色。

今所见的另一种宋代民间隐语行话专集，是陈元靓《事林广记续集》卷八所辑录的《绮谈市语》，也有两套数字隐语。除一套与《圆社锦语》中前套略同外，第二套亦颇有特色，悉采取析字离合方法构成。如例：

> 一为丁不勾，二为示不小，三为王不直，四为罪不非，五为吾不口，六为交不七，七为皂不白，八为分不刀，九为馗不首，十为针不金。

既有趣，而又有规律可循，易于记诵和流传。至于两集共有的那一套，亦大体有道理可寻。如以一为"孤"，乃一有单一、孤单之义；以二为"对"，二者，成双成对；以三为"春"，是"春"中藏"三"；等等。凡此，可见唐宋社会一时风情习趣，乃至市井生活风貌一斑。

明代田汝成所著《西湖游览志余》卷二十五《委巷丛谈》载："有曰'四平市语'者，以一为'忆多娇'，二为'耳边风'，三为'散秋香'，四为'思乡马'，五为'误佳期'，六为'柳摇金'，七为'砌花台'，八为'霸陵桥'，九为'救情郎'，十为'舍利子'。"

---

① "赚"，《说郛》本作"嫌"。钱南扬教授认为，当作"赚"，作"赚"乃形近而误。详见《汉上宦文存》第 122 页，上海文艺出版社 1980 年 8 月第 1 版。

均采用首字与数字音近或谐音的三字俗语为之，通俗、风趣，便于记诵。同是明季社会，行院中数字秘密语则又一种样式、格调，别有风景。《行院声嗽》亦载有两套数码，一种与《圆社锦语》《绮谈市语》共有的一套相同，可知不仅有历史传承关系，亦属旧时诸行通用，既有传承性，亦有共通性。同时，又存在差别性，这就是另一套行院专用数字隐码了；即：一为寒，二为利，三为淀，四为组，五为掘，六为揉，七为鞋，八为敲，九为弯，十为接。

在成书于明清之际的《江湖切要》①中，辑录了明清时并行流行的两套数字隐码：一为刘，又为流寅；二为月，又为月卯；三为汪，又为汪辰；四为则，又为执巳；五为中，又为中马；六为人，又为人未；七为心，又为辛申；八为张，又为朔酉；九为爱，又为受戌；十为足，又为流执。两套数码在构造上，多在字形、字音上存在一定连带关系。

至清朝，翟灏所著《通俗编》卷三十八《识余》，所辑诸行数码隐语，已比较丰富，大略可以显示出一代市井风貌，亦足见这类数码之发达。试看下例：

米行　一为子，二为力，三为削，四为类，五为香，六为竹，七为才，八为发，九为丁，十为足。

丝行　一为岳，二为卓，三为南，四为长，五为人，六为龙，七为青，八为豁，九为底。

绸续行　一为叉，二为计，三为沙，四为子，五为固，六

①一名《江湖切》，清光绪十年吟杏山馆又有卓亭子删订本《新刻江湖切要》，我有此校点本，收入拙著《语言文化的一个神秘世界——隐语行话与中国社会论析》一书下卷，系《中国语言文化丛书》之一，辽宁大学出版社1989年出版。

为羽，七为落，八为末，九为各，十为汤。

线行　一为田，二为伊，三为寸，四为水，五为丁，六为木，七为才，八为戈，九为成。

铜行　一为豆，二为贝，三为某，四为长，五为人，六为土，七为木，八为令，九为王，十为合。

药行　一为羌，二为独，三为前，四为柴，五为梗，六为参，七为荃，八为壳，九为草，十为芍。

典当　一为口，二为仁，三为工，四为比，五为才，六为回，七为寸，八为本，九为巾。

估衣铺　一为大，二为土，三为田，四为东，五为里，六为春，七为轩，八为书，九为籍。

道家星卜　一为太，二为大，三为蒙，四为全，五为假，六为真，七为秀，八为双全，九为渊。

杂货铺　一为平头，二为空工，三为眠川，四为睡目，五为缺丑，六为断大，七为皂底，八为分头，九为未丸。

优伶　一为江风，二为郎神，三为学士，五为供养，六为么令，七为娘子，八为甘州，九为菊花，等等。

纵观这些当行数码隐语，虽有少量的属隔行通用，如以七为才，至少通行于米行、线行，典当以七为寸，或属字形微变；而诸行数码隐语大都不同，亦是俗语说的"隔行如隔山"之理。在构造上，有些颇具当行职事特点。如药行分别以羌活、独活、车前子、柴胡、桔梗、人参、茯荃、枳壳、甘草、白芍十味药材的省字，作为本行一至十十个数码的隐语名称，民族情调及行业特点相当鲜明。又如优伶一行，分别以首字是相应数字的三字句末二字作为一至十十个数字的隐码。其中，"一江风""二郎神""六么令""八（声）甘州""十段（样）锦"等，均为曲牌。非但行业特点鲜明，而构思巧妙，别有一番情趣，非从此技艺名实难有此妙语。此外，有些行业的数字隐码，在构造上充分运用了汉字结构特征。如杂货铺即是，平头、空工、眠川、睡目、形丑、断大、皂底、分买、未丸，或者运用析字手段，或者摹状字无结构，将汉语数字造型特点得以充分发挥，足见小商贩们的机智与情趣。

明清季，是中国民间秘密语最为盛行的时代，今存清末民初以来诸行百业的隐语行话资料颇为大观，究其实，多为明清时的遗制。而且，诸行数码隐语亦丰富多彩，成为考察中国民间数文化极为有趣而又珍贵的口碑史料。于此，且举例若干。

江湖上巾、皮、瓜、李诸行　一为留，二为越，三为汪，四为则，五为中，六为仁，七为信，八为张，九为爱，十为足。与以往诸行比较，多有交叉。

丝铺　一为汪提，二为宝儿，三为纳儿，四为箫字，五为马儿，六为术儿，七为才儿，八为古儿，九为成儿，十为药花；十一为田汪，二十二为重求，三十三为重尺，四十四为重晓，五十五为重丁，六十六为重木，七十七为重才，八十八为重古，九十九为重成，百为文关，千为汪正，万为汪糙；等等，颇成系统。

金银业　一为口，二为介，三为春，四为比，五为正，六为位，七为化，八为利，九为文，十为成。与《通俗编》所录铜行数码隐语，多有相同。

银楼　一为钱，二为衣，三为寸，四为许，五为丁，六为木，七为才，八为奇，九为长。

绸缎庄　一为夏，二为料，三为推，四为钱，五为文，六为头，七为病，八为花，九为礼，十为瘺。

金线业　一为欠丁，二为挖工，三为横川，四为侧目，五为献丑，六为断大，七为皂底，八为分头，九为少丸，十为田心。

衣庄　一为口，二为月，三为太，四为土，五为白，六为田，七为秋，八为三，九为鱼，十为无。

南货铺　一为吉，二为如，三为甘，四为利，五为古，六为竹，七为兴，八为法，九为有，十为王。大多选以同韵字构成隐码。又，与《通俗编》所录典当隐码相近似。

地货铺　一为老一，二为如毫，三为嵊丁，四为方字，五为折浪，六为茄浪，七为仙浪，八为扫浪，九为迁浪，十为药花，十一为索酌，十二为吉如，十三为索南，十四为索苏，十五为水满，十六为索茄，十七为索西，十八为索考，十九为索浅，二十为如毫，二十一为负酌，二十二为重如，二十三为赖南，二十四为赖苏，二十五为赖拆，二十六为赖茄，二十七为赖线，二十八为赖考，二十九为赖迁，三十为嵊色，三十一为嵊酌，三十二为嵊如，三十三为重嵊……余可类推。悉以二字隐语为数码，蔚成系统。

陆陈业　一为常，二为落，三为几，四为时，五为麦，六为重，七为春，八为伏，九为求，等等。

豆麦业　一为勺，二为排，三为川，四为方，五为香，六为伦，七为戳，八为颠，九为欠，十为席。与陆陈业相近，而别有数码隐语。

古董业　一为由，二为申，三为人，四为工，五为大，六为王，七为主，八为井，九为羊，十为非。

皮裘业　一为坦底，二为抽工，三为眠川，四为杀西，五为缺丑，六为劈大，七为毛根，八为人开，九为未丸，十为约花。悉以析字及摹状字形为构造。

顾绣业　一为偏，二为时，三为习，四为言，五为百，六为俄，七为之，八为水，九为越，十为旦。

另剪业　一为企，二为洒，三为西，四为生，五为苦，六为意，七为哈，八为即，九为绣，十为球。

布正业　一为主，二为丁，三为丈，四为心，五为禾，六为竹，七为见，八为金，九为页，十为马。

茧行　一为烟，二为足，三为南，四为常，五为马，六为青，七为尺，八为边，九为脚，十为台。

铜锡业　一为旦，二为衣，三为寸，四为口，五为丁，六为龙，七为青，八为戈，九为欠，十为田。

粮行　一为席，二为林木，三为各，四为甲，五为为时，六为文，七为眼上，八为言尖，九为贺路，十为丑。

棉店　一为了，二为败，三为川，四为晓，五为丸，六为龙，七为汤，八为千，九为边，十为欠。

贩猪行　一为平，二为竹，三为春，四为罗，五为语，六为交，七为蛇，八为分，九为旭，十为老平。

贩耕牛行　一为加，二为田，三为南，四为苏，五为破，六为早，七为昔，八为寸，九为头，十为老加。

海鱼行　一为了，二为足，三为南，四为宽，五为如，六为满，七为青，八为法，九为丁，十为料。

鲜鱼行　与海鱼行一至八相同，而九为底，十为色。当属令体行相近。

米店　一为只，二为祥，三为撑，四为边，五为母，六为既，七为许，八为烘，九为欠，十为阿。

邮局　一为横杠，二为重头，三为堆头，四为天平，五为歪身，六为平肩，七为差肩，八为拖开，九为勾老，十为满头。

山果业　一为集，二为道，三为听，四为西，五为来，六为滚，七为限，八为分，九为宿，十为色。

老虎灶　一为豆，二为贝，三为台，四为长，五为人，六为耳，七为木，八为另，九为王，十为合。

成衣匠　一为欲记，二为饶记，三为烧者，四为素之，五为鹤根，六为落笃，七为徐，八为博氏，九为党尤，十为拆。

贩席者　一为气，二为西，三为沙，四为苦，五为球，六为屋，七为色，八为分，九为旭，十为架。

裱画业　一为意，二为排，三为昌，四为肃，五为为，六为龙，七为细，八为对，九为欠，十为平。

骤漆业　一为代，二为刚，三为川，四为风，五为輂，六为劳，七为先，八为扁，九为求，十为加。

贩人参燕窝者　一为谦，二为薰，三为项丁，四为孝郎，五为尺郎，六为局郎，七为仙郎，八为少郎，九为欠郎，十为药花，十一为叔扎，十二为叔薰，十三为叔项，十四为叔晓，十五为子母，十六为竹节，十七为叔仙，十八为叔考，十九为叔欠，二十为字号，二十一为赖札，二十二为重度，二十三为赖项，二十四为赖孝，二十五为赖办；余此类推，自成体系。

道士　一为人，二为利，三为西，四为底，五为圆，六为隆，七为青，八为昌，九为湾，十为人式。

文王课者　一为演寅，二为月卯，三为汪辰，四为执巳，五为中马，六为人未，七为辛申，八为朔酉，九为受戌，十为流执，等等，是旧时吃江湖饭者所通用的数码隐语，多行共用。

茶担夫　一为料丁，二为利丁，三为财帛，四为苏丁，五为风流，六为晓丁，七为青时，八为托大，九为湾丁，十为成色。

戏班　一为只，二为蛋，三为阳，四为梨，五为模，六为龙，七为踢，八为扒，九为秋。

赌场　一为项张，二为子张，三为吃张，四为出牌，五为对煞，六为成功，七为清一式，八为砌牌，九为抓牌，等等，悉以赌场玩牌用语创制，独具一行特色。

收旧货的　一为口，二为人，三为工，四为比，五为才，六为渭，七为寸，八为本，九为金，十为首。

贩玉器的　一为旦，二为竺，三为清，四为罡，五为语，六为交，七为皂，八为未，九为丸，十为章。悉以各字所藏汉语数字为本，采用的是析字方法，反之则若藏词。

有些行业，不同地区的同行之间，所用的数字隐码也有所区别，如旧日昆明收旧货行业所流行的即与上述迥异。在昆明收旧货行业中，一为逗，二为倍，三为母，四为长，五为拐，六为土，七为兆，八为财，九为湾。这是什么原因呢？"同行是冤家"。民间秘密语不只有对行外人的封闭性，亦具有地区封闭特点。原则上讲，每一社会集团或群体所流行的隐语行话，都是一个相对独立而又封闭式的特别符号系统。无论民间秘密团体，还是各种工商行业群体，用以表示时间、日期及各种事物数量的数目，向来属于基本的核心机密。这就使得各类数字隐码，成为诸行隐语行话的重要基础内容。

这种特定的"数语"，因其流通范畴有限，加之又很少用作运算符号，因而一般不为数学家所注重。然而，作为一种直接与"数"相关的文化现象，一种中下层社会的数习俗，却理应在民族数文化史中占有一隅席位，否则将是不完整的。尊重历史事实，即应正视这一现象，在理论上给予必要的阐述。

在各类社会事物中，用数字作为代号、标志或称谓的情况，不胜枚举。而作为一种习俗惯制，也直接被运用于以数字制造秘密语，甘柏兹（J.Gumperz）在《社会语言学与小型集团中的交流》文中认为，乔姆斯基的语言学理论"抓住了人类语言过程中的内在创造性，这种创造性使人类的语言过程区别于非人类的符号系统"。[①] 可以说，将一种语言的通语的一部分，人为地转换成特定需要的符号集合，成为更深层次的语言材料系统，也是人类语言过程中的特别创造。马克思说："语言和意识具有同样长久的历史；语言是一种实践，既为别人存在并仅仅因此也为我自己存在的、现实的意识。语言也和意识一样，只是由于需要，由于和他人交往的迫切需要才产生的。"[②] 民间隐语行话及数字隐码的出现，则是一种深层次的现象，也是一种内部交际的需要。运用数字手段构造隐语行话，既是需要也是创造。

旧时，纸铺隐语行话称切都纸为"五千"、北都纸为"六千"，泥水匠行话称黄泥为"十一"，江湖各行隐语称道士为"廿一"、和

[①] 见于《社会语言学》第 204 页，企鹅出版公司 1972 年出版。转引自俞建章、叶舒宪《符号：语言与艺术》第 6 页，上海人民出版社 1988 年 4 月第 1 版。

[②]《马克思恩格斯全集》第 3 卷第 34 页，人民出版社。

尚为"廿三"、师姑为"廿四"、赢为"十五"、输为"十六"、未嫁
女子为"二五"，等等，都是以数字作秘语。有的，也以数量词或
加名词创制秘语，如洪门帮会秘语中的"三节竹"（洪门三合会收
人之谓）、"八面子"（风）、"一枪药"（只有一次本钱）、"半壶水"
（又曰半吊子，即是不讲情义的人）、"一根"（即是一人，多则类
推）①，等等。在当代香港黑社会组织的黑话中，也存在这类黑话代
号，如"四八九"为大路元帅即堂主，"四三八"为二路元帅即副
堂主，"四二六"为红棍即打手，"四一六"为白纸扇即师爷，"四
三二"为草鞋即通报员，"四九仔"则指新入伙者。②

　　对此种种，我曾说过："以暗码数字入秘密语，以明码数字创制
秘密语，是乃民间秘密语独辟蹊径的别一门数学分支。"③这是在民
族文化史上自有其价值的数习俗现象，并已超越了其作为一种语言
形态或数学形态的本体，去掉其神秘的纱袍，则可略窥本来面目，
再加以剖析，即能了解本质。

---

　　①见刘联珂《中国帮会三百年革命史》，澳门留园出版社 1941 年出版。台湾文海
出版社《近代中国史料丛刊》第八十八辑本第 158—159 页。
　　②（香港）剑鸣《黑社会猖獗》222 页，见《深圳日报》1985 年 12 月 3 日第匹版。
　　③《中国民间秘密语》，上海三联书店 1989 年出版。

传统镖行的规矩和隐语行话

——《中国镖行：中国传统保安行业史略》选录

　　隐语行话，或谓民间秘密语，是某些社会集团或群体出于维护内部利益、协调内部人际关系的需要，而创制、使用的一种用于内部言语交际的，以遁辞隐义、谲譬指事为特征的封闭性或半封闭性符号体系，是一种特定的民俗语言现象。[1] 使用隐语行话，是旧时诸行各业习见的语俗，是一种行业文化形态。

　　中国镖行，作为一个曾兴盛过数百年的民间行业，也曾有过当行隐语行话，并且是走镖活动中除武功之外的又一主要实用手段。一位好镖师，既要精于武功，又必须掌握当行隐语行话，方可谓文武齐备。清代镖行中流传说："虽然力勇武艺强，江湖话儿要说讲。遇事稳开口，总要升点把簧。"又说："会全生意要知江湖话，才能称起江湖班。四大部州，三教九流，八大江湖，校里二行，有一不明是未全。"可见掌握当行隐语行话的重要。而且，陆路行程走镖与护院保镖等当行行事各有其隐语行话。

　　如《全国各界切口大词典·行程保镖者之切口》：

---

[1] 详见曲彦斌《中国民间隐语行话》第 7 页，新华出版社 1981 年出版。

向瓜：行程保镖者。

瓜行：镖局也。

沙：主人也。

风：有盗也。

麻：有家人也。

招风：镖旗也。

弓皮：急也。

倦千：缓也。

麻牵：偷看也。

度堂：坐也。

破赌：不识取笑也。

固嵌角：结交朋友也。

献红：火烧也。

踏瓢：下船也。

上背手：骑马也。

钻窑：到人家门也。

唸旦：不言也。

灼炭：趴灰也。

拿卯：拐龙阳也。

养马：妍识女人也。

溜海：燕好也。

挨斗：卖女也。

挨身：自卖自也。

羊盘：不切晓也。

半亮：晓得不全也。

衍生：不在行之人也。

闷东：气也。

古贵：恼也。

西方亮：腹饿也。

盈腹：饱也。

是：在也。

漂流：不在也。

咬七：渴也。

山透：酒醉也。

再如《全国各界切口大词典·住宅保镖者之切口》：

坐池子：住宅保镖也。

走沙：不利于主人也。

暗由：更也。一更为一暗，由余推此。

落扇：坚闭门也。

拔盘：隐伏也。

隐生：放暗器也。

边江子：唱道情之人也。

漂火头：道士送符也。

吊浸水：道士和尚化缘也。

飘生：剃头也。

削青：剃头也。

诳盘：洗面也。

潮龙：洗浴也。

按摩：做痒也。

扳：挖耳垢也。

拣尸：敲背也。

裁皮：剔脚也。

跳：卖物也。

跳酣公：卖糖也。

跳烟头：卖香者。

跳顶公：卖帽者。

跳符恳：卖假货者。

实赞：真货也。

请空：橡光者。

又如清末民初北平打磨厂学古堂印行的《江湖行话谱·保镖护院行话概略》：

保镖为站一线之地，护院为站一塔之地。若有人来问，"走的哪个字"，"走的'喝武'二字"。保镖行遇大盗，说："前边有恶虎拦路，是朋友早早闪路。"若不闪路，上前搭话："朋友听真，搬鞍认镫，从念荣华，高台亮走。"贼若不走，再进步："你在林里，我在林外。走镖走高，俱是出家。僧门两道，回汉两教。绿林线上，咱们俱不能分家。要是分家，万万不能。朋友吃遍天下。留下一线之地，让于兄弟吃吧。"见横道有人，喊："大梁麻撒，哈武！"（"麻撒"是小心留神的意思。）路沟有人："涧演麻撒，哈武！"见窑："盆里麻撒。"见窖："玄武麻撒！"见坟："孤堆麻撒！"见庙："神堂麻撒！"进街："还桶子"。见街上有人："哈武！桶子里麻撒。"胡同有人："袖里麻撒。"胡同口有人："岫麻撒。"房上有人："云棚麻撒。"院里有人："池里麻撒。"大便为"挽山"，小便为"挑杆"。井为"阴洞子"。出村为"出桶子"。喝酒为"搬山"。喝茶为"押林"。要菜为"盘海子"。吃饭为"饥"。馒头为"气罗"。饼为"穴罗"。包子为"蒸罗"。羊肉，"孤冉模蛇"。鸡为"尖嘴模蛇"。鸭为"扁嘴模蛇"。鱼为"分水模蛇"。面为"撕龙"。南，阳。北，墨。东，倒。西，妾。贼拨门，为"拨锋"。从窗户进，为"腕眼"。下雨，为"罗相员津"。出太阳，为"闪天眼子"。若行路有大贼盘道，贼说"好肥羊"，答"羊肥角牴硬"。贼说"有狗无狗"？答"那里狗咬"。贼说"一群好虎"，答"那里猫叫"。如遇贼有问路的，答"前边有路后边有路"。明亮香甜，为"招苏"。金子为"各豆"，银子为"蒙古"。贼自退走。贼说"好肥肉"，答"肉肥尝头多"。贼说"好寺院"，答"有住持"。贼亦不敢进前。

因而，除业内口耳相传、传钞外，坊间还印行多种江湖隐语行话秘籍。如《新刻江湖切要》《清代镖行江湖隐语行话秘典》《出门切口江湖秘诀》《江湖切口要诀》等等，以备不时之需。

中国镖行的隐语行话具有如下一些特点：

第一，是当行除武功而外的两大主要保镖手段之一。许多行业的从业者只要首先掌握了基本当行技能即可操作，隐语行话虽然也是其必备知识，但可以在实际操作中逐渐掌握。然而对于镖师来说，不掌握运用当行隐语行话便寸步难行，走不了镖，无法同夺镖者对话，更不能化干戈为玉帛、化险为夷。

第二，镖行的隐语行话多采自江湖通用语，而不是当行固有的全封闭体系。这是因为，镖行将此作为同匪盗沟通信息、联络江湖义气的必备方式，因而只有采用江湖通用的隐语行话，双方才听得懂、答得上，又显示了自身的江湖人身份，即彼此都是走江湖的，可互相关照一些。这就是镖行中人所说的："保镖的光会武艺还不行，必得学习行话。当时买卖家各行各业，都有行话，镖局子也有镖行的行话。不过，镖行的行话，不仅是在同行之间应用，主要是和江湖上的贼人见面，必须用行话交谈。这种行话，我们叫作'春点'，一般人就称之为'江湖黑话'。镖行和贼打交道，首先得会'春点'。彼此拉交情，镖行必须和气，光凭武艺高强，想制服他们，那还是不行。"①

第三，一般行业的隐语行话主要用以协调内部人际关系、避免行外人知，而镖行的隐语行话却在于协调同对方的群体间关系，强调的是对外交际功能。究其实质，一如以金钱贿赂沿途匪帮那样，也是一种"软镖"手段。

上述镖行隐语行话的三个基本特点，是由其行业的功利性决定的。

镖行的隐语行话，主要为两种形态，一是语词形态，二是套语。

语词形态的隐语行话如：唱戏的，即保镖；唱，即叫号；眼，即镖旗；天平，即行囊；蛇腰，即钱褡裢；行究，即包袱；念团，即别说话；神堂，即寺庙；孤堆马，即坟；天高，即晴天；明路，即天黑；葫芦，即嗓子；标古，即小绺；芒古，即贼；古堂，即庙；窑，即房子；洞子，即店；线，即道路；井，即城里；对牌，即见面；鞭把，即打架；名念，即好人；成破点，即商人；土彦子，即风水先生；坐点，即相面的；彩力子，即变戏法的；明条子，即唱

———————
① 李尧臣《保镖生活》，刊《文史资料选辑》第 75 辑，文史资料出版社 1981 年出版。

戏的；扛子把，即轿夫；轮子拖，即赶车的；青子，即小刀；海片子，即大刀；苗子，即花枪；踢土，即鞋；登空，即套裤；等等。

镖行套语，即常见的江湖盘道隐语行话形式，有问有答。如对方问："穿的是谁家的衣？"要答："穿的是朋友的衣。"若问："吃的是谁家的饭？"要答："吃的是朋友的饭。"首先要表达的意思是，彼此都是一师所传，都是走江湖的，大家当以江湖义气为重。陆路行程走镖、水路行程走镖、护院保镖等，多流行不同的套语。

陆路行程保镖

陆路走镖，除例行喊镖号、插镖旗外，就是要眼观六路、耳听八方，时刻注意发现可能出现的异常情况，以防不测。一路上，山、水、林、桥、坟、庙、人家、集市等，均可能有贼潜伏。同时，还要注意观察路上是否设障或异常迹象。发现异常情况或前方有需注意防范之处，镖头都要随时提醒诸镖师。遭遇匪盗，首先由镖头上前施礼交涉，恳请放行，实在不允，则指挥众镖师与之拼争，赢则闯过去，败则退回另想办法。

试看《江湖走镖隐语行话谱》所载有关规矩：

> 看见房上有人，喊"哈武，云片马撤着，哈武哈哈武我"。看胡同有人，喊"哈武，袖里"。往东看，喊"哈武，倒念麻"。往西看，喊"哈武，窃念麻"。往南看，喊"哈武，阳念麻"。往北看，喊"哈武，墨念麻"。出街顺道，喊"哈武，顺线。一路跟帮去了，哈武哈哈武我"。坟地有树，喊"哈武，丁林麻撤着"。坟地无树，喊"哈武，班丁一路麻"。见土山

子，喊"哈武，壕子麻"。见坟圈子，喊"哈武，丁壕麻"。见砖窑，喊"哈武，孤堆宣屋麻"。见土坯，喊"哈武，古排麻"。见庙院墙，喊："哈武，孤群麻"。见道沟子，喊"哈武，桶子里麻"。遇河沟子，喊"哈武，孤阴神堂麻"。前路有拾粪的，喊："哈武，抢拿朋友，哈武，后边枪杠着"。路旁一死人，喊"哈武，梁子麻"。车后有人，喊"哈武，扫倚麻"。路旁有人，喊："哈武，冷子麻"。车走散了，喊"哈武，前拢着、后盯着，哈武哈哈武我"。如有好人，喊"哈武，乌鸦跟帮一溜溜乏了，哈哈武我"。见了歹人，喊"哈武，雁子麻撒着，哈武哈哈武我"。如有绿林之人，说"前边恶虎拦路"。

我说："朋友闪开，顺线而行，不可相拦。山后有山，山里有野兽，去了皮净肉。是朋友听真，富贵荣华高台亮，各走念。"着他再不走，我说："朋友听真，我乃线上朋友，你是绿林兄弟。你在林里，我在林外，都是一家。"他若说"不是一家"，我说："五百年前俱是不分，是朋友吃肉，别吃骨头，吃骨头着别后悔。"他若是不走，喊"众家兄弟一齐打狗，哈武"。众家兄弟听见，答号"哈武，轮子盘头边托，器械着手一齐打虎"。将他们赶跑打散，喊"哈武，轮子条顺了，顺线一溜着手，哈武我"。

如在桥下走，喊"哈武，攒当左右麻撒着，哈武哈哈武我"。见村庄，喊"哈武，觉子里海梁麻"。见两边有牌坊，喊"哈武，宣空麻"。见窑烧火，喊"孤堆喷云麻"。见桥上走人，喊"哈武，登空麻"。穿城走，喊"哈武，攒当入洞子了，哈武哈哈武我"。

凡此，一路上小心谨慎，时刻警惕有人拦路夺镖。

水路行程保镖

在没有航空运输技术的年代，陆路与水路是交通的两大主干。

中国江河湖泊星罗棋布，虽有碍于陆路交通，却也是一种丰富的交通资源。人们利用水路之便旅行、运输，既要设法克服自然险阻，同样亦需防御、战胜水路行程中的匪盗为害之患。于是，水路行程保镖就成为镖行行程保镖的又一主要业务。《金瓶梅》中关于西门庆镖行的记述，主要是"标船"，即水路行程保镖。

受水路交通自然条件、交通工具等因素的制约，水路行程保镖亦形成合乎其特点的各种行事规矩。对此，《江湖走镖隐语行话谱》亦有相应的记述。例如：

> 推舟拢岸，喊"哈武，打平登舟拿正了，哈武哈哈武我"。水路为湖路，旱路为山路。水路无堤，可喊"俱是一样"。有人问："你看见打灯笼的过去无有？"我说，"未看见打灯笼的过去，看见戴红帽的过去了"。有人问道："你看见戴花的过去无有？"我说，"无看见戴花的过去，看见戴缨帽的过去了"。有人问："你看见穿红的过去无有？"我说，"无看见穿红的过去，看见穿绿的过去了"。有人问："你看见放羊的过去无有？"我说，"无看见放羊的过去，看见打虎的过去了"。有人说"好媳妇"，我说"婆婆歪"。有人说"一片好水必有鱼"，我说"田地不能下网"。有人说"好"，我说"闻香不到口"。有人借火，我说"钱粮火，借不得，我带着崩星子"。有人问道，我说"山

前满然山后有路，明毫甜香"。有人说"包袱松"，我说"叶子紧"。有人说"一片好地"，我说"荒地不能收成"。有人说"好绵羊"，我说"羝角硬"。有人说"一群好虎"，我说"那里猫叫"。有人说"水得无鱼不凹"，我说"无鱼有个鸭鸭剟手"。有人说"一坨好肉"，我说"无油骨头多"。

若在船上走，先说道："上上桥板"。答："上扶手，把货物点清。众家兄弟，器械随身。"有贼人，咱说："皮上朋友，家伙扫着，哈武。"要是来大船数只，买卖船为中癸震一片要代，看见红泡即说："众家兄弟一齐挡风，四面风紧船上听。"一样坐更，五更开打了明锣，镖船人零碎齐备，以打行锣。"哈武，提锚开船。"又为："提锚开槁支顺着，哈武。"过关："哈武，抖拦打锚。"以打行锣，拦头上帮进关。开行舟，"支顺着，哈武"。

除镖船中行事外，盘道套语多与陆路行程保镖相通用。因为，陆路行程保镖亦难免走桥过河或搭船摆渡。

行程保镖途中宿店

镖程远，不能当日到达目的地，中途则需找店宿下。一如客商行旅，均需早宿早上路不能赶夜路，夜间有夜幕为障，尤难防御袭击。

不过，夜间宿店亦非万全之举，不能高枕无忧，仍要格外留神，既防误入贼店，又需提防匪盗潜伏入店打劫。因而，镖行宿店亦有一定规矩。如《江湖走镖隐语行话谱》所载：

住店，喊"哈武，拿湾入窑了"。进店看地方，再喊"哈武，八仙对摆了"。住店规矩，要八仙桌子一张，放在院当中，要有天灯。车上要有灯笼，挂在车上。洗脸、喝茶、吃饭完毕，大家轮流坐更。看见车上灯笼摇动，必有歹人到来，须要留神。

再说定更喊号的规矩，总不外"哈武"二字。头位喊"哈武"小号，众位答一小号，都答"哈武哈哈（武）"。一位，喊"哈武，定更了，哈武"。二位，喊"哈武，喷子着手了，哈武我"。三位，喊"哈武，答线了，哈武我"。五位，喊"哈武，顺桶推线了，哈武我"。六位，喊"哈武，拉线升点了，哈武我"，铛一枪，"哈武"。二更，喊"哈武，起更了，哈武哈武哈哈武我"，铛又一枪，"哈武"。三更，喊"哈武，听更了，哈武哈哈武我"，铛又一枪，"哈武"。四更，喊"哈武，坐更了，哈武哈哈武我"，铛又一枪，"哈武"。五更，喊"哈武，一齐坐更了，哈武哈哈武我"，铛又一枪，"哈武"。起来了，喊"哈武，各管其手了，哈武哈哈武我"。又说，"哈武，请客押辕子，哈武哈哈武我"。又，喊"哈武，当家各自着手了，哈武哈哈武我"。又，喊"哈武，一溜跟帮了，哈武哈哈武我"。

齐备了，无有掌包的，曰："齐备了，请客人押辕子。"抬手，推顺着，拈起家伙来，喊："哈武哈武我，代流华拉着跟帮，哈武哈武武，跟帮代流华拉着。"跟帮到了湾即是拐湾。

跟帮到村中，进店规矩如出店一样。出店、进店，洗脸为懔灰。脸要朝外，先将贼道验清。要椅子一把，向贼道而坐，（听）掌柜的安排。一定要坐更、要合。若是绿林兄弟朋友，请下吃茶。歹人不听，即叫众家兄弟一齐挡风，招手，顺桶拉线，升点，将歹人赶跑。伙计你埋怨打更人，这点小可，何用齐起？坐更人说："六国土语，一路规矩。"通都说完，只是不听，伙计们说："有个合，兄弟如何让他，他就该散。""弟坐更，不得已而为之，但看一线之路，轻易不可。"

当字、当票与隐语行话

——《中国典当史》选录

　　《红楼梦》第五十七回写史湘云、林黛玉不认识当票是何"账篇子"，既因她们不曾见识、经历过这东西，还在于上面的内容多用"当字"书写，典当业之外的其他人很少有谁能够识辨、书写这种专门的行业用字。

　　"官凭文书私凭据"。古来经商贸易，即讲究以契据为凭证。早在周秦代，我国即已使用质、剂一类契券作为交易凭据，并于肆中设有管理人员，名为"质人"。《周礼·地官·质人》记载："凡卖價者质剂丏，大市以质，小市以剂。"其中质为长券，用于马牛畜类交易；剂为短券，用于兵器、珍异之物的交易。是知我国经济贸易中的契券制度由来已久。

　　南北朝佛寺中的质贷契据，迄无类如后世"当票"形制、内容的直接记载。但据文献记载及敦煌寺院其他各类质借交易文契实物、文字的发现，可以断定，中国典当从其最初的寺库质贷活动起，即有了使用质契（当票）的制度，并得以延续。

　　据文献记载，当票在金代称为"质券"，《金史·李晏传》载："故同判大睦亲府事谋衍家有民质券，积真息不能偿，因没为奴。"

至元代，又有"解帖"之谓，是因当时谓典当为"解库""解典库"而得名。《孤本元明杂剧》所收元·佚名《刘弘嫁婢》第一折："这厮提将起来看了一着，昧着你那一片的黑心，下的笔去那解帖上批上一行。"至明代，因行"典当""当铺"之谓，而始有"当票"之称。明季邝露（湛若）因贫困而典当二琴，撰《前当票序》《后当票序》各一篇，原文虽可能已经失传，但清代有几种文献记载此事，并非讹传。有清以降，又有"典票"之名。清·褚人获《坚瓠五集·贫士徵》：

"典票日增，质物日减。"又清毛祥麟《三略汇编·小刀会记略》："章公字可元……囊固空，死后检其筐，惟典票数十张。"至今，最为广泛的叫法，惟有"当票"。今所能见到的当票实物，多清代以来的遗存。中国第一历史博物馆收藏的乾隆五十九年（1794年）顺天府广裕等两座当铺的当票实物，当属年代较久的两件。[1]

当票为典当给予质物者之凭证，以便日后赎取押品之用，为典当之重要证据，故典当对于此种当票，颇为重视，向多由典内学生自行印刷，但其字迹模糊，不易辨认，近则渐由印刷店代印，惟须具连环铺保，以昭慎重。当票上载典当招牌，地址，抵押期期限，利息计算，以及虫蛀霉烂各安天命等语。中列一行，上有当本二字，下空之处，即为填写当本数目之用。其右一行，填写押品名目件数。再右一行，上列字号，字则以千字文中之字为标准，每月一字，顺次而下，号则一月一排，自一号起，逐次做成交易而递移，至月底届若干号，即为此月

---

[1] 韦庆远《明清史辨析》第69页印有该票实物照片，可参看。

所做成交易之号数，下月初一起，则顺次另换一字，又自一号起矣。左方最末一行为年月日，即填做成交易时之年月日也。

典当大都沿用阴历，虽亦间有用阳历者，然不多见，……有时因当票幅位有限，以一人而典质多种物品者，必须另票书写，如衣服与首饰，须分写两票，一则可免鳞次杂乱，一则便于检查者，即就质物一方言，分写亦较有利，盖诸物均写一票，当本太大，赎取之时，款项不足，不能抽取一部分之押品，亦殊感不便也。①

一旦当户不慎将当票遗失，前往当铺挂失，当铺经审查核定无误后，另补予挂失票。"挂失票又称'补票'，即质物者将典当给予之当票，自行遗失时，请求典当另行补给之凭证，挂失票后，前项当票发现时，即作为无效，其票系用白纸裁成，与当票大小仿佛，上写典名字号货名当本等等，一如当票，盖代当票之用。"② "挂失之时，手续颇为繁重，质物者必须将所当物品花色式样日期当本等等，报明清楚，典员检查符合后，再须就近托人代为保证，始允挂失，其费约占当本百分之十，倘当本颇巨，亦可请求通融酌减，不过其权系操于典员，因此项小费，不归营业上之盈项，而为典员之收入故也。至其所以如此严重者，亦自有故，诚恐不肖之徒，于他人当物时，记明花色日期，故意挂失，赎出货物而去，迨原来质物者持当票来赎取时，则物已为挂失者赎去，所以挂失须有人代为保证，不幸异日发生错误，典当可向证人一问，故作保证之人，亦必

① 杨肇遇《中国典当业》第30—31页，商务印书馆1929年出版。
② 同上。

为典员所信任而后可"。^①鉴于关系重大，所以补办挂失票即非轻而易举之事，这也是典当业经营管理比较严密的体现。

当票作为典当取赎凭证，也是事实上的有价证券，而且其所标明的面值往往低于抵押物品的价值。因而，也就在典当业之外产生了倒买倒卖当票的交易。当票贩子以低于取赎钱数的代价，从临届满期而又一时难以赎当者手中收购来当票，或转手高价卖出，或径往取赎，均可从中轻易获利。有的当票贩子打小鼓走街串巷收购，有的干脆就守候在当铺门前向典当者收购，有的则张贴广告坐堂收购。据20世纪30年代末有人调查，仅北京前门外西珠市口大街一带，当时即有六七十家收购当票的铺摊。有的店铺，在经营其他项目的同时，兼事收购当票。

由于当票贩子从中渔利，非但加重了对当户的盘剥，同时也降低了典当的架货的满期死当率，导致其利润下降，引起了全行业不满。于是，由典当业公会出面，要求由当局有关方面明令取缔。当年，北京特别市的社会局和警察局，即曾专门为此发布公告，内容如下：

> 为布告事，查本市当铺给付持当人之当票，因系不记户名，往往有转让他人取赎之事。惟近以中外杂居，户口日增，间阎之间，竟以买卖当票，漫无限制，发生种种纠纷。例如打鼓小贩，坐立当铺门侧，专候持当人当毕，劝留其票。不问其当物之来历，是否正当，实足以便利销赃，妨碍侦查，此其一。又外籍商民，近亦登报收买当票，不肖小贩，乃至以伪造当票，或满期止赎之当票，或被物主申请挂失之当票，向外商求售。

---

① 杨肇遇《中国典当业》第29页，商务印书馆1929年出版。

外商不察，亦即收买，持向当铺取赎，因致发生争执，此其二。甚至互相勾结，向当铺滋扰，种种纠纷，不一而足。均为法令所不许，若非加以限制，不独正当商民，蒙受损害，抑且影响社会秩序，本两局，有保护营业，维持秩序之责，兹特厘定取缔事项如下：（一）收买当票，应先持向当铺问明，如非满期挂失，或伪造之票，始可收买。如不问明，而滥行收买者，其所受损失，应由收买当票人负之，与当铺无干。（二）打鼓小贩，在当铺门前，向持票人，强劝让票者，应严行禁止。（三）帮助盗贼销赃者，一经查讯明确，定予依法究治。除与日本警察署联络，通饬外籍商民遵照，并通令各分局侦缉队查禁外，合亟布告商民人等，一体遵照勿违，特此布告。

由此当局布告证实，当时北京城内不只当地做当票生意的不在少数，而且连外籍在华商人也竞相从中牟利，个中不时发生纠纷案件。然而，布告仅例行一般性的限令而已，并未明令取缔这种交易，事实上又认可了它的合法存在，此举并未能从根本上维护当户和当商的基本权益，惟官样文章、例行公事而已。

现在说"当字"。

"当字"又谓典当书体。"典当书体，另成一格，业外之人，多难辨识，创之何人？始于何时？即业中耆老，亦无有能言之者。尝考其字之形态，似脱胎于草书之《十七帖》，而兼参白字土语。所以求其便捷，其变化太甚者，几与速记之符号相仿。然世运递进，品物更易，有今有而昔无者，有昔多而今不常见者，故典当书体，亦随之变迁，据业中人云，典当所用字数，仅一千余，而日常应用者，仅三四百耳。盖城市繁盛之区，所典当之物，自以金银首饰绸缎衣服占其大宗，而铜锡器皿粗重农具不常见。至乡镇简僻之地，则所质押之物，适与之相反，是以城市繁区典当所用之字，而乡镇简区不习用。反之，乡镇简区所常用者，亦为城市繁区所鲜见也。况其书体又无法帖，学生入典习业，无事之时，其用以资摹仿者，则取旧当簿为范本，人自变化，惟期迅速，故典当书体，匪特今昔异致，即各地亦不一类。"①

　　山西典商是明清以来中国典当业的主要地域行帮之一。一如近人卫聚贤在《山西票号史》中所说："明季清初，凡是中国的典当业，大半系山西人经理。"②典当业中传说明季山西民间书画家兼江湖郎中傅山首创当字，编有《当字谱》，虽无文献可证，却不乏可能。③典当业向有《当字谱》之类范本传抄临习，亦为事实，许多旧时当铺从业人员对此仍记忆得很清楚。"徒工入铺，必须学习当字，每人都给《当字本》一册，是请内行善书者写的。当字本一册有几十页，实际草字并不是太多的，多数仿照开票样式，举出各种实例来。"④当代北京一位学者收藏的清代佚名手录的《当字谱》，即属此类。这册《当字谱》全部 40 页，每页上下各竖书两行、计四行当字，内侧小字标注相应的当字内容，如"灰文布夹袄""蓝塔布夹袄"等。全册录当字凡约八百，悉按实际典当常涉内容成句连书，每行最末一字的末笔大都略顿一下向左上方急提一笔。天津典当业学徒入号的第一年里，也是例行要"认当字，有当字本，又称

---

① 杨肇遇《中国典当业》第 38—39 页，商务印书馆 1921 年出版。
② 转引自张正明《山西工商业史拾掇》第 196 页，山西人民出版社 1987 年 2 月第 1 版。
③ 详见《中国典当史》第二章第五节《明代典当业》所说。
④ 高叔平《旧北京典当业》，《北京工商史话》第 1 辑，中国商业出版社 1987 年出版。

'当字谱'，约一千余字"①。

察当字间杂汉字草书写法，多系由草书减笔或变化而成。当字应用于书写当票，功能显然，一为迅速，一挥而就；二为行外人难以辨识、模仿，可以防止篡改、伪造；三则因行外人不识而又可被不法当铺用来作弊欺诈盘剥当户。凡此可鉴，"当字"事实上已成为旧时典当业内部流行的行业秘密字。因而，我在一部书中提出："究其实，典当书体，不过是将文字变化而构成的记录语言的秘密符号而已，是文字的社会变体。"②

据知，清代曾国藩出任两江总督时，曾通令当地当铺，改写当字为正楷字，以便当户能识。于是典当业赴总督署请愿，要求派人领导书写当票。曾国藩派人去了，适值交易繁忙，使去用楷书写当票的官差应付不了，即取消原令，仍允许照用当字写当票。此事在典当业中作为笑资，久传不止。就此，前江苏省典业公会联合会常务委员周谷人说："典当之所以创此字体者，实因所当物品，巨细兼收，每日所用之当票，或超过千号，皆出于写票员者一人之手。……如写正楷，实属应接不暇。……如欲令当典改易字体，当典即无法营业。"③

20 世纪 30 年代，当时政府内政部制订的《管理典当规则草案》第四章，亦曾试图取消使用当字写票："当票应以正楷详细载明当户姓名、住址、当物品名、花色、当价及受当日期。"对此，在当时江苏省典业公会联合会签注的意见中提出异议："当票号数繁多，

---

① 王子寿《天津典当业四十年的回忆》,《文史资料选辑》第 53 辑, 文史资料出版社 1964 年出版。

②《中国民间秘密语》第 140 页, 上海三联书店 1990 年出版。

③ 宓公干《典当论》第 139 页, 商务印书馆 1936 年出版。

例用省笔当字书写货物花色。从无因当户不识此字，而售其诈欺者。有悠远之历史，可以证明。若改用正楷，在当户拥挤之时，实属应接不暇，且恐易于模仿，而伪票发生。故票书正楷，为万难实行之事。"事实上，至内地典当业 20 世纪 50 年代初基本停业时为止，各地当铺始终使用当字书写当票，业已成为一种行业固有的习俗惯制，终因硬性规定而改变。

以往传统医学的中医郎中，均用毛笔书写药方，个中颇有一些书法精美者流传下来，受到书法界的赞赏、看重。源于草书字体的当字，以传统书法艺术为本，在当业得以发挥、运用及传承过程中，亦有许多可资鉴赏的珍品。既属民间行业文化形态之一，亦堪称汉字书法艺术园林中的一枝别具风格的奇葩，理应受到书家乃至文字学家的青睐。发掘、整理当票、《当字谱》中的当字遗墨，无论对于研究典当史、文化史，还是书法艺术，以及汉字改革等，均具有一定学术价值和实际意义。因而，汇集、选辑有关资料，举办专门展览，出版专书，都将是具有抢救意义的别开生面的工作。

再说典当业的隐语行话。

隐语行话，又称秘密语，江湖上谓之"春典"，是一种以遁辞隐意、谲譬指事而回避人知为特征的社团语俗。从已有文献所见，唐宋以来即已出现了许多行业群体的隐语行话。明清江湖秘密语中称典当为"兴朝阳"，而典当业亦有其本行业流行的隐语行话，例如其一至九数，分别用"口、仁、工、比、才、回、寸、本、巾"来替代。因何以此九个字来表示，已难详做考究。如同其他金融、商业行业一样，数字在典当业交易中多与银钱直接相关，因而数字的保密至关重要。在柜前主顾双方争讲当值时，朝奉与同事用明语商议颇不方便，而使用当户听不懂的隐语行话，则可随便许多。

综观古今五行八作乃至江湖社会诸行隐语行话，其共有的一个规律性特点，是其隐语行话的语汇多具行业特点，即以反映本行业、本群体行事所涉事物为主要内容。即或典当业的"当字"，亦多因书写当票所及的货色、数量、时间等内容而创制。虽仅一千多个，也足以应付营业需要了，而常用者也不过三百多个。典当业的隐语行话，也不外如此。例如，清季民初的典当业，称袍子为挡风，马褂为对耦，马夹为穿心，裤子为叉开，狐皮、貂皮为大毛，羊皮为小毛，长衫为幌子，簪为压发，耳挖为扒泥，戒指为圈指，耳环为垂耳，烛台为浮图，香炉为中供，桌子为四平，椅子为安身，金刚钻为耀光，珠子为圆子，手镯为金刚箍，银子为软货龙，金子为硬货龙，鞋为踢土，帽子为遮头，古画为彩牌子，古书为黑牌子，宝石为云根，灯为高照，等等。

由于时代、地域乃至行帮的不同，同是典当行业，隐语行话亦有所区别或变异。例如，民初以来江南典当业的一至十数，说成"由、中、人、工、大、王、夫、井、羊、非"，已不是上述的"口、人、工、比、才……"了。而在东北沈阳的"伪满"大兴当业中，则用"喜、道、廷、非、罗、抓、现、盛、玩、摇"十字，来代表一至十数。在天津，又有与上述迥然不同的"术语与暗记"[1]：

> 这是当商压低当价的一种惯用手段。术语是代替数字的隐语，如"道子"是一，"眼镜"是二，"炉腿"是三，"叉子"是四，"一挞"是五，"羊角"是六，"镊子"是七，"扒勺"是八，"钩子"是九，"拳头"是十。如果当户嫌价低，拿着

---

① 王子寿《天津典当业四十年的回忆》，《文史资料选辑》第53辑，文史资料出版社1964年出版。

当品要走的时候，坐柜掌柜必要过来打圆盘。比如站柜的说拳头眼镜，用意是已经给过十二块钱了，坐柜的认为可以再加两块，就说拳头叉子，暗示给十四块钱。总之，比较值钱的东西，他们是尽量不让当户走开的。如当户坚持高价，不能达成协议时，他们知道一定要往别家去当，照例把所当衣物给当户整理包好。但是整理当中，他们就运用了一定的技巧，使第二家当铺打开一看，就知道已经经过当铺了。一般的方法是：衣服上身，在折叠的时候，把一个袖子反叠，袖口朝下，裤子折三折；金货用试金石轻磨一下；表类则将表盖微启一点。第二家一看，就心里有数，所给当价，与第一家上下差不了多少。因为当商给价，是全有一定标准的。这样，当户最后还是只得用低价当出。

由此可知，一些地方的典当业非但有当行隐语行话，而且还使用着一种非言语的标志语形态的当行隐语行话，即"暗记"之类。

旧时在北京从事典当业经营的，主要是山西、安徽和本地典商。其中，由徽州帮（皖帮）经营的典当，流行的隐语行话，多是以徽州方言语音急言谐音方式的，实际是借方音而用，虽非严格意义上的隐语行话，亦起到了保守当行秘密、回避人知的作用。

（北京）当铺的行话，是一些谐音字，原来叫"徽语"，[①]即是用似是而非的徽州土音来说北京话。使用行话的目的，是为了在业务进行时怕有些有关质量、价格和对方身份等方面的谐音说得不够准确而引起不必要的纠纷，因而用一种代用语来使对方听不懂。这种行话，类似江湖切口。其他行业，有的也有。如通行于晓市的，把

---

① 案：视其所述材料，并非属切语形式的"微宗语"。

一、二、三、四、五说成"土、月、牙、黄、叉"；在金珠店则把数字编成只有本屋（单位）人才能听得懂的十个字。20 世纪 20 年代，劝业场有一个蚨祥金店，他们是用"蚨飞去复返祥瑞自天来"来代替十个数码，作为隐语。其实当业的行话并不难懂，因是谐音，听熟了自能"破译"。例如：

　　　　幺按搜臊歪（一二三四五）

　　　　料俏笨缴勺（六七八九十）

　　　　子母饶（咱们人，即同行人）

　　　　得（第四声）合（当行）

　　　　报端（不多）妙以（没有）

　　　　抄付（吃饭）搂闪（拉屎）

　　　　勒（第三声）特特（老太太）

　　　　豆官呢儿（大姑娘）

　　　　洗玄分儿（小媳妇）

　　　　照个儿（这个）

　　　　闹个儿（那个）等 [1]

　　这种隐语行话传到东北徽帮典商经营的当铺继续使用时，则又因受东北方言语音的影响而稍有变异，主要反映在个别记音用字的差别，如这里称一至十数为"摇、按、瘦、扫、尾、料、敲、奔、角、勺"。[1] 显然，这一传承扩布过程中的细微变异，主要受制于东北方言与北京方言土音相差别的因素。

　　典当业独有的书写当票的"当字"，及其形式各异的当行隐语

_____

　　① 高叔平《旧北京典当业》，《北京工商史话》第 1 辑，中国商业出版社 1987 年出版。

行话，以其固有的行业文化特征与功能，进一步显示了典当业经营管理体系的严密。

民间秘密语与民族文化

——《中国民间秘密语》选录

民间秘密语与民族文化

民间秘密语是各民族语言文化所共有的一种民俗语言形态，是社会文化史的特殊产物。尽管其遁辞隐意、谲譬指事乃至回避人知，颇具神秘色彩，然而只要揭去其神秘的面纱，即可为人展现一个洞察社会，尤其是中下层社会的崭新视点多又可从中下层社会芸芸众生活世相的反射透析上层社会，亦即对全部社会进行特别角度的考察了解。社会上任何事物都并非孤立的、超现实的存在，无不在社会各种事物与人际关系等社会关系的相互联系和制约中存在。在人类社会中，人是以构织和改善、发展各种社会关系来生活的，因为这个社会是以人为本位的。

民间秘密语在丰富多彩而复杂万端的社会生活中，不仅仅是用以协调社会诸行百业、各种社会集团或群体内部人际关系、进行内部言语交际、维护内部利益的一种特殊工具，同时也是一种并非孤立存在的社会文化形态。世界上绝无孤立、超自然的文化形态，民间秘密语亦自然不例外。这一点对于社会中的人与各种事物来说，是不存在例外的。因而，民间秘密语不只是用于某些集团或群体内部交际的特别语言符号，也是交织着复杂社会关系、凝聚了多种社会文化事象的文化符号，无论其符号的能指成分还是所指成分，亦分别兼具这双重属性。一个民族的文化，无论其有文字或尚无文字，无不以其语言为主要的基本传播工具和载体，同时语言亦凝聚和反映着其各种文化形态。民间秘密语作为一种"特殊语言符号"，也一定程度地传播、载录和反映着各种民族文化现象。

据有文献可证的唐宋以来这千余年中国民间秘密语的历史，其自身发生、繁衍、传承扩布和变异、发展的运动历程，无不与这世代更迭、社会变迁、纷纭世家息息相关，亦不同程度地凝聚了这段社会历史文化。文化是历史的产物，历史是连续的。

民族文化是语言的基座，也是民间秘密语的基础。从这个意义上说，民间秘密语的历史，亦直接或间接地凝聚了以往的全部或部分民族文化，是以往民族语言文化的嬗变和继承。

民族文化是民族历史与社会生活进程中的政治、经济、知识、信仰、法律、道德、艺术、习俗惯制等的总和，是以民俗文化为基座的。民间秘密语作为一种独特的民族文化形态，它所反映的民族文化现象也是多方面的。在此，我们拟以民间秘密语为材料，对民间语俗、民间游艺、亲属及社会称谓、婚丧礼仪以及衣食住行等民俗文化几个方面，试做一番考察；在用以说明民间秘密语与民族文化之间的内在联系的同时，兼以展示其内在的民俗文化底蕴。

一、民间语俗

民间秘密语作为一种民间文化形态，更具体地说，是中下层社会集团或群体的一种封闭或半封闭体系的语俗。它的产生，首先是以用于内部交际、组织和协调内部人际关系及维护内部利益的基本功利为基础的。同时，它也兼具语言游戏的次属性，或说附属属性。

中华民族语言文化有着悠久的语言游戏传统。以汉语文化为例，《诗经·小雅·苕之华》中的"群羊坟首，三星在罶"，东汉·牟融《牟子》引谚"少所见，多所怪，见橐驼言马肿背"（清·沈德潜《古诗源》卷一注云："谲语使读者失笑。"），即汉籍中较早的又被称作"隐语"的歇后语，亦具有语言游戏属性。又如吴王夫差时童谣："梧宫秋，吴王愁。"（沈德潜注云："国家愁惨之状，尽于六字之中，不啻闻雍门之弹矣。秋，隐语也。"）虽愁惨事，亦以语言游戏之法为之。如此文化传统，自然影响后起的民间秘密语，为民间秘密语所吸收。从某种意义上说，改换通语名目造出隐语以回避人知，这也是一种语言游戏的遗制。一如宋·王谠《唐语林·补遗》中云："近代流俗，呼丈夫、妇人纵放不拘礼度者为'查'，又有百数十种语，自相通解，谓之'查语'，大抵多近猥僻。"明·田汝成《西湖游览志余·委巷丛谈》引《辍耕录》言："杭州人好为隐语，以欺外方"；又云："有以双声而包一字，易为隐语以欺人者，如以好为现萨，以丑为怀五"等，说得更为直白。又如明·风月友《金陵六院市语》篇末所称："千言万语，变态无穷，乍听乍闻，朦胧两耳；致使村夫孺子，张目熟视，不解所言，徒为彼笑。"历代多有以反切法造秘密语之制，不惟杭州一地，近代南北各地均可见到，当代辽宁的大连、金县等地仍有盲人反切秘密语流行，而关于反切语的起源，即有语言游戏一说。凡此，均可作为民间秘密语兼具语言游戏这一附属属性之证。而且，近代学生中流行的各种秘密语，大都是以"说着玩"为其功利的，以致学生毕业离校参加社会工作多年之后回顾起当时情景仍觉有趣。据调查，昆明学生中的"可可语"，福州学生中的"哨语"，东北下乡知识青年及上海中学生中的"麻雀语"，以及辽宁某些城乡中小学生中"文革"期间仍有流行的反切语，和笔者童年在沈阳读小学时所耳闻之附加式同音切语，均属这种用以打趣诙谐的语言游戏秘密语。确切而言，对于以打趣诙谐为事的学生中的这种秘密语语言游戏，其本身就是一种语言游戏语俗，与其他社会职业集团或群体以及民间秘密社会组织的隐语行话，显然有着不同的功利性质和社会属性。

中国社会历史上，曾形成过各种各样职事集团或群体，如与商业、金融有关的行商、坐商、牙行、典当、钱庄等；与日用消费有关的理发、浴池、裁缝、茶馆、酒家、饭庄、小吃店等；又如与交通运输相关的脚夫、车夫、轿夫、船家、店家、货栈等；均有其当行隐语行话。如清末民初制帽工匠当行隐语：制帽匠为水线通，剪刀为裂帛，糨糊为褡裢，针为穿间子，线为细条，帽里衬布为红衬，纱帽里面的藤架为托风，帽珠为天尖，等等。匠人使用隐语，对于技艺保密来讲，有其作用，而对于唯利是图欺骗顾客者来说，亦不失其效用。至于民间各种秘密社会组织乃至匪帮、流氓盗窃团伙，使用各种形式隐语，不仅具有保密功能，还可以用来巧妙传递情报信息和识别是否同伙、内部人。清代三合会、哥老会与不相识的同党见面，先要以"口白"（即其谣诀式秘密语）问答。遇有同党路劫，亦可用口白或其他非言语形式的暗语表明身份，即可化险为夷，故有人认为："天地会本以反清复明为宗旨，实为光明正大之民族革命集团。其后以流品渐杂，不免有杀人越货之举。此种口白，盖为自家人之辨认计。以后三合、哥老二会之所以能发达，恐亦与此种暗号有关。因行旅者往往特此以为安全之护符也。"① 革命团体如此，匪盗帮伙集团亦如此。作为一种特殊交际工具，民间秘密语也是没有阶级分别的。

但是作为一种民间文化形态，它则良莠芜杂、精华与糟粕并存。由此可见，民间秘密语兼具多重社会属性，因而考察、研究民间秘密语亦当进行多维视野分析，否则即难以客观地认识它，失之偏颇。

由上述得知，民间秘密语是一种与语言游戏密切相关的民间语俗，同时也是社会生活中各种民间职事集团或群体以及各种民间社会组织，尤其是秘密社会组织的习见语俗。

禁忌是各民族文化所共有的一种社会现象。在丰富多彩的社会生活中，禁忌也是多种多样的，语言禁忌则是禁忌习俗的一个基本构成方面；主要表现为对语言灵物的崇拜和某些语言于某种条件下的禁用与代用。从一定意义上讲，由于内部交际的需要，必须以隐语代通语，这本身也是一种语言禁忌，是禁忌通语交际的结果。在各种民间秘密语中，也存在内部的语言禁忌现象。如清光绪时流行的《江湖通用切口摘要》所载："凡当相者，忌字甚多，不能尽载。其中八款最忌者，名曰八大快，今录于左。快者，即忌也。梦曰混老，虎曰巴山子（火字同音，亦忌火，曰三光），猢狲曰根斗子，蛇曰柳子（茶字同音，亦忌茶，曰青），龙日曰海柳子，牙曰瑞条，桥曰张飞子，伞曰开花子，塔曰钻天子，伙食曰堂食。"又如："凡杜琴头（即住客寓也），另有相夫琴头，专留相夫，满寓皆

---

① 萧一山《近代秘密社会史料》第 4 卷第 288 页，岳麓书社 1986 年出版。

同类。同寓诸人，清晨各不搭话，盖恐开大快（开大快者，即犯大忌也）。如犯之，此人是日之用费，皆要赔偿，名曰开堂食（即伙食也）。清晨取火，须自于石中取之，或隔夜留一火种，切不可向人乞取。若犯之，罚同前。到黄昏时，终皆归寓，则尽可纵谈，无所顾忌矣。"这是明清以来流行于巾（星命业）、皮（民间医药）、李（变戏法）、瓜（打拳、跑马）四行相夫（从业者）中的江湖秘密语的语言禁忌。由此亦说明，某些秘密语名目的产生，是以语言禁忌为其直接动因的。明季金陵（南京）妓院隐语中讳称"偷"而谓作"弄把戏"，"行经号为'红官人'，用绢（案：即经纸、经带之类）呼作'陈妈妈'"之类，亦属这种情况。人身体的性器官及性交，向来是言语交际中的一大禁忌，在民间秘密语中，更是有着名目繁多的讳称。如宋代民间蹴鞠结社隐语中，以阳物为葱管，阴物为字口；明代六院江湖隐语以交媾为牵绊，小便为要苏，肛门为角；多行院隐语以阳物为蘸笔，阴物为才前（案：隐语以多以女人为才），乳为缠手；至清朝，江湖切口又以男阴为金星子，女阴为攀，交媾为拿攀，乳为求子，摸乳为采求子。如此等等，悉属语言禁忌这一民俗语言现象在民间秘密语中的反映。也就是说，语言有禁忌语俗，民间秘密语亦不例外。

二、民间游艺习俗与秘密语

民俗活动渗透于社会生活的方方面面，在各种社会生活之中，民俗的本身即带有一定程度的文化娱乐性质，而文化娱乐活动又是民俗得以传承、扩布的基本媒介之一。许多民间游艺竞技活动均与民俗活动合为一体，使之本身成为一种具体民俗形态或事象。同时，亦由此而形成众多民间游艺竞技的职事行业群体和民间社会组织。唐宋以来，民间秘密语则逐渐成为这些群体、组织的一种语言习俗。

蹴鞠游戏，又称"蹋鞠""蹵鞠"或作"蹴鞠"，是中国古代流传甚广的一种带有竞技性质的民间娱乐活动，是当代足球运动的滥觞。相传早在殷代即已出现此戏，战国后广泛流行于民间社会。刘向《别录》："蹴鞠者，传言黄帝所作，或曰起战国时。"所说起源更早。《汉书·枚乘传》"蹴鞠刻镂"，颜师古注云："蹴，足蹴之也；鞠，以韦为之，中实以物，蹴蹋为戏乐也。"《史记》亦载："临淄甚富而实，其民无不吹竽、鼓瑟、弹琴、击筑、斗鸡、走狗、六博、踏鞠者。"是盛行一时之证。汉代则盛于军中用以练武，《蹴鞠》二十五篇即于《汉书·艺文志》中列作兵书一类。其后又有《蹴鞠谱》，同时又有其结社组织，谓之"圆社"，犹球社、足球俱乐部之类，并形成了其组织内部的隐语行话，《蹴鞠谱》所收《圆社锦语》，就是当时这种民间游艺竞技组织业已流行民间秘密语的一个显证。

今存《圆社锦语》虽已非全本，亦有130多条，悉以通语注隐语行话。如：上前为搭，左边为左拐，右边为右拐，后为稍拐，坐地为敦杀，场儿为盘子，多人为云厚，好为圆，歪为不正，性起为出恶，等等。当中亦为其竞技行话，如"勘臁"，《蹴鞠谱·二人场户》载："两人对立，各用左右臁，一来一往，三五十遭，不许杂踢。"则知"勘臁"是二人踢法之名，而在其隐语之中，则用作"二"的数字隐码。是知其行中隐语亦不离其事，又如以坐入为插脚，以死为踢脱，失礼为穿场，晚为蹴鞠梢之类，亦然。而其隐语名目内容所涉又非尽为球场行事、名物，又有军人（攒老）、老妇（苍老）、娼妓（水表）、牛肉（斗粗）、少女（嗏表）、鸡（线粗）、床（侵粗）、和尚（光表）、道士（老表）、醉（脉透）等与蹴鞠并非直接相关的事物隐称，可知其活动与各种社会生活密切相关，而此俗颇盛一时。《水浒》中高俅即以踢得一脚好球而获端王赏识，竟得官殿帅府太尉，足知时尚。至今，《圆社锦语》竟然成为现所见最早亦最成系统的一部专行中国民间秘密语专著。由此而为考察当时社会文化提供着一份特别文献，亦应是民族体育文化史上的重要篇章。

　　除此而外，近代市井社会尚有演练武术、顶缸走索、跑马卖解、变戏法、耍猴、打连湘、西湖景、捏面人、卖风筝、吹糖人等各种游艺竞技民间文化职事行业群体，大都各有当行隐语行话。例如旧时于街头练拳卖艺人的隐语行话：练拳为边爪子，场子为碾地，好为坚，不好为古，借为昔，讨为探，有为献，无为白，看为板识，吃为赏，跪为丢千，拜为剪拂，去为凉，来为热，卖物为挑思息，手为五奴，拳为五内，以刀戳入腹中求赏钱为见玉，对打为合，刀枪相对为好亢，扰场说话为卖冈，等等。其中剪拂、丢千等本为明清江湖隐语，而练拳卖艺本即闯荡江湖之事，采为行中所用，是江湖诸技隐语本即相通，亦属自然。凡此之类，均可从各种相关职事行业隐语考察、透析民间游艺文化习俗，是这种语俗与诸文化习俗互相关联之故。

三、称谓中的世俗观念与人际关系

称谓，作为一种表现人际社会关系的语言文化现象，各个民族均有其独立的体系。我在《民俗语言学》书中，曾经归纳、构拟了一个中国称谓习俗的一般结构系统。

这是试图构拟中国称谓体系的一个尝试，尽管可能不十分完整、准确，总算是一个基本概括。称谓是构织人际社会关系的网结，作为语俗，直接作用于言语交际。民间秘密语作为一种特殊交际工具和语俗，当然亦毫不例外地有其特定称谓符号系统。然而，限于民间秘密语基本语汇要比通语少得多，它所存在的称谓隐称是一种因使用频率和交际需要而简略了的基本体系。尽管这样，考察民间秘密语中的称谓，仍可透析出与相应风俗文化互为印证的世俗观念与人际关系信息。

列维-斯特劳斯在《语言学和人类学中的结构分析》中，通过对人类社会中具体亲属关系的探讨认为："构成亲属关系系统的不是个人或个人间的血缘、血统等客观联系，而是人的意识，这种系统像音位系统一样，只是一种任意的表达系统。"[1] 这种"任意的表达系统"，是社会约定俗成的传承符号系统。这种"任意性"，在民间秘密语的人际称谓中，也是以该集团或群体的约定俗成为制约机制的。

然而，民间秘密语的人际称谓大多非面对面的直接称呼符号，而是言语交际中对第三者、别人（亦即非直接言语交际双方）的叙述式称谓符号。如明清季江湖秘密语的亲属称谓：父为日宫，母为

---

[1]《言词：纽约语言学集团杂志》，1945 年。

月宫；祖父为重日、乾宫、东日，祖母为重月、坤宫、车月；伯父为左日、日上部、甲老，伯母为左月、月上部、甲才；叔父为右日、日下部、椒老，婶母为右月、月下部、椒才；兄为上部，嫂为上部才；弟为下部，弟妇为下部才；夫为官星、官通、盖老，妻为才老、乐老、底老；妾为偏才、通房、半才；姊为上水、水上部、斗上，姊夫为斗上官；妹为下水、水下部、斗下，妹丈为斗下官；子为欠官、金星，女为斗欠、斗宫；幼子曰尖欠，幼女曰笋牙；媳妇为欠才，女婿为斗官；孙为子户、重欠；赘婿为合才、八吉才；连襟为日亚、弥仲、其服，等等。凡此，悉按世俗传统观念为基本礼制，如男左女右，上大下小，上尊下卑，男尊女卑，尊卑有秩，老少长幼有序，完全是男系血统的社会亲族体系，尊卑、亲疏极为分明，井然成章。

同时在某些隐语称谓符号的能指成分的通语语义结构中，亦往往直接透露着民间世俗价值观念、善恶观念、伦理道德等文化观念的潜在信息，直接揭示着世俗社会亲属间的人间关系。例如卓亭子删订的《新刻江湖切要·亲戚类》所载之例："继父：奖日，今改莫顾，取《诗》谓他人父之意；继母：奖月，今改莫有，谓他人母也。继兄：奖上，今改上莫闻；继弟：奖下，今改下莫闻，总取谓他人昆也。继子：奖欠、失欠，今改赢负，谓螟岭子也。后妻：迟才，今改接辫，取续发之意。晚子：油欠、瓶欠；晚女：油斗。凡晚醮挈子女者，余名之倒藤瓜，谓连子去也。"云云。"莫顾"，取自《诗·魏风·硕鼠》："三岁贯女，莫我肯顾。"这里的"莫我肯顾"，意思亦即"不肯照顾我"，"莫顾"乃取此义化用是句组合而成。本为"他人父"非生身之父，"莫我肯顾"则属常情。"莫有"，套用"莫顾"之式，却似为"没有"之义，继母本为"他人之母"，于己亦即没有生母。"莫闻"，不知也，"取谓他人之昆"，亦沿用前式。民间世俗社会观念之中，非血亲亲缘则疏，而现实中重新组织非血亲关系的家庭，不仅为旧传统礼俗所不能正视，亦往往相处不睦。历来民间故事、通俗文学中，继父母虐待非亲生子女事比比可见，是为写照。至于丧夫或离异后再醮，尤为世俗礼制所鄙视，而随嫁带去的子女，更为世俗所鄙，隐语"瓶欠"，即俗语"拖油瓶"的演化。凡此，悉见世俗观念的潜在意识，以及相应的人际关系。

重仕途，轻农商；尊富贵，鄙贫贱，这是历代社会风尚中常见的世俗价值观念和等级意识。颂者多颂赞之辞，贬者多鄙埋轻贱之称。这种风气于通语职事称谓中习见不鲜，尊贵者如呼知州为明牧、良牧、州将、明使君、府君，呼知县为明大夫、明廷、父母官；而称仆役工匠则有奴、仆、佣、子夫等字眼。民间秘密语虽流行于中下层社会，属于中下层文化范畴，其称谓用语仍多为世俗陋习所污染。例如民间秘密语关于各种夫役、工匠等中下层社会职事人物的一些称谓：人力车夫为代四脚，脚夫为摩肩，轿夫为兜力，驴夫为鬼子，马夫为边杖，门子为双扇，屠夫为流通生，工匠为斤邱，学生为丁七，开店者为朝阳子，卖眼镜的为招子包，兵勇为柳叶生，小官为卯孙，相人为仙书，乞丐为滔天孙，皂隶民快为结脚孙，等等。凡此，多为轻贱称谓。尽管民间秘密语属于俚俗的民俗语言之列，有以官员为平天孙、巧做吏为觌孙之称法（《六院汇选江湖方语》），更有"贫人曰水生，秀才至官员皆曰葵生"之称，皆可透视到世俗等级、价值观念的潜在底蕴。

敬称、谦称，是一种言语交际中直接的称谓语俗。而民间秘密语中的称谓多属间接的、叙述式的，因而极少见有隐语敬称、谦称之类。"称人行业曰贵道；尊人之称曰老元良（先生也），亦曰老夫

子。自谦辄曰无有元良，骗饭而已。""元良"是相夫当行隐语，即
"先生"。像这样以通语与隐语合成敬称、谦称者，亦不多见，但亦
反映着社会交际语俗之于民间秘密语的影响。至于明季金陵六院中
隐语以麻面人为骂玉郎，呆子为歹该，矮壮之人为门墩，高大之人
为困水之类戏谑之称，恰是其院中浮浪放荡风气的切实写照。

四、婚丧礼仪行中的民间秘密语

在各民族风俗文化中，婚丧都是人生的极重要礼仪，中华民族
古老婚丧礼制之讲究，也是举世著称的。一家有红白喜事，乡里四
邻皆往帮忙操办，是乡村、里巷生活中的一种互助美俗。通过举办
婚丧礼仪，又可以增进亲属、朋友、街坊邻居间的往来交际联系，
沟通感情，缩小人际关系的距离。由于婚丧礼仪的社会化，至近代
已出现了有关婚嫁的媒婆、喜婆、掌礼（傧相），以及有关丧事的
吹打、执事等操办人和操办行业。以操办婚丧事一行，谓之"红白
帖"。至民初，此行之中已经形成、流行了许多隐语行话名目。从
这些隐语行话中，当然地反映着当行行事、规制及活动情况，亦
从此角度记录、印证了以往与婚丧礼仪相关的主要习俗惯制与市井
风尚。

例如婚仪方面。称介绍男女婚姻的中间人为"媒"，《诗经》中
已有。如《卫风·氓》："匪我愆期，子无良媒。"又《齐风·南山》：
"取妻如之何，匪媒不得。"《豳风·伐柯》亦云："伐柯如何，匪斧
为克。取妻如何？匪媒不得。"故后来则谓做媒为伐柯、执柯或作
伐，悉源于此。宋·吴自牧《梦粱录·嫁娶》："……既已插钗，则

伐柯人通好，议定礼，往女家报定。"而宋代的《绮谈市语》即以媒人为伐者、执柯，明清时江湖隐语又谓之潘细、撮合山。《战国策·燕策》称："处女无媒，老且不嫁。"《白虎通·嫁娶》云："男不自专娶，女不自专嫁，必由父母、须媒妁何？远耻防淫泆也。"正是这种礼俗造就了媒妁一行，亦酿出无数爱情、婚姻悲剧。其当行隐语行话如：做媒为撮合山，年轻人为半子，成年人为会做的，农民为村庄儿女，山里人为赤松游子，寡妇为官川，蒙古人为柳叶儿，蒙古女为柳女，乳母为保赤，貌美为子见犹惊，本地人为根深通，等等，悉为其常遇说合对象。年岁、相貌、职业等，由其背地里信口雌黄，命以隐称，尤便于以谎言欺人。可见千百年陋俗之弊。婚礼过程之中，照顾新娘、新郎者各有傧相，女为喜娘，男为掌礼，为熟知有关礼仪之人担任，并兼招呼亲朋，亦各有其常用隐语行话，为常人所陌生。如喜娘谓花轿为花方正，开脸为请毛，扶新娘为挡，合卺礼为圈堂，为新娘梳头为盘顶，为新娘料理寝事为安床，新娘绣衣为光身，教新娘分别亲友为开金口，喜事钱为好看钱；又如男傧相的切口，掌礼为边唱，新郎为新贵人，新妇为新天人，拜天地为弯对腰，喜娘为挡直头，行礼为弯腰，吹打为鸣亮，奏乐为吹响，等等。凡此，悉因形成红白帖一行而流行。除上述而外，又如：专代人家料理婚丧事的账房为掌么，喜娘为挑路，掌礼者为万腔，吹鼓手为鸣佗，茶担为扇担，媒人为酸头，男仆为利庆过宪，敲锣喝道为导子，和尚为削光、拴光，道士为钻工、流青，彩灯为亮光，彩棚为天帐，棺材为糊老，马车为四轮子，结账为圈吉，吹喇叭为鸣老，敲鼓为钻老，喜事为红摆伦，丧事为白摆伦，贺客为红蝇子，吊客为青绳子，打钹为打兔带，吹笛为横腔，吃饭为翻山，吃酒为过海，年轻者尸体为博人怜，年老者尸体为了账，灯为星沦，花轿为花流星，赏喜封多为烘头，赏喜封少为冷头，场面阔绰为得，场面不佳为漂，等等。清末民初，北京城中专以操办红白喜事为业的行业颇有一些，如"道德生""德成"喜轿铺，是为雇家娶亲抬花轿的；"日升""永盛"杠房，是为出丧家出殡抬灵枢的；又有吹鼓手，专为红白喜事迎送礼仪吹奏的；而且又有受雇为娶亲人家抬嫁妆，以及为出殡打执事、撒纸钱的；除此而外，定亲算八字与发丧选穴开殃榜，又有星命行专办。从事诸事之人，除少数专业者外，大都由承办的管事人四处张罗招雇无业人员充任。如旧时北京西城端王府夹道有一位满族人姓景，绰号"一撮毛"（下颏长一撮黑毛），家贫无业，一生多以为出殡撒纸钱赚钱糊口，晚年还收了徒弟一起干。因为他练得一手撒纸钱本领，可借风势将纸钱撒出数十米高，由人力车拉着百十斤成串纸钱随后一路撒个不停。一时出了名，雇他还要给高价钱。凡此，与当行隐语行话相印证，足见一代婚丧礼仪与礼会风尚。

五、衣食住行等物质民俗与民间秘密语

举凡衣食住行等物质生活，是人类社会生活的基本形态，与之相关的物质民俗，也是社会民俗文化的基本大类。物质民俗，是人们日常生活中有关饮食、服饰、居住、交通的生产与消费的文化传承。由于其与人民生存关系密切，因而成为民族民间文化诸形态中最为稳定的主体方面。

早在中国民间秘密语兴起之时，有关衣食住行等物质生活方面的隐语行话就从消费的角度成了它的基本语汇内容，历代延续不

绝，成为一种无形定制。例如宋元隐语行话中饮食方面的有：入气（吃饮），水脉（酒），足脉（醉了），粮头（米），奠闲（茶钱），江戏（鱼），云子（饭），麦尘（面），线道（肉），滑老（油），醭物（盐），掺狂（鲊），捻儿（包子），东陵（甜瓜），水果（菱角），和羹（梅子），等等；服饰方面：网儿（衣），朝天（巾帽），拐搭（靴鞋），锁腰（丝环），泡老（头巾），不借（草鞋），夗央（女鞋），足衣（袜子），等等；居住方面：侵粗（床），胡宋（交椅），斗儿（帐），掩下（村），井中（市），等等；交通方面：关梁（大桥），略彴（小桥），枢步（小路），兜子（轿），支径（水路），等等。至明清两季，随着民间秘密语的展，其基本语汇中的有关内容就更多了，如饮食方面：馨（用饭），海（酒），汕老（茶），咬翅（鸡），河戏（鱼），碾（吃食），咬人（吃饭），干希（饭），人俨希（吃粥），德剉（鸡肉），菜（生鹅），山（酒），水上儿（活鱼），咬刘（吃肉），刘官纱帽（猪头），高头剉（鹅肉），矮婆子（生鸡），低剉（鸭肉），哮老（醋），进子（姜），鲍老（面），中军（酱），撚作（吃），木老（果），等等；服饰方面：袍杖（衣服），张顶（帽子），插老（簪子），模攘（汗巾），海青（长衫），围竿子（裙子），掷同（袜），顶天儿（帽），串仗（衣），剩撒（袄），水马军（钉靴），廉子（手帕），稀子（布），英老（花），熏子（胭脂），俏儿（粉），麻罩（布衫），炮儿（巾），标儿（帽），等等；居住方面：方下（房屋），底里（卧房），钹掩（门），巢儿（床），刻尺（枕），窑子（屋），登高（楼），盖顶（造屋），楞扇（窗），遮风（墙垣），钻窑（到家），朝天、万面（桌子），东登（椅子），卧尺、昏老（床），扶头（枕），卷友（席），撑老（帐），等等；交通方面：壮风生（轿子），瓢儿（船），轮子（车），琴头（客寓），工（走路），扱楼儿（抬轿），稳子（鞍舆），踹线（走路），等等。可见，民间隐语行话于集团或群体内部交际活动中，尽管其用语比通语语汇贫乏许多，但亦以人们日常生活衣食住行为基础。就目前所见历代流行的民间秘密语的各种基本常用语汇内容而论，不外乎两大方面：一是衣食住行这个人们生存所必需的物质生活方面，再即与该集团或群体所事活动、行事、对象、内容及同外部联系相关的方面。前者为诸行隐语行话共有的基础内容，后者则是以其当行活动特点相关的个性内容。这两大方面内容的组合，构成了各种民间秘密语基本常用语汇的本体。这既是其一般语汇内容的分析特点，也是其作为民间特殊语俗的一个文化学特征。

既然衣食住行是人类赖以生存的必要物质生活条件，于是在社会分工中，亦即产生了各种各样与之相适应的生产、服务行业。这些以衣食住行为中心的生产、服务职事集团或群体。不仅有着与之消费习俗相应的各种习俗惯制，亦形成了本行特有的当行隐语行话，成为方便内部言语交际、协调内外部人际关系和维护当行利益的语俗。在这个庞杂的生产、服务职事群落中，各行各业都是以从满足人们物质生活消费中获得经济利益为宗旨的，其隐语行话亦正缘以服务于这一宗旨的需要应运产生并流行开来，积沿成俗。这样，各种与衣食住行等物质消费相关的生产、服务业的当行隐语行话，则必然熔铸进与之相关的民俗文化，成为体现民族物质文化的另一种形式。

馄饨，是一种薄皮包馅煮而连汤一同食用的传统饭食。宋·陈元靓《岁时广记·食馄饨》引《岁时杂记》云："京师人家，冬至多食馄饨，故有冬馄饨、年馄饨之说。"吃馄饨作为一种传统食俗，我国各地大都流行，但叫法不一，广东称"云吞"，四川叫"抄手"，江西谓"清汤"，又数北京的馄饨最有名气。《同治都门纪略》有一首《致美斋馄饨》诗："包得馄饨味胜常，馅融春韭嚼来香，汤清润吻休嫌淡，咽后方知滋味长。"清中叶伍宇澄《饮渌轩随笔》亦载："京师前门有隙地，方丈许，俗称为耳朵洞者。雍正间，忽来一美丈夫，服皂衣不知何许人，于隙地筑楼，市馄饨，味鲜美。虽溽暑，经宿不败，食者麇集，得金钱无算。"北京尚有一种走街串巷的馄饨担子，夜里于街头设摊，叫卖声为"馄饨开锅咧——"人们如此喜食馄饨，则此行经营不衰，不仅明清时江湖隐语中即已出现了"斜包"（馄饨）名目，而且其当行亦专有隐语行话。如例：馄饨担为早桥，风炉为老相公，锅为井圈，吹火筒为起焰头，竹梆为唤客，碗为亲嘴，匙为卤瓢，酱油为墨水，胡椒为辣粉，馄饨皮为片子，肉为天堂地，粉丝为白索，柴为助焰头，水为三点头，虾籽为红粒，刚出担为放衙，返回为回衙，生意好为热烘烘，生意不好为冰清，买客为挨老，大街为大夹，小弄为小夹，下雨为天哭，天晴为天开眼，等等。透过这些名目，则清晰地为我们勾画出一幅旧时从业者挑担卖馄饨的市井风俗图画：卖馄饨的挑着馄饨担时走时歇地吆喝，"馄饨开锅咧——"，或敲竹梆为招号。担子的一头是火炉、锅、吹火筒、干柴等物，一头是馄饨皮、内馅、虾籽、粉丝、胡椒、酱油、水、碗、匙等材料、用具。昼夜往来于街巷之间，成为居民、旅客的方便小吃。遇雨不能外出做生意，是为"天哭"；晴则有了生意做，是为"天开眼"。如此隐语符号能指成分的通语语义，则显露出当行业者以其为生计的自然心理信息。

又如"豆腐"，一名"黎祁"，也是中国民间的一种传统食品。相传汉代淮南王刘安时做豆腐的方法即与今日差不多：先以豆浸水，磨成浆，滤滓煎汁，再以盐卤或石膏凝固而成，食法多种，各地不一。宋·陆游《渭南文集》和明·李时珍的《本草纲目》均有关于豆腐的记载。此间元代的戏剧中亦有相关描述，如关汉卿笔下即有"闲时磨豆腐，忙时做面筋"的戏文。并且，明清江湖切口中业已出现了关于豆腐的不同隐称名目，如"水板""水判""水林"等。①有趣的不仅当代手工做豆腐方法一如汉代刘安制法，而且旧时豆腐坊当行隐语行话亦印证了相同制法及工艺程序，如浸豆为过宠，火为二点头，水为三点头，缸为阔口，豆腐包（过滤渣滓所用）为车儿，锅为仰天，炉灶为作热，榨床为压架，豆腐板为承盘，切豆腐刀（北方话谓"打豆腐"而不说"切"）为虎头牌，豆滓为白屑，黄豆为小圆，石磨为车心子，等等。凡此，悉为古代制豆腐工艺的文化传承，是"豆腐"文化习俗的有机组成部分。

　　至于豆腐制成品，不仅有一般的最常见的制品"白字田"（即豆腐），还有极薄的"千张"（干豆腐），"块方"（大油豆腐），"小方"（小油豆腐），"寸子"（油豆腐条），"香方"（豆腐干），"臭方"（臭豆腐干）等。北京的豆腐以选料考究、技术精道著称，民间"豆腐匠"皆以此为竞争方式。据说，清光绪年间，"京师以延寿街王致和家（豆）腐干最著名"。宫廷做豆腐不仅要求用京郊的伏豆、张家口的口豆、关外的东豆，还要用玉泉山上的清泉水，在民间亦讲究用甜水井的清水。可见一时风尚。

　　民间秘密语，无论是作为内部交际工具，还是作为一种语俗、一种民间文化形态（除非言语形式者外），究其实质，则是以口头创制、口耳相传、口头运用的语言文化信息载体。在漫长的民族文化史上，民间秘密语又当然地成为特殊的"口碑"，"语言化石"似

---

①案：宋代《绮谈市语·饮食门》有："豆心：玉乳；豆液。"不知"豆心"一食形制如何，待考。

的载录民族文化的各种形态、事象、典故、民众心态、市井风情、习俗惯制。如果借用西方文化人类学家的术语来描述的话，民间秘密语亦系社会生活的"教科书"。

民间文化是以下层社会为主体的社会文化层次。居此层次的文化，是以平民百姓为本位的。平民百姓中，掌握文字工具者历来因其社会地位而稀少，那么其文化传承、扩布亦只能主要依靠口耳相传方式为媒介。民间秘密语的传承、扩布亦如此。更何况历来各种民间秘密语都有其固定的流通范围，对外界的传播是偶然性的，极有限的，基本上属于其言语集团内部的封闭式符号系统。当行中人出于维护内部利益之故，一般是不能向外界披露其当行隐语行话的，这已成为一条不成文的民间习惯法规。在一些民间秘密社会组织中，多有相应的严格戒律，违犯者将受严厉惩治，乃至丧命。至于《虫鸣漫录》所载，"六合士子，约伴至金陵乡试，泊舟野岸，有贼扶板探足入，共曳入舱，贼以求释。士令其将贼中隐言备述，而笔记之，彼此习以为戏。"如此贼吐真言供出行中秘语，即是出于迫不得已。然而对其内部不识隐语者，则会主动传授。

据知，一位曾倍受流氓窃贼侮打，后来反抗逃跑又为火车轧去了一条腿的流浪子，偶遇了绰号叫"沧州鹰"的扒窃老手，被收为徒弟。他被带到沧州师傅的老家练功，先架起火炉煮沸一盆水，扔进两枚铜钱，再伸手进水捞出。如此他手指烫去了三层皮，终于练就了"两夹"（扒钱的黑话）贼功夫。进而又跟师傅学会了"开天窗"（扒上衣口袋）、"翻板子"（掏内衣口袋）、"亮盖"（拎兜）、"摸荷包"（掏钱包）、"抹子活儿"（以刮脸刀片割口下手），以及"瞄"（寻找机会、对象，探清作案环境条件）、"推"（故意拥挤）、"顶"（使用膝盖下绊子）、"荫"（遮住人们视线）、"溜"（逃跑）这五大奇功。于是他从胶济线偷到陇海线，从京浦线偷到京哈、京广线，成为一个贼星，名闻全国同行的首脑人物，最终被押上了刑场。[1] 这是一个窃贼团伙黑活传播环节的典型例证，贼功到手，贼语亦就学来了，几乎是同步的。这个反面例证也说明了各行隐语行话的一般传播形式与环节，具有一定普遍性。

　　民间秘密语作为一种民间语言文化形态，在其口头传承的过程中亦不是静态的运动，而是不断发生变化的，是其变异性的表现。民间秘密语以有声语言为主体形式，各地方言不一，加之文字记载往往难考其本字，皆以语音识别，是为其发生变异的一大因素。一如《江湖通用切口摘要》开篇引言所称："江湖各行各道，纷纷不一。切口，即隐语也，名曰春点。字无意义，姑从吴下俗音而译之，阅者原谅焉。"即是。又因方音、方俗而成隐语方忌。如吴下相夫切口"八大忌"中，"虎曰巴山子"，系"虎"与"火"吴音相近，忌"火"而成所忌；又有"蛇曰柳子"，系吴音"蛇"与"茶"音近，忌"茶"而来。

　　综上可见，民间秘密语是民族文化整体的一个有机组成方面，二者之间有着直接的种属关系和本质上的内在联系。民间秘密语的发掘、研究，是发展民族文化，尤其是作为其基座的民间文化科学研究所不应忽略的课题。民间秘密语文化史是民族文化史的重要分支。

1988 年 1 月 1 日至 3 月 5 日撰于沈阳

原载《民间文学论坛》1988 年第 5、6 期

① 刘汉太《中国的乞丐群落》，江苏文艺出版社 1987 年 10 月第 1 版。

厄议

汉语隐语行话研究与辞书编纂

隐语行话（秘密语）研究与辞书编纂

约 10 年前，我曾在《辞书研究》杂志发表了一篇《中国民间秘密语辞书概说》（1989 年第 6 期），简要评述了宋至民初的数种隐语行话亦即秘密语辞书。本文主要想探讨三个方面的问题：关于汉语隐语行话研究；近年出版的隐语行话辞书；隐语行话与辞书编纂。

一、关于汉语隐语行话研究

隐语行话研究，是一个比较细小的微观学术领域。我想，无论过去、现在还是将来，它都不是也不会成为一种"显学"。不过，由于隐语行话这一语言文化兼社会文化现象，同许多学术领域的研究相关联，甚至同有些领域关系十分密切，因而受到多学科学者的关注乃至导致多学科视点的研究，实属必然。

中国关于隐语行话的学术研究，始于 20 世纪初，是现代的事。若大致划分阶段的话，现代汉语隐语行话研究似可分为两个阶段。

第一阶段从 1924 年容肇祖发表《反切的秘密语》（《歌谣》周刊第 52 期）到 20 世纪 80 年代中期，可谓是语言学单一视点的研究阶段。因为，在这一阶段约 60 年间所见刊布的有关著述（含部分专著的有关章节），除容氏文章属中国早期民俗学研究外，其余几乎均属语言学视点的研究，而且以反切秘密语为主。其主要学术文章如：赵元任《反切语八种》（《史语所集刊》第 2 本第 3 分册，1931 年），赵志良《上海的反切语》（《说文月刊》1939 年第 1 卷），陈叔丰《潮汕的反切语》（《中国语文》1940 年第 3 期），陈祺生《旧时代无锡粮食业的常用切口》（《语文知识》1957 年第 12 期），《中国语文》杂志关于"社会习惯语"和"社会方言"问题的讨论（《中国语文》1957 年第 4、5 期），陈振寰、刘村汉《襄阳捻语》（广西师范大学学报 1981 年第 1 期），张天堡《切语初探》（《淮北煤师院学报》1985 年第 3 期），潘家懿、赵宏因《一个特殊的隐语区——夏县东浒"延话"（隐语）调查纪实》（《语文研究》1986 年第 3 期），以及高名凯《普通语言学》（新知识出版社，1957 年）、陈原《社会语言学》（学林出版社，1983 年）的有关部分，等等。

第二阶段从 20 世纪 80 年代中期至 90 年代中期，约 10 年，是本研究领域导入多学科视点的空前活跃与繁荣阶段。这 10 余年内地发表的隐语行话研究成果数量（篇数、字数），超过了前一阶段 60 余年的总和，并且填补了以往所没有的理论专著的空白，出版的专门辞书种类、规模与数量盛况空前。这一时期语言学视点的隐语行话研究，已从以前偏重反切秘密语的研究转为多方面的关注，如语词形态、谣诀形态及非言语形态的隐语行话，以及与之有关的语法、语义、词源、正字乃至社会文化背景等方面，均已纳入了研究视野。一些方言学者结合方言调查，采集、分析了许多地方的隐语行话。这些语言学者的研究成果主要有：郭青萍《徽宗语》（《殷都学刊》1987 年第 3 期），侯精一《山西理发社群行话的研究报告》（《中国语文》1988 年第 2 期），潘家懿《隐语与群体文化心理》（《语文研究》1986 年第 5 期）、《山西晋南的秘密语"言子话"》（《运城师专学报》1988 年第 3 期），王希杰《黑话说略》（《汉语学习》1989 年第 1 期），唐松波《汉语隐语及其构造特点》（《中国人民警察大学学报》1989 年第 1 期），曹聪孙《汉语隐语说略》（《中国语文》1992 年第 1 期），张天堡《淮河流域民间反切语》（《淮北煤师院学报》1996 年第 3 期）等。此外，社会学视点的研究，如余云华《当今地下行业及其隐语》（《民间文艺季刊》1990 年第 1 期）；民俗学视点的，如柯小杰《荆楚木瓦工行话浅析》（《民俗研究》1992 年第 4 期），章虹宇《滇西解放前土匪黑话、行规及其禁忌》（《民间文学论坛》1993 年第 2 期）；文学视点的，如白维国《〈金瓶梅〉和市语》（《明清小说论丛》第 4 辑，春风文艺出版社，1986 年），傅憎享《〈金瓶梅〉隐语揭秘》（《社会科学集刊》1990 年第 5 辑）；民族学视点的，如赵丽明《湘西苗族隐语的使用情况和社会功能》（《语言·社会·文化》，语文出版社，1991 年）；历史学方面，蔡少卿在《中国近代会党史研究》（中华书局，1987 年）和《中国秘密社会》（浙江人民出版社，1989 年）两部近代社会史专著中，均注意考察了隐语行话；公安言语识别研究方面，有王亮《三种社会方言词的识别》，王军《隐语：形态结构与逻辑转换》（均见《中国人民警官大学学报》1992 年第 1 期），等等。将隐语行话作为一种民俗语言文化现象加以研究，是民俗语言学视点导入的结果。1990 年秋，民俗语言学者们举办了本研究领域学术史上首次"中国民间秘密语行话专题学术研讨会"。已举行过的两届全国性民俗语言学学术讨论会，以及 1996 年的首届"'语言与民俗'国际学术研讨会"上，均发表有隐语行话专题研究论文。

总之，纵观中国民间隐语行话研究的 70 余年发展轨迹，即如拙作《中国民间秘密语（隐语行话）研究概说》（《社会科学辑刊》1997 年第 1 期）文末所评论的，"显示了由浅入深、由表及里、由狭而宽、由单一向'全息'的总体趋势，在继承与创新的过程中不断深化基础理论和拓宽应用研究领域"。尤其是最近的 10 余年，情况令人欣喜、振奋。

二、近年出版的隐语行话辞书

从 1924 年吴汉痴主编的《全国各界切口大词典》由上海东陆图书公司出版到 20 世纪 80 年代中期，60 余年间几乎未见公开出版一部隐语行话的现代专门辞书。80 年代中期以来，特别是 90 年代，出版隐语行话辞书近 10 部，可谓前所罕见。这种局面的出现，显然同 10 余年隐语行话研究领域空前活跃、成果迭出的状况相辅相成，是这一时期本领域学术成就的重要组成部分。

通观这些隐语行话辞书，多因编纂宗旨、功能、体例、收录资料范围或读者对象等的差别而各具特色。且将其中七种列表分析如下：

项目 ＼ 名称	犯罪隐语与方言识别词典	隐语行话黑话秘籍释义	语海·秘密语分册	中国秘语行话词典	中华隐语大全	中国隐语行话大辞典	俚语隐语行话词典
主编者	杨青山	孙一冰	郑硕人陈崎	曲彦斌	潘庆云	曲彦斌	曲彦斌
出版者	群众出版社	首都师大出版社	上海文艺出版社	书目文献出版社	学林出版社	辽宁教育出版社	上海辞书出版社
出版时间	1993.10	1993.11	1994.2	1994.3	1995.1	1995.4	1996.3
字数（万）	123.85	38.8	84.4	100.6	73.3	171	56
总词条数（万）	2.3	1	2.2	1.2	1.4	2	1.3
词条形态	语词	语词；短语	语词	语词	语词；短语	语词	语词
收录范围	现代犯罪隐语及方言；全国	古今各行当	古今各地	唐宋至民初诸行	宋元至当代，偏重于现当代	唐宋迄今诸行群体	古今诸行，以今为主
词条编排形式	汉语拼音音序	汉语拼音音序	笔画笔顺	汉语拼音音序	分类；类中按笔画笔顺	汉语拼音音序	笔画笔顺
索引	汉语拼音音序	汉语拼音音序	笔画笔顺；汉语拼音音序	汉语拼音音序；首字笔画	分类；类中按笔画笔顺	汉语拼音音序及笔画笔顺	笔画笔顺
词条注音	汉语拼音	词头字注汉语拼音，词条不注	无	汉语拼音	无	汉语拼音	无

续表

项目＼名称	犯罪隐语与方言识别词典	隐语行话黑话秘籍释义	语海·秘密语分册	中国秘语行话词典	中华隐语大全	中国隐语行话大辞典	俚语隐语行话词典
释义内容	语义；流行地区	语义；地区；行当；或出处	流行时间、地点、范围，语义	流行年代、范围、语义、出处、书证及考释	流行年代、地区、行当、语义	时代、地域、群体、语义、书证、语例	流行时间、地域、行业、语义、语源
主要读者对象	公安司法人员	有关科研教学及公检法部门	同《语海》	有关研究者	社科工作者，公安政法干部	科研及公安司法工作者	科研及公安司法工作者

　　这些辞典，大多是集体编纂。之所以如此，除有的是部头规模较大的缘故外，更重要的是由于占有资料的关系而导致多位撰稿人的合作。这一现象，也从另一角度反映了专题资料积累汇集环节同编纂专门辞书的需要间，还有一定距离。

　　从辞典名称来看，关于这一语言文化兼社会文化现象采用的术语颇不一致，如"隐语""犯罪隐语""隐语行话""秘密语（秘语）"之类。这样，便透示了关于这种语言现象概念的界定不一、视点不一。在 1990 年那次秘密语专题讨论会上，我曾就此发表过看法。我主张根据有关用语的使用频率、约定俗成的原则和从对象事实出发，比较起来，似应采用"隐语行话"这个合成式用语。其中的"隐语"与"行话"，在语义和所指对象上相互交叉，具有互补和互相限定的功能，似比其他用语更具科学性，并且语义明了易为人接受。因为，"隐语"所指过于宽泛，既指秘密语，也指歇后语、谜语、藏词之类；"行话"，既指秘密语，也指一般行业习惯语和专业技术术语。"秘密语"目前与"隐语行话"提法通常等义交替使用，应允许人们根据约定俗成和科学规范的原则在运用中做出方便的选择。这个见解，成为会间趋于一致的倾向性意见（见会议简报）。这个问题关系本领域的基础理论建设，不只反映在辞书书名上，其他论文、著作亦如此。因此，应当作为一个学术专题，深入讨论，尽可能地使用语切当、统一，不生歧义，使之与对象、概念相一致，以有益于促进理论建设和应用研究。

一部完整的现代辞书，应附录相关的资料，综合性、专门性辞书尤其如此，隐语行话辞典自不例外。上述的几种，或多或少，大都设有附录，而且各有特点。且录示如下：

《犯罪隐语与方言识别词典》1种：汉语方言分布图。

《中国秘语行话词典》2种：主要征引文献述评；主要参考文献摘录。

《中华隐语大全》20种：圆社锦语；绮谈市语；锦语；六院汇选江湖方言；行院声嗽；杭州市井隐语；市语；金陵六院市语；江湖通用切口摘要；江湖行话谱；太平天国隐语举隅；洪门早期隐语实录；红帮隐语书不胜书大足寻味；茶阵；洪门烟茶、烟火阵；洪门筷箸阵；洪门路阵；洪门口白；洪门手势体态语；洪门符咒。

《中国隐语行话大辞典》5种（名为续编）：隐语行话研究事典；其他形态的隐语行话（话语形态、谣诀形态、副语言习俗形态、反切秘密语及其他语音学构造的秘密语）；中国隐语行话研究纪事简表；中国隐语行话简明地图；资料书影图版（23幅）。

《俚语隐语行话词典》1种：现代中国民俗语言研究文献选目。

凡此，诸种辞典附录的资料，对于使用该书者来说，无疑增加了与正文内容相关而不便进入正文的许多重要信息、知识和资料，是正文的必要补充或参考，是辞典的有机组成部分。一套好的附录，会增强辞书的科学质量，为之增色许多。隐语行话的资料收集比较困难，而且其形态不一，通常只将语词（或兼收短语）形态的单位编入辞典，难以在正文中兼容更多的内容和信息，因此其附录的编录十分必要，乃至可以说不可或缺。其中，附录的参考文献目录，则是正文的特别注释，是正文资料可信程度的标志。

三、隐语行话与辞书编纂

这个话题应分为两个方面：一是隐语行话与其他辞书编纂；二是关于隐语行话辞书的编纂。下面分别来谈点看法，供同道参考。

有些隐语行话在长期流传使用过程中，经过多种媒介渠道的传播和约定俗成，逐渐解除了原有社会流行群体的封闭或半封闭性，被吸纳到通语中去。例如，宋代《绮谈市语》中的"六老"（眼）、"三寸"（舌）、"手谈"（棋）、"飞奴"（鸽）等，《辍耕录》所谓"杭州人隐语"的"憨大"（物不监致）、"搠包儿"（暗换易物），《西湖游览志余·委巷丛谈》所录杭州人切口"窟窿"（孔）、"扫兴"（有谋未成）、"出神"（无言默坐）、"杀风景"（言涉败兴）、"扯淡"（胡说），等等，均已进入近代汉语或现代汉语通语。即或明清间一部坊刻本《江湖切要》中的有些明清江湖隐语行话语词，如"言唱"（状元）、"撮合山"（媒人）、"小老鼠"（毛贼）、"调皮"（会说）之类，亦然。《现代汉语词典》收录有不少业已通用的旧隐语行话语词，如调皮、空头、煞风景、挂花、绑票、扯淡、花舌子、上手等，如非专门探究，今已很少有人注意到其原本为隐语行话或与此有染。

即如《汉语大词典》，虽"只收汉语的一般语词"，"着重从语词的历史演变过程加以全面阐述"（见该书《前言》），但也适当选收了一些汉语隐语行话词条。例如其"蚬斗"等条：

> 蚬斗 欢喜的隐语。宋·王谠《唐语林·政事上》："崇（唐崇）因长入人许小客求教坊判官，久之未敢奏。一日，过崇曰：'今日崔公甚蚬斗，欲为弟奏请，沈吟未敢。'……散乐呼天子为崔公，以欢喜为蚬斗，以每日在至尊左右为长入。"清余怀《板桥杂记》序："效东京梦华之录，标崔公蚬斗之名。"
>
> 崔公 唐代散乐艺人称皇帝。唐·崔令钦《教坊记》："诸家散乐，呼天子为'崔公'，以欢喜为'蚬斗'。"宋·王谠《唐语林·政事上》："今日崔公甚蚬斗，欲为弟奏请，沈吟未敢。"
>
> 长入 指常在皇帝左右供奉的乐工。唐·崔令钦《教坊记》："诸家散乐，呼天子为'崔公'，以欢喜为'蚬斗'，以每日长在至尊左右为'长入'。"宋·王谠《唐语林·政事上》："崇因长入人许小客求教坊判官，久之未敢奏。

这三个唐季教坊散乐艺人的隐语行话词语，均出于《教坊记》和《唐语林》。在释语中，一指明系隐语而未说明流行范围，一说明流行范围而未指明系隐语，一隐语性质及流行范围均未说明而仅释语义。"蚬斗"条首先当录《教坊记》书证，"崔公"条亦应录《板桥杂记》序之语，然而皆缺。借此，我认为，辞书根据不同性质、体例等原则选收隐语行话词条是必要的，但释文中似应明确说明其性质、流行的年代及范围（群体或地狱）、语义，并尽可能比较完备地征引书证文献。至于选收这类词条的原则，如范围、数量等，则因具体辞书的性质、体例、规模而异，不能概而论之。非隐语行话类专门辞书收录的已为通语吸纳的语词条目，不必注明其原有的隐语行话性质，如《现代汉语词典》的做法，亦理所当然。但是，对于具有考释语源性质的辞书，在收录出自隐语行话或与之关系密切的语词条目时，则应加以必要的考证阐释以及源流。在编纂古代小说（话本）、戏曲等专类语言词典，或《金瓶梅》《水浒传》等专书辞典时，无不存在上述所讨论的选收隐语行话条目的一些值得深入探讨的问题。

关于隐语行话专门辞书的编纂，似有两点十分重要，一是要不失现代辞书的科学规范，二是要不失本类专门辞书所应具有的特点。尽管近几年编纂出版了数部这类专门辞书，在本领域已十分可观，但仍处于起步、探索阶段，需要总结经验，分析短长得失，才能逐渐成熟、完善。实践表明，在选收词条、词目正字、索引编制，以及辞书类型等方面，都存在一些值得深入探讨的问题。

对词目资料的界定和鉴定，关系到隐语行话辞典本身的性质、特点。有的界定失之准确，收录词条失之滥或宽，影响了辞书的质量。对有历史文献可据而后来已进入近、现代通语的词目如何处理？一般情况下，我主张收录，收录后要加必要的说明。至于缺乏根据而难以把握的，似可不收，避免人为地造成混乱。再如《北京话流行语》（周一民著，北京燕山出版社，1992 年）和《上海话流行语辞典》（阮恒辉、吴继平编著，汉语大词典出版社，1994 年），均辑释了数十条进入现代流行语的旧时隐语行话。隐语行话辞典还是应参照上述原则酌定收录与否，应收入的，还应照例收录。

在整理、鉴定和筛选词条资料时，首先应注意词目词的正字，否则将以讹传讹，失去本来面目，甚至产生歧义、误解，有悖辞书所应具有的科学品质。由于隐语行话的基本传承形式为口耳相传，加之各地方言文化等社会因素的影响，即或是有文字传抄或刊行的，亦大量存在俗字、别字、记音代用字、讹字以及错字，相当一些已难考本字、正字。《江湖通用切口摘要》解语所谓"字无意义，姑从吴下俗音而译之，阅者原谅焉"，可说明一斑。对于当年这位不知姓名的记录者，非但可以原谅，尚应感谢他为后世保存下些许珍贵资料。然而，作为现代隐语行话辞典来说，这是个需要审慎对待的难以回避的问题，似不好也声明请"阅者原谅焉"。其语例如"大腕"似当作"大蔓"，"走穴"似当为"走踅"之类，不赘述之。

　　缺乏必要的索引供读者检索查阅，就不符合现代辞书的规范。无索引的辞典成了分条读物，还莫如《江湖丛谈》那样借破解隐语行话来介绍江湖文化更便于阅读，也更有趣。除必要的音序、笔画索引之外，编制词目主题索引和按流行群体或地区的分类索引，也十分具有实际应用意义。这不仅在于本类辞典还可视为一种别有意义的民间文化资料集，还有助于多种相关学术领域的研究需要和公安司法等特殊需要的查检鉴别。索引完备适用的辞典，功德无量。

　　隐语行话辞典的编纂今后将如何发展，走向如何，似难断言。基础研究和社会需要，是主要的制约因素。就现实而言，我以为有两部隐语行话辞典似乎比较切合现实需要。一是收录较富而释语简明、索引完备的《汉语隐语行话简明词典》，这种简明辞典可以同时配合计算机检索发行光盘或软盘。二是收录较富，详为考释，书证、语例丰富，索引俱全，附录文献详备，规模较大的《汉语隐语行话大辞典》。此外，话语形态、谣诀形态、副语言习俗形态及语音构造的（如反切秘密语）诸类隐语行话，如何编纂专门辞典，仍然是需要进一步讨论并逐渐付诸实践的问题。

　　附记：为行文方便，文中未述及的本人除辞典而外的有关研究著述，且附记于后，聊供参考。专著三种：《中国民间秘密语》（上海三联书店，1990 年），《江湖隐语行话的神秘世界》（河北人民出版社，1991 年，署冷学人），《中国民间隐语行话》（新华出版社，1991 年）；论文：《中国民间秘密语漫说》（中国文化报 1987 年 12 月 23 日），《民间秘密语与民族文化》（《民间文学论坛》1988 年第 5、6 期），《隐语行话与民间文化》（《民间文艺季刊》1990 年第 4 期），《隐语行话的传承与行帮群体》（《百科知识》1991 年第 1 期），《中国民间秘密语（隐语行话）研究概说》（《社会科学辑刊》1997 年第 1 期）等。

一次垦荒性的尝试:《中国民间秘密语》自序

淮北煤师院学报
社会科学版

一九九□
第□期

语 文 学 的 奇 葩
——读《中国民间秘密语》

张天堡

曲彦斌著的《中国民间秘密语》一书,给人以神秘和美妙的感觉。它所以会给人们留下这种印象,是因为一方面它是在"中华本土文化"土壤上生长起来的东西;另一方面人们又不太熟悉,不太了解它。

秘密语具有强烈的排他性。"专指以固着本群体、集团之外的人们知晓的"一话语。同样一种语言符号,为什么有的人能懂,有的人却不懂呢?这便给人们带来了神秘和美妙感。

作者曲彦斌先生搜集了大量古籍资料,对中国历代特别是民间的传统文化进行了挖掘和整理。乌丙安先生在《中华本土文化丛书总序》中说:"通过考察实证揭示中华大地上'活化石'和'活古代'的语文化相,从而回答传统文化中许多令人困惑不解的问题。"

对于中国语文学的整理与研究,是我们广大语文工作者的一大课题。中国数千年来的民族文化,特别是那些"活化石"和"活古代"的东西,直到现在还都保存。我们如何把那些"化石"和"古代"与现代"话"者的东西结合起来呢?这里面还有许多工作。

王力先生告诫我们:"不应该轻视语文学研究。先说,我们对五千年文化需要总结,文献资料的考证和训诂的要求,仍需要有人去做,即以整理古籍而论,我们就需要训练一批具有语文修养的人才。再说,从语言理论方面看,中国古代也有很多可贵借鉴的东西。在辩证主义上升时期,它象资本主义上升时期,学术上有不少绚丽的花朵。中国是世界上语文学发达最盛的国家之一,我们应该很好地继承祖国的语文学遗产,并且把它发扬光大起来。"

毫无疑问,曲彦斌先生就是整理古籍和具有语文修养的人才。他整理并写出的《中国民间秘密语》,也正是对"美丽的花朵"的采集,他所做的事业,也正是王力先生所教导的"继承祖国的语文学遗产,并且把它发扬光大起来"的事业。《中国民间秘密语》也正是这方面的一本专著。

曲先生选择了"秘密语"这一课题,这些原来"不被人所关注"的冷角"和"一些细微的事物"。然而却正是这些"不被人关注"和"细微的事物"使我们得到了启示,受到了教育。读了《中国民间秘密语》一书,我们最少可以知道:

第一、"秘密语"一直是中华民族文化的一部分。

曲先生从《文心雕龙》中的"威文穆书于羊表"考察起,说明早在我国南北朝时期就可以看到人们使用秘密语言的情况。接着,他又根据资料记载,考说了历代长安市井中曾流行过的葫芦语、戤子语、倒语、练语、三折语之类名目繁多的市语。

109

　　去冬岁尾，应《中国文化报》之邀，我写了一篇题为《中国民间秘密语漫说》的短文。文末，我说："宋明以来至民国初，先后曾有《圆社锦语》、《金陵六院市语》、《江湖切要》及《切口大词典》之类专辑、专书流行，然为数极少。半世纪前容肇祖、赵元任等曾发表一些有关研究成果，而近半世纪却鲜见有人问津此道，中国民间秘密语研究成了科学园中一隅荒芜空白之所。愿与有志于此的同道，共同拓垦这块荒置已久的科学园地。"这是我在动手撰写这部《中国民间秘密语》专著之先的一点感想。

　　关于民间秘密语的研究，在我构建民俗语言学之初即已进行了。然而，由于上面的想法，我决定抽出时间写一部专著，所以，在写作《民俗语言学》这部概论性质的专著时，没有列为专题写一章。并且期望有时间能对概论中列出的各个专题，都逐一写部专书出来。去年，分别写了关于俗语和副语言习俗两部专著，算是写了两个专题。现在写出这本书，则又完成了一个专题。同时，又以此研究为基础，着手编著一部《中国民间秘密语词典》（或称"汇释"，俟书成再定），意在发掘、保存有关资料，为这方面的科学研究和应用，进一步做点基础性的工作。

　　有一家报纸说我在"开拓"。冷静地回顾自己走过的学术之路，我所从事的课题大都是不为人所关注的冷角落，是"国粹"中的细微事物，以自己的认识从中爬梳出一点一得之见，远不敢妄称"开拓"。然而，我有一种作为人文科学工作者的责任感，有作为中华民族子孙的荣誉心，希冀能为发掘和科学地阐扬民族文化尽些绵薄之力，为人类文化史的长河增加一点浪花。

　　民间秘密语是大多数民族所共有的一种语言文化现象，在人文科学的丛林中，应有其一席之地。就我孤陋寡闻所及，国内迄今尚未见有一部比较全面论述中国民间秘密语的理论专著。在此情况下动手写这么一本书,我自知学识浅薄,力难从心,却希望能为同道作一块铺路石。运用民俗语言学的科学方法,将民间秘密语置于民族文化这个基本的大背景中加以梳理、探讨,是本书的基本思想。民间秘密语发生、发展的传承运动,有其自身的源流和规律,有其客观的历史条件与文化土壤。书中,我力求对民间秘密语的性质、源流、类型、构造方式、社会功能、与民族文化的关系及其传承、扩布的基本规律诸方面,从历史、语言、民间文化、社会心理等多维视野,进行"立体式"的综合研究、透析,运用符号学等现代科学方法进行阐述。鉴于历史上保存流传下来的民间秘密语文献极少,而且零散寻常不易见到,为了说明论点和使读者更多地占有感性认识材料,则于篇幅可能允许和需要的情况下。尽可能地多介绍一点不同时代的秘密语材料。同时,设立专章,对手头所占有的主要民间秘密语文献加以解题和评论。囿于学识,两个月内赶写出的这部专著,只是一块粗糙未经雕琢的"璞"。这里应当感谢《中华本土文化丛书》编委会及为之奔走来沈阳约稿的韩金英女士慧眼识"璞",催促我尽早杀青,使之及时同海内外学界朋友见面,接受大家的检验、评论。舛误不当之处,尚祈读者指正。如果本书能引起读者的一点兴趣,能为学界提供一些借鉴,并有新著弥补、匡正其不足与舛误,余愿足矣。个中,尤愿通过本书的出版流传,结识更多的学界尊长与朋友。这是中国学界的流传:以文会友。

1988 年 3 月 6 日于冷趣斋

(《中国民间秘密语》生活·读书·新知三联书店上海分店

1990 年出版)

古近代隐语行话文献的爬梳和清理

——《中国秘语行话词典》前言

去年冬末，拙著《中国民间秘密语》一书杀青（上海三联书店出版），我在《自序》中写道："同时，又以此研究为基础，着手编著一部《中国民间秘密语词典》（或称"汇释'，俟书成再定），意在发掘、保存有关资料，为这方面的科学研究和应用，进一步做点基础性的工作。"而今，过了一年多时间，这部《中国秘语行话词典》终于也杀青了。此间，尚写出另一部有关这方面的理论性专著——江湖隐语行话的神秘世界》（中国民俗语言文化丛书之一）。也就是说，这部词典是在撰写了两部专著的基础上编著而成的。于此，则想以"前言"的形式，将词典"例言"所不便纳入或展开讲的问题，做个简要的说明。

一、关于名称

有关"民间秘密语"的一些基本理论问题，我已将自己研究的一得之见，作为一家之说，大都写进了上述两部小书之中，有兴趣者可去查阅参考，这里就不赘言了。但是，关于这种语言形式（或说现象）的名称用语，直接涉及本书的名称问题，则有必要谈一下。

在历代汉语文献或口语中，关于这种语言形式或现象的叫法较杂，颇不一致，如隐语、行话、市语、春典（点）、切口、黑话、暗语，等等，均系就其构造或修辞学的，或功能方面的某一特点称之。在现代语言学中，则被视为"社会方言"的一种。

今年春，当代著名的社会语言学家陈原先生在与我的一封信中谈道："民间秘语词典甚有意思……这个领域应当去探索。至于范围包括到哪些方面，根据可靠与否，都要仔细确定。'秘密语'一词也宜斟酌，黑话不好，秘密语似也不够理想。"说的是这种语言现象的内涵与定名问题，亦正是我近年来从民俗语言学来考察、研究这一事物所反复思索而又未决的事情。可以讲，迄今我尚未考虑成熟。这件事对所进行的科学研究未必没有影响（总要"正名"才是），却又不能因此搁置起来放弃研究。反之，我以为，随着这项科学研究的深入，这个问题将会自然而然地解决。一件事物的定命，既有社会的约定俗成，亦有科学的择定，科学术语亦不外如此。即如国内语言学界关于"歇后语"这一语言现象内涵与定命的几番讨论似的，在界定了其内涵的基础上，大多数学者在其论著中采用的是"歇后语"这个名称，是科学择定与社会约定俗成的结果。若干年后，随着这一科学领域（包括相关的科学领域）的发展，这个名称或可有变，那是后来的事情，起码现在要这样称之，形成一种"定势"。

鉴于这种情况，我采取的做法是，用名在一般情况下随具体述及的文献和运用这种语言形式的具体社会群体（或集团）的习惯叫法而言，以利行文方便、阅读方便。然而，当总括这一语言形式或现象时，则暂且使用"秘密语"（可简称"秘语"）或"隐语行话"的叫法，如上述两部拙著书名即如此。在我的有关著述中，前者比后者用的时候要多些。同时，仍暂将上述做法沿用于这部专门性词典，称之"中国秘语行话词典"。这样概括，是试图便于读者见其名而基本上知道是本讲些什么内容的书，减少歧想。效果如何，只有在实践中考察了。同时，也是以实践来探索其定名问题。

那么，这部书怎么未专称"秘语"，而又同时缀以"行话"合称呢？对此则需要说明一下，按照拙著《中国民间秘密语》之见，简言之，秘语专指以回避本群体、集团之外的人们知晓的，以遁辞隐义、谲譬指事为形式特征的民间语类。即如"隐语"历来既广义兼指谜语、歇后语之类，狭义可用专指秘密语一样，"行话"亦有广义、狭义之别。20 世纪 50 年代后期，《中国语文》杂志曾连续两期发表了《关于"社会习惯语"或"社会方言"》的讨论。其中争议较大的一个问题，即"行话"与"秘密语"乃至行业术语的关系问题。

鉴于既存的语言事实，我认为，"行话"的习惯用法是具两重性的，既指具有当行特点的"秘语"，亦兼指并非有意回避外行知晓而外行未必都懂得的表示当行行事或事物的习惯用语。民初的《切口大词典》的"切口"，从其收录条目来看，显与"行话"内涵混为一事，如其"优伶类"的"吊嗓子"条："每日至旷野，使劲大嚷，或上琴高唱。"且不说其释义欠于科学、准确，显然其本身即不属"秘密语"。在编著这部《中国秘语行话词典》中，考虑到有些文献辑入的非秘语性"行话"，对于考察了解其当行秘密语乃至其当行历史文化具有一定参考价值，也就酌情选录了一点，作为参考条目，因其比重不大，即未单列。考虑词典名称时，亦即缀上了"行话"二字，在于使读者了解书的内容范围所在。

二、关于编著宗旨及释文用语

因为"例言"的第一条已简述了本书性质，这里主要是就释文用语问题一并说明一下编著宗旨。这部词典从唐宋至民初有关文献中选取直接材料，设立了大约12000多个条目，是多年来穷搜广觅和初步研究选定的结果。编著的主导思想，一如前述的初衷那样，"意在发掘、保存有关资料"，同时又便于从事古典文学、历史学、语言学、文化学，和公安司法、历史题材艺术创作乃至科学技术工作等多方面读者的查阅参考，提供必要的线索信息，使之成为以文献为本、兼杂部分考释性说明的专门工具书。有鉴于此，凡不属所界定时限之内和未见文字记载或论述的条目，概未列入选收范围。至于现、当代部分，则拟另行编著专书。所立条目，要求出之有据；考释文字，作为一得之见供读者参考。这也是这部专门词典与其他语文工具书不同的一个基本特点。

在注释中，令人感到颇为棘手的是条目的形、音、义确定及考源问题，其中本字问题又是比较复杂的事。由于民间秘密语、行话的流传使用，主要是在口语中进行的，是当行口语交际言语活动掺杂使用的语言变体成分，付诸文字基本上是循音、会意用字，加之受方言语音因素和传承变异因素的制约，给考定本字、确定读音和语源带来很大困难。但因我们强调以文献为本，则可以部分地回避了这个问题，即无一定把握时，权不滥作考定，以免造成混乱，错上加错。然而，释文中另一个亦可回避，但编著者认为有必要给读者作以基本的介绍的，是具体条目的流行范围和大致的历史年代。不过，这也是一个比较复杂的问题。于此，即就一些条目例子作一具体分析。

《绮谈市语·器用门》载："减装：了事；拾袭。"在宋季及其之后诸文献中，"拾袭"均取层层包裹、珍藏之义，如例：宋·王迈《墨歌寄林明叔》诗："昔我得之于异人，使我拾袭藏为珍。"又作"十袭"，宋·欧阳修《谢赐汉书表》："十袭珍藏，但誓传家而永宝。"陈师道《谢寇十一惠端砚》诗："琢为时样供翰墨，十袭包藏百金贵。"杨万里《三辰砚屏歌》："怀璧未为罪，借书未为痴，公当十袭古锦帊，如何传玩十手把，不防夜半有力者？"又《后汉书·应劭传》："宋愚夫亦宝燕石，缇緆十重。"李贤注引《阙子》云："宋之愚人得燕石梧台之东，归而藏之，以为大宝。周客闻而观之，主人父斋七日，端冕之衣，衅之以特牲，革匮十重，缇巾十袭。"又作"什袭"。宋·张守《跋千字文帖》："此书无一字刓缺，当与夏璜赵壁，什袭珍藏。"明·何景明《刘武选百鸟图》诗："什袭翻令锦绣轻，百年转见丹青重。"清·蒲松龄《聊斋志异·神女》："设当日赠我万镒之宝，直须卖作富家翁耳。什袭而甘贫贱，何为乎？"然而，宋人"市语"却反其义而用之，即无须层层裹藏，隐指"减装"，语源、构造方式与年代紧密关联，惟难以考定其流行范围。

有的同一用字条目，流行年代、语义、语源等却相去甚远。如"扶老"的两个义项：（一）竹杖。《绮谈市语·器用门》："竹杖：扶老。"晋·戴凯之《竹谱》："竹之堪杖，莫尚于筇，……一日扶老，名实具同。"又晋·陶渊明《归去来兮辞》："策扶老以流憩，时矫首而遐观。"（二）鹫鵟。《切口·杂业·禽鸟业》："扶老：鹫鵟也。"晋·崔豹《古今注·扶老》："秃鹫也。状如鹤而大，大者头高八尺，善与人斗，好啖蛇。"凡此，一由晋人雅言至宋人"市语"，一由晋人雅言至清末民初禽鸟业"行话"，时间跨度较大，跨越的社会群体文化层次亦大。再如"合"，取义有三：明清铜行、清末民初老虎灶称数目十；清末民初巫卜业称事成；清末民初武术行称对打。非但取义、语源及时代（部分）有异同，流行范围（即"行"）亦有异同。（一）十。《通俗编·识余·铜行》："十：合。"《切口·杂业·老虎灶》："合：十也。"系取"合十"的歇后藏词语。合十，即合掌，是佛教礼节，双手当胸，十指相合致敬。清·纪昀《阅微草堂笔记·槐西杂志四》："明公恕斋，尝为献县令，良吏也。官太平府时，有疑狱，易服自察访之。偶憩小庵，僧年八十余矣，见公合十肃立。"（二）事成。《切口·巫卜·茶馆测字者》："合：事成也。"《国语·鲁语下》："今以诗合室，歌以咏之，度于法矣。"韦昭注："合，成也。"此事成指成婚。宋·王安石《与刘原父书》："方今万事所以难合而易坏，常以诸贤无意耳。"乃泛指事成。（三）对打。《切口·武术·卖拳头者》："合：对手拳也，即二人对打也。"《孙子·行军》："兵怒而相，久而不合，又不相去，必谨察之。"《史记·高祖本纪》："淮阴先合，不利，却。"《三国志·魏志·武帝纪》："时太祖兵少，设伏，纵奇兵击，大破之。"南朝宋·裴松之注引《魏书》云："布益进，乃令轻兵挑战，既合，伏兵乃悉乘隄步骑并进，大破之。"借以又生交战的回合、次数之义，如《七国春秋平话后集》卷上："齐阵袁达出马，打话不定，约战四五十合，胜负未分。"均含交战、交锋之义，可参。有的时代、流行范围、用字、词形等各异，而语义却相同或相近，考其语源，却当同出于一源。如宋明行院的《行院声嗽·通用》："无：梦撒。"明代金陵六院的《新刻江湖切要·人事类》："没有曰梦。"明清江湖中人的

《江湖切要·人事类》："没有曰梦。"清末民初《切口·武术·跑马卖解》："蒙：无也。"考其语源，均当与"梦周"相关。梦周，语出《论语·述而》："甚矣吾衰也，久矣吾不复梦见周公。"说是孔子仰慕周公，及至成梦。文人因以"梦周"借作缅怀先贤之辞，如晋·刘琨《重赠卢谌》诗："中夜抚枕叹，想与数子游。吾衰久矣夫，何其不梦周？"又如南朝梁·简文帝《请尚书左丞贺琛奉述制旨毛诗义表》："故东鲁梦周，穷兹删采。"《论语》为旧时必读之书，其语多为熟诵，进入民间口语当属自然。但进入民间隐语行话，则取义大变，从"缅怀先贤"之用变成了"无"义。一方面其在《论语》本义句中即含"不"字，"不复梦见周公"，后系缩略式用典，而"梦"字又含虚幻、乌有之义，因隐语行话用之称"无"亦在乎常理，顺理成章。这样一来，其"周"字语素除却与"梦"合而标示出典外，别无意义。在构词上，双音节合成词更接近汉语口语习惯，这也是其一种保留的作用。至于明清江湖中人省去"周"字，清末民初武术行（亦属江湖中人）读如"蒙"，或系方音关系，或系记音用字关系，均属传承过程中的变异现象。如《西游记》第三十二回："假若不与他实说，梦着头，带着他走……倘或被妖魔捞去，却不又要老孙费心？"个中之"梦"，则又系"蒙"字的近音通假。这种情况，口语和民间秘密语行话尤多，只是未视为通假罢了。至于"梦撒"，今存文献尤以元明戏曲见之为多。如例：元·张可久《柳营曲·酒边有诉秀才负心为作问答》曲："望妾身，改家门。见书生可人情意亲。梦撒么分，受尽艰辛。撅丁骂，卜儿嗔，闪煞人也短命郎君。"周德清《蟾宫曲·别友》曲："柴似灵芝，油如甘露，米若丹砂；酱瓮儿恰才梦撒，盐瓶儿又告消乏。"周文质《朝天子》曲："柳外风前，花间月下，断肠人敢道么？演撒，梦撒，告一句知心话。"明·贾仲名《对玉梳》剧第一折："有一日使的来赤手空拳，梦撒撩丁。"与"梦周"取义均同，而词素有同有异，当系流传、使用中的变异。元明戏曲及话本小说中，使用隐语行话处颇多，这种情况亦属常见。有些民间秘密语，虽见于地域跨度较大的不同地方文献，但语义或语源却令人惊奇地一致。例如：明代金陵六院中人称眼睛为"招子"，清末民初江湖中人称卖眼镜者为"招子包"，20世纪初东北土匪亦称眼睛为"昭子"，"招"与"昭"只读音和记音用字之异；清末民初江湖行话，与20世纪初东北土匪均称小米为"星星"，前者称小米粥为"星星乱"，后者称小米饭为"星星闪"，又都称吸大烟为"啃海草"；更有趣的是，清末民初江湖中人、20世纪初东北土匪及近代山西夏县东浒隐语，均称马为"风子"或"疯疯子"，称狗为"皮条子"；清末民初江浙扒手、近代山西理发业，称裤子为"岔枝"或"衩子"，亦不过读音与记音字的差别而已。民间秘密语的相通性堪称有其跨行业、跨地域性，这种情况，既为考其语源、辨其本字扩大了线索，却也为确定其流行范围、年代带来了困难。有鉴于斯，我们唯有以所据以确立条目的文献做出基本判断，所指出的流行、使用年代，只是个就文献而言的"近似值"，不是绝对的。在这部词典释文用语中，"江湖中人"尤其是难以把握的范畴，原因在于其内涵与外延向来含混、复杂，弹性较大。仍以秘语、行话为例，同是辑录明代金陵六院中用语，有的名为《金陵六院市语》，有的却叫《六院汇选江湖方语》；明清时的《江湖切要》所涉无所不包，从具体种种职官名称，到各处地名，是就江湖中人行事所及而来，而清末的《江湖通用切口摘要》却仅就巾、瓜、李、皮四行而言，专指医、卜、戏法、卖艺之类。事实上，举凡乞丐、盗贼、匪帮和一些社会杂流，亦无不以江湖中人自诩。鉴此，只有既以文献为据，又面对事实，因为那本来就是个诸色人物混杂的复杂社会群体。世上最复杂、生动、富于变化的语言形态，莫过于口头语言，秘语、行话亦具有这种属性，既相对稳定，又在不断变化着，其语汇有发展也有消亡。鉴其口语性质，本词典的释义用语均作"称"，不谓"数字"而谓"数目"，力求谨严。编著中，我益发深信，这部以文献性、学术性为重的词典，将会给这一专门领域的科学研究提供许多便利。同时，对其他相关科学领域的研究，亦将是具有系统的资料价值，和一些有益的启示。如《切口·党会·流氓》："贴血：短衫也。"而今由沿海城市传入内地有"T恤衫"之谓，二者音近，均指短衫，是否有着什么连带关系呢？类似现象颇多，是值得深入考察的，尽管并非这部词典所能容纳的内容，却可以此为基础，从中获得许多科学信息。在缺乏具体参照、借鉴的条件下，编著这样一部词典尚属尝试性的工作，错误及未善之处，尚祈方家与读者不断发现、指正，以期使之更趋科学、完善。

1989年秋末识于冷趣斋

（曲彦斌主编《中国秘语行话词典》，书目文献出版社

1991年出版）

隐语行话是各种社会所共有的
一种语言文化现象
——《中国隐语行话大辞典》前言、例言、跋

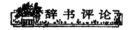

辞书评论

学界之盛事，语典之丰碑
——简评《中国秘语行话词典》和
《中国隐语行话大辞典》

余云华

　　1992 年，书目文献出版社推出了曲彦斌先生主编的《中国秘语行话词典》。全书收隐语 1.2 万多条，跨度从隐语渐兴的唐宋起，历经发达的明清、全面辐射的近代。此前，像这样穷越上千年历史烟云，横跨九流三教，编辑严谨规范，使用便捷自如的工具书尚付阙如，故本书自然肩负了填补空白的历史使命。然主编并未稍歇，而是继续砥砺，仅仅在三年过后的 1995 年，其又一部巨著《中国隐语行话大辞典》，由辽宁教育出版社推出。该辞典以前书为基础，务尽搜索，从古今 200 多种文献、调查资料和研究报告中，选择了唐宋以来至于当代市井诸行、江湖秘密社会和各种犯罪团伙的隐语行话约 2 万余条，又附编以首次公开发表的第一个《隐语行话研究事典》、《中国隐语行话编年纪事简表》和《中国隐语行话简明地图》，以及话语形态、涵诀形态、副语言习俗形态的隐语行话和反切秘密语文献选辑，从而使此书不但具备内容翔实、资料丰富、古今连贯、注释简明准确、信息涵量大，集学术性、知识性、资料性和工具性于一体的特点，同时还是迄今为止唯一比较全面地综合展示我国古今隐语概貌的工具书。

余云华《学界之盛事，语典之丰碑——简评〈中国秘语行话词典〉和〈中国隐语行话大辞典〉》（原载《辞书研究》1999 年第 4 期）

前言

在拙著《中国民间隐语行话》的英文本序中，我阐明了这么一种观点，即：

隐语行话，亦即秘密语，是世界上大多数民族共有的一种民俗语言形态。

说到隐语行话，人们往往首先把它同匪盗、娼、赌、贩毒、走私等反社会的犯罪活动联系起来，未免失之武断，以偏赅全。事实上，除了黑社会群体外，许多社会群体都存在使用隐语行话的习俗惯制。由于宗教、禁忌乃至游艺的需要而使用隐语行话，自古就是许多民族所共有的民俗，只不过其语言及表现的形式各有不同罢了。就中国而言，不仅古代战争中使用隐语行话，就连唐代皇帝身边的优伶、宋代颇盛的蹴鞠（踢球）行当的艺人，亦大量使用这种秘密性的"语言"。至今，在中国的许多地区、许多职业群体，仍然流行着使用隐语行话的风俗习惯。闽、浙山区以种植采集香菇为业的菇民使用着特有的当行隐语行话，其目的一方面是为了保守谋生技艺秘密，同时也在于山魈迷信中的言语禁忌。至于各地山民、渔民因行业信仰、行业禁忌所产生的一系列隐语行话，仍在世代传承着。

因此，单纯从语言学和犯罪学的观点来认识民间隐语行话现象，未免过于狭隘，难以全面而准确地把握其本质以及生成、流变机制。

那么，如何看待这种隐语行话现象呢？我以为，从文化人类学视点来考察这一语言文化现象，似乎更便于把握其本质、机制。具体的，我则从民俗语言学角度来发掘、研究，将其视为一种民俗语言文化形态。尽管任何一种科学视点都难免存在一定的局限性，亦即侧重点不同，但在民俗语言学这一多缘性人文科学的视野中，隐语行话研究是一个重要的分支学术领域。而且，民俗语言学又是一门具有双向性、多缘性、综合性、应用性及社会性等基本总体特征的学科；其方法论主张田野作业与文献考证并重，定量定性分析与比较研究并重，宏观的总体研究与微观的具体研究并重，精神的与物质的并重，讲求实证与思辨的有机结合。

这些年里，我所进行的关于隐语行话的研究，都是将其作为一种民俗语言文化现象，运用的是民俗语言学的视点和方法。此间，围绕这一研究领域，先后出版了三部理论专著，发表了十几篇专题论文与学术随笔，并且编了一部论文资料专集和一部中型辞书。同时，发掘、整理了数种古代有关文献，主持了一次全国性专题学术研讨会，做了两次专题讲座。在这一过程中，我不仅结识了许多对此道有兴趣的专家学者，还有幸结识了一些对此有兴趣或本身即隐语行话传承者的民间人士，为深入社会调查、切近实际生活带来便利，也拓宽了视野，增长了许多见识，加深了理论思索，理论联系实际。

编一部大型中国隐语行话辞书，是我从事这一科学领域研究之初即产生了的一个宿愿。显然，上述一些工作，无论是理论准备还是资料的整理、积累，都可说为实现这一宿愿奠定了比较扎实、深厚的基础。然而，采取语文辞书的形式编著隐语行话辞典，只能以辑释语词或短语形态的隐语行话为本，话语、谣诀、反切语及副语言习俗的等其他形态者，则难于于正文设立词条。为了尽可能通过一部辞典比较全面地综合展示各种形态隐语行话的概况，不致因多形态综合立条造成混乱、有失习惯的规范，便选辑其他形态的资料作为续编。同时，为了反映这科学领域的研究情况、参考资料，为读者提供一些必要的知识和信息，专门编著了《隐语行话研究事典》，亦作为续编，列于正编之后。

在指导思想上，我们力求做到内容翔实，资料丰富，古今连贯，注释准确，信息含量大，具有较强的稳定性；集学术性、知识性、资料性及工具性为一体，不仅可供语言学、文学艺术、社会学、文化学、历史学、民俗学、公安司法等专业人员及相关领域科研、教学人员参考，亦面向多层面读者的应用需要，成为广大读者在这一领域析疑探秘解难的得力助手。

在学术上，则期望这部辞典成为这一科学领域迈向新一里程的基石。

试图在较短的时间内编出一部具有一定规模、相当质量，既涉及面广、内涵丰富而又专业的大型专科辞典，绝非轻易地一蹴就成功的事情，舛误自当难免，尚祈时贤、读者教正，以期修订改正，使之不断完善、如意。

1993 年仲秋

例言

一、本辞典系辑释中国汉语古今隐语行话（民间秘密语）的专门工具书，选收唐宋迄今社会诸行群体流行的语词形态隐语行话20000 余条。

二、辞条，以语词形态为主，兼收经约定俗成而比较稳定的短语，以及少量业已语词化了的反切秘密语语汇。同时，酌收部分虽非秘密性或难以直观界定的"行话"，但具有一定参考价值的条目。对于业已为方言、通话吸收的隐语行话，或某些一时难以辨识孰源孰流者，则视其参考价值适当选收。

三、辞条的基本内容，由辞目、注音、简明释语、书证、语例、考释等构成。

四、辞目注音，采用现代汉语拼音。辞目及释文、书证等中的异读字、方言字、生僻字注音，置辞条文末。

五、释语，悉以现代汉语简括说明大致流行时代、地域、行业群体及基本语义，皆依有关文献或调查材料认定。当代流行者，不作标示说明。其中，无据认定的释语项目暂空。

六、书证和语例，以古、近代文献为主，多以该条目所出文献为本。现、当代辞条，一般不出书证、语例。其中，选用民初《切口大词典》书证者，书名省作《切口》，如《切口·乞丐》即其乞丐类。其余均作全名，作者、版本参阅《隐语行话研究事典》。

七、考释，主要说明条目所源故实、典故，以及本字、构造方式，或可资考释参考的材料。

八、自成完整系统的隐语行话数目，均将其一至十数之内的基数总列为专条，同时各数分别单列子条与之互见。

九、辞条本身及书证、考释等释文所及典章制度、生僻字词，视内容、行文需要情况酌加注释。

十、辞条及释文引录文献中的原缺字、字迹漫漶不清难以确辨者，以"□"代之；错讹、衍误者，于释文中说明。

十一、因所据文献或流行时代、群体、地域关系，记音用字不同而义同或义近的隐语行话，悉分别立条。用字相同而含异义条目，即于释文中设立义项，逐项分别注释。

十二、辞典正文条目，悉依现代汉语拼音音节为序编次。除音序索引外，另设笔画索引以便选用。

辽宁教育出版社编者的话

本辞典系当代著名秘密语专家曲彦斌先生主持编著的我国第一部中国隐语行话大型辞书。辞典从古今近二百种有关文献、调查资料和研究报告中，选释了唐宋以来至当代市井诸行、江湖秘密社会及各种犯罪团伙的隐语行话约两万余条。内容翔实、资料丰富，古今连贯，注释简明、准确，信息含量大，集学术性、知识性、资料性和工具性于一体，具有较强的稳定性。

除正编外，续编有《隐语行话研究事典》《中国隐语行话编年纪事简表》《中国隐语行话简明地图》，以及话语形态、谣诀形态、副语言习俗形态的隐语行话和反切秘密语文献选辑，从而在这部辞典中比较全面地综合展示中国隐语行话的古今概貌。既可从中窥探古今下层社会文化秘事，亦是阅读有关历史文献和宋元明清以来通俗文艺作品的重要参考书，具有较高的学术价值和实用性，可为语言学、民俗学、文学艺术、社会学、文化学、历史学及公安司法等相关领域的多层面读者析疑解难提供重要参考。

《中国隐语行话大辞典》跋
王之江

曲彦斌先生主持编纂的巨作《中国隐语行话大辞典》即将付梓刊行，这是一个很大的工程，他为此付出了无数的日夜和汗水，更凝结着他的学术意识与追求。我为其多年挚友，觉得此时应该说点什么，因为多年的交往，我对其人品与学品是十分熟悉的。但由于我的懒惰，除了为他的力作《民俗语言学》写了篇不像样的书评而外，再没为他写过什么，心里总觉得欠下些东西，于是主动提出为本书写点文字，以找些心理补偿。然而序是作不成的，自觉功力与名气都不够，只好写段小文章，放在书后，权且算作跋。因为说得深了浅了、对了错了，无碍大局；放在书后，又不惹人注意，指斥的意见少，这样既得到了心理补偿，又不招来麻烦，岂不乐乎？

　　我与曲彦斌先生的相识，是在 1986 年，是为了出版他的力作《民俗语言学》，社里要我做这书的责任编辑，那时他还在行政部门做个负责人。这样一部学术专著，完全是他在业余时间写出来的。在与他见面之前，听说他没进过大学校门，是凭着对学术的兴趣和热爱，凭着刻苦的自学来钻研和写作的。听到这些，我觉得多少有些传奇色彩，对他产生了兴趣。一日，办公室来了一位个子不高，戴副眼镜，一副干部气的人，办公室同仁介绍说，这就是曲彦斌，《民俗语言学》的作者。我们握手、寒暄、交谈，初时我实在难以把那样一部艰深冷僻的学术著作，同眼前这位极普通的人联系在一起，然而，这是事实。在与他的交谈中，我知道他对这门学科倾注的心血，无数的酷暑与严寒，他俯首案前，一盏小白炽灯下，查阅古今文献，梳理总结，用秃了几支钢笔。这样一部学术专著，实质上是他的人生追求与奉献。他是一个普普通通的人，但他又是聪明人与大智者。一种敬佩之情油然而生。我们就在这不经意的时刻、平常的空间见面相识了。

　　《民俗语言学》是一门新的学科，是曲彦斌先生通过一系列理论的、实践的探讨，比较系统地说明了这门科学的客观存在，是他在调查、归纳、整理、总结古今民俗与语言理论、文献的基础上独创的一门新科学理论。瑞士语言学家费尔迪南·德·索绪尔在《普通语言学》中认为：原始人就有一种信念，"认为语言就是一种习惯，一种跟衣着或装备相类似的风尚"。民俗与语言紧密联系的这种现象，在周秦时代设"輶轩使者"采集方言时就已经明确认识到了。语言是人类交际和思维的重要工具，也是人类生活的产物，是人类生活的重要组成部分，它又反映和表现着人类的生活。人类的生活，说到底就是民俗生活，无论哪个阶层、哪个民族都活动在大量的、经常的、琐细的日常生活之中，那些普普通通的亲友之情、邻里关系、衣食住行、生老病死，无不左右着人们的思维方式、认识方式和生存方式。某一语言共同体就是同某一民俗共同体紧密相联。这种现象对于民俗语言学有着特殊的意义。《民俗语言学》分别从文字、语言、语汇、语义、语法、修辞、方言、俗语、语体、副语言习俗、城乡语言习俗、数字习俗、称谓语俗、语讳学、言语风尚15个方面，全面而深入地论述了民俗语言学的基本内容，展示了民俗语言学的科学性与生命力。曲彦斌先生后来的科学研究及其专著，都是以此为理论基础和前提的。

于是，曲彦斌先生相继出版了《副语言习俗》（辽宁大学出版社1988年版）、《中国民间秘密语》（上海三联书店1990年版）、《江湖隐语行话的神秘世界》（河北人民出版社1991年版）、《俗语古今》（河北人民出版社1991年版）、《中国民间隐语行话》（新华出版社1991年版）等一系列专著，在学术界引起了不小的反响，或云填补空白，或云开辟了一条新路，赞美之词，肯定之语，还是很多的。不过我不想重复了，以免给人以吹捧之嫌。因为有书在，想读的人不妨找来读读，结论自然就会有了，如何品评全在于君。曲彦斌先生之于隐语行话的研究，这些书足以证明他是花了许多的心血与时光，绝不是靠玩闹之趣，兴致忽起，偶一为之所凑成的，更不似凭猎奇之心态的故弄玄虚，而是实实在在的科学态度与文化研究的观点。说他是这方面的专家绝不是溢美之词。他运用民俗语言学的科学方法，将隐语行话置于民族文化的大背景中加以梳理、探讨，对隐语行话的性质、源流、类型、构造方式、社会功能，与民族文化的关系及其传承、扩布的基本规律诸方面，从历史、语言、民间文化、社会心理等多维视野，进行立体式的综合研究、透析，运用符号学等现代科学方法进行阐述，开拓了一条比较宽阔的隐语行话研究的途径。即使在《中国乞丐史》(上海文艺出版社 1990 年版)、《中国典当史》(上海文艺出版社 1993 年版) 这样两部研究下层社会文化的专著中，作者也没忘记对其中的隐语行话事象的探讨，拓宽了认识的视野。这部《中国隐语行话大辞典》，可以说是曲彦斌先生这方面研究的一个总结，是一个里程碑。

中国的语言文化之树，在其漫长的发育成长过程中，出落得苗壮丰满，枝繁叶茂，硕果累累。走进中国的语言文化世界，仿佛在名山胜水游览，阅不尽的山光水色，然而要耐得住孤寂与困苦，因为有山高水险、风吹雨打，尤其是只身前行，连一个伴侣都找不到，没有倾听与呼应，只有你自己的呼吸与脚步。只有真心向往，持之不懈，勇往直前，才能达到目的地，才能有所收获。隐语行话大多流布于下层文化的五行八作、三教九流之中，难登"大雅之堂"，否则，就不成为隐语行话了。由于其特性，决定了它词义的隐蔽性，流传范围的狭窄性。要想了解它、掌握它、研究它，非得一番寒彻骨的苦功不可。曲彦斌先生于此书的研究做了多年的理论准备，前文已提过了。在具体的编纂中，做了大量细致的收集、整理、归纳和总结的工作，从书中大量的征引和例证中，可以看出作者梳理了大量的古今文献，还做了许多实际的调查，也可以看出，无恒志者、无精心者，是绝做不出此种成果，也绝无此种收获的。此书的出版，是曲彦斌先生多年孤寂与困苦后，所获得的喜悦与欢欣。

王国维曾说，"众里寻他千百度，蓦然回首，那人却在、灯火阑珊处"，是"古今之成大事业、大学问者，必经的第三种境界"（见王国维《人间词话》二六）。这几句词本是辛弃疾一首情词《青玉案·元夕》中所描写的情人千百度相寻的情境，王国维用它来形容比拟一种治学境界，实在道出了治学者的执着心境。治学如同恋爱，无真心实意，左顾右盼，三心二意，绝对做不好学问，学问非离你远去不可。痴痴恋恋，缠缠绵绵，晓之以心，动之以情，吃得下长久苦苦追求之艰辛，方能治得学问，方能有所收获。曲彦斌先生编纂这部辞书夜以继日，废寝忘食，以执着和真情，锲而不舍，终于有了这本辞书的问世。这里我只说些皮毛，甚或有人以为是空话。每个人的经验与感受是不同的，我乃旁观者无法入骨入髓，说得透彻，个中酸甜苦辣，如鱼饮水，冷暖自知。这一点，我以为曲彦斌先生及一切走在学问路上的人都会赞同吧。

书是给想读书的人出版的，这样一部专门性的语言辞典也是给那些想用它的人编写的。有的人可能会说这本书没意思，但是对古籍整理和古汉语研究人员是有用的，尤其是对公安司法部门更是有实用价值，在语言识别方面是离不开这本工具书的。

书卖用家，行家一看书名就知道这本书对他是否有用，所以关于本书的那些广告似的语言，我也不想多说了。

拉拉杂杂，写了不少，可能都没说到点子上，但也不好再说下去了。自从写这篇不成样的文字，就仿佛沉入无边的梦海之中，总也写不完，好像写完了就会破坏美丽的梦境，所以写了好长时间，沁着梦的温馨，要不是印刷厂催索稿子，我还写不完，沉在梦海里。
不知今后何时还有这样的机会。

1994 年 12 月 31 日

俚语与隐语行话

——《俚语隐语行话词典》前言与凡例

前言

美国人类学家兼语言学家萨丕尔 (Edward S apir, 1884—1939) 的《语言论》中，有个著名的命题："语言有一个底座。说一种语言的人属于一个 (或几个) 种族，属于身体上某些特征与别人不同的一个群。语言不脱离文化而存在，不脱离那种代代相传地决定着我们生活面貌的风俗信仰总体。"并且还认为："语言是我们所知道的最庞大最广博的艺术，是世世代代无意识地创造出来的无名氏的作品，像山岳一样伟大。"

语言积淀于文化底座上最广博、最伟大的结晶之一，是历代社会生活中使用、流传最为广泛的民俗语言，也是最富有群体种族属性特征的语言文化形态。鲁迅《门外文谈》中所言意味深长、趣味津津、比"古典"还要活、使文学更加精彩的"炼话"，即属此类。

然而，由于"习以为常"而"习焉不察"之故，以及"崇雅抑俗""避俗趋雅"传统观念的影响，历代人们所关注的一向是"雅言雅事"，反而忽略了平素流行最广而使用频率最高的"俗言俗语"。

李白、杜甫、白居易等历史上著名诗家的语言艺术的特色之一，则是打破传统，采俗语俗事入诗。欲切入社会生活深远，便难以回避根植于实际生活中的民俗语言现象。尽管其作品中的民俗语言业已加工、"雅化"，却仍然带有其本来的"俗痕"。这一点，恰也是旧日一些诗话所指责的"诗病"。

考察历代俗语辞书或准辞书，从两汉的《方言》《通俗文》，唐宋的《义山杂纂》《释常谈》，明代的《俚言解》《雅俗稽言》《常谈考误》《目前集》，到清代的《通俗编》《土风录》《古谣谚》《里语征实》《越谚》等，都百余种；其著作宗旨，或以窥辨时风民俗，或考典实，或用作谈资俚趣。无论如何，终是积累了弥足珍贵的民俗语言文献。

至于作为民俗语言一大品类的隐语行话，其专辑、专集或辞书也就更为稀见了。宋代，《事林广记》续集有《绮谈市语》；明代，《开卷一笑》有《金陵六院市语》，《墨娥小录》有《行院声嗽》，《鼎锲徽池雅调南北官腔乐府点板曲响大明春》有《六院汇选江湖方语》，《西湖游览志余》有《梨园市语》、《四平市语》；清代至民初，《鹅幻汇编》有《江湖通用切口摘要》，《通俗编·识余》有《市语》，《成都通览》有江湖及诸行言辞，学古堂排印《江湖行话谱》，手录传钞《江湖走镖隐语行话谱》《当字谱》等，都十余种，且多为零散辑集。堪谓专门辞书而收录较富者，则为明末清初的《江湖切要》，民初的《全国各界切口大词典》。

随着社会文明的进程和科学的发展，各类民俗语言现象也逐渐进入多种学术领域的视野，受到关注，许多方面的实际应用亦颇需要有这类专门辞书提供资料及查阅索解的便利。

20世纪70年代，日本汲古书院先后出版长泽规矩也解题的《唐话辞书类集》《明清俗语辞书集成》两大编，其中搜集的大都是历代汉语民俗语言文献，系多种辑集的汇编。这件事情的本身，既反映了域外对了解中国民俗语言文化的要求，亦是编集专门民俗语言辞书的一种尝试。

汇集古今有关文献及口碑资料，编著一部较详备的、具有相当规模的中国（汉语）民俗语言大辞典，是我与很多民俗语言学者的共同宿愿。然而，工程浩大，绝非一日之功，且缺乏许多必要的条件。于是，在1991年春季于浙江奉化举行的第二届民俗语言学讨论会期间及会后，大家商定且选择几种民俗语言语类，先行编写一部《俚语隐语行话词典》出来，既应社会需要，亦为一次初步实践。这样，即在原设计的数种专门语类的辞典框架基础上，选择了汉语隐语行话、禁忌语、口彩语、粗俗语及流行习语五种语类为词条内容，重新拟订综合体例，从各地数十位民俗语言学者提供的词条初稿中选集编订成书。

关于所收语类的基本概念，我们的界定和认识是这样的：

隐语行话又称"秘密语""隐语""市语""切口""春点"或"黑话"等，是某些社会集团或群体出于维护内部利益、协调内部人际关系的需要，而创制、使用的一种用于内部言语或非言语交际的，以遁辞隐义或谲譬指事为特征的封闭性、半封闭性符号体系，一种特定的民俗语言现象。汉语隐语行话的源流，主要为三个方面，即：由禁忌、避讳而形成的市井隐语，由回避人知而形成的秘密性隐语，和语言游戏类隐语。依形态可分为五种类型，即：语词形态，话语形态，谣诀形态，副语言习俗形态，和以反切语为主体的利用语音变化创制的隐语行话。隐语行话不是独立的语言，而是语言的一种社会变体。

禁忌语由禁忌或避讳民俗所产生的不能直言而用其他语言作为替代的语言现象，被禁言和用以代言者，均属禁忌语。例如明·陆容《菽园杂记》卷一所记："民间俗讳，各处有之，而吴中为甚。如舟行讳'住'、讳'翻'，以'箸'为'快儿'，'幡布'为'抹布'。讳'离散'，以'梨'为'圆果'，'伞'为'竖笠'。讳'狼藉'，以'榔槌'为'兴哥'。讳'恼躁'，以'谢灶'为'谢欢喜'。……今士大夫亦有犯俗称'快儿'者。"

口彩语或作"口采"，即吉利话。一如清·梁绍壬《两般秋雨盦随笔》卷七所云："口彩，吉语也。"例如民间婚俗撒帐仪式中，通常由儿女双全或子孙满堂、俗称"全福人"的年长妇女，把红枣、栗子撒向寝帐，口中唱诵《撒帐歌》："一把栗子一把枣，明年生个大胖小。"或有人指红枣、栗子故意要新婚夫妇回答那是什么，意在讨口彩"早立子"，即取"枣栗子"的谐音口彩。有些口彩语出自禁忌，如讳"住"而称"箸"为"快儿"，讳"离散"而称"梨"为"圆果"之类。有些口彩语则是刻意创造的，如倒贴"福"字，意在讨"福到"的口彩。

除因示尊缘故而特定的"国讳""家讳"外，大量的禁忌语多缘避凶趋吉、避恶趋善、避俗趋雅或避秽趋洁而生。口彩语中，有些是伴随禁忌而生，大量的则是出自"讨口彩"祈福求吉民俗心理的需要而刻意创造的。

粗俗语或称"丑语"，即粗野不雅的庸俗语词，如猥亵、毁谤及詈骂等语。具体语例，如"混帐""王八""蠢驴""龟孙""鸟（屌）"等。

流行习语或谓"民间流行习语"，是人们在日常非正式场合言语交际活动中喜闻乐道的民俗语言现象。所谓"习语"，系就其作为俗语形态类型之一而言，是一种基本定型或趋于定型化，时或可拆用的"口头禅"式的俚俗习惯语；"流行"，系因其产生于一定时期和一定的社会群体层面并"时兴"一时特点而言，是一时超越言语传统、追求新异刺激的产物；至于"民间"，则系就其产生、流行的社会层面，以及通常主要运用于民间的非正式场合的口头言语交际而言。各个时期的流行习语，大都首先形成并流行于青少年群体，然后由此逐渐扩布于其他年龄的各个社会层面。例如北京话的"盖""倍儿盖""份儿""神""绝"等，上海话中的"乓乓响""一级来"等，辽宁沈阳话中的"贼媲""天儿""耍大刀""好使"之类。

地域性和俚俗性，是包括隐语行话、禁忌语、口彩语、粗俗语、流行习语在内的各种品类民俗语言所共有的主要特点。他们多首先出现于某地方言，有些至今仍流行于当地方言之中。因而，许多词目即采自方言语汇。亦正因此"俚俗性"特点，我们方以非严格的学术概念而泛谓其为"俚语"，鉴于收录隐语行话篇幅比重稍大，故又并列标示出"隐语行话"字样，这样，便题作"俚语隐语行话词典"了。虽然名为"词典"，却不能说囊括了全部各类语词。勿论全部各种品类的民俗语言，即或所收这五种语类，其古今所有难以数计，是再有 10 部、20 部这个规模的"词典"亦难以收录详尽的。

民俗语言分类一向颇难，主要在于其"兼类"问题。本词典收录的词目亦不例外，例如民间流行习语中，有的出自旧时隐语行话，如"大蔓"(通常写成"大腕儿");有的兼为粗俗语,如沈阳流行的"拉硬儿",系"瘦驴拉硬屎"的省略用法。鉴此,则一并标示出来,供读者参考。

无独有偶,英国人类学家德斯蒙德·莫里斯(Desmond Morris)1981年出版的《手势新探》书中谈到,1889年巴罗尔和兰伦特曾出版过一部《俚语、行话和切口词典》。相去100多年之后,位于世界东方的中国,也将出版一部题目、内容相近的词典。尽管,我们构拟这部词典时,莫里斯的有关信息尚未译为中文,但亦说明同处一个地球的东西方科学探索颇有相同之处,诸如此类的民俗语言文化现象,不只存在于某一种语言与文化,并且都在科学探索的视野之内。我想,这部《俚语隐语行话词典》的出版,除会为中国读者提供一些使用、参考的便利外,对于海外各界了解中国民俗语言文化,也会有一定的帮助。这些,都是我们乐于看到的。

本辞典的策划、组织和编著,融汇了许多学界前辈师长的鼓励、支持与指导,数十位作者和编辑的辛勤劳作。收录书中的词条,是从超此数倍的初稿中选录出来的,甚至有的作者提供了许多词条资料或初稿,结果因内容、体例、篇幅或重复等缘故,连一条也未能选收入书,有的仅能选入寥寥几条。这种热诚支持与合作,令人十分感动,正是我们期冀以此为开端,争取来日编著更为详备的"中国民俗语言大词典"的希望所在。

应该说明的是,限于本人学识水平和种种条件不尽如意,勉力主编这样一部新词典,不免存在舛误或欠妥之处。我感念各位的通力合作,并对可能存在的舛错引以自责,诚望朋友们不吝指正、批评。

《中国民俗语言学》与《俚语隐语行话词典》,以及先此已经出版并正在继续编辑出版中的《中国民俗语言文化丛书》，是近年来中国民俗语言学界通力合作的三大丰硕成果，是这门新兴人文科学对社会的奉献。鉴此，作为一名较早从事民俗语言学探索者之一，我感到欢欣鼓舞。即如我在《民俗语言学新探》(见《语言与文化多学科研究》，北京语言学院出版社 1993 年) 文末所说，民俗语言学"是需要海内外学者几代人共同努力开创和拓展的事业"。对此，我充满信心和热望。

1994 年 8 月 29 日

凡例

一、本词典为汇释汉语隐语行话及禁忌语、口彩语、粗俗语、民间流行习语等的大型民俗语言工具书，范围所及，包括诸行百业及各种社会群体 (含犯罪团伙)，供多层次的广大读者及语言学、民俗学、社会学、公安司法等专业工作者查阅参考。

二、本词典所收词目，为语词及定型化短语 (词组) 形式，一般不收专名及谚语、格言、歇后语等语句。古今兼收，以今为主。但流行时间短暂或随机所成而未约定俗成者，一般不予立条。

三、本词典词条内容为：词目，主要流行时间、地域、行业，简明释义，语源，以及特殊读音或生僻字读音。

四、立目：凡有关可单独使用而具独立意义的词、定型化短语 (词组)，方可选作词目。同音、同义而异形词目，选取约定俗成、使用频率较高者立为词目，余则于释文之首用"亦作 ××"带出。

五、流行时间：清代以前均以简称说明朝代，民国至新中国成立前的标明"旧时"，新中国成立后者不标出时间。时间下延较长者，可用"明清以来""清以来"之类字样说明。

六、流行地域：视其实际流行区域标以省、市或地区名，以省名为基本单位；大于省级地区，如"京津""东北"之类，不出省名；小于省级地区，如"上海嘉定""江苏淮阴"之类，则冠以省名。全国大部分地区通用者，不标流行地域；几个地区通用者，将有关地区并列标出。

七、流行行业：视实际流行的行业或群体标示，跨行业、群体者，并列标出各行业、群体。五个行业、群体(含五个)以上共用者，选主要列名，余皆以"等"略之。

八、释义：力求正确、贴切、简洁、明了，可考明语源者，于行文中注出。一词多义者，分别以①②③之类序号行文。除说明语源等特殊需要，一般不举例证。

九、出处：词条除有文献出处者予以标明外，一般不标示出处。

十、注音：除特殊读音、方言用字、生僻字外，一般不注音。注音以汉语拼音和同音字于释文之末以"×，音 ×(同音词)"形式标示。

十一、语类说明：按隐语行话、禁忌语、口彩语、粗俗语和民间流行习语不同语类，分别于释文前以〈隐〉、〈禁〉、〈彩〉、〈粗〉、〈流〉符号标出，不再于行文中说明语类。

十二、编排：按词目首字的笔画、笔形 (一丨丿丶乛) 排列；同笔画内偏旁相同的字，照顾排在一起；词目首字相同的，字数少的在前；同字数的，按第二字的笔画笔形分前后；第二字相同的，依第三字，余类推。

《俚语隐语行话词典》，上海辞书出版社 1996 年出版

附录

《梨园话》全文 ①

——皖肥方问溪著 雅俗轩校点整理

条目按汉语拼音音序排列

谙了：过失被揭穿也。[附记]有违反规则者，被老板闻知，谓之"谙了"。又，恐为老板闻知，亦曰"谙了"，乃自警之意也。

按，无名氏所云，则与《梦华琐簿》载者，各持一说，而大同君之言，又与无名氏不同，虽内行有前不言更，后不言梦之说。据诸《芙蓉曲》《碍谱》则谓，"以更为黑夜定鼓之时，梨园之戏不应作长夜荒乐之举，故避之。以梦是出自幻想，人之娱乐自为赏心之事，非如梦中禾醒也"。此又一说，然欲穷究其故，则皆愕然而莫能对矣。

暗场：暗而不明者，谓之"暗场"。

暗上暗下：非正式之上下。[附记]剧中各角上下场，皆有一

---

① 整理本，原书用字未依现汉规范，除个别妨碍理解者，一律保持原文，否则恐有失其真。如"脚色"与"角色"混用之类。

定之姿势，一定之音乐。而"暗上暗下"，则皆不必有姿势，更无音乐，以其非正式之舞式上下也，故名"暗上暗下"。如员外在场上说白时，家院与【校案：原作"于"，疑为"与"字之误】其正说话之时，随便上下等等情形皆是。（见《中国剧之组织》）

八，设局赌钱（责罚）。

八大拿：武剧也。[附记] 昔春和部以演"八大拿"见称于世。所谓"八大拿"者，乃《施公案》中，黄天霸拿恶霸之事也。据东亚戏迷云：《招贤镇》拿费德公，《河间府》拿一撮毛、侯七，《东昌府》拿郝文僧，《淮安府》拿蔡天化，《茂州庙》拿谢虎，《落马湖》拿猴儿李佩，《霸王庄》拿黄龙基，《恶虎村》拿濮天棚等剧，为"八大拿"。至于《三河县》拿武文华，《连环套》拿窦尔墩，二剧未审在"八大拿"数中否？如有此二剧，则须由前八出中，提出二剧，愚见则"八大拿"剧中，似有曲牌，其无曲牌者则不能谓之"八大拿"。清逸居士云，昔闻梨园老名宿红眼王四及李连仲所谈之《施公》"八大拿"，因此八出戏皆《黄天霸》拿恶霸事迹，各有小"切末"及起打场子，与他各戏不同。《河间府》拿一撮毛侯七，有姜成、杨志扮吹糖人挑子"切末"；《独虎营》拿罗四虎，有独虎营庄门"切末"；《里海务》拿狼如豹，有庄门及坛子"切末"；《东昌府》拿郝士洪，有剥皮鬼"切末"；《殷家宝》拿殷洪，有摔跤说亲；《霸王庄》拿黄龙基，有采镰"切末"；《淮安府》拿菜天化，有北极观"切末"；《八蚰蜡庙》拿费德公，有貔貅油篓"切末"；此为施公"八大拿"。如《连环套》《落马湖》等，皆不在内。缘此八出，所拿皆独贼恶霸，起打时情形特别，故称为"八大拿"。《拿谢虎》原系昆腔，与今《茂州庙》不同。现演之日遭三险，系秦腔所翻者，故不例于"八大拿"之内。观二君所云，皆有至理。孰是孰非，尚待诸考证焉。

扒山子：谓虎也。

把匣子：盛兵器之木箱，谓之"把匣子"。

把子头：魁星笔，谓之"把子头"。

白口：戏中人所言者，谓之"白口"。

摆门子：以各种模型，陈列于戏园门前，谓之"摆门子"。[附记] 旧式戏园，多于门前陈列本日所演剧中各种"切末"模型（如楼台、山石、树木、酒瓮形儿等），藉此以资号召。如是日所演无用"切末"之剧，则多设龙虎形及云牌（即《风云会》剧中所用者），以为壮瞻焉。

摆台：未开戏前，台上所设之旗，伞台帐，谓之"摆台"。

班底：除主角与旁角人外，其余之角色通名之曰"班底"。盖以班中若无配角，则班无以立，故曰"班底"。

扮戏：伶工化妆谓之扮戏。[附记] 谚云："装狼像狼，装虎像虎。"戏剧中角色，以今人而乔饰古人，唱念做打，皆艺术中之最要者，而装扮尤为之先也。故脚色之扮戏，有关天然者，有关人工者。天然者，如生脚须有工架，气魄大方，态度自然，身材合适。如小生，须面貌平正，精神有翩翩资格，身材利落，不肥不肿。如旦角，须姿首艳丽，最低程度，亦须平正，身材适中，玲珑窈窕。如净脚，须体极魁梧，方面大耳，身材要高。如丑脚，须身体灵活，眉目生动。此为天然者。又有谓人工者，即扮饰悉按规矩，不添不减，不苟且，不敷衍，是为人力所能者。按：扮戏，生脚须勒水纱（旦、净均同），吊起眉目，以显精神；面上涂彩，以显荣光。（中略）束腰时，宜紧。扎靠时，勿松。旦脚须敷粉、贴片子，花旦尚须踩跷。勿论冬夏，不准多衬衣服。因女子以瘦弱窈窕为美观，肿

臃无度为丑也。净脚则不然，勿论寒暑，内中必衬胖袄，以示魁梧。（下略，见《翁园戏话》）

傍角儿：与名角配演者，谓之"傍角儿"。

包银：定期之戏份也。[附记]北京戏班，从前也讲包银，个脚包银说定以后，一年不许更改，班主赔赚与脚色无干。这个情形传了多少年，没有更动。到光绪初年，杨月楼由上海回京，搭入三庆班，非常之红，极能叫座。他自己以拿包银不合算，所以与班主商妥，改分成。就是每日卖多少钱，他要几成。从此以后，北京包银的成规，算是给破坏了。上海现时还都是包银班，北京算是没有了。（节录《中国剧之变迁》）

报子：剧中探报军情者，谓之"报子"。

抱牙笏：堂会点戏，管事者照例将戏名写于牙笏上，令人持之上台，俾告观众，谓之"抱牙笏"。

本工：戏中所应饰者，谓之"本工"。

本钱：嗓子谓之"本钱"，又谓之"夯儿"。[附记]唱戏向以嗓子为资本，嗓音哑则歌之必不动听，故伶人对于嗓子，视为重要之事。然嗓音出于天赋，不能勉强而为之。且嗓音洪亮，尚须婉转自如，疾徐得法。否则，不落平庸，必至迂腐，其难也如此。今日伶人以嗓音见长者，百不得一。往时，四大正班中生旦净丑诸角色，所歌之调门，大略相同。如生就知调门高，亦不能一人独唱。程大老板、王九先生等之嗓音，为最优者，且以养众伙计，歌时尚顾瞻配角。较诸今日伶工，则有上下床之别矣。迨汪桂芬、龙长胜出始，唱至乙字调，而当时多谓其别开生面，无如能者寥寥。如孙菊仙之堂音嗓，可为空前绝技，欲效之者，实非易事。今之不足六字调者，亦称为好角，殊不知唱念作三者，唱为正工，嗓子如不足六字调，即不能谓之好角。今者事变日亟，当日嗓音佳者，相继物化，此道日衰。伶工但知自备私行头，博悦观者。至于嗓音优劣，则不注重，顾曲者亦然。而于伶工演戏，又多以手代板，随声附和，至可哂矣。

本钱足：嗓音好谓之"本钱足"。

本戏：首尾毕具之戏，谓之"本戏"。[附记] 从首至尾将一段事迹，编成连本戏剧，一日或分数日，悟能演完，即谓之"本戏"。非但事实易于明了，且能引起观者兴趣。

本子：抄本之戏词也。

笨瓜：念错剧词谓之"笨瓜"。

边挂子：与"走边"同。

不搭调：歌腔与调门不合，谓之"不搭调"。

不挡：能戏极多，文武皆所擅长，谓之"不挡"。

不清头：不明白也。

财神座儿：元旦日，戏园中所卖之第一座位，谓之"财神座儿"。[附记] 戏园旧例，每届元旦日，设有一"财神座"。"财神座"者，即所卖之首席。不拘同来多少人，坐于何处，不许索要戏价，仅收小费。若索戏资，恐其他去。今戏园虽仍旧其例，然卖座人则多暗中向顾客索价。故"财神座"之名虽存，而失其意矣。

彩钱：扮演剧中不吉祥之角色，除戏份外，需另加钱，即谓之"彩钱"。[附记] 戏班规则，无论大小角色，凡扮演犯忌讳之戏，如《虹霓关》老车，著孝服；《斩窦娥·法场》背插招子，身服罪衣……，皆须另加彩钱。多者铜圆六十枚，或八十枚，少者四吊两吊。名角则不要此钱，多归诸跟包人享受之。

彩匣子：后台盛笔墨颜料之箱子，谓之"彩匣子"。

拆掌子：约他班角色扮演，谓之"拆掌子"。[附记] 早年戏界皆有互助精神，如某一剧中缺乏脚色，他班即可应征来班扮演，名之曰"拆掌子"。今日戏班人才济济，鲜有缺乏脚色之事矣。

场面：为伶工司乐者，谓之"场面"。[附记]梨园固以伶工为重，而司乐者，亦于演戏有重大关系焉。盖伶工度曲时，须授乐师之指教，如腔调之高低刚柔，莫不由司乐者操纵焉，故伶工实与乐师相依为命者也。考乐师之初，多为伶工改习者。其原因，则一为音暗不能歌，而改习此也；或则年龄老大，气力日衰，改习此途以为生计问题也。今则有专习此门，而非改业者矣。然以艺术而论，其先为伶工而后改习者，及其司乐也，则与歌者有互相之精神，不至有腔调不合之处。所谓相得益彰者是。且渠前亦曾习歌，而歌中之韵调，已深得三昧。故一奏乐，其声必与歌者之音相吻合也。凡初习"场面"者，无论其学文场或武场，皆须有人为之介绍，双方各订合同，复以厚礼以代入学之资，献之于乐师，乐师始传诸艺焉。至于学习之法，文场须初度工谱，次学普通昆剧，再次即学撇笛，及唢呐吹法矣。如是者一年，乐师当为介绍于各戏园，以月琴弹开场戏，谓之效力。每日所得不过二十枚，此钱谓之点心钱。自此以后，学者渐谙诸乐奏法，或另搭班，或傍伶工，始开戏份。戏份多寡，需给乐师一半。俟出师后（即合同满后），此层供奉，方可取消。至于学武场者，亦然。初习用用鼓箠【校案："箠"：竹。同"篁"】（即击鼓之锤）。二，每日鸡鸣时，在毛竹底，或其他处划一极小之圆光击之，藉此以练手腕之灵活也。其次则习罗经，学成后，亦到戏园中效力。初击小锣，继续大锣、单皮等乐器。凡园中"场面"老辈，若使役之，则唯命是从。甚至赴外购物，以及童仆之役，亦无不惟命是从也。

场中：伶工倒仓以后，嗓音不能复振，谓之"场中"。

场子：排场之简称也。

吃栗子：与"笨瓜"同。

吃螺蛳：唱作重复，谓之"吃螺蛳"。[附记]唱作重复，为诸伶所不能免。每因犯此疵，满堂倒彩。市肆所售之螺蛳，早年伶工多不敢食，恐食之于演剧时犯吃螺蛳之疵。伶工智识浅陋，多重迷信，往往如此。

吃戏酸：与外行（"吃醋"）同。[附记]凡组一班，必须约请伶工担任生旦净丑诸角色。其后又在外约同样角色，来班搭演。其班中原有之角色，必互起猜忌，谓之"吃戏酸"。

出牙笏：遇有重要之事写于牙笏上，告知同人，谓之"出牙笏"。[附记]后台之出牙笏，与官厅之出布告同。凡遇重要之事，或排演新戏，或应某日之堂会，老板必写牙笏立于账桌，示诸同仁，俾众周知，届时赶往。

杵：钱之也称，谓之"杵"。

串戏：串演也。[附记]童伶或票友在戏班中串戏，向无戏份，且须给串戏钱。串戏钱者，用之酬谢四执交场诸人者。东亚戏迷云："戏班原有一笔串戏钱，不过上场人酹酬谢各箱口。因为四执交场的挣项苦，借此可以得几个零钱。老年间又不自带行头，好歹都归箱口预备。譬如挑着好的穿，上去自然显着火炽。没有这笔串戏钱，就许扮的不像样儿。要新的没有，难道不答应谁？至到一个文武场，不应酬好了，都不好办。调门定的不合适，立刻就不能唱上来。锣鼓点子胡打乱敲，抬手动脚都不得劲。净脚下脸硬没有草纸，又应当去问谁？旦行洗脸不给热水，那还真样擦粉？诸如此类，不过就为得这项钱，并非强制讹人。给与不给，可以随便。因有以上种种困难，谁能诚心找麻烦？好在花有限的钱，为何要招人不愿意，落

得叫人欢欢喜喜，自己赚个舒服。究其实，总算是喜欢钱。"（下略）

吹挑子：散戏时，后台所吹之喇叭谓之"吹挑子"。[附记]戏园旧例，每于散席时，多以二童子至台前，行鞠躬礼，名之曰"送客"。而《天官赐福》之金榜，则为伶工代替二童子；而持《天官赐福》之金榜者，检场人任之。此早年之规矩也，今以生旦二人代替送客，又名"红人"。迩来此例虽破，散戏时，后台管后场桌人，仅持挑子立于上场门内，吹二三声，不复用红人送客矣。

词：剧中所念者，皆谓之"词"。

此后台之规则也，其外尚有最犯忌讳者，约二十二条，及后台角色应尽之责任。择要录下：

一，临场推诿。（革除）

二，临时告假。（革除或缓留）

三，在班思班。（永不须用）（按：在班思班者，乃在本班演戏，而思搭演他班之意）

四，在班结党。（责罚不贷）

五，临时误场。（同上）

六，背班逃走。（追回从重惩罚不留）（按：背班逃走，乃当年恶习。因彼时多为包银班，伶工得薪金后，即杳如黄鹤矣，故立此条以惩之）

七，偷窃物件。（重罚不留）

八，设局赌钱（责罚）

九，口角斗殴。（责罚）

十，以强压弱。（责罚）

十一，克扣公款。（责罚不须用）

十二，无事串班。（责罚）

十三，歇哑叭工。（责罚）（按，"歇哑叭工"者，乃谓告假而歇工之谓也）

十四，扮戏要笑。（责罚）

十五，扮戏懈怠。（责罚）

十六，当场开搅。（同上）

十七，错报家门。（同上）（按："错报家门"者，乃演戏时误报姓名之谓。例如，饰刘璋者而误报之曰刘备，饰赵云者而误报之曰马岱……是也）

十八，台上翻场。（责罚）

十九，当场阴人。（同上）

二十，混乱冒场。（同上）

二十一，登台卸场。（同上）（按："登台卸场"者，即已登台，而卸却戏装之谓也）

二十二，台上笑场。（同上）

又，凡撞闯祖师凫銮驾，供器桌，斗殴拉账。（按，拉账者，拉账桌也）摔牙笏，砸戏圭，捅人名牌，抢箱板等情。查照除责跪外，罚办不贷。

催戏的：将本日应演之戏，预先使人通知伶工，此人名曰"催戏的"。[附记] 演戏之先，管事人必令催戏者，于是日清晨持黄纸所写（元旦则多以红纸书写）之戏单，到名伶家中，预为报告本日所应演之戏目，并请早至。如是日催戏人不来，伶工即不赴戏园演唱。或双方发生意见，即催戏人至，亦不往也。

搭班儿：在戏园唱戏，谓之"搭班儿"。

搭架子：后台答白，谓之"搭架子"。[附记] 后台人众，恐"搭架子"时，易于混乱，故派专人以司其事。如樊城《金殿奏本》，应归伍尚答白;《打严嵩》,则以丑角严霞代之;《武家坡》之传话,则多归于旦行中人答白。因他行不能应工,与《钓金龟》之用伯,必须老生答白,同为一理。惟《女起解》之问路,则无专人答之,多由管事人代替。又据诸老伶工云,早年规矩,后台答白之人,不准素身,须著青衣,戴网巾,非如今日可以随便也。

打把子:以刀枪试验,谓之"打把子"。

打背供:背人之表示,谓之"打背供"。[附记]凡剧中人以袖障面,或以手中所持之物,对台下关众作种种表示者,名曰"打背供",盖剧中之重要关键也,兹将各抒所见,关于"打背供"之文字,择要节录之于下:

"背供"为自述之词,即演来表示自己意思之语,为戏剧中之一重要关键。然演者对于"背供"时,无论说白或唱词,必以手腕高横其前。所以表示其唱白,为心中之意思也。设台上同时之第二者,或第三者,其对答言词,应无涉及"背供"时之说白或唱词,方对。盖以其"背供"时之语,对方实无闻听之可能也。但有时"背供"语后,转为对语,而此对语一折,尤为紧要,演者不可随意抹去,否则每至于两不逗笋耳。如《捉放曹》杀奢后,陈公唱(听他言)一大段,完全为"背供"语。系陈宫自怨自嗟,腹诽阿瞒。对立之曹操,并未闻及,仅对白有"明公我有一言商劝";而曹操接白,乃有"你言多语诈"句。陈宫仅说一句,言不为多,何得谓诈。倘陈宫所说之话,为操所闻,则"义负冤家"四字,早已吃阿瞒宝剑一下;与吕奢同,岂待于"鼓打四更月正中"四句诗,而曹始怨哉!闻老伶工言,"明公我有一言相劝"下,原本有一段劝解之词,由"背供"而转对语,故曹有你"言多语诈"之语,则前后始能贯串。而近来之演者,随便抹删,遂至牛唇不对马嘴矣。

（见《一得轩谈戏》）

"背供"者，背人供招也，系背人自道心事之意。而一人或数人说话之时，其中一人心内偶有感触，便用神色表现，以便台下知晓。若感触之情节复杂，全靠神表现，不易充足，则用白或唱，暗行说出。故"打背供"时，须用袖遮隔，或往台旁走几步，都是表示，不便台上他人知道的意思。但有时一人，场上歌唱或说白，亦是自述心事之意，与"背供"意义大致相同。不得目为无故，自言自语也。（见《中国剧之组织》）

"背供"者，背人之言语也。戏剧中于二人对立或对坐时，欲避他人而表自己之意旨，或设法以行事时，辄用此法，名曰"打背供"。法以手举起用袖遮掩，以道自己之意思，如《阴阳河》之张茂森，于遇妻魂时以袖遮面，自言自语，"看她好像我妻李桂英模样，他怎样来到此地"，亦打背供之一也。盖张见桂英之魂，疑似其妻，而自思妻方安居家中，绝无独自来此挑水之理，将信将疑，不敢自决，故打背供以表其心事。又如《梅龙镇》之正德，于凤姐将要呼唤时，"打背供"云："啊呀且住，倘这丫头呼唤起来，惊动乡邻，将我拿送在官，君臣相见成何体统？也罢，不免看这丫头，若有福分便封他一宫；若无福分，孤打马就走。"玩其语意，似被凤姐所逼，欲谋抵制之策，以相对待。然二人对立，近在咫尺，一人言语，岂有他人不闻之理？故必遮之以袖，以表所言，非有声之言语，乃其心中之意想。藉此补足剧情表演不到之处，倘不用此法表明，则对于剧情必难彻透。观者将处于闷葫芦中，减其观剧之兴趣矣。大抵以袖遮掩，亦有方法，站立或坐于上场门一方者，"打背供"时，宜遮左手。坐立于下场门一方者，反之。其手举起，与身体成直角。即遮于二人之间，上臂与臂同高，下臂略屈而肘平，

面部则向台外云。（见《戏学汇考》）

"打背供"之"背"字讲解，系对同场演者而言。因剧中情节有必须背彼后方述语，而又不能不述于观者。背彼方讲话，向台下道白，或背地自语，即谓之"打背供"。《红鸾禧》莫稽取仲后，（中略—原注）推金玉奴于江中，遣金松归里。当其于舟中设计时，对台下所述者，即"打背供"也。按，"打背供"即对台下讲话。虽切近台口，亦无妨。因观者不明戏中人之心理事，背彼方道明。虽说破其用计，亦绝无妨碍。（下略）（见《侠公戏话》）

打补子：主脚未到，临时以他脚代替，谓之"打补子"。

打朝：饰朝官者，于参见帝王时，谓之"打朝"。

打出手儿：凡剧中人彼此传递武器，并做出种种炫奇斗法姿势，谓之打出手儿。[附记]张镠子云，武戏中常有将各种武器，互相抛掷传递者，梨园中名之曰"打出手"，言其武器之脱手也。据老辈言，此系旧剧形容神仙妖魔，炫奇斗法之意思。盖根据《封神演义》，以故旧时舞台规则，仅能演之于神话剧，如《泗州城》《百草山》之类。其后演者，欲格外取悦观客，遂致演《取金陵》等剧，与神仙毫不相干者，亦大打出手，其实非老例所许也。又云，顾时至今日，交战时所用之利器，如枪炮以及手榴弹等，殆无不悬空射击，互相投掷，恰合"打出手"之原义。故《取金陵》等剧之"打出手"，虽云破例，亦可谓为有先见之明矣。

打卦：偷学他人腔调，谨得其貌，而遗其神之谓也。

打黄粱子：谓做梦。[附记]杨掌生《梦华琐簿》云，"余尝见伶人家堂，有书祖师九天翼宿星君神位者问之不能言其故，小霞为余言闻诸父老云，老郎神姓耿，名梦，昔诸童子从教师学歌舞，每见一小郎极秀慧，为诸郎导，固非同学中人也，每肄业时，必至，或集诸郎按名索之，则无其人，诸郎既与之习乐与之游，见之则智慧顿生，由是相惊以神，后乃肖像妃之，说颇不精，然无人晨起讳言梦，诸伶尤甚，不解其故，如小霞言是禁言梦者，讳其神明也"。无名氏云，"有位老郎神既唐明皇与楚王朗仲观者，亦可不办，考唐明皇设梨园以教演歌舞，与戏诚不无微功，然于艺术上殊无可称述，即偶有创作，亦李黄辈所为，且系贵族的而非民众的，其实格犹远逊于汉武，若郎中官确为中兴皮黄之元勋，并有所创作非汉武明皇可比，其名予知之现亦不妨宣布，黄班今有前不言更，后不言梦之说，更梦即其名也，缘伶工有谓老郎神为耿梦者，即由此致误。盖谓前台作戏时，须忘其为更生，而在后台则还我本相，乃艺术上之原则，以此二字为名要不过藉以自励，今汉班，以此示做，京伶则流于迷信，两俱失之也"。大同云"史称孙叔敖卒，其子困贫负薪，楚国名优，有优孟者，假为叔敖，著其衣冠，做歌以感庄王，叔敖之子乃得封，后世称假装者，为优孟衣冠，即本乎是，今之梨园行人，前台不言更，后台不言梦，而曰打黄粱子，盖重优梦之为人，是同戏剧之鼻祖，请言其名，以尊之也"。

打连环：戏中交战，互相打上打下，谓之"打连环"。[附记] 打仗时，此方之人将彼方之人打下，彼方一人又将此方之人打下，如此循环不已，名曰"打连环"（下略）。（见《中国剧之组织》）

打泡：出演戏，谓之"打泡"。

打上：以锣鼓引角色出场，谓之"打上"。

打台帘的：司掀戏台门帘之人谓之"打台帘"。[附记]"打台帘的"，乃交做伙计之一，每日所得之资甚薄，惟掀上场门帘之人，较掀下场门帘之人，所为之事繁多阴须代理检场之一部分责任。如戏中需用大帐子时，渠必为支搭；须用伞时，渠预先撑起，在交与执伞人上场时执之，故所得报酬亦较重耳。

打通儿：戏未开演，后台所喧聒之锣鼓声，谓之"打通儿"。[附记] 凡戏在未开演以前，文武场先集于后台，须喧聒锣鼓三次，谓之"打通儿"。用此以为通知剧员，招揽观客之意。第一二通，照例须打七棒四翻。（高腔班之锣鼓点子）。打法，第一翻为，仓咚秋、咚秋、仓、咚秋、咚秋、仓、咚秋、咚秋、咚秋、咚秋、咚秋、咚秋。第二翻为，仓、秋咚、秋咚、秋咚、秋咚、秋咚秋咚秋咚秋。第三翻为，仓、秋秋秋秋秋秋咚秋咚秋咚秋咚秋咚秋咚。第四翻为，仓、秋秋秋秋秋秋秋秋秋仓、咚秋。第三通加吹大唢呐，谓之"吹台"，俗曰"安哨子"。所吹者，大多为《柳摇金》《一枝花》。此外有名《哪吒》者，乃元旦日吹台时所用。至于《将军令》一节，因工谱多，且需翻转吹之，故能之者甚少。按：吹台本为徒弟所为之事，今初学者，即欲操琴，焉能学吹《将军令》？场面能吹者，多做后工不应开场，故《一枝花》亦不见有能吹者矣。先祖每于庭训之余，辄言其少时，常用唢呐吹《将军令》《哪吒令》《一枝花》等，以资练习手指，并翻转吹之。偶有小误，为师者辄加以夏楚。严冬大雪纷飞，则推跪雪地中，使彼自吹，亘吹三小时，使令之起。

打通堂：科班全体学生，每受责罚谓之"打通堂"。

打下：以锣鼓送角色下场，谓之"打下"。

打英雄的：武戏中之零碎花脸，谓之打英雄的。[附记] 武行中之花面，内行谓之打英雄的。其扮演角色，如《拿高登》之教师，《八蜡庙》之米龙豆虎。早年规矩，打英雄的，不能专去武戏，尚须兼演文戏中角色。其应演唱者，为《战樊城》之武成黑，《庆阳图》之李虎，《南阳关》之五保，《太平桥》之汴义道，《清河桥》

之豆凤,《闹府》之煞神,《禅于寺》之汴。此规则久已废矣。

打住啦:戏演毕,谓之"打住啦"。

大边儿:即"下场门"也。

大梨膏:凡伶工自夸其能,俯视一切,谓之"大梨膏"。

大拿:后台老板名曰"大拿"。

大衣箱:专置有水袖之戏衣箱也。[附记]凡剧中所需用之喜神、方笏、蟒、官衣、裙子、斗篷、女裤裙子、帔、开氅、云肩、汗巾、腰带、绢子、扇子、朝珠……,皆属于"大衣箱"者。

大轴子:戏园中最后所演之戏,谓之"大轴子"。[附记]高阳齐如山先生曰,北京剧园中末一出戏,名曰"大轴子"。按:"轴子"二字,始于有清嘉、道时代,盖长本剧之谓也。《都门竹枝词》谓"轴"音"纣"。按:北方读"轴"为"纣"之处甚多,如从前束制钱为一束,以肩荷之名,曰"钱轴"。此"轴"字均读为"纣",无读本音者。至布帛柴薪等等,凡成一束者,皆可为"轴"。然则整本剧名曰"轴子"者,何也?盖北京历来演戏之情形、时代,各有不同。元、明两朝及清初演戏,多系整本。每日至少演一本戏,少则半本,无零出、正本之分。如《桃花扇》中《侦戏》一折,及"可怜一曲《长生殿》【校案:《长生殿》之"殿",原作"庶",显系"殿"字之误,径改】,"断送功名到白头"一案,种种情形,难以尽述。要可断定曰,所演皆系整本,此《百种曲》《六十种曲》等书之所以纂辑也。至乾隆、嘉庆时代,则大半各脚自于个传奇中,择一二折演之,如《燕蓝小谱》《品花宝鉴》所云,其脚长于某戏,(如袁宝珠以《鹊桥》《密誓》《惊梦》《寻梦》擅长,等等)此《缀白裘》等书之所以纂辑也。道、咸之间,专演零出。台下渐渐生厌,于是又竞排整本之戏。盖整本之戏,多系群戏,而好角有时不与合演，仍单演零出。零出之本子，简单而短，所抄之纸均系单篇故事，名"单出"。整本之戏繁而长，所抄本子，卷为一轴，故班中呼为"轴子戏"，是即"轴子"二字之所由来也。最末所演者，最长，故名曰"大轴子"。中间所演者，次之。又以其在中间所演，故名曰"中轴"。当每日出开演之第一出，因观客大半未到，亦先由次路角色演本戏，取其所长而能耽延时间也，故名曰"早轴"。虽非尽属新戏，然皆系群众所演之长戏，其所抄本子皆卷轴而为者也。有人云，"轴子"乃武戏之意义，则误矣。按：轴子戏中虽不能说无武戏组，绝非武戏之谓。如从前四大名班各有所长，三庆曰"轴子"，系以整本戏叫座。四喜曰曲子，系以昆曲歌唱叫座；春台曰"孩子"，系以演旦脚之小孩子，多能叫座；和春曰"把子"，系以武戏叫座。当年以"把子"与"轴子"对列，是足证轴子非武戏也。又如杨掌生《梦华琐簿》云，今梨园登场日，例有"三轴子"，"早轴子"客皆未集，草草开场，继则三出散套，皆佳伶也。"中轴子"后一出，曰"压轴子"，以最佳者一人当之，后此则"大轴子"矣。"大轴子"皆全本新戏，分日接演，每当"大轴子"将开，豪客多径去。故每至"大轴子"时，则车骑蹴躏，人语沸腾。所谓"轴子刚开便套车"，车中载的几枝花者是也。常来游者，皆在"中轴"之前听。三出散套戏以"中轴"子片刻，为应酬之候。有相识者，彼此互入座周旋。至"压轴子"毕，鲜有留者。其徘徊不思去者，大半贩夫走卒耳。云云，是更可证"轴子"，乃系与散套对列之名词。咸丰晚季及同治朝，因南方用兵，宫廷意兴萧索，绝少传差，故梨园无大变化。大致皆率由旧章，多演单出戏。其末尾一戏，虽一系单出，然旧习相沿，仍名曰"大轴子"。至此，则末一戏为"大轴子"，便成为一定之名词矣。光绪初叶，南方战事终了，西后几每日传差，梨园又鼓舞精神，竞排新戏。斯时各园中末一出，又多半为长轴子之本戏。光绪甲午以后，西后意兴又不嘉，各园排戏之风，又归沈寂。所谓大轴子者，又一变而为单出戏。民国以来，排戏之风又盛，各园末一戏多半为真正之长轴戏。"轴子"之真义，又实现矣。

大字：曲词谓之"大字"。

代份儿：代他人领戏份，谓之"代份儿"。[附记]伶工演戏毕，如欲他往，不能候至拿份儿时，必须托友人于开份儿时代领，即所谓之"代份儿"也。

代一个：名脚除应演之戏外，再演一出，谓之"代一个"。[附记]剧中需用重要脚色时，他伶多不能代替，欲以名脚扮演，而名角已有本工戏演唱，不得已乃乞其再演一出，即谓之"代一个"。

单挑儿：一人率领众人演戏，谓之"单挑儿"。[附记]凡一人组班，率领大众演戏，谓之"单挑"一个班子。如饰一剧中主角，众人相配，亦可谓"单挑"一出戏。

倒仓：嗓音哑谓之"倒仓"。

倒仓鬼：指嗓音哑暗者而言也。

倒粪：戏中词句屡述不已，令人生恹谓之"倒粪"。

倒堂：《回朝》《长亭》等剧中，除正角外，全班脚色多扮为龙套，谓之"倒堂"。

倒脱靴：剧中主帅引领众将卒而行，谓之"倒脱靴"。

倒字：字音念错，谓之"倒字"。

底包：与"班底"同。

颠了："颠"音"忝"，乃脱落盔帽之意。

垫：临时加演，谓之"垫"。

垫字：戏词原无之字，而伶工任意增添，谓之"垫字"。

吊场：主脚化妆未成，使配角先上场敷衍，谓之"吊场"。

吊嗓子：伶工温习唱词，而以胡琴和之，谓之"吊嗓子"。

调底：歌声音小且低，谓之"调底"。

调门儿：管色之高低，谓之"调门儿"。[附记]调门曰有七，如小工调，凡字调，六字调，正工调，乙字调，尺字调，上字调是也。

顶场：甫下场而又上之，谓之"顶场"。

定板：开戏时所击之第一板，谓之"定板"。

丢板：与"走板"同。

抖漏子：揭穿隐情，谓之"抖漏子"。

肚子宽：能戏多，谓之"肚子宽"。[附记]张醪子云，陆金桂睅目皤腹，无论昆乱文武，皆能对付，故有"陆大肚"之称。戏界人谓能戏多者为"肚子宽"，犹言腹笥翩翩耳。"大肚"，亦斯义也。

对：伶工互相研究，剧学知识，谓之"对"。[附记]凡演一剧，如配角生疏，必须于未演之前，在后台与正角研究，或对词句，或对场子，故谓之"对"也。

对口：角色出入场时，所念之对联，名曰"对口"。[附记]戏中角色出场及入场之时，必念"对口"。"对口"者，对联也。五言、七言均可。惟入场时念者，则须于对联上加"正是"二字。否则稍欠圆满，即无精彩可言。如"为人不把良心丧，枉吃白菜豆腐汤"一联，其言若不加以"正是"二字，能振起精神乎？此其例也。又，"对口"非仅一人所念者，两人合念一联，甲念上联，乙念下联。或场上四人，以二联，每人各念一句。即最普通之《审刺客》一剧，亦有专词。如"如今的事儿颠倒颠，当朝宰相何道安，诸君不信抬头看，谁是忠来谁是奸"等是也。盖"对口"关于剧中最为重要。所念词句，须与当时情节相吻合。故此"对口"中，有何道安句也。又如《岳家庄》剧中，牛皋所念之"对口"，各有不同。有念"柳营春试马，虎帐夜谈兵"；亦有念"辕门鼓打三更尽，夜统貔貅百万兵"者，皆不切当时情景。应改念"踏破金邦地，昼夜奔汤阴"联，乃为合法也。

对垒：器械相打，谓之"对垒"。

二衣箱：专置无水袖之戏衣箱也。[附记] 凡剧中所需用之靠铠，箭衣，裤衣，裤袄，马褂，僧衣，茶衣，条带等，皆属于二衣箱者。

翻场：脚色笑柄百出，谓之"翻场"。[附记] 梨园行的规矩，不许"翻场"。什么叫翻场呢？就是几个角同在场上，倘有一人说错或唱错，别的角不但不许"笑场"，并且还得替他遮盖。因为别的角不笑，台下或者可以不理会。若别的角一笑，则台下便知该角或因此得倒好。所以各角以同行道德关系，不会给别人翻场。(节录《中国剧之变迁》)。

反串：反其常态，谓之"反串"。[附记] 反串乃反其常态之意，如令生饰旦，净饰丑，拿腔作势，实无甚意味，近来社会人心日奇每多以此为乐，而梨园中人又大张旗鼓，标新立异，演反串戏以资号召观众若长此以往，绝非吉兆，按反串之举，昔虽有之多因本工不敷用，或所能之戏太多，偶一为之，藉博观客欢心非如今日随意反串也。

放水：忘却原词，以他戏之词句代之，谓之"放水"。

分包：一般分两处演唱谓（如应堂会等是）。

份儿：伶人之工资也。[附记] 早年伶工演戏，其所得之资，皆按月计算，故有"包银"之名，无所谓"戏分"也。有之，即自慈安太后断国服始，故江都李毓如先生，有《原班废包银改戏份之原起》一文。其文曰，早年堂会最重昆曲，竟有终日不闻大锣之声者。大栅栏戏园，为四大徽班轮演（四天一转，戏园予给班中转儿钱）。秦腔只演外城（芳草园等馆），徽班分外城，照戏馆车钱，另给半份。程长庚三庆，不演外城。其时，同人有包银无戏份，每日定有车钱。程长庚每日不过六吊。拿三吊者，即是好角。五百文居其多数。春秋两季说公话，增长车钱，每次亦只五百文，如此便不容易。自慈安太后国服演说白庆昌，乃二路以下角色，彼此凑合。自无包银之规矩，始定为戏份，至大者六吊、八吊。大头叫天，彼时乃二路之铮铮者，声名亦由此而起，遂成名角。国服既满，戏班亦废包银而改戏份。鑫培由八吊至十六吊，其后长至三十吊，则以为空前绝后。桂凤最盛时，戏份不过八吊，希冀长至十六吊，则心满意足。可见长日挣钱之难。

封台：年终戏园停演，谓之"封台"，又曰"封箱"。[附记]年终封台时多演本戏，或新排之戏以号召观众。当年四喜班则演八本《铡判官》，即此例也。按：封台剧终，必跳灵官，及燃放鞭炮。俾使观众知已封台，在除夕前不能再演之意。"封箱"系指戏班而言，与戏园无关。如戏班"封箱"后其所演之戏园，尚未封台，他班仍可接续演唱也。

服诒：服人劝解，谓之"服诒"。

盖口：剧中问答之词句，谓之"盖口"。

盖头：遮头之布，谓之"盖头"。

赶包：于此处演完，即往他处演唱，谓之"赶包"。

赶场：急急上场，谓之"赶场"。

跟包的：为伶工服役之人，谓之"跟包的"。

勾脸：以粉墨涂面谓之"勾脸"。[附记]净脚勾脸，须从头顶勾起，用鼻尖低住手腕，手指上扬以中指间所到之处为度，否则脸形扁小，故俗称净角为大花脸，至于小丑勾脸，只用粉墨在眼鼻之间，分类勾抹，故俗称为小花脸，其勾法亦有准绳，如张别古为老，张文远为少，汤表背为奸，朱光祖为智，于眉头眼角，略施粉墨，则老少奸智，判然分明又花脸上总不能脱去蝙蝠之形，无论净脚之大花脸，或丑脚之小花脸，其于眉头鼻角及颊间，或红或黑，或大或小多来一蝠形观者或不注意之，此不过取其多福之兆，别无用意。又净脚之脸谱，虽有成例，各人勾法不同，脸小者多剃一月亮门，以显面大，或与头顶上加白布一方，连同勾之，早年以钱宝丰，黄润甫脸谱最善，今诸伶均已物故而钱金福独成名宿矣。

挂座儿：观客众多，谓之"挂座儿"。

官工：即放假也。[附记]戏界以三月十八为祭神日，这一天无论何班，都不演戏。民国后虽废除迷信，可是仍不演戏。所以，又叫"官工"，言其是放官假的意思。在从前各戏班的组织，都是以每年三月十八日为期，个班中添约新脚，或旧有脚色包银加减以及个班规定戏园子的轮转，都是这天以前说妥。既说妥之后，就是一年。各角如欲另搭别班，非等到下年三月十八日不可。现在各戏班到这天也还有点变动，但是不像从前那样重要了。（节录《中国剧之变迁》）

官中：公共所用之物谓之"官中"。

管事的：后台执事人，名曰"管事的"。[附记]语云："一只大船必有个掌舵的，一家度日必有个当家人。"戏班亦何尝不然！惟后台执事人，谓之"管事的"，凡对于后台一切事项，均负完全责任，且须有戏剧的经验。故除原有戏份以外，另加一项管事钱，多不过数十枚。盖管事者虽不必上场出演，惟遇角色缺乏时，亦得装扮。俗说"卖艺的应行"，何况"救场如救火"。至于派戏，支配角色，某戏演唱之时间长短，某戏出于何朝何代，均须了然于胸。譬如演唱时间不均，散戏时过晚，则必受警区罚办。朝代分别不清，观众比报以倒彩。故早年规矩，开场时所演之戏，其朝代多在唐宋以上，其余诸戏，或在唐宋之间，或在唐宋之下，则无妨矣。支配角色，须知演角性格，应如何对待。是谁"活头"，须交谁扮。遇有"临场推诿"者，无论多狡猾，设法使其心服口服。某戏须某人、某脚与某脚配演，方能相称；某脚戏码在前或在后，方为适宜。且与分配时，尤须公道，否则势难终场。是以膺此选者，不但要有经验，且须有人缘。平时对于班中演角，更须联络，临事时不能撑起架子，必宜面兼冷暖，语杂装谐。甚至出一办法，即能令人钦佩。所谓"不干也得干"，始可称起支配角色之能手。又如开销戏份，班底应发多少，各角应开多少，均须与老板商量。未开锣以前，管事人须先至后台，发令开戏演方能开演。命催某角，催戏人既往催某脚，此其权柄也。【校案：此乃"导演"是也】

管箱的：管理剧装之人，谓之"管箱的"。[附记]剧中应用物品，如衣饰旗把等件，种类至夥。而某戏应着何衣，应用何物，均有定则，不能错误。故必分门别类，分派多人执管，即向何处携取。否则人多物众，不特一时找寻不易，管理者一人亦难料理也。至责任分担之后，执管衣服者，即按本日戏码，须将预用物品，安次取齐，以免临时慌忙，而有疏失。大抵衣服分大衣箱、二衣箱两种。蟒袍、官衣、裙子、披等，归大衣箱。靠、龙套、青袍等，归二衣箱。余如盔帽巾冠、须髯、角带等，则归盔头箱。刀枪旗伞，归旗把箱。零用物件（如令箭等），归奇宝箱。大衣、二衣、盔头、旗把等箱，均置于后台。奇宝箱则在台上，由检场者管之。（见《戏学汇考》）

光阴，就是一天一天这日子。凡是一个人，也不过活上万数多天。这算是岁数大的。自落生以来，到十岁以内，自然是小孩子家，好歹全不知道喽。这十年的光阴，一经白费啦，若到二十岁就耽误啦。若再到三四十岁以后呢，简直就算是个无用的人啦。所以，不论做什么事，就在十岁至二十岁这几年的时候；记性也好，脑力也足。因为什么小事后记性好、脑力足哪？就是心里头没有外物所染，学什么都记得住。你们生在十岁里外的时候，要不趁着这年纪练功夫学本领呀，哎呀，恐怕到了明白得要学本领的时候，再学，可就全不记得了。所以，这几年的时候，很要紧的，千万不可把它抛弃了。

滚口：念白颠倒，谓之"滚口"。

过场：在场上一现昙花者，谓之"过场"。

过道：于剧中饰家院者，谓之"过道"。

过合：角色彼此往返，谓之"过合"。

过门儿：唱词间断时，以胡琴做间隔，谓之"过门儿"。[附记]徐凌霄云，在许多戏的唱词里，可以看出"过门"之需要来。例如《卖马》八句，每句中间，夹入店主东之白口，而胡琴勿需间断，实有不板不乱之佳处。其《玉堂春》，一大半是问答体。问的是"白"，答的是"唱"。在这些地方，如无"过门"，则必句句停弦，亦且至于重复沈滞矣。故因为要留出对手方插话的时间，不能因为独唱的时候过门太长，就说"过门"可废。昆曲之不用"过门"，固然也有组织上之要素。惟遇有插问的白话，容易和答的唱混在一处，为弹词，则"过门"也是皮黄的一种特色。不过每一转慢板之前，几个"过门"，每觉费时太久。若为独唱则唱者，亦有不便耳。

哈昏：即昏场也。

海报子：通衢张贴之戏报子，谓之"海报子"。

喊嗓子：喊开红膜，谓之"喊嗓子"。[附记]嗓子既为唱戏之本钱，则其重要可知。除加以保护外，每日清晨须诣旷野之地，张口高呼，或对城墙林木，放声大喊，吐纳唇咙，收发清浊，以……

【校案：原文至此，疑此后缺字】

喝了：甲角胜于乙角也。[附记]文马评《樊城长亭》有言曰："伍尚虽为伍员之配，然系硬里角色。糖伍员无惊人之处，即为伍尚所喝矣。"

喝皮：敞笑也。

喝油儿：教戏时，学者不刻意研究，随教者之声，而附和之，谓之"喝油儿"。

合弦：歌声与琴音相合，谓之"合弦"。

黑场子：不明戏中场子之真象，谓之"黑场子"。

后场桌：管理小把子、小彩切等物之桌子，谓之"后场桌"。[附记]后场桌向归于旗包箱掌管，凡旗纛伞扇，以及小把子等，无一不备。如令旗、令箭、印匣、元宝、魁星斗、雷公锤、马鞭子、红门旗、灯笼、木枷、手镯、锁链、灵幡儿、哭丧棒、大小板子……，亦归后场桌经营。在未开戏时，须将各物一一陈列之。陈列次序：左为元宝，右为印匣，中设魁星斗及令旗、令箭。其余如手镯、锁链、木枷、灵幡儿、哭丧棒……，一切刑具、丧具，均挂于两旁，或分藏桌下。惟剧中所用之彩头（即斩人之头），多以太监帽或无翅纱帽，用红旗包好，置于桌上，以布垫盖之，迨剧中用毕即拆散之不使留存也。

后台：伶工化妆处，谓之"后台"。[附记]后台饰置虽甚繁杂，因有一定规则，故不觉混乱。即以脚色而论，各有各之座位，其他可知矣。兹述之于下。

后台与前台仅为一板之隔，其上下场门内之余地，内行谓之"后场"。其高低则与戏台相平，其他各处则较低矣。中间设有祖师爷（即"老郎神"之神位）。又设桌椅各一（内行谓之"帐桌"），为后台老板及诸首事人之座位。座上立有中镶骨条之木牌一座，牌高五六寸，宽一尺余，为写戏目之用者，名曰"戏规"。戏规之前，放有账簿一册。其中所载者，为每日演唱之戏名，以备将来稽查。他如各箱口，以及水锅、彩匣、梳头桌等处，皆有一定程序。而旗包、把子，照例归于后场。司其事者，为四执交场。其他跟包、杂役，则有专司。至于角色座位，亦各有定规。如生行坐二衣箱，贴行坐大衣箱，净行坐盔头箱，末行坐靴包箱（即三衣箱），武行坐把子箱等，惟丑行不分。若夫催戏、打台帘等人座位，则在后场门或旗包箱也。

伶人出入后台时，必先向祖师行鞠躬礼。然后向四周拱揖。名之曰"拜前辈"。又谓之"拜四方"。如遇演堂会戏，临时无祖师之神位，必须向大衣箱拱手致敬。因其中设有喜神故也。凡有触犯戏规者，必令鼓吏审讯，伙夫为堂役，而令武行头执刑。各行角色，各推代表，列席参加，以觇其判断是否分允，再定罪律。今此列虽破，然其中规则，仍极严厉，故附述之。

第一条，后台不准跨坐箱口。按：两箱之间名曰"龙口"。伶工以"龙口"之"龙"字，谐为"喉咙"之"咙"字，恐坐龙口而咽喉失润也。

第二条，大衣箱上不准睡觉。

第三条，箱案上不得坐人。（尤以大衣箱为最。）

第四条，不准两脚克[磕]箱。

第五条，玉带不得反上。按：若反系玉带则谓为"白虎带"。

第六条，后台不准执旗摇晃。

第七条，韦陀杵不准朝天拿。

第八条，后台各伞不准撑开，亦不准直呼为伞。按："伞"与"散"字同音，若直呼其名恐有"散班"之患，故讳而不言。以"雨盖"，或"开花子"代之。

第九条，加官，财神，喜神诸脸。禁止仰面戴时不准照镜说话。

第十条，戴唐帽与草王盔不得同箱并坐。

第十一条，扮关公神佛脚色，须要净身，在后台不得做事。

第十二条，净行不得忝彩条。

第十三条，生行忌落髯口。

第十四条，占行最忌忝头，掉跷，落裤。

第十五条，占行扮戏不得赤背。按：旦角扮戏时，虽在盛夏亦不准赤背，因旦角即上妆后，则属于女性，岂可赤背于广众间耶。

第十六条，扮戏时不得丢头去尾，亦不准吸烟。

第十七条，角色未抹彩前，不准试戴网巾髯口，及一切盔帽。

第十八条，官工日期不得私自彩唱。

第十九条，未开戏前，所有响器一概不准敲打。

第二十条，未开戏前，九龙口（即台上打鼓者座位）不准他人擅坐。

第二十一条，角色演戏不准回视场面中人。按：角色于演戏时，不得回顾场面。盖回顾则必有不满之意。倘不明其中细理，而随意往后张望，双方必起误会，致生恶感。

第二十二条，后台起坐不准抱膝。按："抱膝"与"报息"二字同音，故忌之也。

第二十三条，后台不准弈棋。按：弈棋一事，有"你先走、我先走"之声，故忌之。恐班中同人，先后走散也。

第二十四条，后台刀枪，不准向地乱捣。

第二十五条，前台不准言"更"，后台不准言"梦"。

第二十六条，后台不准拉空弓，亦不准扔彩头。按：后台最忌拉空弓与扔彩头。拉空弓，恐于演剧时有拉矢（解见前）之疵。扔彩头，则更以为不吉利也。

第二十七条，后台不准以口呼哨，亦不准拍掌喝彩。按：北方言语，凡谋事未成，名之曰"吹"。以口呼哨，亦谓之"吹"，故戏班忌之。拍掌喝彩，恐扰乱后台秩序也。

第二十八条，禁止妇女进入后台。

第二十九条，未开戏前，不准上台；开戏后，不准掀帘私窥。

第三十条，凡青龙刀、白虎鞭、火髯、魁星脸、神鬼脸，及一切大式刀枪斧戟，牛金镗、盘龙棍、大小槊、降魔杵、大纛旗、灵官鞭、鬼头刀、雷公锤、雷公钻、彩匣碟笔等件，不得乱动，违者责罚。

第三十一条，如有告假等事，须与未开锣前通知首事人，否则作误场论。

第三十二条，后台诸事，均须以和平去作，一概不准野蛮。

此后台之规则也，其外尚有最犯忌讳者，约二十二条，及后台角色应尽之责任。择要录下：

一，临场推诿，（革除）

二，临时告假。（革除或缓留）

三，在班思班。（永不须用）（按：在班思班者，乃在本班演戏，而思搭演他班之意）

四，在班结党。（责罚不贷）

五，临时误场。（同上）

六，背班逃走。（追回从重惩罚不留）（按：背班逃走，乃当年恶习。因彼时多为包银班，伶工得薪金后，即杳如黄鹤矣，故立此条以惩之）

七，偷窃物件。（重罚不留）

八，设局赌钱（责罚）

九，口角斗殴。（责罚）

十，以强压弱。（责罚）

十一，克扣公款。（责罚不须用）

十二，无事串班。（责罚）

十三，歇哑叽工。（责罚）（按："歇哑叽工"者，乃谓告假而歇工之谓也）

十四，扮戏要笑。（责罚）

十五，扮戏懈怠。（责罚）

十六，当场开搅。（同上）

十七，错报家门。（同上）（按："错报家门"者，乃演戏时误报姓名之谓。例如，饰刘璋者而误报之曰刘备，饰赵云者而误报之曰马岱……是也）

十八，台上翻场。（责罚）

十九，当场阴人。（同上）

二十，混乱冒场。（同上）

二十一，登台卸场。（同上）（按："登台卸场"者，即已登台，而卸却戏装之谓也）

二十二，台上笑场。（同上）

又，凡撞闯祖师凫銮驾，供器桌，斗殴拉账。（按，拉账者，拉账桌也）摔牙笏，砸戏圭，捅人名牌，抢箱板等情。查照除责跪外，罚办不贷。

后台角色之责任：

生末行扮加官，净丑行扮财神魁星，武行扮雷公，上下手穿形儿。（按：上手穿龙形、鹤形、猫形、驴形等一切大形，下手穿虎形、狗形、狐形、鼠形等一切小形）九龙口言公，（按：九龙口乃指打鼓者而言，言公，言论公事也）生净行言公，领班人调查，丑行调查，武形头掌刑，管伙食人掌刑，丑行开笔勾脸，（按：未开戏前，须以丑行一人，于鼻上涂少许白粉，净行中人，始能陆续勾脸，相传唐明皇当年曾扮演丑剧，故净行勾脸，必须丑角勾第一笔也）生净行上香开戏。（按：戏场旧例，每于开戏前，必以生行或净行中人，向祖师爷神位，焚香叩首，始能开戏）

荒腔：歌腔与调门不合，谓之"荒腔"。

回了：停演，谓之"回了"。[附记]戏园中每遇大风大雨时，不能演唱，即演唱，亦无人往观，故必须停演。停演时，须派催戏人，往诸伶工家中报告，"……老板……回了"。此语即谓某园已停演，无需再去之意也。

会阵：两国或两派相争，彼此初见面，时谓之"会阵"。

魂子：于剧中饰鬼者，谓之"魂子"。

活头：剧中所饰者，如"这出戏您去哪个活头"，即此之谓也。

技艺就是自己本领。我的本领好，自然人人说起，都要夸奖某人某人的本领真好。不论是做哪一行儿，人家越夸我好，我是越要比人还得好，这叫做精益求精。千万不可人家夸我好，我自己觉着我的本领是真好，某人他不如我。你竟想不如你的那些人啦，你就没想想比你好的人还多的多呢！你们必须明白，学本领没有个学完的时候，要是说到这儿，可就是得自己用心研究啦。师傅领进门，修行在各人。师父教导我之后，我自己再去用私工夫，渐渐地就习惯成自然了，那才有长进那！俗语说，"行行出状元"。你们总晓得吧。你们即是入了这一门，就得研究这一门的学问，还有几句用工夫必须遵守，最忌讳的言语，你们门人等，务必要时时刻刻的记着。

检场的：管理戏台上一切杂武者，谓之检场的。[附记]检场之难甚于演戏，非断轮老手，不能担任。第一须知剧中之场面及节调；第二须手急眼快，临事周章，不至混乱。否则，必要受角色呵叱。其最难者即为散火彩。以局外人观之，似属易事，然实难于他技也。其法以火纸叠成摺形，夹于中指食指之间，复加一小碗，内盛松香末，冲火而出，能随角色前后上下左右绕场连炽。最难莫属过梁。过梁乃隔城而撒之者。若用力过大，其燃成之松香末，必落于台下。用力太小，则焰火落于演员身上，皆甚危险。又如松香末撒时过多，其火落而不息。过少，则火小而成烟。其难可想见矣。辛未三月初九日，余与老友谢素生、张次溪二君，往访阎君寿春。寿春，内廷老供奉，现为杨伶小楼检场。见吾辈来谈，极所欢迎，乃将撒火彩之法，及经历各事，详为口述。谢君曾濡笔记之，文曰，火彩为检场人职务上之一，"检场"本名"走场"；系清代升平署所定之名称，外间不敢沿用，改曰"检场"，居场上最重要之部分。凡场面之种种，无一不当明了熟悉于胸中，不至临场无所措其手足。

梨园公益曾是以列之剧通科，火彩所必要，全凭手术。非练习于平素，得心应手，断不能雷雨烈风之历试不迷。脱腕如天花之雨，遍地氤氲，为剧目增加精彩。原其所以发明，盖用以表现各种幻象，做实地之描写，使剧中情况一一明显于当场，又借以助威。又，今演者于光明放出之际，施其逐样身段，不啻有所凭仗，得尽力于欧阳描画，加倍生色。其间亦自具有理由，等于绘水绘声，无处不令人注意，无处不示人用意。可从迹象之中，想象以得其真相。有如神仙鬼怪剧，或变化于顷刻，苍狗白云之幻；或声散步虚，天风吹下；或列御冠之御行，隐现于愁云惨雾中，恍首尾神龙，获从而一见；或雾作蚩尤，迷方待指；或垢吹风伯，朕兆预形；或南山之豹，可窥于一斑【校案：原作"班"，显误，径改】；或道子之变相图成，千奇百怪，纵叶将蝉翳之持，亦烛比群然之朗。凡此非先有以表示，不特生气蓬蓬，蒸来釜上，观者容易忽略过去，而象外环中，莫名其妙，不足以令人拍案惊奇。且于戏中情状，举末田推测而知。又如《艳阳楼》《百凉楼》《博望坡》《火云洞》《赤壁鏖兵》《绝虎岭》《连营寨》《葫芦峪》等等，须将火烈具举，表出于狩于田，蛇擘紫金，共苍兕之乎以俱起；始觉兰陵破阵，勒勒【校案：原作"勤"，显误，径改】同歌，超海挟山之势，阊阖欲排。而演角之身手做派得神处与不得神，尽力处否，可就中以作玉尺之评量。演者亦得于此等地方，研究其做工，写出黄庭，求到恰好处。更若焚绵山，闻妖鸟之类呼，而窃负而逃入。山唯恐不深，入林唯恐不密。宁冥鸿之追逐，不计池鱼之及，百般姿势。与夫神情状态，举可于熊熊环绕间，抽象而得。一门忠烈，遇吉上马出门以后，回首家园，顿成火窖。而念及高堂，将身碧葬，有难反顾，挥泪而衰龙东之卒，效命于疆场。等猎火狼山之照眼，一腔忠愤，愈以激发。

打棍出箱之煞神，与范仲禹惊心于阴风惨惨，左右谛视，狰狞卓立。于其前，倘不加以装照，则煞神登场，第效作公孙跃马，了无蛱蝶滕王生动之致。一木鸡之养出，饰角亦无凭以显其技，而范仲禹之瞻顾彷徨，纵作势于空中，倍加烘托。究添豪于颊上，未免差池。诸如此类，不胜枚举。足见火彩之与戏剧，相辅而行，隐有其连带之关系。盖演戏所崇尚者声色，而火彩亦色中之一分子也。综厥名词，其刚要如达到之只有其五。如月之晕，环绕成一大圈者，谓之"月亮门"。累如贯珠，接连不绝者，谓【校案：原作"设"，显误，径改】之连珠炮。自下而上，若霞起赤城，散而为绮，仍珠露之下垂者，谓之"倒簪"。自上而下，有向上行，俨麻姑之米掷，大珠小珠之落。又珠帘卷起，共游丝以縈曳者，谓之"托塔"。重城间隔，势蓄建瓴，作杨公之铁星，劈空飞出者，谓之"过梁"。而由此五者，遂形形色色之产生，鱼龙变化，曰"吊云"。状奇峰之拥，重叠手攀。曰"反吊云"。翻身作势，焰断层层，恍笃舞于回翔。若龙腾于飞跃，曰"火塔"。浮屠七级，有似气结楼台，海旁蜃象，曰"抱龙柱"。猿同树绕犊比耕催，曰"盘香道"。飘烟堕月，圆晕螺旋，曰"抛火球"。焰飞脱手，僚丸投掷与团团，曰"满堂红"。繁星朗彻，开来四照之花，列炬堆成，煽类千花之篆。曰"仙人道桥"。凌波若步，流耀含英，珑珑雁齿之拖，拂拂虹腰之越，曰"回头望月"。趁低首而导如泉注，乘转月而带作烟笼，名虽不一，道则一贯。犹琴师之操缦按弦，随手翻弄其花腔，根本仍不能脱霓裳之谱叠。又，吞刀吐火，变幻莫测之黄公，同此万变而不离其宗。抑非仅范围曲成之不遗不过，又有其一定之尺寸。神则烟云之高送，鬼则随其矮足、着地放光，妖则半截。盖神人日月齐辉，盲生卓卓，故冲霄烛汉以象之。鬼为阴气，青磷燗烁等爝火之微明，故低起以形容其出现怪居于神鬼之间，只能作为一半，乃不高不低。为之神传阿堵，其法创始于高腔，递衍于皮黄，和鲁公之衣钵传来，代有名手。年湮代远，已莫共藉谈之数。就所见闻，其佼佼铮铮者，只阎寿春一人。王夷甫海内龙门，群相景仰。阎为四川籍，其先世移京，住齐化门外之八里庄。开设阎家店，为往来行旅之休息所。至其祖名德奎者，乃改入戏行，充后台衣箱箱头。父玉山，始任"检场"之职。寿春幼秉趋庭之训，心领神会。当"四喜""春台"二班鼎鼎之时，均参加其盛。嗣转搭"小丹桂"，又入"喜庆和"。足迹所至，到处欢迎。清西后最喜观火彩。南府中人闻名，招之加入，与小楼同供奉内廷。小楼尤倚之为左右手，有如蛩蛩距之相依。是时小楼最邀宸眷，深恐扶持之不得其人，必使随同为助。小楼外演，辄携带所信任之人，以免贻误。盔头箱杜青，大衣箱靳荣轩，皆为小楼身畔，所至必带之人，阎亦与焉。第一舞台小楼演唱时代，一日排演其拿手戏《安天会》。是戏非有火彩，无以使旌旆飞扬。该园自开幕日被火，禁如寒食。小楼力排众议，破除其例。命寿春至，给洋二元。为之先时预备松香，至昏夜叩人之门户，同水火之求。其事至今犹啧啧于人口。门墙桃李之盛，几多濂洛颉颃，以樊德昌、李子俊为最。子汉卿，改习"场面"。先师事蔡占奎，继私淑于音律家方星樵之门下。苟慧生成班，邀为随手，至今相随不离。"检场"中之以技成名者，当月寿春为一指之可屈。现虽老去，已作退院之僧。然鲁殿之巍存，同辈咸说士之甘也。今津沪等处，已将此项取消。惟平市尚属后星明，告朔饩羊之存在，为数二十四番信风吹到，歌板酒旗，犹有人于鞭丝帽影中，墨洒金壶，效者旧襄阳之录。独此鸿雪之痕，无复有记事珠拈付，与春灯燕子，共屯田杨柳以俱传。举目河山，曷禁沧桑之感。而琵琶亭畔，听到月明，又不觉检点锦囊；而司马青衫之欲湿，如新亭之坐对也。

交代：身段之暗示，谓之"交代"。

角儿：角色之简称，乃串演剧中人之人也。[附记]《梨园原》一书，为梨园前辈黄幡绰先生所撰，成书于乾清嘉庆年间，其中所述以王大梁《详论角色》一文为最佳，兹录之于下。文曰："角色者，言其本角之物色也。凡一剧由主而起，一帙之事，在其主终始，故曰'生'。'旦'者，乃与寅刻之先，以男扮女，是男非男，似女非女。见时不能分，因其扮妆时，在天甫黎明，故曰'旦'。'丑'者，即'醜'字，言其丑陋，匪人所及，撮科打诨，丑态百出，故曰'丑'。'净'者，静也，言其闹中取静，静中取闹，故曰'净'。'外'者，以外姓人，有尊崇之色也，故曰'外'。'老旦'，其所司母姑乳婆，亦应于黎明扮装，老少虽不同，其以男扮女，则一，也故曰'老'。'旦末'者，道始末，也先出场，述其家门，言其始末，故曰'末'。小生，或作主之子侄，或作良朋故旧，或作少年英雄，或作浪荡子弟，故曰'小生'。小旦或侍妾，或养女，成娼妓或不贞之妇，故曰'小旦'。贴旦，即付旦也。凡男女角色，既妆何等人，即当作何等人自居，喜怒哀乐，离合悲欢，皆须出于己衷，则能使看者触目动情，始为现身说法。可以善惩恶，非取其虚戈，作戏为嬉戏也。"

叫板：未唱之先，凡以喜怒哀乐，或惊忧之声，而引起锣鼓点者，皆谓之"叫板"。[附记]叫板者，即伶工在未唱之先，或哭或笑，或喜怒忧思悲惊等声，而能引起锣鼓者。例如《女起解》苏三在台内之"苦啊"声，即所谓之"叫板"是也。按：此剧本为青衣正工，又因其身在缧绁中，受不白之冤，其苦可知。故"苦啊"之声，当嘹嘹如游丝断雨，徐徐发出，其锣鼓当随"叫板"之高低，而引申之。俾听者将苏三之苦，一一化于脑中。（下略）（节录《顾曲金针》）中国剧于说白完后，未唱之前，须有"叫板"。其"叫板"之法不同，有时将道白之末一字声音拉长有时用一字（如呀哎等字），有时一折袖，或一笑，或一种特别举动。音乐组一见一听，便预备奏乐随唱。将唱完时，歌者将末一字音亦拉长。音乐组一听，亦即知将完，便预备停止。按：元朝迄今日，无论何剧，每逢起唱，都有"叫板"。皮黄尤无一定腔谱，故可随时伸缩、更动。所以于歌唱起落之时，更须有一定之表示，然有时此人"叫板"，彼人唱，乃系特别的办法。（见《中国剧之组织》）

　　教训，是师父先生与父母所告诉的话。为教训小孩子，差不多总都是贪玩的心盛。师父先生所说的话，总都是叫你们不可贪玩。趁着现在年轻，脑力正足的时候，多多学点本领要紧。怎么样练的功夫，怎么样可以成名，怎么样可以有饭食，怎么样的交朋友，怎么样是好，怎么样是坏？像这样的话，你们小孩子家一定是不喜欢听喽。可知道古人有两句俗语呀，"良药苦口利于病，忠言逆耳利于行"。这两句话怎么讲呢？比如有一个人罢，得了病啦，自然是得吃药喽。药哪儿有好吃的呀？药虽然是不好吃，吃下就可以治病。有病若是不吃药，如何能好的了呢？这就叫做"良药苦口利于病"。要说"忠言逆耳利于行"这句话呀，可就更说不尽啦。反正我做事要是不对，人家才说我、告诉我，那肯说我、告诉我的，那样的人儿，我就可以拿他当师父看待。可是这样差不多的外人，谁肯说呀？自然是师父、先生与父母。所以师父、先生与父母的话，必须要记在心里，这就叫做遵教训。

　　接笋：衔接不使间断之谓也。

结攒：戏中交战，一人抵挡数人，谓之"结攒"。

九皇斋：每届九月一日至九日，伶工皆素食，谓之"九皇斋"，又谓之"九皇素"。[附记] 每年古历九月初一日至初九日，伶界举行九皇圣会于梨园新馆中，朝夕焚香唪经，伶工多素食。其详情已别为文述之，故不赘。

九龙口：戏台上打鼓的座位，谓之"九龙口"。[附记] 相传唐明皇善击鼓，用此名称以表示尊重之意。

韭菜：演戏时错乱谓之"韭菜"。

嚼字：念白时字音不清，谓之"嚼字"。

开场戏：简曰"开场"，即所演之前三出戏也。

开份儿：发给伶人工资，谓之"开份儿"。

开搅：演剧时起哄，谓之"开搅"。

开锣：开始演戏，谓之"开锣"。

开闸：剧未终场，而坐客分散，谓之"开闸"。"闸"，亦作"栅"。

看场子：台上演戏，管事者在后台指挥之，谓之"看场子"。[附记] 凡伶工于初演戏时，恐所习场子不甚纯熟，教师必在场上监视，虽是暗中指导，或排演新戏，恐词句排场，亦有不甚熟悉之处，管事人需在后台指挥之，皆谓之"看场子"也。

科班：童伶习艺所，谓之"科班"。[附记] 梨园之设科班，专为教练戏剧人才，故童伶之入科班，亦如学生之入学校也。惟科班中之规矩，则较学校为繁。此又不能相提并论。余喜与伶界往还，故于此中事情，略知一二，今请为我同志陈之。夫科班在清代极多，今则寥如晨星。即以北平一隅而言，如庆升平、庆和成、等班，成立最早，皆以昆剧为主。继之者，为双庆、双奎、全福、小福胜、小嵩祝、三庆、四喜、等班，约在同光之间。他如小荣椿、福寿、玉成、小和春、得胜奎等班，则较迟矣。小洪奎、长春等班，又其次也。清季则组有喜连成科班，鼎革后，改为富连成。此外，又有正乐社、福清社、斌庆社，多如春笋。至今日，则仅存富连成为硕果矣。按：科班之组织，多由伶工自动发起，招外界股东供给资财。然亦有独自经营，不招外股者，惟甚少耳。在组织之先，须购妥房屋，及一切杂具，再聘请教师，置备戏装。然后，招集幼童而教导之。此不过述其大略。至于幼童入社，谓之"入科"。初时须有人为之介绍，暂留社中数日，审查其才干。如有可学戏之才者，再与其家长订立契约，谓之"写字"。"写字"时须有相当保人，签名画押。所定年限，约七年，其一切衣食，由社中供给。兹将幼童入社时所立之字据格式列下以供参考。其文曰：

> 关书大发（此四字写于摺面）。立关书人〇〇〇，今将〇〇〇，年岁，志愿投于〇〇〇师名下为徒，习梨园生计。言明七年为满，凡于限期内所得银钱，俱归〇〇〇师享受。无故禁止回家，亦不准中途退学。否则，由中保人承管。倘有天灾病疾，各由天命。如遇私逃等情，须两家寻找。年满谢师，但凭天良。空口无凭，立字为证。立关书人：〇〇〇。画押。中保人：〇〇〇，画押。年月日吉立。

学生既入科班，在此限期之内，名曰"作科"。必须坚守班规，并于此时间择其品貌喉音，以定学习门类。或生，或旦，或净，或丑，或文，或武，而教导之。每日喊嗓，吊嗓，翻跌，武打，教歌唱，拉身段，或集众生排演一剧，皆有固定规则，绝无混乱之弊。如学生稍有错误，即加以夏楚，不容分毫也。学生所学之戏，约达十余出，即令彼登台演唱。每日给铜圆数枚，谓之"点心钱"。同时取社名中之一字，以名诸生。赴戏园时，一律服用社中衣帽，教师领导之，结队而行，途中不许与人谈话，及一切不正当行为。归时亦然。

学生毕业，谓之"出科"。出科时，须焚香谢师，将入科时所立之字据领回。如照旧在该班演唱，老板即与彼开戏份。多者不过二百余枚，少者数十铜圆。如不在本班演唱，亦可留于社中教戏，每日给以相当戏份，以为糊口之资。此乃指出科后，尚在社中者而言。其于出科时，即脱离社务。独立以谋生活者，亦不少也。

节录北平富连成社科班训词。

传于我辈门人。诸生须当敬听：自古人生于世，须有一技之能。我辈既务斯业，便当专心用功。以后名扬四海，根据即在年轻。何况尔诸小子，都非蠢笨愚朦。

并且所授功课，又非勉强而行。此刻不务正业，将来老大无成。如听外人煽惑，终究荒废一生。尔等父母兄弟，谁不盼尔成名。况值讲求自立，正是环宇竞争。

至于交结朋友，亦在五伦之中。皆因尔等年幼，哪知世路难行。交友稍不慎重，狐群狗党相迎。渐渐吃喝嫖赌，以至无恶不生。文的嗓音一坏，武的功夫一扔。

彼时若呼朋友，一个也不应声。自己名誉失败，方觉惭愧难容。若到那般时候，后悔也是不成。并有忠言几句，门人务必遵行。说破其中利害，望尔日上蒸蒸。

一　要养身体

凡是一个人，乃秉天地之气所生。父母身体所养生下一个人来，就应在世界上做事。何况我们这指身为业的人！什么叫"指身为业"哪？就是自己去谋生计。假如家里有钱，用不着自己。我们既是个男子汉，本应当自食其力。俗语说，"自己的钱吃的香，嚼的脆"。你想，身子若是不强壮，时常病病歪歪，什么事都不能作，那不如同废物一样吗！就拿我们这梨园行说吧，唱文戏的，身子要是不强壮，嗓子如何能好的了。武行身子不强壮，还能打的了武戏吗，所以自己必须要把身子看得极贵重。千万自己不可毁坏，并且还有许多的事，全仗着身子哪。养家立己，孝敬父母，这都是一个人应做的事。故此养身体，最是要紧的。

二　要尊教训

教训，是师父先生与父母所告诉的话。为教训小孩子，差不多总都是贪玩的心盛。师父先生所说的话，总都是叫你们不可贪玩。趁着现在年轻，脑力正足的时候，多多学点本领要紧。怎么样练的功夫，怎么样可以成名，怎么样可以有饭食，怎么样的交朋友，怎么样是好，怎么样是坏？像这样的话，你们小孩子家一定是不喜欢听喽。可知道古人有两句俗语呀，"良药苦口利于病，忠言逆耳利于行"。这两句话怎么讲呢？比如有一个人罢，得了病啦，自然是得吃药喽。药哪儿有好吃的呀？药虽然是不好吃，吃下就可以治病。有病若是不吃药，如何能好的了呢？这就叫做"良药苦口利于病"。要说"忠言逆耳利于行"这句话呀，可就更说不尽啦。反正我做事要是不对，人家才说我、告诉我，那肯说我、告诉我的，那样的人儿，我就可以拿他当师父看待。可是这样差不多的外人，谁肯说呀？自然是师父、先生与父母。所以师父、先生与父母的话，必须要记在心里，这就叫作遵教训。

三　要学技艺

技艺就是自己本领。我的本领好，自然人人说起，都要夸奖某人某人的本领真好。不论是做哪一行儿，人家越夸我好，我是越要比人还得好，这叫作精益求精。千万不可人家夸我好，我自己觉着我的本领是真好，某人某人他不如我。你竟想不如你的那些人啦，你就没想想比你好的人还多的多呢！你们必须明白，学本领没有个学完的时候，要是说到这儿吓，可就是得自己用心研究啦。师傅领进门，修行在各人。师父教导我之后，我自己再去用私工夫，渐渐地就习惯成自然了，那才有长进那！俗语说，"行行出状元"。你们总晓得吧。你们即是入了这一门，就得研究这一门的学问，还有几句用工夫必须遵守，最忌讳的言语，你们门人等，务必要时时刻刻的记着。

最要十则

要分平上去入。要分五方元音。要分尖圆讹嗽。要分唇齿喉音。

要分曲词昆乱。要分微湖两音。要分阴阳顿挫。丹田须要有根。

唱法须要托气。口白必须要沉。

最忌四则

最忌倒音切韵。最忌喷字不真。

最忌慌腔两调。最忌板眼欠劲。

四　要保名誉

一个人的名誉，是最要紧的。名誉好，人人说起来都夸奖他好。名誉不好，人人说起来总都不喜欢他。凡是一个人，为什么叫人家不喜欢呢？这就是不论什么事，自己想着是件好事，然后再作。要不是好事，可就做不得；要是做了，自己的名誉可就坏啦。所以，得保护自己的名誉。

五　戒抛弃光阴

光阴，就是一天一天这日子。凡是一个人，也不过活上万数多天。这算是岁数大的。自落生以来，到十岁以内，自然是小孩子家，好歹全不知道喽。这十年的光阴，一经白费啦，若到二十岁就耽误啦。若再到三四十岁以后呢，简直就算是个无用的人啦。所以，不论做什么事，就在十岁至二十岁这几年的时候；记性也好，脑力也足。因为什么小事后记性好、脑力足哪？就是心里头没有外物所染，学什么都记得住。你们生在十岁里外的时候，要不趁着这年纪练功夫学本领吓，哎呀，恐怕到了明白得要学本领的时候，再学吓。可就全不记得了。所以，这几年的时候，很要紧要紧的，千万不可把它抛弃了。

六　戒贪图小利

世界上，贪图小利的人最多。古人有两句俗语，"贪小利受大害"，就是贪小便宜吃大亏。不但银钱叫作"利"，是有便宜的事都叫作"利"。天下的事，那儿有许多的便宜，必有害处，故此便宜不可贪。

七　戒烟酒赌博

烟、酒、赌博这三件事，是与人无益的。有志气的男子汉，决不为的，因为它最容易把人染坏了。先拿喝酒说吧，又容易伤身体，又容易耽误事，又容易得罪人，又容易坏自己名誉。再说吃烟，比喝酒的坏处也不小。要是说赌钱哪，哎呀，你想那一家的富贵是赢来的，那一家的子孙是赢来的？所以赌钱这一条道儿，丧德败家极了。

八　戒乱交朋友

交朋友，是最要紧的一件事情啦。你们长大成人，还能不交朋友吗？朋友虽然得交，然而千万不可乱交。未从交这个人，先访访这个人的历史，他是哪行人，他所做的都是什么事？是好是歹，名誉如何？他所交的都是哪等人物的朋友？自己酌量酌量再交。所谓"居必择邻"，"交必良友"，就是住街坊须要搭那正人君子的街坊，"交必良友"就是交那正人君子、有用的好朋友。什么叫做"有用的好朋友"哪，就是我做了什么不对的事，他肯说我，我说了什么不对的话，他肯告诉我；我做功课有什么不好的地方，他肯教导我，那就是与自己贴近的人。像这样有恩于我的朋友，必须要报答他。要糊涂人一想，怎么某人他竟说我呀，我是实在的不愿意听；慢慢地可就就拿他当作不知心的外人啦，不免就要疏远他。把这样的人一疏远哪，自然就没人拘管着我啦。日久天长，哪奉承我的人可就来了。当时自己哪儿知道，他是有心奉承我啦。这一奉承我呵，就不免有心要盘算我，处处的奉承我，处处的捧我，不论做了什么不对的事，他都捧着说我做的对；不论说了什么不对的话，他都说我说的对。应该这么【校案：原作"们"，误】说，所谓【校案：原作"为"，误】甜言蜜语，哄死人不偿命，短刀药，对蜜饯砒霜。要是把这样人当作自己贴近的人，那可就糟啦。所以，交朋友若看不出是好人歹人，有个脑袋就拿他当心腹人，倒把那真正好人扔在一边，将来一定受害不小。假如我若是受过什么样子的害处，千万可别忘了我是怎么受的，以后若要在遇见这样的事，就可以比较出这是件好事是件坏事来啦。所以俗语说，"有恩者需当报，受害者不可交"。交朋友能够不慎重吗！

以上八条，乃为人处世之利害，关系至重。且要知世态炎凉，前四条是要必须学他，后四条是千万不可学他。今时详细列出，望尔诸生等，均各自遵守。（下略）

客串：局外人进戏班演戏谓之"客串"。

肯台栏杆：极力要好，与正角相抗，谓之肯台栏杆。

口面：角色所戴之髯口，又名"口面"。

盔头箱：盛盔帽之木箱也。[附记] 凡剧中所需用之盔巾冠帽，玉带、翎尾、羽扇、蓬头、鬏发、髯口、增容网子、水纱、牛角钻、懒梳妆等，皆属于盔头箱者。

拉矢：筋疲力尽，势难终场，谓之"拉矢"。

里子：配角之优秀者，谓之"里子"。

脸子：剧中所戴之假面具，统谓之"脸子"。

亮台：此戏演完彼戏尚未上场，谓之"亮台"。

亮像：剧中人交战，忽然停住各向台口作一全神贯注之表情，谓之"亮像"。

溜嗓子：未唱以前，喊"咿""哑""呜"等声，谓之"溜嗓子"。

六场通透：各种乐器，无所不能，谓之"六场通透"。[附记]"六场通透"，系指场面而言。所谓"六场"者，乃胡琴、南弦、月琴、单皮、大锣、小锣等乐器是也。"通透"者，既无所不能之意。

马场：场子多，而剪断之，谓之"马场"。

马词：原词多，而剪断唱之，谓之"马词"。

马后：时间太早，而将剧目延长，谓之"马后"。[附记]与"马前"适成一反比例，即延长与不忙之意。如应上场之角，尚未扮好，授意场上之角，使之延长。即可告其"马后"。又，某角正扮戏，而场上所演之戏，时间尚长，告其无须赶扮，亦可告其曰"马后"。

马前：时间局促，而将剧目剪短，谓之"马前"。[附记]"马前"，即提前之意也。如一戏尚有数场未演，因时匆促，或减词，或减场，均谓之"马前"。又，场上所演之脚已将下场，而应上场之角，尚未扮齐，催其快扮，亦可告其曰"马前"。

马去了：取消当场所唱之词，所做之事，谓之"马去了"。

马趟子：骑马时做出各种身段，统名之曰"马趟子"。

满堂：戏园座位卖满，谓之"满堂"。

漫头：打两个回合也。

冒场：不应上场时，而误上之。谓之"冒场"。

冒调：歌声逾原定调门，谓之"冒调"。

冒上："冒"音"卯"，即角色演戏时格外用力之谓。

冒仙鹤：嗓音突高，谓之"冒仙鹤"。

门签儿：戏园门前所贴之戏报子，谓之"门签儿"。

明场：表演于外者，谓之"明场"。

抹彩：以脂粉涂面，谓之"抹彩"。

拿桥：自高身价，临时与人为难，谓之"拿桥"。

内场：戏场以桌为界限，桌内谓之"内场"。

内哄：谓后台呼喊之声也。

脑后音：丹田音兼鼻音，谓之"脑后音"。

脑门儿钱：傍角人所得工资，名曰"脑门儿钱"。[附记]"脑门钱"者，即名角之管事、场面、跟包、梳头等人之工资也。故名角在未演戏之先，须与彼等预备，且不许欠。亦不可打厘。按："脑门儿"者，早年无此名称，缘名角多不带管事场面……人等，大都用官中者。而跟包一项，为例已久。故于开份之时，令出一项跟包钱，多不过四百文。因此款【校案：原作"歘"，疑为"款"字之误】无处可记，只好写于角色名上，谓之"脑门儿"。闻庚子后玉成班，尚无此名称，如今则视为定例矣。且随名角之戏份而增减，自数元至数十元不等。是可为组班者一层障碍也。

念白：述戏中之语。谓之"念白"。

爬字调：歌腔最低，谓之"爬字调"。

排戏：试演新排之戏，谓之"排戏"。[附记]《齐东野语》："一时伶官乐师，皆梨园国工也。吹弹舞拍，各有纵之者，号为'部头'。每与节序生辰，则旬日外依月律按试，名曰'小排当'。"观此，乃之戏剧中之"排"字，由来久矣。

刨了：甲伶打诨，乙伶先为道破者，谓之"刨了"。[附记]后台之"刨"字，有许多分别，如"刨戏""刨扮相"等是。"刨戏"者何？即此伶欲演之戏，为彼伶所先演。"刨场子"者何？即两剧相同之场子，在一日演唱也。"刨扮相"之意，与"刨场"略同。如《取金陵》凤乡公主，与《虹霓关》东方夫人，其扮相皆为素衣银；如在一戏园中，同一日演之，即谓之"刨扮相"。按：此恶习早年戏班为最忌，且无敢违者，重戏德也。近来此规打破，伶工又多唯利是图，所谓"刨戏"，所谓"刨场子"，所谓"刨扮相"，皆不重矣。

跑手下的：即龙套也。[附记]龙套即剧中之兵卒侍卫，因手执镖旗，又谓之"大旗儿的"。向无专工，多为诸伶工轮流扮演。如甲伶演正工剧时，乙伶等则饰其中龙套，以为之配。乙伶演唱时，亦然，且头家（即龙套居首者）多为老旦脚扮演。因关于老旦之戏甚少，休息时多，遂令彼居首位，导领大众。其意谓无戏可唱，扮龙套须重要也。规矩之严，可想见矣。今则反乎此。设令叔岩将演必《定军山》之黄忠，即命渠饰其他剧中之龙套，叔岩必不愿为。他人亦莫不如是也。因种种碍难关系，遂设龙套一行。一戏班中约用八人（外江则有用十六人者），名之曰"流行"，盖本诸当年轮流扮演之遗意也。

喷白：念白时用力所发出之字音，不飘不倒，谓之"喷白"。

碰了：唱念做打，偶有冲突处，皆谓之"碰了"。

碰头报：预告戏目之报单，谓之"碰头报"。

碰头好：伶工于初上台时，所得之欢迎声，谓之"碰头好"。

飘字：咬字不准，谓之"飘（辟、雅切）字"。

贫腔：任意使腔，不守成规，谓之"贫腔"。

破台：戏台初建设时，于开锣之第一日，须跳神跳鬼，谓之"破台"。[附记]梨园旧例，凡新建设之戏台，于初次演戏时，须请高腔班伶工"破台"，然后始能演戏，否则日后必出凶险之事。据家父云，前清时有名伶胜三者，乃高腔班之多才多艺人。凡内廷有"破台"事，辄以白银六十两，招渠承应，其名益大著。梨园中人，多尊称"胜三爷"，按："破台"时，多在夜午，女加官先上台跳舞，状及凄惨。令人观之，毛发竦立。女加官跳毕，上跳五鬼，衣黑衣，戴黑帽，须发双垂，面涂黑黄色，右手持杈，加以唐鼓微击，小锣数点。较女加官跳时，愈为凄惨，观者无不凛然。五鬼跳完，口念破台咒，杀雄鸡数头，使鲜血滴【校案：原作"摘"，显误，径改】于台上。复择一鸡，以手断其首，与"破台"符录，合钉于台之正中。钉裹以五彩绸条，遮蔽鸡首，亦能使外人不易见为妙。余鸡则放一罐内，并用苹果一枚，塞于罐口，用红布蒙其上，藏在天井上。此时五鬼各燃鞭炮，并撒五谷杂粮，遂下。此破台之典礼也。又云，当鸡入罐时，如将人之八字，同放其中，其人三日内必死。亦姑妄言之，姑妄信之而已。

起霸：剧中主帅未上，而众将陆续上场，并坐各样姿势，谓之"起霸"。又曰"起梗"。

起打：戏中初交战时，谓之"起打"。

起翻儿：未起抢背或吊毛……以前，做脚跟着劲，纵身曲项之姿势，谓之"起翻儿"。（"翻"字读去声）

起锣鼓：剧中锣鼓齐鸣，谓之"起锣鼓"。

起堂：大轴尚未演完，而观剧者相继散去，谓之"起堂"。

前顾眼：出言不逊，谓之"前顾眼"。

前啦：戏虐谓之前啦。[附记]后台伶人多好诙谐，因诙谐能联合同人感情。如不愿诙谐者，而与之诙谐，即谓之"前啦"。

前台：戏台之前谓之"前台"。[附记]戏台之前，名曰"前台"，戏台之后名曰"后台"。后台为伶人化妆处，事极烦琐，当别述之。前台系属于营业方面，设有楼台，故地积较后台宽大。凡对戏台正中接近者，谓之"池子"，稍远者谓之"正厅"，两旁者谓之"廊子"；与上下场门相近者，谓之"小池子"。楼上约分楼座、官座、包厢、倒观等名称，皆为观戏座位。不过，有优劣之分。此仅[就]旧式戏园之观剧地位而言，其他附属戏园之房屋，如柜房、票房、茶房、衣包房、戏报房、厨房等，司其事者，皆各有专人。而总理诸事者，名曰"前台老板"。

乾坎儿：临时辍演，谓之"乾坎儿"。

枪花：特大枪而舞其姿势，谓之"枪花"。

腔：歌喉婉转，谓之"腔"。

抢场：临时扮演，谓之"抢场"。

跷辙：不合辙，谓之"跷辙"。

切末：戏中之布景，及各种模型，谓之"切末"。[附记]花笑楼主云，焦氏循《易余签录》卷十七曰："《辍耕录》有诸杂砌之目，不知取谓。"按：元曲《杀狗劝夫》，只从取"砌末"上，谓所埋之死狗也。《货郎旦》，外旦所"切末"，付净科，谓金银财宝也。《梧桐雨》正末引宫娥挑灯拿"砌末"上，谓七夕乞巧筵，所设物也。《陈搏高卧》，外扮使臣，引卒子捧"砌末"上，谓诏书纁帛也。《冤家债主》，和尚交"砌末"科，谓银也。《误入桃源》，正末扮刘晨，外砌阮肇，代"砌末"上，谓行李包裹或采药器具也。又净扮刘德，引沙三王留等"砌末"上，谓春社中洋酒纸钱之属也。按焦氏以"砌末"强合杂砌，固末确切然谓演剧时所用物，谓之"砌末"，则殊精审。今剧场独有薪彩新切之语，新采谓灯彩切，即砌之省文，谓杂物也。今剧界亦有"切末"之言，然鲜知其在元剧已然矣。齐如山云，中国剧之规矩，处处都重在抽象，最忌逼真，尤不许真物上台，布景更无论矣。即间有之，亦不过丑脚穿插科诨，至庄重脚，决不许用之。台上所有物件均有特别规定，或将原物变通形式，或将原事设法用一二物件，以代表之，即名曰"切末"或书"砌末"（中略—原注）。明以来"切末"之制法渐有成规，如以鞭为马，以旗为车，以桨为船，以红门旗包纱帽胎为人头，以彩裤包笤帚插入靴中为腿带，杆门旗一卷便为包裹等等，皆是。百余年"切末"二字，又有广义、狭义之分。广义者，乃包涵古来箱中所备之物件，即如上所述者是。狭义者，乃戏箱中不为预备，所有各件，均各脚自备之物，或临时租借之品。兹略举如下：如向以红毡帽一卷便为肉，如今黄一刀则专有肉形之"切末"矣；向以虎头裹以门旗，置于水桶口便为狮形，如今举鼎则专有纸制狮形矣。再如挑滑车之大枪，《八大锤》之八对锤，亦皆系脚色自备，或临时租借之品。至《碰碑》之碑，《御碑亭》之亭，《水帘洞》之洞，《金山寺》之山，等等，亦系临时租借来者，皆本班所未有。以上所举不过数种，但类此者，后台方呼之曰"切末"。管此者另有一行，向不归箱中人员所辖也。但新式布景，又当别论。又从来剧中举动，皆为舞意。骑马有骑马式之舞，乘轿有乘轿式之舞，以及乘车、乘船、登山、涉水等等，皆有专式之舞。有以上种种原因，则尤不能用真物上台矣。

怯场：怕同名角配戏，谓之"怯场"。

怯口：念白不脱土音，谓之"怯口"。

群曲子：大众合唱之曲子，谓之"群曲子"。

绕场 演剧时角色于台上绕走一周，谓之绕场。

入调：歌唱时与所定调门相同，谓之"入调"。

撒手锏：谓拿手戏也。

洒狗血：特别要好，不顾戏情，谓之"洒狗血"。[附记]作工过火，故意讨好者，谓之"洒狗血"。"洒狗血"三字，对于伶人，虽不好听，但名角藉此博观众欢迎者，不在少数。盖观剧人非尽懂行，若演剧全脱火气，不洒狗血，而一般不懂戏人必谓之"戏温"。演剧之折衷法，最好"羊行两拿"。倘尽拿羊不重行，与"洒狗血"有何分别。如《群英会·借箭》，鲁肃闻船开进曹营，作惊恐状，低可轻描淡写，不得过事哆嗦，致将鲁大夫身份做失。否则特别要好，不顾戏情，即"洒狗血"是也。(见《侠公菊话》)。

三见面：剧中二人同战一人，谓之"三见面"。

三条腿：唱时犯"荒腔""一顺边"等疵，谓之"三条腿"。

杀黄：忘词时，用之以代戏词者。[附记]梨园术语，均有所本，如临唱一时忘词，不准随意编造，得用杀(音近沙，旦角音近筛【原注】)黄代之。"杀"，即京语"拾没"也。(字典不知而问曰"拾没"，俗做"什么"，又做"甚么"。"拾没"亦作"某"字解如有确定之"某某"曰，"拾没拾没"。)平东人不知而问曰，"杀"？(阳平【原注】)"杀"，即"拾没"转意也。鄂人亦曰"杀"，音与平东相近。豫人则曰"杀"(音近"萨"【原注】)。"黄"，(轻读语助词【原注】)，苏人曰"啥"。按：字书无"啥"字，疑即《孟子·许行》章之"舍"字意，意义可通。皮黄白依中州韵，故习用河南土语。又"某"古作○【原文如此】，临文偶忘暂以○○【原文如此】代，亦犹临场偶忘得用○○【原文如此】代，故为规律所准许也。【"杀黄"有音无字，因有"杀青"成语，故以此代之【原注】又，金属乐器，低弱者曰"杀音"。"杀"音"哂"，本声非韵。《礼·乐记注》：减而不隆也。与"杀伐"之"杀"，音义回别。今误读本意，更讹作"沙"音。(见《洁厂戏话》)】

上场白：剧中人初上台时所念之语，谓之"上场白"。

上场门：剧中人出台时所走之门，谓之"上场门"。

上馆子：伶工到戏园演戏谓之"上馆子"。

上口字：如普通所念之某音，一入剧中念之则另为一音节，谓之"上口字"也。[附记]上口字为剧中所必须用者，如丞相之丞字，上口时则念为沉字，大哥之哥，上口时则念为锅字，不如此念则为"白披儿"矣。

上下手：武戏中之亲手也。[附记]《戏学汇考》戏学编第六章武行部第一节武行之类别载云：（上略）"上下手乃武戏中之亲手，如拿高登之众教师，巴骆和之巴氏弟兄皆是其艺不过须出场之翻跌，帮串之转法，鼓荡之地位，于连环中之武打而已，其余唱念做等，均非所能且无过问之必要，故伶界称之为'翻筋斗的'。"（下略）

生末行扮加官，净丑行扮财神魁星，武行扮雷公，上下手穿形儿。（按：上手穿龙形、鹤形、猫形、驴形等一切大形，下手穿虎形、狗形、狐形、鼠形等一切小形）九龙口言公，（按：九龙口乃指打鼓者而言，言公，言论公事也）生净行言公，领班人调查，丑行调查，武形头掌刑，管伙食人掌刑，丑行开笔勾脸，（按：未开戏前，须以丑行一人，于鼻上涂少许白粉，净行中人，始能陆续勾脸，相传唐明皇当年曾扮演丑剧，故净行勾脸，必须丑角勾第一笔也）生净行上香开戏。（按：戏场旧例，每于开戏前，必以生行或净行中人，向祖师爷神位，焚香叩首，始能开戏。）

使腔：歌声延长，抑扬可听，谓之"使腔"。

世界上，贪图小利的人最多。古人有两句俗语，"贪小利受大害"，就是贪小便宜吃大亏。不但银钱叫做"利"，是有便宜的事都叫做"利"。天下的事，那儿有许多的便宜，必有害处，故此便宜不可贪。

手操：剧中人以手争斗之姿势也。

梳头桌：旦角梳妆处。

耍下场：剧中脚色战胜时，以所持之兵器，作盘旋舞式，谓之"耍下场"。

耍阴：奸刁狡猾谓之"耍阴"。

捧打杂来：率打击零碎角色，无不兼全之谓也。

双进门：龙套左右并进，谓之"双进门"。

水词：各戏皆能通用之曲词，谓之"水词"。

说戏：即教戏也。[附记]谚曰："有状元徒弟，无状元师傅。"此语诚然。师傅若有状元资格，绝无暇教授学生。所以，早年教书之人，多为前清举人或秀才出身。戏班又何尝不然！故教戏者，多为后台之硬里子、戏包袱等。演戏时虽无惊人之处，教戏可称专门。吴凌仙当年在四喜班跑宫丫鬟，如今名伶梅兰芳，亦尝受教于彼也。吴连奎为二路老生，居然有弟子如余叔岩者。即此可见，"师傅领进门，修行在各人"。无论读书唱戏，皆为一理。开蒙时所学，不过普通戏耳。能领会各中意义，则不难出人头地。谚曰："欲学惊人艺，须下苦功夫。"若仅凭师傅指导，自己不加研究，未必能享大名。故教戏之人，始能间接享受利益。如已故之姚增禄、唐玉喜、王福寿、贾丽川、刘景然、朱天祥，及健在之范福泰、鲍吉祥等，皆为教戏老手，门墙桃李成行，名亦大著矣。

四执交场：乃指后台各箱口，及交作检场者而言也。[附记]"四执交场"之意义，详释于下：四执之意义为何？即大衣、二衣、盔头、旗把等箱之谓也。主其事者，名曰"箱官"，又曰"管箱的"。"交"之意义为何？乃交做伙计也。如彩匣子、水锅、催戏、打台帘、扛"切末"等项（解详后），皆在其内。"场之"意义为何？即检场者也。此皆后台重要人员，缺其一不可也。

嵩生云："剧界人物，无论有多大本领，与高尚的艺术，第一最讲究有戏德。对于同班各角，必要同心协力，屈己从人。后进人才，更应竭诚照拂，热心提拔。上场应演之戏，亦须格外尽职。别人有错，要力为遮掩。一则念在同业，二则演唱齐整，大家乃有光彩。故一般老伶工，受过前辈训诫者，无不本乎此旨。配角从不过于讨好，决不当场抖漏子，予正角以难堪。"已故唱花脸的李永泉（即"溜子"），与老生李顺亭（即"大李五"）在配角中，原是上中人物，惟性情孤僻万分，每以老前辈自居，不把别人放在心上，毫无戏德之可言。畴昔二人同搭某班，被其所扰者甚多。对于二李动辄留神，莫不喷有烦言，班主亦甚厌之。适旧历年终，照例封箱后祈神，新正若仍令某角蝉联，必由班主具贴。约请与祭。倘不见帖，即与解约，无异是年某班封台后，未与二李下帖，"溜子"找向"大李五"计议，谓非如此这般，不能报复，及届祭神之期，二李居然执香前往，先在神座前礼拜后，亦照常入座宴会，谈笑自如，一若被聘请者然。某班主与管事人等，虽知其系厚颜前来，又不便面阻质问。只得照例敷衍道："请二位正月初一日，早到馆子。"二李欣然允诺，宴罢各散。次年元日，二李较他角到园甚早，当命二李合演《风云会》，戏码排在正第三。"大李五"与"溜子"扮演登场，至赵匡胤与呼延赞对鞭锏时，二人忽作斗鸡式，满台乱跳，神情怪异，合园大哗。管事人立唤之下。班主愤极，质问二李是何居心，"溜子"与"大李五"大笑道："年前祭神，未接贵班之帖，今天白帮半出戏的忙，已是朋友之道，老板何必着急呢？"言罢，得意而去。"溜子"后竟无班可搭，潦倒而死。"李五"幸能改过，尚能自存，十年前死于汉口。

塔灰钱："堂会钱"之变音也。[附记]往者演堂会戏，蝉联不绝，偶遇名角，必要搭钱，作为单赏，徽班谓之"塔灰钱"。按："塔灰"二字，乃"堂会"之变音。"塔灰"，即"堂会钱"也。其法以长桌一个，上放铜钱若干串，置于前台，以二人司其事。有谓"搭钱"者，即自前台往后台搭之。搭钱之多寡，则按角色之优劣为定。后因铜钱体重，改为木质。又因木质粗笨，即改用封【校案：原作"对"，显误，径改】条（即一纸条上写款项数目，放于红色封内，用一铜盘承之），由茶役在前台唤红人（身服红衣，头戴青软罗帽，为后台领赏者），至前台取之。红人领封后，即向台下叩头而下。戏止后，由后台首事人，将封内之对条取出，照上所写之款【校案：原作"欶"，疑为"款"字之误】数，持往账房索取，然后表分同业耳。

踏白虎：走错场门，谓之"踏白虎"。

台风：伶工扮演剧中人，严如当时气象，谓之"有台风"。

台口：戏台之前，谓之"台口"。

题纲：剧中要目列表写出，挂于后台上场门旁，谓之"题纲"【校案："题纲"或即"提纲"？待考】。[附记]凡新编之戏，其中情节必然复杂，虽熟排者，演唱时亦恐有所遗忘。故必须将剧中某场应上某角，某角为何人扮演，以及文武场面所应吹打之排子点子，与武行起打时所打之把子，为何名称，或用某一套子等，均须一一列表写出，挂于后台上场门旁。管事人与演角，俾随时观览，遮不致贻误也。

挺头：不应颠（音"忝"）盔，而颠之，谓之"挺头"。

通大路：普通，谓之"通大路"。[附记]钱唐吴洁厂先生曰，英秀的琼林宴，不足会吊毛。完事，即其甩发，亦大不易学。又，见煞神时，跷右足后退，叔岩效之。谭云："我右腿有病，不得已如此，汝奈何效之？我的功夫并不在此，何必向不'通大路'上找。"

投袖：谓拂袖也。

"脱节"与"亮台"同。

挖门：脚色左右调边之走法也。

挖四门：脚色随唱随行，谓之"挖四门"。

外场：桌外谓之"外场"。

外串：堂会戏。除原定某班之全体角色外，特约他角串演 谓之"外串"。

望门儿：面向下场门歌唱者，谓之"望门儿"。

文场向以横竖为正工，胡琴则其余事。今虽有傍角一说，亦不能认为"场面"之正业。然官中"场面"，虽无傍角，然必认其为正业。何也？盖官中"场面"，文者能吹拉弹打，武者能锣鼓铙【校案：原作"饶"，显误，径改】钹，傍角"场面"则反乎此。司琴弦者，仅能司琴弦；击锣鼓者，只能击锣鼓。其余乐器，则非所能矣。按：此等"场面"，充任一生，亦是掣肘，故内行多呼其为"半边人"。或谓傍角进款多，能拉不会吹，并无关紧要。恰巧戏中有段小吹操琴者不会，另请吹者，未免不值。若约别位"场面"代吹，则要此傍角何用？即此一端，则知能拉不会吹者，或不为"场面"之正业也欤。

文武场面，皆得有互助之道。亦有定规，即以水钹堂鼓而言，应归武场击之；而水钹，则归弹月琴者击之。堂鼓，则归司三弦者击之。至于齐钹，而无专人司之，或云操琴司弦者，亦兼击之也。

无准稿子：无一定之词句也。[附记] 张镠子云："戏界各行角色，皆有一定之脚本。如老生、小生、青衣、老旦、铜锤，无有不可靠本子，以为根据。独玩笑旦与小花脸并'无准稿'。盖此两行角色，全用京白，而上场可以随意增减，随意变通。故玩笑旦与小花脸之戏，皆无脚本，单凭口传而已。"

武场最重者，为单皮，各种场子、曲牌、入头，皆须深知。但打鼓之好手日见零落，若已故之沈宝钧、侯双印、白如意、郝春年、刘家福、李玉衡等人，对于昆乱诸戏，皆有根底。且闭目击之，亦不能混乱应击何种点子。则新手如一。非今之初学者，未明鼓板之击法，即敢高座司鼓。应打三腔，即打半截《水底鱼》。不应起叫头，而强起之。或遇老牌子、老点子，不甚熟悉【校案："悉"，原作"习"】，冒然以他种牌子点子代之。诸如此类，蒙混外行，日后老牌子、老点子失传，端由此辈作俑矣。

武行头：武行中之首领也。

误场：应上长而误时之谓也。

喜份：元旦日，戏园中所开之戏份也。[附记]每届古历正月初一日，伶工演戏，照例不开戏份，仅以铜圆念枚，用红纸包之，付诸伶工，谓之"喜份"。诸伶工复以红绳裹之，供于佛堂前，以表元旦日所得之钱，藉取吉祥。

戏包袱：配角能戏多者，谓之"戏包袱"。[附记]伶界有所谓"戏包袱"者，言无所不能，若衣包然。生旦净末丑之装，全可收储，故以"包袱"名，言随取皆是也。此等角唱不出色，而伶界亦颇重之。每一班中，必不可少，盖拾遗补阙；若医门败鼓之兼收，文字传声作野寺闲钟之待叩。先辈之仪型在目，虽不能效而能言，戏场之词句填胸；虽不能歌而可风，大都日为不厌，屡出不羞。其人或本名伶，或原杂外，非废于病，即限于天，穷老可怜，令其饮啜于此，为诸伶作导作配，亦梨园养老之不可无者也。（见《梨园佳话》）

戏德：演戏时存有道德观念者，谓之有"戏德"。反乎是，则曰"无戏德"。[附记]已故名净李连仲，为人忠厚，生平最重戏德。杨小楼演冀州城时，杨阜一角，原系方洪顺扮演，因其唱作，远不如连仲，管事人乃商之于彼，令其扮演。李答云："此戏非余本工，未尝学此，实不敢应也。"盖是时方伶所得戏份，不过十六吊，与杨小楼配演《冀州城》之杨阜时，始增至三十二吊。故此连仲不忍多占其戏，恐其戏份减少，盖重戏德也。

戏混混：外行人混入梨园，以谋生活者，谓"戏混混"。

戏肩膀儿：脚色之暗示也。[附记] 伶工演戏，对于同场角色，及文武场面，皆须互相协助。遇接笋处，则以肩膀表示。所谓"膀肩"者，即角色之暗示也。如欲起叫头，非投袖即抖髯；如袖瘦而无髯，则须拉云手。如唱完时，必以二指捏之，或将所歌之末句延长。举一反三，皆谓之戏肩膀也。故梨园有内外行之分，内行深知一切肩膀，外行则多不了然。若不了然，则演戏时易感困难矣。

戏码儿：以伶工技艺之优劣，预定演戏时之次序，谓之"戏码儿"。

下场白：剧中人临下台所念之语，谓之"下场白"。

下场门：剧中人入台时所走之门也。

下啦：角色被班主辞退，谓之"下啦"。

象牙饭桶：貌美而无本领者，谓之"象牙饭桶"。

小边儿：即上场门也。

小吹打：短段之音乐，谓之"小吹打"。

小老斗：讥童伶，或甫能登台者之语也。

小钱：极少之钱也。

笑场：伶工演戏时，与戏中情节不应笑而笑，谓之"笑场"。

斜胡同：龙套及手下等斜排而立，谓之"斜胡同"，又曰"斜一字"。

卸脸：戏演毕时，将面上彩色洗掉，谓之"卸脸"。[附记] 净角勾脸时，所用颜色，多加桐油，故卸脸时，须用草纸蘸香油往面上擦之，始能擦落。惟擦脸时，须由上往下，若反擦之，颜色必入毛孔内，痛不可忍。

行头：剧中所穿之衣服，谓之"行头"。[附记]齐如山曰，"中国戏剧之衣服，名曰'行头'。其规定异常简约，乃斟酌唐宋元明数朝衣服之样式而成者。故剧中无论何等人穿何种衣服，均有特别规定。不分朝代，不分地域，不分时李，均照此穿之。如文官朝会大礼时，则穿蟒，平时治公会客则穿帔。燕居时，则穿褶子。武官点兵阅操，则穿靠。有大典礼时，亦加穿蟒。平时治公，则穿开氅。宴私随便之时，亦穿褶子；武士，则穿打衣裤袄。"按：剧中行头名目尚夥。然最要者，大致不外以上数种。惟其颜色则定律颇严，所谓"十蟒十靠""正五色""间五色"。红绿黄白黑，正五色也。紫粉蓝湖绛，间五色也。如正真人穿红色，有德人穿绿色，皇帝穿黄色，粗莽人穿黑色，少年人穿白色。其余间色，则为便服，又有杏黄色香黄二种。则老旧功臣及王公等穿之。女子所穿，除蟒帔褶子外，只多宫衣一件，及下身多系一件裙子耳。故"行头"一项，乍着似种类极多，其实原则上极简约。其余各种虽名目不少，然大致皆有此数种变化而出。虽名目花样稍有不同，实质殊无大分别也。

行戏：约演日戏，谓之"行戏"。[附记]五行八作于祭神宴会时，欲求热闹，而图省钱，必预先约请科班童伶演唱日戏，此即谓之"行戏"也。

形儿：剧中之假禽兽也。[附记]剧中最忌以真物上台，今虽破例，而飞禽走兽等，仍摹其形以求毕肖，故剧中凡有禽兽者，多扮一形儿上场也。形儿制法，其首多用硬纸，仿诸野兽之首，加以颜色。样式与市井小儿游戏中，所戴之"大秃和尚渡柳翠"等假面具略同。惟其下则连系以布袋，作为下身，四足具备，如剧中需用时，以一人套入其中，爬而行之，与真兽无异。吾每往后台参观，即听有"……扮一形儿去"之语，即此物也。

绣花枕头：与"象牙饭桶"同。

靴包箱：即三衣箱也。[附记]凡剧中所需用之胖袄、水衣垫片、青袍、卒挂、女跷龙套等，皆属于靴包箱者。

学生毕业，谓之"出科"。出科时，须焚香谢师，将入科时所立之字据领回。如照旧在该班演唱，老板即与彼开戏份。多者不过二百余枚，少者数十铜圆。如不在本班演唱，亦可留于社中教戏，每日给以相当戏份，以为糊口之资。此乃指出科后，尚在社中者而言。其于出科时，即脱离社务。独立以谋生活者，亦不少也。

学生既入科班，在此限期之内，名曰"作科"。必须坚守班规，并于此时间择其品貌喉音，以定学习门类。或生，或旦，或净，或丑，或文，或武，而教导之。每日喊嗓，吊嗓，翻跌，武打，教歌唱，拉身段，或集众生排演一剧，皆有固定规则，绝无混乱之弊。如学生稍有错误，即加以夏楚，不容分毫也。学生所学之戏，约达十余出，即令彼登台演唱。每日给铜圆数枚，谓之"点心钱"。同时取社名中之一字，以名诸生。赴戏园时，一律服用社中衣帽，教师领导之，结队而行，途中不许与人谈话，及一切不正当行为。归时亦然。

压轴子：末一出戏的前一出，谓之"压轴子"。

烟、酒、赌博这三件事，是与人无益的。有志气的男子汉，决不为的，因为它最容易把人染坏了。先拿喝酒说吧，又容易伤身体，又容易耽误事，又容易得罪人，又容易坏自己名誉。再说吃烟，比喝酒的坏处也不小。要是说赌钱哪，哎呀，你想那一家的富贵是赢来的，那一家的子孙是赢来的？所以赌钱这一条道儿，丧德败家极了。

羊毛：讥外行之语也。

养众：维持配角场面等人之生活，谓之"养众"。[附记]戏班每日所进之款【校案：原作"欵"，疑为"款"字之误】，除零碎开销外，即须开发配角及文武场众人之戏份。至于名角戏份，则俟众人戏份开销后，再就余款多少，为之分发。此即"养众"之意也。

咬字：念白清楚谓之"咬字"。

要菜：不知自量，谓之"要菜"。[附记]吾人在饭馆要菜，为最乐事。今梨园则以"要菜"一语，喻不应为者而为之，谓之"要菜"。如寻常伶人演剧时，效名角所为，令人在场上与彼预备茶水手巾，与各种杂品，或唱时自添花样，皆谓之"要菜"也。

一把死唱：歌腔呆板，毫无韵味，谓之"一把死唱"。

一冲头：戏园中，自开锣至终场所演，皆为文戏。而不演武戏者，谓之"一冲头"。

一个人的名誉，是最要紧的。名誉好，人人说起来都夸奖他好。名誉不好，人人说起来总都不喜欢他。凡是一个人，为什么叫人家不喜欢呢？这就是不论什么事，自己想着是件好事，然后再作。要不是好事，可就做不得；要是做了，自己的名誉可就坏啦。所以，得保护自己的名誉。

一棵菜：锣鼓把子无丝毫错乱，谓之"一棵菜"。[附记]凡击锣鼓者，其点子须与剧中当时情节及脚色之身段相合，打武把子者本为二人，而极齐整，如一棵菜然，故曰"一棵菜"。

一顺边：唱时不分上下句，所落之腔亦与前同，故名"一顺边"。

以上八条，乃为人处世之利害，关系至重。且要知世态炎凉，

前四条是要必须学他，后四条是千万不可学他。今时详细列出，望尔诸生等，均各自遵守。（下略）

引子：初上台所念之韵词，谓之"引子"。[附记]脚色上场最初开口者为"引子"，"引子"即引起来之意。念时亦有工尺，惟只干念不用音乐，且不打板。按："引子"之来源，系因中国文字，最忌张嘴便说本题，编剧填词亦用此理，所以戏剧之"引子"或总言全部，事迹之大意，或本人身世情性之大概，或本出之大旨，然总是虚空笼罩，赅括言之，最忌着痕迹。"引子"之最普通者，系两句。有四句者名曰"大引子"。但昆曲则不然，各调有各调之"引子"；有两句者，有三四句者，有十余句者。于是将"引子"又分了许多名称，不必细论。但无论多少句，果系"引子"，则督是散板，乃与现在皮黄"引子"稍同之点。至元人杂剧，则概不用"引子"云。（见《中国剧之组织》）

饮场：在台上饮水，谓之"饮场"。[附记]角色在台上喝茶，内行话叫"饮场"。从前"饮场"，无论哪一出戏，都有一定的地方，于观客不理会的时候，偷饮一口，所以要用袖遮掩，这是恐怕台下知道的意思。如今好角"饮场"，壶杯都是非常之讲究。甚至有买西洋暖壶，使下人挎【校案：原作"跨"，显误，径改】在身旁，立于台前，以壮声势的。从前绝没有这个规矩。（节录《中国剧之变迁》》）

又凡撞闯祖师龛銮驾，供器桌，斗殴拉账。（按，拉账者，拉账桌也）撷牙笏，砸戏圭，捅人名牌，抢箱板等情。查照除责跪外，罚办不贷。

玉柱：盔箱架上之木柱也。

元场：在台上绕走一圈，谓之"元场"。[附记]元场有大小之别，如发兵时龙套等走一大圈，谓之"大元场"，如《起霸》勒绺子毕，自走一周，谓之"小元场"。

云童：戏中手持云片之童儿，谓之"云童"。[附记]剧中神仙与上场时，多用龙套扮四云童，手持云片在前引路，即以云片表示仙人行动之云雾也。

云遮月：嗓音佳者，谓之"云遮月"。[附记]喉之佳者，名"云遮月"，以月初被云遮则光暗淡，既而云敛，则皓光皎皎。此种嗓音，初唱似甚不佳，声或若裂，喉若有痰，愈唱愈高，声音具美。（节录学戏百法）【校案：取"闭月羞花"之意也】

晕场：在场上头目发晕，谓之"晕场"。

砸了：演剧时，或唱百或身段，屡次错误，谓之"砸了"。

早年之"场面"，无所谓傍角，仅分为前后工。工力精者，次者作前后工，再次者即作开场戏也。惟"场面"第一注重昆腔，其次则为胡琴。胡琴拉之优劣，并无关紧要。不工昆腔者，即不能充为"场面"也。清光季年，因能吹昆腔戏者甚多，唱者极少，置昆腔于度外，胡琴乃渐渐时兴，场面亦随改拉胡琴。自此以后，伶工演皮黄戏者，日见其多，场面乃将昆腔置之脑后，不甚注意。如昆腔中《回营》《姑苏》二折，今之"场面"多不能吹，其他昆戏，则更所不能矣。

早轴子：前三出戏，谓之"早轴子"。

站门儿：剧中角色与出场时，分左右侍立，谓之"站门儿"。

掌网：演戏时负重责任，谓之"掌网"。

掌子：配角中之劣者，谓之"掌子"。

折腰：开口太迟，锣鼓不接，谓之"折腰"。

辙：戏词所押之韵也。[附记]戏之有辙，犹诗之有韵也，诗无论为律为绝，必范以韵，不可逾越。而平仄声混用，尤为严禁。古体之限稍懈，但平仄不能混用则一。戏则不然，平仄大可混用，韵角【校案：当指"韵脚"】亦可通融。（此指乱弹而言，昆则限韵之严一如诗律）惟唱词押韵，以平声为主；虽有时用仄声字，亦当唱作平声，俾勿逾辙。所谓辙者如下：一中东辙，二人臣辙，三江阳辙，四发花辙，五梭波辙，六衣齐辙，七怀来辙，八灰堆辙，九苗条辙，十由来辙，十一言前辙，十二姑苏辙，十三叠斜辙。戏词中无论何句何调，均不能离此辙格。戏之合辙，以每句之末一字为标准。（中略）总之，唱词第一句之末字，属于何辙，则其下无论若干词句，必始终归于一辙。苟非一段唱完，决不得转入他辙也。（见《戏学汇考》）

辙者，戏词所押之韵脚也。其韵系就各音（指宫商角徵羽而言）所合之性质，发与种种之声。且以平声为主脑，附仄声于平声中。故戏词皆押平韵，间或用仄声韵，亦必唱为平声，此定例也。宫音属春，其声和平，故包括中东、人辰、衣齐、言前四辙。商音属秋，其声凄厉，故包括怀来、江阳、梭波、苗条四辙。角音属夏，其声高亢，故包括发花、尤求二辙。正音属闰，其声沉细，故包括姑办、灰堆二辙。羽音属冬，其声低暗，故但有邪乜一辙。邪乜，仄声也；然唱时必与平声出之，方为合法，缘度曲用声不用韵也。（见《戏学大全》）

真帅：唱作兼佳，谓之"真帅"。

正工：戏中之主角也。

知天命：知足之谓也。[附记]方振泉又名"方狮子"，工昆净，隶三庆、四喜等班。能戏甚夥，《牧羊记》《大逼》之"卫律昊"，《天塔》之"杨五郎"，《功臣宴》之"铁勒奴"，《北诈疯》之"敬德"，皆其杰作。如《大逼》自方故后，即无人演唱；《姑苏台》之"吴玉"，《刺虎》之"李虎"，《大小骗》之大骗，同昆丑杨三演，人谓绝戏。后亦饰皮黄花脸，只演配角。如《反五候》《太平桥》等戏，除昆净外，徽戏之正角，决不肯动。其"知天命"如此。（下略）（见《三十年见闻录》）

中轴子：后三出戏之第一出，谓之"中轴子"。

抓家伙：散漫无规，谓之"抓家伙"。

转场：在台上旋转，而下者，谓之"转场"。

追过场：脚色战胜时，其手下兵丁，追赶敌人，谓之"追过场"。

准纲准词：准纲，准提纲也。准词，准词句也。

总讲：又名"总纲"，乃完善之剧本也。

走矮子：矮身以足尖行走，谓之"走矮子"。

走板：板眼不合，谓之"走板"。

走边：剧中角色于深夜窥探时，所作之种种身段，谓之"走边"。[附记]凡剧中一人或数人，在场上做种种身段，全用钹（乐器）随之，名曰"走边"。按：此皆系夜间之事，或前往窥探，或偷盗，或拿贼，故所作身段，或仰身远望，或弯腰近窥，都是黑夜之情形。可惜如今真正能行走边之身段者，实不多矣。然身段做完，用呀字叫板时，仍尽作仰面远望之势，此犹存旧意也。因夜间不便在大街大路直行，需靠路边疾走，或墙边偷行，故曰走边。（见《中国剧之组织》）

走浪：花旦脚色，由缓行而渐速，走成之波浪脚步，谓之"走浪"。

钻锅：剽窃他人之戏而演唱之，谓之"钻锅"。

左嗓子：嗓音不正，谓之"左嗓子"。

坐包：一日之戏，任于一人谓之"坐包"。[附记]凡遇堂会，脚色不敷支配，须指定数人，担任零碎。遇缺乏时，即行庖代，戏完始可卸责。"坐包"云者，即谓一日之戏，包于一人，且须坐而待之也。（见《菊部丛刊》上编）

坐场诗：引子后所念者，谓之"坐场诗"。[附记]脚色上场引子念完落座后，所念之四句诗，俗名曰"坐场诗"，亦曰"定场诗"，又名"定场白"。此与引子之组织，大致相同，但其渊源，大致来于说部。按中国小说，鼓词起首，大致定有一二首诗词，概【校案：原作"该"，当系误字，径改】括言之，作为说部的提纲挈领，戏剧之在宋元时代，本等于鼓词，其结构与说部鼓词，大致相同，故起首亦用此。但昆曲大致仍用词，皮黄则纯用诗矣。惟脚色念诗，须干念，无工尺，是与引子不同处。在剧中庄重脚色，或重要人物，上场规则，必先念引子后念诗，若上场便念诗者甚少。但若二人或四人同上场时，则往往开口便念诗。每人念两句，或每人念一句，乃系常事。惟四文官，则一定每人一句诗。若四武将，虽亦常念诗若起霸，则恒用《点绛唇》，四人分念矣。（下略）（见《中国剧之组织》）

梨园画卷终

《梨园话》书后

旧都梨园，有清中叶为最盛，迄今百余年矣。有百余年之沿革，故日臻于大成之境，且其组织及为精密，事物极为繁伙，一举止也。一微气也，往往别有名称，遂成术语非受业内行，得有传授，莫能洞悉其奥秘，年来研究戏剧者，视昔为盛其涉足歌场，或与梨园子弟游者，非谙若辈术语，则莫明意义，而外行入内行，爨演者，尤习闻之，而未悉其所指，故举止动作，深受拘束，乃感无穷痛苦。此皆不明内行术语所由致也，方君问溪，为昆曲家星樵先生文孙，星樵先生精音律，擅度曲，工整娴熟。论者咸称其艺术为清代第一人，星樵先生老去，而问溪能继其学，有雏凤之誉。近著《梨园话》一书，共收术语名词三百余则。逐条诠释，颇中肯綮，复分笔画，犹便检阅，盖一完善之梨园词汇也。书成见示，嘱为一言，窃以时代变迁，一日千里，梨园组织亦与时擅易，吾人执此一编，则可略见梨园旧日规制，与夫术语之因革，不徒有功于外行，而于研究近代戏剧史者有所取材也。满洲傅芸子识于北京画报社。